I0042323

CATALOGUE

DE LA

BIBLIOTHÈQUE COMMUNALE

DE LA VILLE DE LIMOGES

CATALOGUE MÉTHODIQUE

DE LA

BIBLIOTHÈQUE

COMMUNALE

DE LA VILLE DE LIMOGES

PAR ÉMILE RUBEN

BIBLIOTHÉCAIRE

POLYGRAPHIE. — BELLES-LETTRES

LIMOGES

IMPRIMERIE DE CHAPOULAUD FRÈRES

Mars 1860

TABLE DES MATIÈRES.

POLYGRAPHIE.

SECTION I.

BELLES-LETTRES.

PRÉLIMINAIRES ET GÉNÉRALITÉS.

SECTION I.

SECTION II.

HISTOIRE LITTÉRAIRE, COMPRENANT LA BIBLIOGRAPHIE ET LA CRITIQUE.

SECTION III.

POLYGRAPHIE LIMITÉE AUX BELLES-LETTRES.

Ire CLASSE.

LINGUISTIQUE.

IIe CLASSE.

RHÉTORIQUE.

IIIe CLASSE.

POÉSIE.

IVe CLASSE.

THÉATRE.

Ve CLASSE.

DIALOGUES ET ENTRETIENS.

VIe CLASSE.

ROMANS, CONTES, APOLOGUES.

VIIe CLASSE.

PIÈCES PLAISANTES ET BURLESQUES. — TRAITÉS SINGULIERS.

VIIIe CLASSE.

EPISTOLAIRES.

IXe CLASSE.

RÈGLES

OBSERVÉES POUR LA RÉDACTION DE CE VOLUME.

—

1° Pour les ouvrages imprimés antérieurement à 1610, nous avons cru devoir conserver scrupuleusement l'orthographe et la ponctuation des frontispices. Sauf de rares exceptions, toujours indiquées, l'orthographe et la ponctuation modernes ont été adoptées pour les ouvrages postérieurs à cette date. — Nous avons laissé aux noms propres l'orthographe du frontispice, à quelque époque que le livre ait été imprimé.

2° Toutes les fois qu'une partie du frontispice est supprimée comme jugée peu utile, elle est remplacée par trois points (...); lorsque la partie supprimée n'est autre que la mention des titres et qualités d'auteurs connus, les trois points sont précédés d'une virgule (,...).

3° Tout ce qui dans le Catalogue n'appartient pas au frontispice du livre est mis entre parenthèses : cette observation est d'autant plus importante que, pour ne pas augmenter le nombre des notes, ces parenthèses sont employées très-fréquemment. — Lorsque le texte du frontispice porte lui-même une parenthèse, ce signe est remplacé par des crochets [ ] pour éviter toute confusion.

4° Les rappels d'ouvrages classés dans d'autres sections sont précédés d'un astérisque (*).

POLYGRAPHIE.

CATALOGUE

DE LA

BIBLIOTHÈQUE COMMUNALE

DE LIMOGES (HAUTE-VIENNE).

POLYGRAPHIE (1).

SECTION I.

ENCYCLOPÉDIES GÉNÉRALES.

* S. ISIDORI hispalensis Origines. — (V. ci-après : LINGUISTIQUE.)

1. — Bibliotheca mundi. — VINCENTII Burgundi, ex ordine prædicatorum venerabilis episcopi bellovacensis, Speculum quadruplex, naturale, doctrinale, morale, historiale... Omnia nunc accurate recognita... Summariis præterea et observationibus, quibus antea carebat, illustrata. Opera et studio theologorum benedictinorum collegii vedastini in alma academia duacensi. — *Duaci, ex officina typ. Baltazaris Belleri*, 1624, 4 tomes en 3 vol. in-fol.

2. — Incipit phemium de pprietatibus rerũ fratris BARTHOLOMEI ãglici de ordine fratrum minorum. — (A la fin :) *Explicit... Anno Domini Millesimo quadringentesimo octuagesimo secundo* (1482). in-fol.

(Ce volume, imprimé sur deux colonnes en caractères gothiques, contient 245 feuillets, sans pagination ni réclames, mais avec des signatures. L'auteur, d'après Brunet, se nommait Barthélemy GLANVILL. Il florissait au XIIIe siècle.)

* Le Propriétaire (traduction française de l'ouvrage précédent, faite par frère Jean CORBICHON, augustin et chapelain du roi Charles V). — (V. *la division* MANUSCRITS.)

* Martiani CAPELLÆ De nuptijs Philologiæ et Mercurij Libri nouem. (De Grammatica, de Dialectica, de Rhetorica, de Geometria, etc.). — (V. ISIDORI Origines.)

3. — Memorabilivm Gavdentii MERVLÆ novariensis vltra primam editionem et Recognitum et Quatuor libris auctum opus cum emendatione et scholiis Pomponii CASTALII olivetani. — *Lvgdvni, Apud Matthiam Bonhomme*, 1556, petit in-8.

* Officinæ Julii BARBARANI tomi tres : Promptvarivm rervm electarvum in re præsertim Romana. — (V. HISTOIRE, *n°* 1791.)

4. — Joannis Henrici ALSTEDII Encyclopædia. — *Lugduni, apud Ant. Huguetan*, 1649, 4 tomes en 2 vol in-fol.

5. — Essai des merveilles de nature et des plus nobles artifices. Pièce très-nécessaire à tous ceux qui font profession d'éloquence. Par René FRANÇOIS,... Cinquième édition... — *Rouen, Romain de Beauvais*, 1625, in-4.

* Dictionnaire servant de bibliothèque universelle... Par Paul BOYER,... — (V. ci-après : LINGUISTIQUE.)

* Le Dictionnaire des arts et des sciences... Par (Th. CORNEILLE). — (V. *ibidem.*)

6. — La Science des personnes de la cour, de l'épée et de la robe, du sieur DE CHEVIGNI ; dans laquelle, outre les matières contenues dans les éditions précédentes, on trouve une instruction plus ample sur la religion, l'astronomie, la chronologie, la géographie, la guerre, les fortifications, le blason, les fables. Ouvrage tout nouveau, augmenté, dans cette nouvelle édition, de divers traités d'histoire... de logique, de

l'intérêt des princes, du droit privé et public, du manége, des maximes de cour, et de plusieurs tables chronologiques; le tout amené jusques à présent. Par M. DE LIMIERS,... T. III. — *Paris, Ph.-N. Lottin*, 1725, in-12.

(Ce vol contient : Histoire de l'Eglise, des papes et des monarchies nouvelles; — de la logique; — des intérêts des princes.)

7. — Traité historique et critique de l'opinion, par M. Gilbert-Charles LE GENDRE, marquis de Saint-Aubin-sur-Loire,... Troisième édition... — *Paris, Briasson*, 1741, 7 vol. in-12.

(T. I, belles-lettres et histoire de la philosophie. — T. II, logique et métaphysique. — T. III, de la morale, des lois et des coutumes. — T. IV, de la politique, de l'histoire et de la chronologie. — T. V, de la géométrie, de la physique et de l'astronomie. — T VI, de la médecine, de la chirurgie, de l'histoire naturelle et des arts. — T. VII, des sciences occultes.)

* Manuel philosophique, ou Précis universel des sciences. (Par PANCKOUCKE.) — (V. *la division* SCIENCES ET ARTS.)

(Porté ici comme mémoire, à cause du petit traité de géographie et de chronologie que cet ouvrage contient.)

8. — Encyclopédie, ou Dictionnaire raisonné des sciences, des arts et des métiers, par une société de gens de lettres; mis en ordre et publié par M. DIDEROT,... Et, quant à la partie mathématique, par M. D'ALEMBERT,... — *Paris, Briasson (et autres)*, 1751-77, 35 vol. in-fol.

(Y compris 4 vol. de supplément, 2 vol. de table et 12 vol. de planches.)

* Dictionnaire encyclopédique, par Denis DIDEROT. — (V. *ses œuvres*, éd. 1818, T. II et III.)

* Préjugés légitimes contre l'Encyclopédie... Par Abraham-Joseph CHAUMEIX, d'Orléans. — (V. *la division* RELIGION.)

9. — L'Esprit de l'Encyclopédie, ou Choix des articles les plus curieux, les plus agréables, les plus piquants, les plus philosophiques de ce grand dictionnaire. (Par M. OLIVIER et l'abbé BOURLET DE VAUXCELLES.) — *Genève et Paris, Briasson*, 1768, 5 vol. in-12.

10. — Bibliothèque des artistes et des amateurs, ou Tablettes analytiques et méthodiques sur les sciences et les beaux-arts; dédiée au roi. Ouvrage utile à l'instruction de la jeunesse, à l'usage des personnes de tout âge et de tout état;

orné de cartes et d'estampes en taille-douce; avec une table raisonnée des auteurs sur l'usage et le choix des livres. Par l'abbé DE PETITY,... — *Paris, P.-G. Simon*, 1766, 2 tomes en 3 vol. in-4.

11. — Dictionnaire des gens du monde, historique, littéraire, critique, moral, physique, militaire, politique, caractéristique et social... (Par Ant.-Fabio STICOTTI.) — *Paris, J.-P. Costard*, 1771, 3 vol. in-8.

12. — Encyclopédie méthodique ou par ordre de matières, par une société de gens de lettres, de savants et d'artistes, précédée d'un vocabulaire universel, servant de table pour tout l'ouvrage; ornée des portraits de MM. Diderot et d'Alembert,... — *Paris, Panckoucke*, 1782-92, *et Agasse*, 1792-1832, 123 vol. in-4.

(Ce volumineux ouvrage se compose d'une série de dictionnaires qui ont paru par livraisons, et dont la bibliothèque de Limoges ne possède que les parties suivantes :)

Agriculture, par BOSC, THOUIN, TESSIER et PARMENTIER, T. I en 2 vol.

(Ce volume contient le *discours préliminaire* de l'abbé TESSIER et la partie A—AZUL.)

(Il manque les T. II-VII.)

Antiquités, mythologie, diplomatique des chartres et chronologie, par MONGEZ, DE SAINTE-CROIX, RABAUT-SAINT-ETIENNE, DUPUIS et VOLNEY, T. I et II (A—FYLLA), en 4 vol.

(Il manque les T. III-V.)

Architecture, par M. QUATREMÈRE DE QUINCY, T. I (1re liv. A—BROC), 1 vol.

(Il manque la 2e partie du T. I et les T. II, III.)

Art militaire (par le comte LACUÉE DE CESSAC, le baron POMMEREUL, le général SERVAN et le chevalier DE KÉRALIO, T. I, II 2e partie et III, en 5 vol.

(Il manque la 1re partie du T. II et le T. IV.)

Arts et métiers mécaniques, par une société de savants, T. I-V et 1re partie du T. VI (A—PINCEAU), en 11 vol.

(Il manque la 2e partie du T. VI et les T. VII, VIII).

Beaux-arts, par MM. WATELET et LÉVESQUE, le T. I seulement (A—PEINTURE), en 2 vol.

(Il manque le T. II.)

Botanique, par M. le chevalier DE LAMARCK, les T. I, II et 1re partie du T. III (A—KETMIE), en 5 vol.

(Il manque la 2e partie du T. III, les T. IV-VIII et les 5 tomes du supplément.)

Chimie, pharmacie et métallurgie, par MM. DE MORVEAU, MARET et DUHAMEL, T. I (A—AIRELLE), en 2 vol.

(Il manque les T. II–VI.)

Commerce (par BAUDEAU, SAVARY, etc.), 3 tomes en 5 vol.

(Complet.)

Economie politique et diplomatique, par M. DÉMEUNIER,... T. I–IV 1re partie, en 7 vol.

(Il manque la 2e partie du T. IV.)

Equitation, escrime, danse et art de nager,... 1 vol.

(Complet.)

Finances (par DE SURGY), 3 tomes en 4 vol.

(Complet.)

Géographie ancienne, par M. MENTELLE, T. I et 1re partie du T. II (A—MEDAPA), en 3 vol.

(Il manque la 2e partie du T. II et le T. III.)

Géographie moderne (par MENTELLE), 3 tomes en 6 vol.

(Complet.)

Grammaire et littérature (par DUMARSAIS, BEAUZÉE, MARMONTEL), 3 tomes en 6 vol.

(Complet.)

Histoire (par GAILLARD), T. I, II, III (A—MYTHECUS), en 6 vol.

(Le Dictionnaire de l'*art héraldique* fait partie du 1er vol. — Il manque les T. IV–VI.)

Histoire naturelle. — T. I 1re partie : quadrupèdes et cétacés. — T. I 2e partie et T. II : oiseaux, ovipares, serpents, par MAUDUIT. — T. III 1re partie : poissons, par DAUBENTON. — T. III 2e partie et T. IV : insectes, papillons, crustacés, par MAUDUIT, (jusqu'à BOMBILLE : les T. V-X manquent). — Tableau encyclopédique et méthodique des trois règnes de la nature : ophiologie, insectologie, ornithologie, cétologie, ichthyologie, par l'abbé BONNATERRE, 4 vol in-4, en tout 11 vol.

(Il manque l'histoire naturelle des vers, en 4 vol.)

Jurisprudence, 7 tomes et demi en 14 vol.

(Complet.)

Jurisprudence : police et municipalité. T. I 1re partie (A—AGRANDISSEMENT), en 1 vol.

(Le Dictionnaire de police et de municipalité forme les T. IX–X de la jurisprudence. — Il manque la 2e partie du T. IX et le T. X.)

Logique, métaphysique et morale, par LACRETELLE, T. I, II et 2e partie du T. III, en 5 vol.

(La logique et la métaphysique sont complètes. — La seconde partie du T. II contient le commencement du Dictionnaire de morale, jusques et y compris le mot DEVOIRS. — Il manque les T. III et IV.)

Manufactures, arts et métiers, par M. ROLAND DE LA PLATRIÈRE, T. I et II 1re partie, 2 vol.

(Il manque la 2e partie du T. II et les T. III et IV.)

Marine (par VIAL DE CLAIRBOIS), 3 tomes en 6 vol.

(Complet.)

Mathématiques, par MM. D'ALEMBERT, l'abbé BOSSUT, DE LA LANDE, le marquis de CONDORCET, etc., T. I, II et III 1re partie, 4 vol.

(Il manque la 2e partie du T. III, qui a pour titre : *Jeux*.)

Médecine, par une société de médecins sous la direction de M. VICQ D'AZYR. Le T. I seulement (A—AIGUISER), en 2 vol.

(Il manque les T. II—XIII.)

Théologie, par M. l'abbé BERGIER. Les T. I et II (A—NYSSE), 4 vol.

(Il manque le T. III.)

Recueil de planches de l'Encyclopédie par ordre de matières. — *Paris, Panckoucke*, 1783-87. T. I, II, en 4 vol. in-4.

(Il manque le T. III.)

Indépendamment des volumes indiqués au-dessous de chaque partie de l'Encyclopédie, il manquerait encore pour compléter cet ouvrage les parties suivantes : *Amusements des sciences*, 1 vol.; — *Art aratoire*, demi-vol.; — *Artillerie*, 1 vol.; — *Assemblée nationale*, 1 vol.; — *Chasses*. 1 vol.; — *Chirurgie*, 2 vol.; — *Encyclopédiana*, 1 vol.; — *Forêts et bois*, 1 vol.; — *Géographie physique*, 5 vol.; — *Musique*, 2 vol.; — *Pêches*, demi-vol.; — *Philosophie*, 3 vol.; — *Physique*, 4 vol; — *Système anatomique*, 4 vol.

13. — Encyclopédie moderne, ou Dictionnaire abrégé des sciences, des lettres et des arts, avec l'indication des ouvrages où les divers sujets sont développés et approfondis, par M. COURTIN, ancien magistrat, et par une société de gens de lettres. — *Paris, au bureau de l'Encyclopédie*, 1824-32, 26 vol. in-8.

(Y compris 2 vol. de planches.)

14. — Un million de faits. Aide-mémoire universel des sciences, des arts et des lettres, par J. AICARD, DESPORTES, Paul GERVAIS, JUNG, Léon LALANNE, Ludovic LALANNE, A. LE PILEUR, C. MARTINS, C. VERGÉ. Quatrième édition, revue, corrigée et augmentée de l'Abaque des équivalents chimiques. — *Paris, J.-J. Dubochet, Le Chevalier et Cie*, 1846, in-18 anglais.

15. — Instruction pour le peuple. Cent traités sur les connaissances les plus indispensables; ouvrage entièrement neuf, avec des gravures intercalées dans le texte, par messieurs

ALCAN, Albert AUBERT, L. BAUDE, BÉHIER, BELTRÉMIEUX, BERTHELOT, BOUTIGNY, Amédée BURAT, CAP, CHARTON, CHASSERIAU, CHENU, CHÉRUEL, DEBOUTTEVILLE, DELAFOND, DENONVILLIERS, DÉYEUX, DOYÈRE, DUBREUIL, DUJARDIN, DULONG, DUPASQUIER, DUPAYS, FABRE D'OLIVET, FOUCAULT, H. FOURNIER, GÉNIN, GIGUET, GIRARDIN, GRELLEY, GUÉRIN MENNEVILLE, HUBERT, J. LABEAUME, Fréd. LACROIX, L. LALANNE, E. LAUGIER, L. LECLERC, LECOUTEUX, Elizée LEFÈVRE, LEPILEUR, Henri MARTIN, MARTINS, MATHIEU, madame MILLET, MOLL, MOLLOT, MONTAGNE, PARCHAPPE, PÉCLET, PÉLIGOT, PERSOZ, A. PRÉVOST, J. REGNAULT, L. REYBAUD, ROBINET, SCHREUDER, THOMAS et LAURENS, TRÉBUCHET, L DE WAILLY, Ch. VERGÉ, WOLOWSKI, JUNG, etc. — *Paris, J.-J. Dubochet, Lechevalier et Cie*, 1848-50, 2 vol. in-8.

* Patria. La France ancienne et moderne, morale et matérielle, ou Collection encyclopédique et statistique de tous les faits relatifs à l'histoire physique et intellectuelle de la France et de ses colonies. — (V. HISTOIRE, *n°* 480.)

ENCYCLOPÉDIES POUR LA JEUNESSE.

16. — Le Spectacle de la nature, ou Entretiens sur les particularités de l'histoire naturelle (des sciences et des arts) qui ont paru les plus propres à rendre les jeunes gens curieux, et à leur former l'esprit. (Par l'abbé PLUCHE.) — *Paris, veuve Estienne et fils*, 1749-56, 8 tomes en 9 vol. in-12.

(Figures. — Le T. VIII, en 2 parties, porte en plus au frontispice : « Tome huitième, contenant ce qui regarde l'homme en société avec Dieu ».)

17. — L'Erudition universelle, ou Analyse abrégée de toutes les sciences, des beaux-arts et des belles-lettres. Par M. le baron DE BIELFELD. — *Berlin*, 1768, 4 vol. in-12.

18. — Eraste, ou L'ami de la jeunesse. Entretiens familiers sur les connaissances humaines, et particulièrement sur la logique, ou l'art de penser et de raisonner, la morale, la doctrine de l'Eglise, l'histoire de la religion, la mythologie, la physique générale et particulière, l'astronomie, l'histoire naturelle, la botanique, la minéralogie, la géographie et l'histoire de France. Par l'abbé FILASSIER. Nouvelle édition, revue et continuée, pour la géographie et l'histoire, par M. DE CLUGNY. — *Paris, Lavigne*, 1835, 2 vol. in-8.

(Figures.)

19. — Abrégé de toutes les sciences, à l'usage des enfants (par FORMEY). Nouvelle édition, refondue, beaucoup augmentée et corrigée dans toutes ses parties, afin de la rendre propre à l'usage des écoles des pays catholiques, avec figures. — *Bruxelles, B. Le Francq*, 1782, in-12.

20. — Enseignement élémentaire universel, ou Encyclopédie de la jeunesse, illustré de 400 gravures servant d'explication au texte... Par MM. ANDRIEUX DE BRIOUDE,... Louis BAUDET,... et une société de savants et de littérateurs. — *Paris, J.-J. Dubochet et Ce*, 1844, in-18 anglais.

21. — Les Etudes convenables aux demoiselles, contenant la grammaire, la poésie, la rhétorique, le commerce de lettres, la chronologie, la géographie, l'histoire, la fable héroïque, la fable morale, les règles de la bienséance et un court traité d'arithmétique. Nouvelle édition, revue, corrigée et augmentée dans la partie géographique. (Par André-Joseph PANCKOUCKE.) — *Paris, chez les libraires associés*, an XI, 2 vol. in-12.

SECTION II.

POLYGRAPHES GRECS.

---

* Scriptorum græcorum bibliotheca. — *Parisiis, editore Ambrosio Firmin Didot*, grand in-8.

(Cette collection grecque-latine, dont chaque partie a été ou sera décrite en son lieu, comprend déjà un très-grand nombre d'auteurs, dont la bibliothèque de Limoges ne possède que les suivants :)

(Ordre alphabétique.)

ÆSCHYLI et SOPHOCLIS tragœdiæ et fragmenta. — (V. ci-après : *Théâtre grec.*)

APPIANI Alexandrini romanarum historiarum quæ supersunt.—(V. HISTOIRE : *supplément.*)

ARISTOPHANIS comœdiæ et deperditarum fragmenta... Accedunt MENANDRI et PHILEMONIS fragmenta... — (V. ci-après : *Théâtre grec.*)

ARRIANI Anabasis et Indica... Emendavit et varietatem ejus libri retulit Fr. Dübner. Reliqua ARRIANI et scriptorum de rebus Alexandri M. fragmenta collegit, PSEUDO-CALLISTHENIS historiam fabulosam... nunc primum edidit... Car. Müller. — (V. HISTOIRE : *supplément.*)

DEMOSTHENIS opera. — (V. ci-après : *Orateurs grecs.*)

EURIPIDIS fabulæ... — V. ci-après : *Théâtre grec.*)

Fragmenta EURIPIDIS... perditorum tragicorum omnium... Christus patiens, EZECHIELI et christianorum poetarum reliquiæ dramaticæ. — (V. *ibidem.*)

HESIODI Carmina. APPOLLONII Argonautica. MUSÆI Carmen de Herone et Leandro. COLUTHI Raptus Helenæ. QUINTI Posthomerica. TRYPHIODORI Excidium Ilii. TZETZÆ Antehomerica, etc... — (V. ci-après : *Poètes grecs.*)

Historicorum græcorum (fragmenta)... — (V. HISTOIRE : *supplément.*)

HOMERI Carmina et cycli epici Reliquiæ. — (V. ci-après : *Poètes grecs.*)

LUCIANI samosatensis opera. — (V. ci-dessous, *n°* 28.)

PLATONIS opera. — (V. la division : PHILOSOPHIE.)

PLUTARCHI opera. — (V. ci-dessous, *n°* 25.)

Poetæ bucolici et didactici : THEOCRITUS, BION, MOSCHUS, etc. — (V. ci-après : *Poètes grecs.*)

POLYBII historiarum Reliquiæ. (V. HISTOIRE, *n°* 312)

* Œuvres de XÉNOPHON. — (V. HISTOIRE, *n*os 263, 271-273.)

22. — Opera ARISTOTELIS (cum PORPHYRII institutionibus, Edidit Isaacus Casaubonus. Græce cum latina interpr. Nic. GRUCCHII, Io. ARGYROPYLI, F. VATABLI, G. BUDÆI, Nic. LEONICI, Th. GAZÆ, SCALIGERI, F. PATRITII, C. CALCAGNINI, Iac. SCEGKCII, D. LAMBINI, G. VALLÆ, S. GRYNÆI, Joac. CAMERARII, Ant. RICCOBONI, Fr. PHILELPHI, BESSARIONIS, etc.) — *Lvgdvni, Apud Guillelmum Læmarium,* M. D. XC., 2 tomes en 1 vol. in-fol.

(Le frontispice du T. I manque.)

23. — Même ouvrage. — *Genevæ. Apud Samuelem Crispinum,* CIƆ. IƆCV. (1605), 2 tomes en 1 vol. in-fol.

(Le frontispice du T. I manque.)

24. — ARISTOTELIS Stagiritae opervm Tomus Secundus. (Latine. Interpretav. Th. GAZA, Ioan. ARGYROPYLUS, Leon. ARETINUS, Georg. TRAPEZUNTIUS, Fr. PHILELPHUS, Alex. PACCIUS

Patricius, BESSARIO, Pet. ALCYONIUS, Nic. LEONICENUS, etc.) — *Lvgdvni, Apud Ioannem Frellonium*. M. D. XLIX., in-fol.

(Il manque le 1er vol.)

* ΘΕΟΦΡΑΣΤΟΥ,... τὰ μέχρι νῦν σωζόμενα, ἅπαντα... — *Basileæ* (s. d.), in-fol. — (V. HISTOIRE, n° 264-2°.)

* ΔΙΟΝΥΣΙΟΥ Ἁλικαρνασσέως τὰ εὑρισκόμενα... — Dionysii halicarnassei scripta quæ extant omnia, et historica et rhetorica... (græce et latine). — (V. *ibid.*, n° 296.)

25. — ΠΛΟΥΤΑΡΧΟΥ συγγράμματα. — PLUTARCHI opera. Græce et latine. — *Parisiis, editore Ambrosio Firmin Didot*, 1846-56, 5 vol. grand in-8.

(Cet ouvrage se divise ainsi qu'il suit :)

Tomes I-II. — Βίοι. Vitæ. Secundum codices parisinos recognovit Theod. Dœhner.. — *Parisiis*, 1846-47.

Tomes III-IV. — Scripta moralia. Ex codicibus quos possidet regia bibliotheca omnibus ab ΚΟΝΤΩ cum reiskiana editione collatis emendavit Fredericus Dübner. — *Parisiis*, 1841-56.

Tome V. — Ἀποσπάσματα καὶ ψευδεπίγραφα. Fragmenta et spuria cum codicibus contulit et emendavit Fr. Dubner. — *Parisiis*, 1855.

26. — Les oevvres morales et meslees de PLUTARQUE, Translatees de Grec en François, reueuës et corrigees en ceste troisiéme edition en plusieurs passages par le Translateur (Jacques AMYOT).. — *A Paris, par Michel de Vascosan*, M. D. LXXV., in-fol.

* Histoires diverses d'ELIEN. — (V. HISTOIRE, nos 1872-73.)

27. — ΛΟΥΚΙΑΝΟΥ σαμοσατέως φιλοσόφου τὰ σωζόμενα. — LUCIANI samosatensis philosophi opera omnia quæ extant. Cum latina doctiss. virorum interpretatione (Jacobi MICYLLI, Martini BOLERI, ERASMI, OTTOMARI LUSCINII, P. VIRUNII, Th. MORI, P. MOSELLANI, BILIBALDI BIRCKHEIMERI, Vincentii OBSOPOEI, ANASTASII; Ph. MELANCHTHONIS, Joan. SINAPII). J. Bourdelotius cum regiis codd. aliisque Mss. contulit, emendavit, supplevit. Adjectæ sunt ejusdem Bourdelatii, Theodori Marcilii,... Gilberti Cognati Notæ. Cum indice locupletissimo... — *Lutetiæ Parisiorum, apud Julianum Berthault*, M. DC. XV., in-fol.

28. — ΛΟΥΚΙΑΝΟΥ τοῦ σαμοσατέως τὰ σωζόμενα. — Luciani samosatensis opera ex recensione Guilielmi Dindorfii. Græce et

latine cum indicibus. Editio altera emendatior. — *Parisiis, editore Ambrosio Firmin Didot*, 1842, grand in-8.

29. — Lvciani Samosatensis opera, Quæquidem extant, omnia, è Græco sermone in Latinum. partim iam olim diuersis authoribus, partim nunc per Iacobum Micyllum, translata. Cum Argumentis et Annotationibus eiusdem passim adiectis. — *Lvgdvni, Apud Ioannem Frellonium*, M. D. XLIX., in-fol.

(La traduction latine seulement, par les auteurs désignés au n° 27, édit. 1615.)

30. — Les œuvres de Lucian de Samosate, auteur grec, de nouveau traduites en français et illustrées d'annotations et de maximes politiques en marge, par J. B. (Jean Baudoin). — *A Paris, chez Jean Richer* (1613), in-4.

31. — Lucien, de la traduction de N. Perrot S^r d'Ablancourt... — *Paris, Augustin Courbé*, 1654, 2 vol in-4.

(On trouve à la fin du T. II : « Dialogue des lettres de l'alphabet, par M. de Frémont. — Supplément de l'histoire véritable » (par le même).)

32. — Le même ouvrage, T. I. — *Paris, A. Courbé*, 1655, in-4.

33. — Œuvres de Lucien, traduction nouvelle par M. l'abbé Massieu. — *Paris, Moutard*, 1781, 3 vol. in-12.

(Il manque les 3 derniers volumes.)

34. — Philostrati Lemnii opera qvae exstant. Philostrati Ivnioris Imagines, et Callistrati Ecphrases. Item Evsebii Cæsariensis episcopi liber contra Hieroclem, qui ex Philostrati história æquipararat Apollonium Tyaneum Saluatori nostro Iesv Christo. Græca Latinis è regione posita; Fed. Morellvs,... cum Mnss. contvlit, recensvit : et hactenus nondum Latinitate donata, vertit... — *Parisiis*. M. DC. VIII. *Apud Marcum Orry*, in-fol.

SECTION III.

POLYGRAPHES LATINS ANCIENS ET MODERNES.

---

35. — Bibliothèque classique latine, ou Collection des auteurs classiques latins, avec des commentaires anciens et nouveaux, des index complets, le portrait de chaque auteur, des cartes géographiques, etc. Dédiée au roi, et publiée par Nicolas-Eloi Lemaire,... — *Paris, impr. de Firmin Didot,* 1818-38, 128 vol. in-8.

(La bibliothèque de Limoges ne possède, de cette collection, qui, pour être complète, devrait avoir 144 vol., que les auteurs suivants, dans l'ordre alphabétique :)

Caius Julius Cæsar ad codices parisinos recensitus cum varietate lectionum, Julii Celsi commentariis, tabulis geographicis et selectissimis eruditorum notis quibus suas adjecerunt N.-L. Achaintre et N.-E. Lemaire. — *Parisiis, colligebat N.-E. Lemaire*, 1819-22, 4 vol.

C. Valerius Catullus, ex editione Fred. Guil. Doeringii cui suas et aliorum adnotationes adjecit Josephus Naudet,... — *Parisiis*, 1826, 1 vol.

M. T. Ciceronis pars secunda, sive orationes omnes ad optimos codices et editionem J.-Vict Leclerc recensitæ cum selectis veterum ac recentiorum notis, curante et emendante N.-E. Lemaire. — *Parisiis*, 1827-30, T. I-VI, in-8

— pars tertia, sive opera philosophica... curante et emendante M.-N. Bouillet,... — *Parisiis*, 1828-31, T. I-IV, in-8.

— pars quarta, sive epistolarum omnium libri... curante et emendante N.-E. Lemaire. — *Parisiis*. 1827-28, 3 vol. in-8.

(Il manque, ainsi qu'on le voit, la 1re partie et certains vol. de la 2e et de la 3e, en tout 6 vol.)

Claudii Claudiani opera omnia ex optimis codicibus et editionibus cum varietate lectionum selectis omnium notis et indice rerum ac verborum universo recensuit N.-L. Artaud,... — *Parisiis*, 1824, 2 tomes en 3 vol.

Lucii Annæi Flori Epitome rerum romanarum, item Lucii Ampelii Liber memorialis quibus selectas variorum notas, indicem freinshemianum et novam passim interpretationem subjunxit N.-E. Lemaire. — *Parisiis*, 1827, 1 vol.

Quintus Horatius Flaccus cum variis lectionibus, argumentis, notis veteribus ac novis, quibus accedit index recens omniumque locupletissimus, curante et emendante N.-E. Lemaire. — *Parisiis*, 1829, 1 vol.

(Il manque les T. II et III.)

Justini historiarum ex Trogo Pompeio libri XLIV. Textum wetzelianum, tabulas chronologicas, argumenta, prologos, notas, indices... novis additamentis illustravit N.-E. Lemaire. — *Parisiis*, 1823, 1 vol.

D. Junii Juvenalis sexdecim Satiræ ad codices parisinos recensitæ cum interpretatione latina, lectionum varietate, notis rupertianis, excursibus et indice absoluto quibus plurima subjunxit additamenta N.-E. Lemaire. — *Parisiis*, 1823-25, 2 vol.

M. Annæi Lucani Pharsalia, cum varietate lectionum, argumentis et selectis variorum adnotationibus, quibus suas addidit Petrus Augustus Lemaire,... — *Parisiis*, 1830, 1 vol.

(Il manque les T. II et III.)

M. V. Martialis Epigrammata ad codices parisinos accurate recensita variis lectionibus, notis veteribus et novis, græca interdum versione, notitia literaria et indice locupletissimo illustraverunt quinque parisiensis academiæ professores. — *Parisiis*, 1825, 3 vol.

Publius Ovidius Naso ex recensione heinsio-burmanniana, cum selectis veterum ac recentiorum notis, quibus suas addidit Johan. Aug. Amar,... — *Parisiis*, 1720-24, 9 tomes en 10 vol.

A. Persius Flaccus, cum interpretatione latina lectionum varietate adnotationibusque novis : item Lucilii fragmenta, satira Sulpiciæ ; cum notis, excursibus et indicibus, curante A. Perreau,... Quod est satiricorum latinorum cum Juvenale volumen tertium et ultimum. — *Parisiis*, 1830, 1 vol.

Phædri fabularum æsopiarum libri quinque quales omni parte illustratos publicavit Joann. Gottlob. Sam. Schwabe. Accedunt Romuli fabularum æsopiarum libri quatuor, quibus novas Phædri fabellas cum notulis variorum et suis subjunxit Joann. Bapt. Gail,... — *Parisiis*, 1826, 2 vol. in-8.

M. Accii Plauti Comœdiæ, cum selectis variorum notis et novis commentariis, curante J. Naudet,... — *Parisiis*, 1830, 1 vol.

(Il manque les T. II, III, IV.)

Caii Plinii Secundi Historiæ naturalis libri XXXVII, cum selectis commentariis J. Harduini ac recentiorum interpretum novisque adnotationibus. Pars prima, continens cosmologiam, curante C. Alexandre,... — *Parisiis*, 1827. — Pars secunda, continens geographiam, curante F. Ansart,... — *Parisiis*, 1828-29. — Pars tertia, continens zoologiam, Georgii Cuvier notis et excursibus illustratam, curante Jo. B. Fr. Steph. Ajasson de Grandsagne. — *Parisiis*, 1827 — Pars quarta, continens rem herbariam, curante L. Desfontaines,... — *Parisiis*, 1829-30. — Pars quinta, continens materiam medicam ex animalibus, curante Jo. B. Fr. Steph. Ajasson de

Grandsagne. — *Parisiis*, 1829. — Pars sexta, continens mineralogiam, curante Delafosse,... — *Parisiis*, 1831. — En tout 9 tomes en 11 vol.

(Il manque l'*Index*, formant les T. X et XI.)

Plinii Cæcilii Secundi Epistolarum libri decem et Panegyricus, cum varietate lectionum ac integris adnotationibus editionis schæferianæ, quibus suas addidit N.-E. Lemaire. — *Parisiis*, 1822-23, 2 vol. in-8.

Poetæ latini minores. (Ex recensione wernsdorfiana.)... Notis veteribus ac novis illustravit N.-E. Lemaire. — *Parisiis*, 1824-26, 7 tomes en 8 vol.

(T. I : Gratii et Nemesiani Cynegetica; T. Calpurnii siculi Eclogæ; Q. Ennii, Severi Sancti, Bedæ, Septimii Sereni, Ausonii, Cassii parmensis, Optatiani Porphyrii et aliorum carmina. — T. II : Valerius Cato; T. Petronius Arbiter; Turnus; Sulpicia; Eucheria; Cl. Marius Victor; incerti; P. Virgilius [dubie]; C. Pedo Albinovanus; Asinius Corn. Gallus; Æmilius Magnus Arborius; Sulp. Lupercus Servastus Junior; Pentadius; Firmianus Lactantius; incerti; Vestritius Spurinna; P. Papinius Statius; Cælius Firmianus Symposius; Rufinus; Palladius; Ausonius; Pentadius; Sulp. Lupercus Servastus Junior; Focas; incerti; L. Annæus Florus [dubie]. — T. III : Lucilius Junior; Cornelius Severus; C. Pedo Albinovanus; T. Petronius Arbiter; T. Cæsius Taurinus; Reposianus; Licentius; Saleius Bassus; Patricius; Homeristæ latini antiquiores; Pindarus thebanus; D. Magn. Ausonius burdigalensis; incerti auctores variorum carminum. — T. IV : Rutilius Numatianus; Hildebertus, cenomanensis episcopus; Priscianus; incertus, fortasse Sedulius presbyterus; Ausonius; L. Annæus Seneca; Laurea Tullius; Q. Aurelius Symmachus; P. Ter. Varro Atacinus, et incerti multi. — T. V et VI : Rufi Festi Avieni Geographica; Arati Phænomena et Prognostica, interprete Avieno; Ciceronis, Germanici, aratæa Phænomena et aliorum Epigrammata astronomica; M. Manilii Astronomicon. — T. VII : De Re hortensi et villatica... item amatoria et ludicra: Albus Ovidius Juventinus; Ausonius; Cælius Symposius; Florus; Hosidius Geta; Julius Speratus; L. Junius Moderatus Columella; Maximianus Etruscus; Ofilius Sergianus; Palladius Rutilius; Taurus Æmilianus; Petronius; Vomanus, et incerti multi; Indices)

Q. Curtius Rufus ad codices parisinos recensitus, cum varietate lectionum, supplementis Jo. Freinshemii et selectis Schmiederi variorumque commentariis, quibus notas, excursus mappasque et indices addidit N.-E. Lemaire,... — *Parisiis*, 1822-24, 3 vol.

Marcus Fabius Quintilianus De Institutione oratoria, ad codices parisinos recensitus, cum integris commentariis Georgii Ludovici Spalding; quibus novas lectiones et notas adjecit Joannes Josephus Dussault.... — *Parisiis*, 1821-25, 7 vol.

(Les T. V et VI portent au frotispice : « Marci Fabii Quintiliani Declamationes majores et minores, item Calpurnii Flacci ex recensione burmanniana... » — Le T. VII a pour titre : « M. F. Quintilianus et Calpurnius Flaccus : de quorum operibus judicia testimoniaque omnia. item Annales quintilianeos, editiones recensuit, et tres indices absolutissimos emendavit, auxit, N. E. Lemaire ».)

Caius Crispus Sallustius, ad codices parisinos recensitus, cum varietate lectionum et novis commentariis. Item Julius Exsuperantius e codice nondum explorato emendatus. Curante J. B. Burnouf,... — *Parisiis*, 1821, 1 vol.

L. Annæi Senecæ pars prima, sive opera philosophica quæ recognovit et selectis tum J. Lipsii, Gronovii, Gruteri, B. Rhenani, Ruhkopfii, aliorumque commentariis, tum suis illustravit notis M. N. Bouillet,... — *Parisiis*, 1827-30, 5 vol.

(Il manque la seconde partie : Declamationes, 1 vol.)

— Pars tertia, sive opera tragica quæ ad parisinos codices nondum collatos recensuit novisque commentariis illustravit J. Pierrot,... — *Parisiis*, 1829, 1 vol.

(Il manque les T II et III.)

Caius Silius Italicus. Punicorum libri septemdecim ad optimas editiones collati, cum varietate lectionum, perpetuis commentariis, præfationibus, argumentis et indicibus, curante N.-E. Lemaire. — *Parisiis*, 1823, 2 vol.

Libri quinque Sylvarum P. Papinii Statii (Thebaidos libri duodecim, etc.), cum varietate lectionum et selectis Marklandi aliorumque notis quibus suas addiderunt J.-A. Amar et N.-E. Lemaire,... — *Parisiis*, 1825-30, 4 vol.

C. Suetonii Tranquilli Duodecim Cæsares et minora quæ supersunt opera, Baumgartenii-Crusii commentario, excursibus Ernestii et annotationibus variorum novisque illustravit Car. Benedict. Hase,... — *Parisiis*, 1828, 2 vol.

Caius Cornelius Tacitus qualem omni parte illustratum postremo publicavit Jer. Jac. Oberlin, cui posthumas ejusdem annotationes et selecta variorum additamenta subjunxit Jos. Naudet,... — *Parisiis*, 1819-20, 5 tomes en 6 vol.

Publii Terentii Afri Comœdiæ ex optimarum editionum textu recensitæ, quas adnotatione perpetua, variis disquisitionibus et indice rerum locupletissimo illustravit N.-E. Lemaire. — *Parisiis*, 1827, 2 tomes en 3 vol.

Albii Tibulli quæ supersunt omnia opera varietate lectionum, novis commentariis, excursibus, imitationibus gallicis, vita auctoris et indice absolutissimo instruxit Philipp. Amat. de Golbéry,... — *Parisiis*, 1826, 1 vol.

(Les imitations en vers français dont il est ici question sont de La Harpe, Lebrun, Loyson, Andrieux.)

Titus Livius Patavinus, ad codices parisinos recensitus, cum varietate lectionum et selectis commentariis Item supplementa J. Freinshemii, curante N.-E. Lemaire. — *Parisiis*, 1822-25, 12 tomes en 13 vol.

C. Valerii Flacci Setini Balbi Argonauticon libros octo, veteri novaque lectionum varietate, commentariis, excursibus, testimoniis, Argonautarum catalogo, indice nominum, rerum et verborum universo, instructos ac diligenter recensitos edidit N.-E. Lemaire. — *Parisiis*, 1824-25, 2 vol.

Valerius Maximus, De dictis factisque memorabilibus, et Jul. Obsequens, De prodigiis, cum supplementis Conradi Lycosthenis et selectis eruditorum notis, quos recensuit novisque accessionibus locupletavit Car. Benedict. Hase,... — *Parisiis*, 1822-23, 2 tomes en 3 vol.

Caius Velleius Paterculus qualem omni parte illustratum publicavit David Ruhnkenius, cui selectas variorum interpretum notas, Krausii excursus, cum duobus locupletissimis indicibus et novis annotationibus subjunxit N.-E. Lemaire. — *Parisiis*, 1822, 1 vol.

P. Virgilius Maro qualem omni parte illustratum tertio publicavit Chr. Gottl. Heyne, cui Servium pariter integrum et variorum notas cum suis subjunxit N.-E. Lemaire. — *Parisiis*, 1819-23, 8 tomes en 9 vol.

(Le T. VII contient, outre la fin de l'Enéide et les petits poèmes : Elenchus codicum... et de Virgilii editionibus, auctore M. Heyne, cum notis et additionibus Barbier. — Le T. VIII, en 2 parties, contient les index et la Flore de Virgile composée par A.-L.-A. Fée,...)

(Indépendamment des volumes ci-dessus indiqués, il manque, pour compléter la collection : Cornelius Nepos, 1 vol.; Lucrèce, 2 vol.; Prosperce, 1 vol.

36. — Bibliothèque latine-française. Collection des classiques latins, avec la traduction en regard. — *Paris, C.-L.-F. Panckoucke,* 1826-49, in-8.

(Ordre alphabétique de noms d'auteurs.)

Apulée, traduction nouvelle par M. V. Bétolaud,... (Métamorphoses, Florides. Dieu de Socrate, Doctrine de Platon, Monde, Apologie, Fragments.) — *Paris*, 1835-38, 4 vol.

Poésies de C. V. Catulle, traduction nouvelle par Ch. Héguin de Guerle,... — *Paris*, 1837. — Poésies de Cornelius Gallus (et Elégies de Maximilien l'Etrusque attribuées à Cn. Cornelius Gallus), traduction nouvelle par M. Jules Genouille,... — *Paris*, 1836, le tout en 1 vol.

Mémoires de Jules César, traduction nouvelle par M. Artaud,... — *Paris*, 1828, 3 vol.

OEuvres complètes de Cicéron, 36 vol.

Tome I. — Rhétorique à Herennius, traduction nouvelle par M. Delcasso,... — *Paris*, 1835.

— *II.* — L'invention, traduction nouvelle par MM. J.-P. Charpentier,... et E. Greslou. — *Paris*, 1833.

— *III-IV.* — Dialogues de l'orateur, traduction nouvelle par M. Andrieux,... (suivis de Brutus, ou Dialogue sur les orateurs illustres; traduction nouvelle par M. de Golbéry.) — *Paris*, 1830-31.

— *V.* — L'orateur, traduction nouvelle par M. Alphonse Agnant,... — Les topiques, traduction nouvelle par M. Delcasso,... — Partitions oratoires, traduction nouvelle par M. Bompart. — Orateurs parfaits, traduction nouvelle par M. E. Greslou. — *Paris*, 1835.

— *VI-XVII.* — Oraisons, traduction nouvelle par Guéroult jeune,... J.-N.-M. de Guerle,... et Ch. du Rozoir,... — *Paris*, 1829-34.

Tomes XVIII–XXVI. — Lettres, par M. DE GOLBÉRY,... — *Paris*, 1831-35.

— *XXVII–XXIX.* — Académiques, traduction nouvelle par M. DELCASSO,... — Des biens et des maux, traduction nouvelle par M. STIÉVENARD,... — Questions tusculanes, traduction nouvelle par M. MATTER. — *Paris*, 1832–34.

— *XXX.* — De la nature des dieux, traduction nouvelle par M. MATTER,.. *Paris*, 1830.

— *XXXI.* — De la divination, traduction nouvelle par M. DE GOLBÉRY,... — Du destin, traduction nouvelle par M. J. MANGEART,... — *Paris*, 1832.

— *XXXII.* — Traité des devoirs, traduction nouvelle par M. STIÉVENART, suivi du Dialogue sur la vieillesse, traduction nouvelle par PIERROT et A. POMMIER,... — *Paris*, 1830.

— *XXXIII.* — Dialogue sur l'amitié, par M. J. PIERROT,... — Paradoxes, Demande du consulat, par MM. PÉRICAUD,... et L. CHEVALIER. — Consolation, par M. J. MANGEART,... — *Paris*, 1833.

— *XXXIV.* — Du gouvernement, traduction nouvelle par M. A.-A.-J. LIEZ,... — Discours sur l'amnistie, traduction nouvelle par M. J. MANGEART,... — *Paris*, 1835.

— *XXXV.* — Des lois, traduction nouvelle par M. J.-P. CHARPENTIER,... — Discours au peuple, traduction nouvelle par M. J. MANGEART,... — *Paris*, 1835.

— *XXXVI.* — Fragments, traduction nouvelle par MM. A. PÉRICAUD, J. MANGEART, AJASSON DE GRANDSAGNE, Ch. DU ROZOIR, E. GRESLOU. — *Paris*, 1837.

OEuvres complètes de CLAUDIEN, traduction nouvelle par MM. HÉGUIN DE GUERLE,... et Alph. TROGNON. — *Paris*, 1830–33, 2 vol.

Les Vies de CORNELIUS NEPOS, nouvelle édition par P.-F. DE CALONNE,... et Amédée POMMIER,... — *Paris*, 1827, 1 vol.

Abrégé de l'Histoire romaine de L. Annæus FLORUS, traduit par F. RAGON,... avec une notice par M. VILLEMAIN,... — *Paris*, 1826, 1 vol.

OEuvres complètes d'HORACE. — *Paris*, 1831–32, 2 vol.

Tome I. — OEuvres lyriques, traduites en prose par MM. AMAR, ANDRIEUX, A.-V. ARNAULT, Ph. CHASLES, DARU, DU ROZOIR, NAUDET, C.-L.-F. PANCKOUCKE, E. PANCKOUCKE, DE PONGERVILLE et Léon HALÉVY.

— *II.* — Satires, Epîtres, Art poétique, traduits en prose par MM. AMAR, ANDRIEUX, BIGNAN, CHARPENTIER, Ph. CHASLES, DARU, J.-N.-M. DE GUERLE, DU ROZOIR, FÉLETZ, LIEZ, NAUDET, OUIZILLE, C.-L.-F. PANCKOUCKE, Ernest PANCKOUCKE, DE PONGERVILLE, Alph. TROGNON.

Histoire universelle de JUSTIN, extraite de TROGUE POMPÉE, traduction nouvelle par Jules PIERROT,... et par E. BOITARD. — *Paris*, 1827–29, 2 vol.

Satires de JUVÉNAL, traduites par J. DUSAULX, nouvelle édition, revue et corrigée par Jules PIERROT,... — *Paris*, 1825–26, 2 vol.

Pharsale de M.-A. LUCAIN, traduction nouvelle, livres I-II-III, par M. Phil. CHASLES; livres IV-V, par M. GRESLOU; (livres VI-X, par M. J.-J. COURTAUD-DIVERNÉRESSE,...) — *Paris*, 1835-36, 2 vol.

LUCRÈCE. De la nature des choses, poème traduit en prose par DE PONGERVILLE, avec une Notice littéraire et bibliographique (et un Exposé du système d'Epicure) par AJASSON DE GRANDSAGNE. — *Paris*, 1829-32, 2 vol.

Epigrammes de M. Val. MARTIAL, traduction nouvelle par MM. V. VERGER, N.-A. DUBOIS, J. MANGEART. — *Paris*, 1834-35, 4 vol.

OVIDE. OEuvres complètes (Héroïdes, Consolation à Livia Augusta; Halieutiques; Le noyer; Amours; L'art d'aimer; Le remède d'amour; Les cosmétiques; Métamorphoses; Les fastes; Les tristes; Politiques; Ibis); traduction nouvelle par MM. Th BURETTE, CHAPPUYZI, J.-P. CHARPENTIER, GROS, HÉGUIN DE GUERLE, MANGEART, VERNADÉ. — *Paris*, 1834-36, 10 vol.

Histoire romaine de Caius VELLEIUS PATERCULUS, adressée à M. Vinicius, consul, traduite par M. DESPRÉS,... — *Paris*, 1825, 1 vol.

Satires de PERSE, suivies d'un fragment de TURNUS et de la satire de SULPICIA, traduction nouvelle par A. PERREAU,... — *Paris*, 1832, 1 vol.

Le Satyricon de PÉTRONE, traduction nouvelle par C. H. D. G. (HÉGUIN DE GUERLE), avec les imitations en vers, et les recherches sceptiques sur le Satyricon et sur son auteur de J.-N.-M. DE GUERLE. — *Paris*, 1834-35, 2 vol.

Fables de PHÈDRE, traduction nouvelle par M. Ernest PANCKOUCKE. — *Paris*, 1834, 1 vol.

Théâtre de PLAUTE, traduction nouvelle, accompagnée de notes par J. NAUDET,... — *Paris*, 1831-38, 9 vol.

Histoire naturelle de PLINE, traduction nouvelle par M. AJASSON DE GRANDSAGNE, annotée par MM. Beudant, Brongniart, G. Cuvier, Daunou, Emeric David, Descuret, Doé, E. Dolo, Dusgate, Fée, L. Fouché, Fourier, Guibourt, El. Johanneau, Lacroix, Lafosse, Lemercier, Letronne, Louis Liskenne, L. Marcus, Mongès, C.-L.-F. Panckoucke, Valentin Parisot, Quatremère de Quincy, P. Robert, Robiquet, H. Thibaud, Thurot, Valenciennes, Hipp. Vergne. — *Paris*, 1829-33, 20 vol.

Lettres de PLINE le Jeune (et Panégyrique de Trajan), traduites par DE SACY. Nouvelle édition, revue et corrigée par Jules PIERROT,... — *Paris*, 1826-29, 3 vol.

Elégies de PROPERCE, traduction nouvelle par J. GENOUILLE,... — *Paris*, 1834, 1 vol.

Histoire d'Alexandre le Grand par QUINTE-CURCE, traduction nouvelle par MM. Aug. et Alph. TROGNON. — *Paris*, 1828-29, 3 vol.

Institution oratoire de QUINTILIEN, traduction nouvelle par C.-V. OUIZILLE,... — *Paris*, 1829-35, 6 vol.

OEuvres de SALLUSTE, traduction nouvelle, comprenant la Guerre de Jugurtha, les fragments de la grande Histoire romaine, la Conjuration de Catilina, et les deux Epîtres à César; accompagnée d'une Notice biographique et littéraire sur Salluste, d'Observations préliminaires, et d'un

Commentaire historique et critique sur chacun de ses ouvrages. Par M. Ch. du Rozoir,... — *Paris*, 1829-33, 2 vol.

OEuvres complètes de Sénèque le Philosophe, traduction nouvelle par MM. Ajasson de Grandsagne, Baillard, Charpentier, Cabaret-Dupaty, du Rozoir, Héron de Villefosse, Naudet, C.-L.-F. Panckoucke, Ernest Panckoucke, de Vatimesnil, Alfred de Wailly, Gustave de Wailly, Alphonse Trognon; publiées par M. Charles du Rozoir,... — *Paris*, 1833-34, 8 vol.

Tragédies de L.-A. Sénèque, traduction nouvelle par M. E. Greslou. — *Paris*, 1834, 3 vol.

Silius Italicus. Les Puniques, traduction nouvelle par M. E.-F. Corpet et M. N.-A. Dubois,... (et M. E. Greslou). — *Paris*, 1836-38, 3 vol.

OEuvres complètes de Stace, traduites, les livres I et II des Silves, par M. Rinn,... les livres III, IV (V des Silves et I à IV de la Thébaïde), par M. Achaintre,... (et les livres V-XII de la Thébaïde, ainsi que l'Achilléide, formant les T. III et IV, par M.-L. Boutteville). — *Paris*, 1829-32, 4 vol.

Suétone, traduction nouvelle par M. de Golbéry,... — *Paris*, 1830-33, 3 vol.

OEuvres de Tacite, traduites par C.-L.-F. Panckoucke. — *Paris*, 1830-38, 7 vol.

(Annales, 3 vol.; Histoires, 2 vol.; Germanie, Agricola, des Orateurs, 1 vol.; nouvel index, manuscrits de Tacite, éditions princeps, bibliographie, 1 vol.)

Les comédies de Térence, traduction nouvelle par M. J.-A. Amar,... — *Paris*, 1830-31, 3 vol.

Elégies de A. Tibulle, traduction nouvelle par M. Valatour,... — *Paris*, 1836. — Sentences de Publius Syrus, traduction nouvelle par M. Jules Chenu. — *Paris*, 1835, le tout en 1 vol.

Histoire romaine de Tite-Live, traduction nouvelle par MM. A.-A.-J. Liez,.. N.-A. Dubois,... V. Verger,... (et Corpet). — *Paris*, 1830-35, 17 vol.

Valère-Maxime. Faits et paroles mémorables, traduction nouvelle par C.-A.-F. Frémion,... — *Paris*, 1827-28, 3 vol.

Valerius Flaccus. L'Argonautique, ou Conquête de la toison d'or, poème traduit pour la première fois en prose par J.-J.-A. Caussin de Perceval,... — *Paris*, 1829, 1 vol.

OEuvres complètes de Virgile, traduction nouvelle : Bucoliques et Géorgiques, par M. Charpentier; Enéide, livres I-VIII, par M. Villenave; livres IX-XII, par M. Amar; Petits poèmes, Géographie, par M. Valentin Parisot; Flore, par M. Fée. — *Paris*, 1833-35, 4 vol.

(Il manque toute la seconde série de cette collection.)

37. — Marci Tvllii Ciceronis opera qvae aedita svnt hactenvs omnia, in tomos redacta quatuor, ac diuersorum ac uetustissimorū codicum collationem ingenti cura recognita, multisq; locis ultra superiores æditiones restitutis, quorũ Tomvs primvs rhetorica, oratoria, et forensia, continet... — *Basileae, ex officina hervagiana, anno* M. D. XXXIIII.

— Secundus tomvs orationes Marci Tvllii CICERONIS habet, vetvstissimis collatis exemplaribvs, accuratius iam castigatas atq; à mendis ferè innumeris uindicatas, nec non locupletatas uersibus plurimis ac oratione integra pro P. Sestio... — *Basileae, ex officina hervagiana,* M. D. XXXIIII, les 2 tomes en 1 vol. in-fol.

(Il manque de cette édition les T. III et IV, qui ont été remplacés par les suivants :)

38. — Tomvs tertivs opervm M. Tvllii CICERONIS, omneis eius epistolas complectens... — *Lvtetiae, apud Iacobum du Puis,* M. D. LXV.

— Tomvs qvartvs opervm M. Tvllii CICERONIS philosophicos eius libros a Dionys. Lambino Monstroliensi ex auctoritate codicum manuscr. emendatos, complectens... Accesserunt eiusdem Lambini emendationum rationes, et annotatiunculæ: et index amplissimus rerum ac verborum memoria digniorum. — *Lvtetiæ, apud Iacobum du Puis,* M. D. LXV, les 2 tomes en 1 vol. in-fol.

39. — M. T. CICERONIS opera. Ex Petri Victorii codicibus, maxima ex parte descripta... quem nos industria, quanta potuimus, cõsequuti, quasdam orationes redintegratas, tres libros De Legibvs multo quam antea meliores, et reliquias de commentariis, qui de Repvblica inscripti erant, magno labore collectas vndique, descriptas que libris, vobis exhibemus. Eivsdem Victorii explicationes suarum in Ciceronem castigationum. Index rervm et verborvm. — *Parisiis, ex officina Roberti Stephani,* M. D. XXXIX, 2 tomes en 1 vol. in-fol.

(Le T. I traite de la Rhétorique; son frontispice porte la date de 1538. Le T. II, qui est daté de 1539, contient les discours. Il manquerait, d'après Brunet, qui cite cette édition, les T. III–VI.)

40. — Même ouvrage, même édition, T. I, II, en 1 vol. in-fol.

(Le frontispice manque.)

41. — Opera M. Tvllii CICERONIS à Dionys. Lambino Monstroliensi, ex auctoritate codicum manuscr. emendata... Accesserunt eiusdem Lambini emendationum rationes, et annotatiunculæ, et index amplissimus rerum ac verborum memoria

digniorum. — Aldus. — *Lvtetiæ, apud Bernardum Turrisanum*, 1565, 4 tomes en 2 vol. in-fol.

(Les frontispices des T. I et III manquent. — Pour la commodité des recherches, les index des T. I et II, III et IV ont été réunis à la fin de chaque vol.)

42. — M. Tvllii CICERONIS opera omnia, qvae exstant, a Dionysio Lambino,... emendata, et aucta... Eivsdem D. Lambini annotationes... Fragmenta omnia, qvae exstant, à viris doctis vndique collecta... eaque ab eodem Lambino et aucta, et emendata. — *Lvtetiae Parisiorvm, apud Joannem Benenatum*, CIↃ. IↃ. LXXIII, in-8.

(Le T. I seulement, contenant les ouvrages sur la Rhétorique. — Il manque les 8 derniers vol.)

43. — Eadem, cum notis Dionysii Gothofredi. — 4 tomes en 1 vol. in-4.

(Le frontispice manque. — Le privilége accordé à Godefroy porte la date de 1588.)

44. — Marci Tullii CICERONIS opera quæ supersunt omnia, cum Asconio et scholiaste veteri; ac notis integris P. Victorii, J. Camerarii, F. Ursini, et selectis P Manutii, D. Lambini, J. Gulielmii, J. Gruteri, J. F. et J. Gronoviorum, J. G. Grævii, et aliorum quamplurimorum qui aliquam Ciceronis operum partem animadversionibus illustraverunt. Isaacus Verburgius collegit, disposuit, recensuit, variantes lectiones ubique apposuit... Cum indicibus accuratissimis... — *Amstelædami, apud Rod. et Gerh. Wetstenios*, 1724, 11 tomes en 16 vol. in-8.

(Portraits. — La pagination suit d'un volume à l'autre jusqu'au T. X. Le T. XI contient les *index*.)

(V. aussi *n*os 35 et 36, *Biblioth. Lemaire* et *Panckoucke*.)

45. — Penu tullianum, decem cællis sive indicibus expromens quidquid uspiam divitiarum in operibus M. Tullii CICERONIS Guilielmo Gruterianis continetur : collectore Georgio Ludovico FROBENIO. C. H... — *Hamburgi, ex bibliopolo frobeniano*, cIↄ Iↄc XIX (1619), in-fol.

*L. Annæi SENECAE philosophi et M. Annæi SENECÆ rhetoris qvæ extant opera. — (V. *la division* PHILOSOPHIE.)

* Traduction de quelques ouvrages de l'empereur JULIEN (les Césars, le Misopogon, les Lettres choisies), par l'abbé DE LA BLETERIE. — (V. HISTOIRE, *n*° 399.)

46. — Anitii Manlii Severini Boethi,... Opera omnia, quorum alia antè impressa, nunc denuò per doctos uiros recognita : alia, quæ hactenus latuerunt, nunc primùm emendatiss. in lucem prodeunt... Praeterea iam accesservnt, Ioannis Murmelij in V. Lib. De Consolatione Philosophiæ commentaria. Et in eosdem Rodolphi Agricolæ Enarrationes. Item, Gilberti Porretæ,... in IIII Lib. de Trinitate commentarii... Præter reliquos doctiss. uiros, Henricvs Loritus Glareanvs, Arithmeticam et Musicam demonstrationibus et figuris auctiorem redditam, suo pristino nitori restituit... Et Martianvs Rota, opus de tota differendi ratione, hoc est, organum, Dialecticæ et Rhetoricæ studiosis necessarium, illustrauit. Et huius autoris uitam, cùm ex alijs, tum ex Boëthi monumentis collectam, bona fide descripsit. — *Basileae, ex officina henricpectrina.* (A la fin :) *anno* M. D. LXX, in-fol.

47. — Francisci Petrarchæ Opera quæ latinè scripsit omnia. Accedit Benevenuti de Rambaldis Liber Augustalis. — *Basileæ, Joannes de Amerbach,* 1496), in-fol.

(A défaut de frontispice, le titre ci-dessus a été copié dans le catalogue de La Vallière, n° 4343, qui donne cette édition comme la première On lit au premier feuillet : « Librorum Francisci Petrarchæ Basileæ Impressorum Annotatio ». Et, à la fin du *Liber Augustalis :* « Explicit Liber Augustalis : Beneuenuti de Rambaldis cum pluribus alijs opusculis Francisci Petrarchæ : ***Impressis Basileæ per Magistrum Ioannem de Amerbach : Anno salutisferi uirginalis partus : Nonagesimosexto supra millesimu(m) quaterq(ue) centesimum*** ». Le volume se termine par « Principalium sententiarum ex libris Francisci Petrarchæ collectarum summaria Annotatio ». Les feuillets ne sont pas paginés, mais sont chiffrés. Les majuscules sont en rouge et en bleu. Les deux premiers feuillets manquent.)

48. — Francisci Petrarchae Florentini,... Opera quæ extant omnia. In quibus præter Theologica, Naturalis, Moralisq; Philosophiæ præcepta, liberalium quoq; artium Encyclopediam, Historiarum thesaurum, et Poësis diuinam quandam uim, pari cum sermonis maiestate, coniuncta inuenies. Adiecimvs eivsdem avthoris, qvæ hetrvsco sermone scripsit carmina sive Rhythmos... Hæc quidem omnia nunc iterum summa diligentia à uarijs mendis, quibus scatebant, repurgata, atque innumerabilibus in locis, genuinæ integritati restituta, et in Tomos quatuor distincta... — *Basileæ, per Sebastianvm Henricpetri.* (A la fin :) *anno* CIↃ. IↃ. XXCI (1581), in-fol.

49. — Aeneae Sylvii Picolomini Senencis, qvi post adeptvm pontificatvm Pivs eivs nominis Secvndvs appellatus est,

opera quæ extant omnia, nunc demum post corruptissimas æditiones summa diligentia castigata et in unum corpus redacta... His qvoqve accessit Gnomologia ex omnibvs Sylvii operibus collecta, et Index rerum ac uerborum omnium copiosissimus. — *Basileae, ex officina henricpetrina.* (A la fin :) M. D. LXXI, in-fol.

50. — Même ouvrage, même édition. — In-fol.

(La *Gnomologie* ne se trouve pas dans cet exemplaire.)

51. — Omnium Angeli POLITIANI operũ [quæ quidem extare nouimus] Tomus prior, in quo sunt. Epistolarũ libri. XII... Charmides Platonis a Politiano latinitate donatus... Miscellaneorum Centuria Prima... Accessit omnium quæ in toto ope greca sunt, accuratissima Iacobi Tuscani interpretatio. Epistolarum et Miscellaneorum explanationes, cum earum indice... — *Venu(n)da(n)tur in edibus Ascensianis.* (A la fin :) M. D. XIX, 2 tomes en 1 vol. in-fol.

(Le T. II n'a pas de frontispice, mais on lit au verso du 1er feuillet : « In hoc secundo operum Angeli Politiani Tomo hac serie comprehendenda. Herodiani historia e græco in latinum. Enchiridion Epicteti Stoici e græco in latinum. Defensio pro Epicteto... Alexandri Aphrodisei Problemata. Narrationes amatoriæ Plutarchi. Lamia. Panepistemon. De ira. Præfatio in Homerum. In Quintilianum et Statii Sylvas. In Suetonium. Oratio pro oratoribus Senensium... Orationes pro oratoribus Florentinorum... Athanasii opusculum in psalmos. Dialectica. Prælectio in Dialecticam. In Persium. Nutricia. Rusticus. Manto. Ambra. Epicedion in Albieram. Epigrammata latina ».)

52. — Opera omnia, Ioannis Francisci PICI, MIRANDVLÆ Domini, concordiaeqve comitis,... quæ extant... iam pridem summa cura, ac singulari studio postliminio reuocata, pristinæq; libertati restituta : ac in corpus unum collecta... Qvibvs adiecimvs indicem copiosissimvm... — *Basileae. Ex officina henricpetrina.* (A la fin :) CIƆ. IƆ. LXXIII (1573), in-fol.

53. — Ioannis Ioviani PONTANI. De aspiratione Libri duo. Charon Dialogus. Antonivs, Dialogus. Activs Dialogus. Aegidivs Dialogus. Asinvs Dialogus. De sermone Libri sex. Belli, qvod Ferdinandvs Senior Neapolitanvs rex cvm Ioanne Andeganiensivm dvce gessit, libri sex. — (A la fin :) *Venetiis, in aedibvs Aldi et Andreae Soceri, mense aprili* M. D. XIX, très-petit in-4.

(D'après le nombre des feuillets (318) de ce volume, qui n'a pas de frontispice, ce serait le second des œuvres en 3 vol. dont Brunet donne l'édition comme très-recherchée et rarement complète.)

54. — Omnia opera Des. Erasmi Roterodami, qvaecvnqve ipse avtor pro svis agnovit, novem tomis distincta... Cum Præfatione Beati Rhenani Selestadiensis, uitam autoris describente... Addito Indice copiosissimo. — *Basileae (per Hieronymum Frobenium et Nicolaum Episcopium)*, M. D. XL, 9 tomes en 8 vol. in-fol.

(Les T VII, VIII dans le même volume. — T. I : Quæ spectant ad institutionem litterarum. — T. II : Adagiorum chiliades quatuor cum sesquicenturia. — T. III : Epistolæ universæ. — T. IV : Quæ ad morum institutionem pertinent. — T. V : Quæ ad pietatem instituunt. — T. VI : Novum Testamentum cum versione latina et annotationibus. — T. VII : Paraphrases in universum Novum Testamentum. — T. VIII : Theologica ex græcis scriptoribus, in latinum sermonem versa. — T. IX : Apologiæ.)

55. — Ios. Ivsti Scaligeri Ivlii Caesaris a Bvrden filii Opvscvla varia antehac non edita... — *Parisiis, apud Hieronymvm Drovart*, M. DC. X, in-4.

(On lit après la préface : « In hoc volvmine hæc continentvr : Animaduersiones in Melchioris Guilandini Commentarium in tria C. Plini de Papyro capita... — Diatriba de Decimis in lege Dei. — Notitia Galliæ. Et Notæ super appellationibus locorum aliquot et gentium apud C. Cæsarem. — Diatribæ De Europæorum linguis, De hodiernis Francorum, De varia literarum aliquot pronuntiatione. — De Thesi quadam Chronologica, Iudicium. — Expositio numismatis argentei Constantini Imp. — Orphei,... Initia seu Hymni sacri versibus antiquis Latine expressi. — In Æschyli Prometheum à Fl. Christiano conuersum, Prologus — Epigrammata quædam Latinè versa è Græcorum Florilegio. — Poemata quædam et Epigrammata antehac non edita. — Animaduersiones in Q. Annæi Senecæ Tragœdias. — Asinii Cornelii Galli Elegia et Epigrammata cum animaduersionibus. — Epistolæ XLIII. ad diuersos. — Animaduersiones in Cyclopem Euripidis. — Discours de la ionction des Mers, du dessechement des Marais et de la reparation des riuieres, pour les rendre nauigeables. — Discours sur quelques particularitez de la Milice Romaine. — Letres touchant l'explication de quelques Medailles ».)

56. — Les meditations historiqves de M. Philippe Camerarivs,... comprises en trois volvmes qvi contienent trois cens Chapitres, reduits en quinze Liures : tournez de Latin en François par S. G. S. (Simon Goulard, Senlisien)... — *Lyon, pour la vefve d'Antoine de Harsy*, M. DC. X, 3 tomes en 1 vol. in-4.

57. — Hieronymi Cardani mediolanensis,... Opera edita à Car. Spon... Editio ut cæteris elegantior ita et accuratior. — *Lugduni, sumptibus Antonii Huguetan et Marci Antonii Ravaud*, 1663, 10 vol. in-fol.

(T. I (dont le frontispice manque) : Philologica, logica, moralia. — T. II : Moralia quædam et physica. — T. III : Physica. — T. IV : Arithmetica, geometrica, musica. — T. V : Astronomica, astrologica, anirocritica. — T. VI, VII, VIII, IX : Medicinalia. — T X : Miscellanea, ex fragmentis et paralipomenis.)

58. — Opera Ioan. Goropii Becani, Hactenus in lucem non edita : nempe, Hermathena, Hieroglyphica, Vertvmnvs, Gallica, Francica, Hispanica. — *Antwerpiæ, excudebat Christophorus Plantinus,* clɔ. Iɔ. lxxx. (1580), in-fol.

(A la suite :)

— Pvblii Optatiani Porphyrii Panegyricvs dictvs Constantino Avgvsto. Ex codice manuscripto Pavlli Velseri,... — *Augustæ Vindelicorum, anno* m d vc (1595), in-fol.

* Car. Molinæi opera. — (V. *la division* Nomologie.)

59. — Justi LipsI opera, quæ velut in partes ante sparsa, nunc in certas classes digesta; atque in gratiam et utilitatem legentium, in novum corpus redacta, et II. tomis comprehensa... Accuratæ inspectionis et novæ formæ editio : necnon ad mentem autoris typosque, figurarum elegantia omni perpolita. — *Lugduni, apud Horatium Cardon,* m dc xiii, 2 vol. in-fol.

* Joannis Harduini opera selecta. — (V. Histoire, *n°* 1867.)

SECTION IV.

POLYGRAPHES FRANÇAIS OU QUI ONT ÉCRIT EN FRANÇAIS.

(Ordre alphabétique de noms d'auteurs.)

60. — Mélanges de littérature, d'histoire et de philosophie (par d'Alembert.) — *Berlin* (*Paris, Briasson*), 1753, 2 vol. in-12.

(T. I : Discours préliminaire des éditeurs de l'Encyclopédie; Explication détaillée du système des connaissances humaines; Eloges historiques de Jean Bernoulli et de l'abbé Terrasson. — T. II : Réflexions et anecdotes sur Christine, reine de Suède; Essai sur la société des gens de lettres et des grands, sur la réputation, sur les mécènes et sur les récompenses littéraires; Traduction de quelques morceaux de TACITE (avec le latin en regard).

61. — Œuvres de M. BALLANCHE, de l'académie de Lyon. — *Paris, J. Barbezat*, 1830, 4 vol. in-8.

(T. I : Antigone; L'homme sans nom; Elégie; Fragments. — T. II : Essai sur les institutions sociales; Le vieillard et le jeune homme. — T. III, IV : Essais de palingénésie sociale.)

* Analyse raisonnée de BAYLE, ou Abrégé méthodique de ses ouvrages (par l'abbé DE MARSY). — (V. HISTOIRE, *n*° 1671.)

62. — Œuvres de messire Jacques-Bénigne BOSSUET,... (publiées par l'abbé Pérau). — *Paris, Le Mercier* (*et autres*), 1743-47, 12 vol. in-4.

(Portrait. — Il faut joindre à ces 12 vol. : 1° « Defensio declarationis conventus cleri gallicani an. 1682. — *Amstelodami*, 1745, 2 vol. — 2° La traduction française de l'ouvrage précédent. — *Amsterdam*, 1741, 3 vol. (V. *la division* NOMOLOGIE.) — Et 3° les œuvres posthumes (publiées par Le Roy). — *Amsterdam*, 1753, 3 vol. (V. *la division* RELIGION ».)

63. — Œuvres de messire Jacques-Bénigne BOSSUET,... — *Liége* (*Avignon*), *chez les libraires associés*, 1766-68, 20 vol. in-8.

(Portrait. — Réimpression de l'édition ci-dessus. — Il manque les T. XII et XIII.)

64. — Œuvres de BOULLANGER. — *Amsterdam* (*Paris*), 1794, 6 vol. in-8.

(T. I, II : Précis sur la vie et les ouvrages de Boullanger; L'antiquité dévoilée par ses usages (ouvrage refait sur le manuscrit original par le baron D'HOLBACH.) — T. III : Recherches sur l'origine du despotisme oriental (avec une lettre de l'auteur à Helvétius); Essai philosophique sur le gouvernement; Esope fabuliste; Du bonheur. — T. IV : Le christianisme dévoilé (par le baron D'HOLBACH, et non par Boullanger); Dissertation sur Elie et sur Enock; Examen critique de saint Paul (traduit de l'anglais de Pierre ANET par le baron D'HOLBACH); Dissertation sur saint Pierre. — T. V : De la cruauté religieuse (traduit de l'anglais par le baron D'HOLBACH); Articles extraits de l'Encyclopédie : *Corvées*, *Déluge*, *Langue hébraïque*, *Economie politique* — T. VI : Histoire d'Alexandre le Grand.)

65. — Œuvres du seigneur de BRANTOME, nouvelle édition, considérablement augmentée, revue, accompagnée de remarques historiques et critiques, et distribuée dans un meilleur ordre (par Le Duchat, Lancelot et Prosper Marchand). — *Londres, aux dépens du libraire*, 1779, 15 vol. in-12.

(Portrait. — T I : Vie de l'auteur et généalogie de la maison des

Bourdeilles — T. II : Vies des dames illustres. — T. III, IV : Vies des dames galantes. — T. V, VI : Vies des hommes illustres et grands capitaines étrangers. — T. VII–XI : Vies des hommes illustres et grands capitaines français. — T. XII : Discours sur les duels. — T. XIII : Rodomontades espagnoles. — T. XIV : Opuscules divers ; Maximes et avis du maniement de la guerre par André DE BOURDEILLE. — T. XV : Lettres d'André DE BOURDEILLE. — D'après Barbier, qui s'appuie sur ce que dit le marquis de Paulmy au T. XXIX de ses *Mélanges tirés d'une grande bibliothèque*, les *Maximes militaires* attribuées à André de Bourdeille seraient plutôt d'Armand GONTAULT, maréchal DE BIRON.)

* Œuvres complètes de... BRANTOME. (Collection du *Panthéon littéraire.*) — (V. HISTOIRE, *n°* 563.)

66. — Les œuvres de maître Alain CHARTIER, clerc, notaire et secrétaire des rois Charles VI et Charles VII ; contenant l'Histoire de son temps, l'Espérance, le Curial, le Quadriloge, et autres pièces, toutes nouvellement revues, corrigées et de beaucoup augmentées sur les exemplaires écrits à la main, par André DU CHESNE, tourangeau. — *Paris, Samuel Thiboust*, 1617, in-4.

(L'histoire de Charles VII est de Giles LE BOUVIER dit BERRY, et c'est sous ce nom que Denis Godefroy l'a fait réimprimer à Paris en 1661. — (V. cet ouvrage, Catalogue d'HISTOIRE, *n°* 671.)

67. — Œuvres complètes de M. le vicomte DE CHATEAUBRIAND,... — *Paris, Ladvocat*, 1826-31, 31 vol. in-8.

(Le T. V forme 3 vol. (T V, V *bis*, V *ter*). Le T. XVIII forme 2 vol. (T. XVIII et XVIII *bis*). — T. I, II. Essai historique, politique et moral sur les révolutions anciennes et modernes, considérées dans leurs rapports avec la révolution française. — T. III : Mélanges historiques ; Mémoires, lettres et pièces authentiques touchant la vie et la mort du duc de Berry ; Le roi est mort : vive le roi ; De la Vendée ; Notices nécrologiques — T. IV, V, V *bis* et V *ter* : Etudes ou Discours historiques. — T. VI, VII : Voyages en Amérique et en Italie ; Voyage à Clermont. — T. VIII–X : Itinéraire de Paris à Jérusalem. — T. XI–XV : Génie du christianisme. — T. XVI : Atala ; René ; Les aventures du dernier Abencerage. — T. XVII, XVIII et XVIII *bis* : Les martyrs. — T. XIX, XX : Les Natchez. — T. XXI : Mélanges littéraires. — T. XXII : Mélanges et poésies. — T. XXIII : Discours et opinions. — T. XXIV, XXV : Mélanges politiques. — T. XXVI : Polémique. — T. XXVII : De la liberté de la presse. — T. XXVIII : Table analytique et raisonnée des matières, avec une Notice sur la vie et les ouvrages de l'auteur par M. de L***. de St-E***.)

68. — Œuvres de CONDILLAC, revues, corrigées par l'auteur, imprimées sur ses manuscrits autographes, et augmentées de « La langue des calculs » ; ouvrage posthume. — *Paris, impr. de Ch. Houel, an VI*-1798, 23 vol. in-8.

(Portrait. — T. I : Essai sur l'origine des connaissances humaines. — T. II : Traité des systèmes. — T. III : Traité des sensations ; Dissertation sur la liberté; Traité des animaux; Lettre à l'auteur des « Lettres à un Américain ». — T. IV : Le commerce et le gouvernement. — T. V–XXI : Cours d'études pour l'instruction du prince de Parme, comprenant : T. V, La grammaire; T. VI, L'art de penser; T VII, L'art d'écrire; T. VIII, L'art de raisonner; T. IX–XIV, Histoire ancienne; T. XV–XX, Histoire moderne; T. XXI, De l'étude de l'histoire. — T. XXII : La logique. — T. XXIII : La langue des calculs.)

69. — Œuvres de Condorcet, publiées par A. Condorcet o'Connor,... et M. F. Arago,... — *Paris, F. Didot frères*, 1847–49, 12 vol. in-8.

(Portrait. — T. I : Biographie de Condorcet par F. Arago; Correspondance et Œuvres diverses. — T. II et III : Eloges. — T. IV–VI : Mélanges de littérature et de philosophie. — T. VII–X : Economie politique et Politique. — T. XI, XII : Politique.)

70. — Recueil de divers ouvrages philosophiques, théologiques, historiques, apologétiques et de critique, par le R. P. Daniel,... — *Paris, J.-B. Coignard fils*, 1724, 3 vol. in-4.

(T. I : Voyage du monde de Descartes; Traité métaphysique de la nature du mouvement; Entretiens de Cléandre et d'Eudoxe; Histoire du concile de Palestine ou de Diospolis; Traité théologique des péchés d'ignorance. — T. II : Lettre au P. Alexandre; Défense de saint Augustin; Lettre au R. P. Cloche; Lettres au P. Serry; Traité théologique sur la grâce. — T. III : Histoire apologétique de la conduite des jésuites dans la Chine; Examen du Livre : « Du témoignage de la vérité »; Lettre à une dame de qualité; Lettre d'un théologien à l'archevêque de Reims; Dissertations théologiques, etc.)

71. — Œuvres de Denis Diderot. (Avec une notice sur l'auteur par Depping.) — *Paris, A. Belin*, 1818–19, 7 vol. in-8.

(Y compris 1 vol. de supplément. — Le faux-titre porte : « Œuvres complètes de Denis Diderot », et indique les matières contenues dans chaque volume. — T. I (en deux parties) : Essai sur le mérite et la vertu; Pensées philosophiques; Introduction aux grands principes; Apologie de l'abbé de Prades; Lettre à mon frère; Entretien d'un philosophe; Mémoires sur différents sujets de mathématiques; Lettre sur les aveugles; Lettre sur les sourds et muets; De l'interprétation de la nature; Supplément au voyage de Bougainville; Principes de politique des souverains; Mélanges de littérature et de philosophie. — T. II, III (en deux parties chacun) : Prospectus de l'Encyclopédie : Lettres au R. P. Berthier; Dictionnaire encyclopédique. — T. IV (en deux parties) : Salons de 1765 et de 1767; Essai sur la peinture; Pensées détachées sur la peinture; L'histoire de la peinture en cire; De la poésie dramatique; Poésies; Lettres diverses. — T. V (en deux parties) : Romans et contes. — T. VI : Essai sur les règnes de Claude et de Néron; Théâtre : Le fils naturel; Entretien sur « Le fils naturel »; Le père de famille. — Supplément : Notice; Voyage de Hollande; Le joueur; Salon de 1761; Lettres sur le salon de 1769; Fragments;

Mélanges de littérature ; Poésies ; Dialogues ; Lettres; Table générale des matières.)

72. — Œuvres de messire Esprit FLÉCHIER,... contenant tous ses ouvrages imprimés, et un grand nombre de manuscrits; précédées de la Vie de ce prélat, et accompagnées de notes et d'éclaircissements historiques par M. MÉNARD,... — *Paris, Christophe Ballard*, 1763, in-4.

(Le T. I (le seul paru), contenant la Vie de Fléchier et celle du cardinal Commendon traduite du latin d'Antoine-Marie GRATIANI.)

73. — Œuvres de l'abbé FLEURY, contenant : Traité du choix et de la méthode des études; Mœurs des Israélites et des chrétiens; Discours sur l'histoire ecclésiastique; Grand catéchisme historique; Histoire du droit français, etc., pour faire suite aux Œuvres de Fénélon ; précédées d'un Essai sur la vie et les ouvrages de l'abbé Fleury par M. Aimé MARTIN. — *Paris, Auguste Desrez*, 1837, grand in-8.

(Collection du Panthéon littéraire. — L'etc. du frontispice comprend : Mémoire sur les études des missions orientales; Discours sur la poésie des Hébreux, sur la prédication, sur Platon; Extraits de Platon; Avis à Louis, duc de Bourgogne; Lettre sur la justice; Pensées politiques; Politique chrétienne tirée de saint Augustin; Discours académiques; Portrait de Louis, duc de Bourgogne; Réflexions sur les œuvres de Machiavel; Avis spirituels; Devoirs des maîtres et des domestiques; Lettres; Poèmes latins.)

74. — Œuvres de monsieur DE FONTENELLE,... nouvelle édition. — *Paris, B. Brunet*, 1758, 10 vol. in-12.

(Portrait et gravures. — Il manque le T. XI. — T. I : Dialogue des morts; Lettres galantes. — T. II : Les mondes ; Histoire des oracles. — T. III : Histoire du théâtre français; Vie de Corneille; Réflexions sur la poétique; Discours sur la patience ; De l'existence de Dieu ; Du bonheur ; De l'origine des fables ; Discours académiques; OEuvres mêlées. — T. IV : Poésies pastorales; Discours sur la nature de l'églogue; Digression sur les anciens et les modernes; Tragédies; Lettres à l'imitation des Héroïdes ; Poésies diverses. — T. V, VI : Eloges. — T. VII, VIII : Théâtre ; Sur la poésie en général ; Discours académiques; Histoire du Romieu de Provence ; Poésies. — T. IX : Eloge de Fontenelle (par DE FOUCHY); Portrait de M. de Fontenelle par madame la marquise DE LAMBERT; Doutes sur le système des causes occasionnelles ; Lettres sur la pluralité des mondes; Théorie des tourbillons cartésiens ; Fragments d'un traité de la raison humaine ; De la connaissance de l'esprit humain ; Sur l'instinct ; Sur l'histoire; Eloges de Perrault et de la marquise de Lambert; Description de l'empire de la poésie; Parallèle de Corneille et de Racine ; Remarques sur quelques comédies d'Aristophane, sur le théâtre grec, etc. — T. X : Préface de l'histoire de l'Académie des Sciences depuis 1666 jusqu'en 1699; Préface des éléments de la géométrie de l'infini ; Théâtre : *Psyché, Bellérophon, Le retour de Climène, Enone, Pygmalion, La comète, Brutus;* Poèmes divers français et latins; Poésies diverses. — Le T. XI, qui manque, contient : Eloge de Fontenelle par

Le Beau; Pièces relatives à Fontenelle; Lettres et lettres galantes; Poésies diverses tirées pour la plupart des anciens Mercures.)

75. — Œuvres posthumes de Frédéric II, roi de Prusse. — (S. l.), 1789, 13 tomes en 7 vol. in-8.

(Portraits. — Bonne édition au dire de Quérard. — T. I-III : Mémoires sur le règne de Frédéric II,... écrits par lui-même (contenant : Histoire de mon temps; Histoire de la guerre de sept ans; Mémoires depuis la paix de Hubertsbourg, 1763, jusqu'à la fin du partage de la Pologne, 1775; Mémoire de la guerre de 1778; Correspondance de l'empereur et de l'impératrice-reine avec le roi au sujet de la succession de Bavière). — T. IV-V : Correspondance de Frédéric II avec M. de Voltaire et M. Darcet; Tantale en procès, comédie. — T. VII-VIII : Correspondance avec M. d'Alembert. — T. IX : Correspondance avec M. d'Argens. — T. X : Correspondance avec M. Jordan, etc. — T. XI-XII : Mélanges en vers et en prose. — T. XIII : Correspondance avec le baron de La Mothe-Fouqué; Réflexions sur Charles XII.)

76. — Œuvres de madame de La Fayette. — 8 tomes en 4 vol. petit in-12.

(Portrait. — T. I-III : Zaïde, histoire espagnole, précédée d'un Traité sur l'origine des romans (par Huet, et d'Observations sur la vie et les écrits de madame de La Fayette, par Delandine). — *Amsterdam* et *Paris*, 1786.

T. IV et V (reliés ensemble et formant le 3e vol.) : La princesse de Clèves. — *Amsterdam*, 1786.

T. VI (relié avec le T. III, et formant le 2e vol.) : La princesse de Montpensier; (Lettres de madame de La Fayette à madame de Sévigné; Portrait de madame de Sévigné par madame de La Fayette). — *Amsterdam*, 1786.

T. VII : Mémoires de la cour de France pour les années 1688 et 1689. — *Amsterdam*, 1786.

T. VIII : Histoire de madame Henriette d'Angleterre, première femme de Philippe de France, duc d'Orléans. — *Amsterdam*, 1786.)

77. — Œuvres de M. de Maupertuis, nouvelle édition, corrigée et augmentée. — *Lyon*, *Jean-Marie Bruysset*, 1756, 4 vol. in-8.

(Portrait. — T. I : Essai de cosmologie; Figure des astres; Essai de philosophie morale; Réflexions philosophiques sur l'origine des langues. — T. II : Vénus physique; Système de la nature; Lettres; Lettre sur le progrès des sciences. — T. III : Eléments de géographie; Relation du voyage fait par ordre du roi au cercle polaire; Relation d'un voyage au fond de la Laponie; Lettre sur la comète de 1742; Discours académiques; Dissertation sur les langues. — T. IV : Accord des différentes lois de la nature; Lois du mouvement; Lois du repos; Astronomie nautique; Discours sur la parallaxe de la lune; Opérations pour déterminer la figure de la terre et les variations de la pesanteur.)

* Œuvres de M. de Monconys. — (V. Histoire, nº 100.)

78. — Œuvres de Michel DE MONTAIGNE, avec une Notice biographique par J.-A.-C. BUCHON. — *Paris, A. Desrez*, 1837, grand in-8.

(Collection du Panthéon littéraire. — Ce volume contient : Notice biographique par BUCHON ; Notice bibliographique par J.-F. PAYEN ; Essais ; Voyages de Montaigne en Allemagne et en Italie en 1580 et 1581 ; Correspondance ; Avis dictés par Catherine de Médicis à Charles IX (et écrits par Montaigne) ; De la servitude volontaire, ou Le contr'un, par Etienne DE LA BOETIE ; Table analytique et raisonnée.)

79. — Essais de Michel DE MONTAIGNE. — *Paris, Jean-François Bastien*, 1783, 3 vol. in-8.

(Portrait. — Cette édition, qui ne contient ni la traduction des passages cités dans le texte, ni les neuf lettres de Montaigne, ni le discours de La Boetie *sur la servitude, ou Le contr'un*, mais dans laquelle on trouve, au chap. XXVIII du liv. I, les sonnets de La Boetie, est bonne, et estimée à juste titre pour la correction du texte et l'exactitude de l'orthographe ancienne. Le portrait qui se trouve en tête du T. I a été dessiné et gravé par Noël Primeau. — (V. page XXIX de la « Notice bibliographique sur Montaigne », qui précède les « Œuvres », décrites au nº précédent.)

80. — Essais sur l'époque actuelle. — Libres opinions morales et historiques, par Emile MONTÉGUT. — Du génie français. La renaissance et la réformation. Des controverses sur le XVIIIe siècle. De la toute-puissance de l'industrie. De l'individualité humaine dans la société moderne. De l'idée de monarchie universelle. De l'homme éclairé. De l'Italie et du Piémont. Fragment sur le génie italien. Werther. Hamlet. Confidences d'un hypocondriaque. — *Paris, Poulet-Malassis et de Broise*, 1858, in-12.

(M. Emile Montégut est né à Limoges le 24 juin 1825. Il fait partie de la rédaction de la *Revue des deux mondes* depuis le mois d'août 1847, et l'on trouvera dans les tables de ce journal le catalogue des nombreux et intéressants articles qu'il y a publiés. Nous devons nous étonner qu'un écrivain d'un mérite incontestable ait été omis dans le *Dictionnaire des contemporains* de M. Vapereau.)

81. — Œuvres complètes de MONTESQUIEU, précédées de son Eloge par D'ALEMBERT, nouvelle édition, mise en ordre et collationnée sur les textes originaux par J. Ravenel,... — *Paris, L. de Bure*, 1834, grand in-8.

(Portrait. — Lettres persanes ; Le temple de Gnide ; Grandeur et décadence des Romains ; De l'esprit des lois ; Œuvres diverses ; Discours académiques ; Pensées diverses ; Lettres familières.)

* Œuvres de NAPOLÉON III. — (V. HISTOIRE, nos 1036, 1037, 1038.)

* Pensées, fragments et lettres de Blaise PASCAL, publiés pour la première fois... (avec une introduction), par M. Prosper FAUGÈRE. — (V. *la division* RELIGION.)

82. — Les œuvres d'Etienne PASQUIER, contenant ses Recherches de la France; son Plaidoyer pour M. le duc de Lorraine; celui de Me VERSORIS pour les jésuites contre l'Université de Paris; Clarorum virorum ad Steph. Pasquierium carmina; Epigrammatum libri sex; Epitaphiorum liber; Iconum liber, cum nonnullis Theod. Pasquierii in francorum regum icones notis. Ses lettres, ses œuvres mêlées, et les lettres de Nicolas PASQUIER, fils d'Etienne. — *Amsterdam, aux dépens de la compagnie des libraires associés*, 1723, 2 vol. in-fol.

83. — Œuvres choisies du roi RENÉ, avec une Biographie et des notices par M. le comte DE QUATREBARBES, et un grand nombre de dessins et ornements, d'après les tableaux et manuscrits originaux, par M. HAWKE. Deuxième édition. — *Paris, Edme Picard*, 1849, T. I et II, grand in-4.

(T. I : Biographie de René d'Anjou; Heures; Tableaux; Lettres; Institution de l'ordre du Croissant; Testament du roi René; Testament de Jeanne de Laval, etc. — T. II : Etude historique sur la chevalerie, par le comte DE QUATREBARBES; *Le livre des tournoys; Le pas d'armes de la bergière*, poëme par Louis DE BEAUVAU; *Regnault et Jehanneton*, poëme.)

84. — Collection complète des œuvres de J.-J. ROUSSEAU, citoyen de Genève. — (*Kehl*), *de l'imprimerie de la Société Littéraire-Typographique*, 1783-89, 29 vol. in-18.

(Il manque les T. III, XXXI, XXXII, XXXIII, XXXIV. — T. I, II : Politique. — T. III (manquant), IV, V, VI : Nouvelle Héloïse. — T. VII-X : Emile — T. XI-XIV : Mélanges. — T. XV : Théâtre et Poésies. — T. XVI : Traités sur la musique. — T. XVII, XVIII : Dictionnaire de musique. — T. XIX-XXII : Mémoires. — T. XXIII : Pièces diverses. — T. XXIV : Lettres. — T. XXV-XXXIV (moins les quatre derniers volumes) : Supplément.)

85. — Œuvres de monsieur DE SAINT-EVREMONT, avec la Vie de l'auteur, par monsieur DES MAIZEAUX,... Nouvelle édition, ornée de figures et vignettes en taille-douce. — (S. l. n. n.), 1740, 5 vol. in-12.

86. — Œuvres mêlées de M. DE SAINT-EVREMONT. — *Paris, Claude Barbin*, 1689, in-4.

(Deux exemplaires.)

87. — Réflexions sur les divers styles et sur la manière d'écrire, ou Dissertation sur les œuvres de monsieur de Saint-Evremont; avec l'Examen du Factum qu'il a fait pour Mme la duchesse Mazarin contre M. le duc Mazarin, son mari. (Par COTOLENDI, sous le pseudonyme de DUMONT dans l'édition de 1704.) — *Suivant la copie de Paris. Amsterdam, André de Hoogenhuysen*, 1700, in-12. *

88. — Œuvres complètes de M. DE SAINT-FOIX,... — *Paris, Ve Duchesne*, 1778, 6 vol. in-8.

(Portrait et gravures — T. I, II : Théâtre; Lettres turques. — T. III-V : Essais historiques sur Paris — T. VI : Histoire de l'ordre du Saint-Esprit.)

89. — Œuvres de Jacques-Henri-Bernardin DE SAINT-PIERRE, mises en ordre par L. Aimé-Martin. — *Paris, Ledentu*, 1840, grand in-8.

(Voyage à l'Ile de France; Etudes de la nature; Paul et Virginie; La chaumière indienne; L'Arcadie; La mort de Socrate; Vœux d'un solitaire; De la nature de la morale; Mémoire sur la nécessité de joindre une ménagerie au jardin des Plantes de Paris; Lettre aux auteurs de *la Décade philosophique;* Dialogue sur la critique et les journaux; Extrait du préambule de l'édition in-4 de *Paul et Virginie*.)

90. — Œuvres posthumes de Jacques-Henri-Bernardin DE SAINT-PIERRE, mises en ordre et précédées de la Vie de l'auteur par L. AIMÉ-MARTIN. — *Paris, Ledentu*, 1840, grand in-8.

(Vie de Bernardin de Saint-Pierre; Voyages en Hollande, en Prusse, en Pologne et en Russie; Harmonies de la nature; Fragment sur la théorie de l'univers; Mémoire sur les marées; Essai sur J.-J. Rousseau; Discours sur l'éducation des femmes; Fragments du second et du troisième livre de l'Arcadie; Fragments de l'Amazone; Eloge historique et philosophique de mon ami; Voyages de Codrus; Le vieux paysan polonais; Des caractères hiéroglyphiques et du tribunal d'équité en Egypte; Empsael; La pierre d'Abraham; Lettres et pièces justificatives.)

91. — Les œuvres de M. l'abbé DE SAINT-RÉAL, nouvelle édition, rangée dans un meilleur ordre et augmentée, (publiée par l'abbé Pérau). — *Paris, Huart*, 1745, 3 vol. in-4.

(Figures. — T. I : Méthode courte et aisée pour combattre les déistes; Lettres sur divers sujets de piété; La vie de Jésus-Christ; Eclaircissement sur Zachée; Remarques sur les Esséniens, etc.; Traités de philosophie, de morale et de politique; Césarion; Réconciliation du mérite et de la fortune. — T II : De l'usage de l'histoire; Conjuration des Gracques; Affaires de Marius et de Sylla; Considérations sur Luculle; Réflexions sur le meurtre de César; Fragments sur Lépide; Considérations sur Antoine; Fragments sur Auguste; Vie d'Octavie; Considérations sur Livie; Caractère de Julie; Fragments sur les spectacles des Romains; De la navigation des Romains; Don Carlos; Conjuration des Espagnols contre la république de Venise. — T. III : Traités de littérature et de critique; Discours de Xénophon sur les revenus d'Athènes et sur la république de Lacédémone, traduit en français; Lettres de Cicéron à Atticus, traduites en français; Epicharis; Mémoires de la duchesse Mazarin; Préface historique des mémoires de la minorité de Louis XIV; Maximes, etc.)

92. — Les œuvres de monsieur SARASIN (publiées par Ménage, avec un Discours préliminaire par PÉLISSON). — *Paris, Augustin Courbé*, 1656, in-4.

(Portrait. — Histoire du siége de Dunkerque; La conspiration de Valstein; S'il faut qu'un jeune homme soit amoureux, dialogue; Opinion du nom et du jeu des Echecs; La pompe funèbre de Voiture; l'Ode de Calliope sur la bataille de Lens; Lettre à madame de Montausier; Discours de la tragédie, ou Remarques sur l'amour tyrannique de monsieur Scudery. Poésies. — Les poésies forment une partie à part ayant une pagination spéciale.)

93. — OEuvres complètes de madame la baronne DE STAEL-HOLSTEIN (publiées par son fils). — *Paris, F. Didot frères*, 1844, 2 vol. grand in-8.

(Portrait. — T. I : Lettres sur le caractère et les écrits de J.-J. Rousseau; Réflexions sur le procès de la reine; Réflexions sur la paix; Réflexions sur la paix intérieure; Essai sur les fictions; Mirza; Adélaïde et Théodore; Histoire de Pauline; Zulma, fragment d'un ouvrage; De l'influence des passions sur le bonheur des individus et des nations; Réflexions sur le suicide; De la littérature considérée dans ses rapports avec les institutions sociales; Delphine; Corinne. — T. II : De l'Allemagne; A quels signes peut-on connaître quelle est l'opinion de la majorité de la nation? Préface pour les Lettres et pensées du Prince de Ligne; Du caractère de M. Necker et de sa vie privée; Préface pour la traduction d'un ouvrage de M. Wilberforce sur la traite des nègres; Appel aux souverains réunis à Paris pour en obtenir l'abolition de la traite des nègres; Réponse à un article de journal; De l'esprit des traductions; *Aspasie*, *Camoens*, *Cléopâtre* (articles insérés dans la *Biographie universelle*); Epître au malheur; Jane Gray, tragédie; Sophie, ou Les sentiments secrets, pièce en trois actes.)

94. — OEuvres posthumes de madame la baronne DE STAEL-HOLSTEIN (publiées par son fils), précédées d'une Notice sur son caractère et ses écrits (par Mme NECKER DE SAUSSURE). — *Paris, F. Didot frères*, 1844, grand in-8.

(Considérations sur les principaux événements de la révolution française; Dix années d'exil; Eloge de M. de Guibert; Poésies diverses; Essais dramatiques : Agar dans le désert, Geneviève de Brabant, La Sunamite, Le capitaine Kernadec, La signora Fantastici, Le mannequin, Sapho.)

* OEuvres de TURGOT. — (*V. la division* SCIENCES ET ARTS.)

95. — Œuvres complètes de M. l'abbé DE VOISENON,... (publiées par les soins de Mme la comtesse de Turpin). — *Paris, Moutard*, 1781, 4 vol. in-8.

(Portrait. — T. I–III : Théâtre et œuvres mêlées — T. IV : Anecdotes littéraires ; Fragments historiques. — Il manque le T. V : Romans et contes.)

96. — Œuvres de C.-F. VOLNEY, deuxième édition, complète. — *Paris, Parmentier et Froment*, 1825-26, 8 vol. in-8.

(Portrait, cartes et gravures. — T. I : Les ruines, ou Méditation sur les révolutions des empires ; La loi naturelle ; Lettre au docteur Priestley ; Discours sur l'étude philosophique des langues. — T. II, III : Voyage en Egypte et en Syrie pendant les années 1783, 1784 et 1785, suivi de Considérations sur la guerre des Russes et des Turks, publiées en 1788 et 1789. — T. IV : Tableau du climat et du sol des Etats-Unis d'Amérique ; suivi d'Eclaircissements sur la Floride, sur la colonie française à Sciotto, sur quelques colonies canadiennes et sur les sauvages. — T. V, VI : Recherches nouvelles sur l'histoire ancienne. — T. VII : Leçons d'histoire prononcées à l'Ecole Normale en l'an III de la république française ; Histoire de Samuel ; Etat physique de la Corse. — T. VIII : L'alfabet (*sic*) européen appliqué aux langues asiatiques ; Simplification des langues orientales ; L'hébreu simplifié par la méthode alfabétique.)

97. — Œuvres complètes de VOLNEY,... précédées d'une Notice sur la vie et les écrits de l'auteur (par Adolphe BOSSANGE). — *Paris, F. Didot frères*, 1852, grand in-8.

(Portrait, cartes et gravures.)

98. — Œuvres de M. DE VOLTAIRE, nouvelle édition, revue, corrigée et considérablement augmentée. — *Rotterdam, aux dépens de la compagnie*, 1741, 4 tomes en 2 vol. in-12.

(T. I : La Henriade ; Essai sur la poésie épique — T. II et III : Théâtre. — T. IV : Le temple du Goût ; Odes sur la superstition et sur la paix ; Epîtres ; Lettre à M. de La Faye ; Le Mondain ; Défense du Mondain ; Le temple de l'Amitié, etc. ; Mélanges de littérature et de philosophie ; Réponse de Voltaire au roi de Prusse.)

99. — Œuvres complètes de VOLTAIRE (avec des avertissements, des notes et la Vie de Voltaire par CONDORCET), imprimées, aux frais de Beaumarchais, par les soins de M. de Croix. — (*Kehl*), *de l'imprimerie de la Société Littéraire-Typographique*, 1784, 68 vol. in-8.

(Portraits. — Il manque les T. X et XI. — T. I–IX : *Théâtre*. — T. X (manquant) : La Henriade ; Essai sur la poésie épique, avec des notes. — T. XI (manquant) : La Pucelle. — T. XII : Poèmes et discours en vers. — T. XIII : Epîtres. — T. XIV : Contes en vers. — T. XV : Lettres en vers et en prose. — T. XVI–XIX : Essai sur les mœurs et l'esprit des nations. — T. XX–XXI : Siècle de Louis XIV. — T. XXII : Siècle de Louis XV. —

T. XXIII : Histoire de Charles XII. — T. XXIV : Histoire de Russie. — T. XXV : Annales de l'Empire. — T. XXVI : Histoire du parlement de Paris ; Fragments historiques sur l'Inde, sur le général Lally et sur plusieurs autres sujets — T. XXVII, XXVIII : Mélanges historiques. — T. XXIX-XXX : Politique et législation — T. XXXI : Philosophie de Newton ; Défense du newtonianisme ; Essai sur la nature du feu et sur sa propagation ; Doutes sur la mesure des forces motrices et sur leur nature ; Exposition du livre des Institutions physiques, etc. ; Dissertation sur les changements arrivés dans notre globe ; Des singularités de la nature, Les colimaçons — T. XXXII-XXXV : Philosophie générale : Métaphysique, Morale et Théologie, Ancien et Nouveau Testament. — T. XXXVI : Dialogues et entretiens philosophiques — T. XXXVII-XLIII : Dictionnaire philosophique. — T. XLIV, XLV : Romans. — T. XLVI : Facéties. — T. XLVII-XLIX : Mélanges littéraires. — T. L, LI : Commentaires sur Corneille. — T. LII-LXIII : Correspondance générale. — T. LXIV-LXVI : Correspondance avec le roi de Prusse — T. LXVII : Correspondance avec l'impératrice de Russie. — L LXVIII, LXIX : Correspondance avec d'Alembert — T LXX : Vie de Voltaire par CONDORCET ; Mémoires sur la vie de Voltaire écrits par lui-même ; Table générale alphabétique.)

100. — Première (-neuvième) lettre à monsieur de Voltaire (par M. CLÉMENT). — *La Haye, Jean Neaulme*, 1773-76, 9 vol. in-8.

(A partir de la seconde lettre, le nom de l'auteur paraît au frontispice. L'objet des seconde, cinquième, sixième, septième, huitième et neuvième lettres s'y trouve en outre indiqué. Ainsi la deuxième lettre concerne les *Jugements littéraires* de Voltaire ; la cinquième et la sixième, ses *Commentaires sur Corneille* ; la septième, la huitième et la neuvième, le poème de *La Henriade*.)

SECTION V.

POLYGRAPHES ÉTRANGERS.

101. — Œuvres complètes de DANTE ALIGHIERI, traduites par Sébastien RHÉAL DE CÉSENA. — *Paris*, 1843-56, 6 vol. grand in-8.

(T. I : La divine comédie. L'enfer, premier cantique, illustré par John FLAXMAN, précédé de La vie nouvelle, illustrée par Mme RHÉAL, traduction par l'auteur des Divines féeries, avec le texte italien, une Introduction et les Notes historiques, résumé des meilleurs travaux accomplis jusqu'à ce jour sur Dante et ses écrits. — *Paris, à la direction, rue de Bussi, n° 16*, 1843.

T. II : La divine comédie. Le purgatoire, deuxième cantique, illustré par

John FLAXMAN, traduction complète, accompagnée de Notes historiques par l'auteur des Divines féeries. — *Paris*, *rue Mignon*, 7, 1845.

T. III : La divine comédie. Le paradis, troisième cantique, illustré par John FLAXMAN, traduction complète, accompagnée de Notes historiques et de La prophétie de Byron, par l'auteur des Divines féeries. — *Paris*, *Moreau*, 1846.

T. IV. — OEuvres mineures. Poésies complètes, traduites avec préliminaire et notes par Sébastien RHÉAL.... — *Paris*; *Moreau*, 1852.

T. V : OEuvres philosophiques. Le banquet, première traduction française par Sébastien RHÉAL,... Vol. orné du portrait du Dante, moulé après sa mort — *Paris*, *Moreau*, 1852.

T. VI : Le monde dantesque, ou Les papes au moyen-âge, grande clef historique de la *Divina commedia* et de son époque. La monarchie universelle et la langue vulgaire, traduites pour la première fois de DANTE ALIGHIERI avec une Introduction générale, des notices explicatives et appendices. — *Librairie scientifique et littéraire de Lacroix-Comon*, 1856.)

A la fin du T. VI : « Vie de Dante par Sébastien RHÉAL. Extrait de la Nouvelle biographie générale publiée par MM. Firmin Didot frères ».)

* Opera PETRARCHÆ. — (V. *n*° 48.)

102. — OEuvres complètes de N. MACCHIAVELLI (traduction de Toussaint GUIRAUDET, retouchée par BUCHON, DE PÉRIÈS et D'AVENEL); avec une Notice biographique par J.-A.-C. BUCHON. — *Paris*, *Auguste Desrez*, 1837, 2 vol. grand in-8.

(Collection du Panthéon littéraire. — T. I : Ouvrages historiques; Ouvrages relatifs à l'art militaire; Ouvrages philosophiques et politiques.— T. II : Ouvrages dramatiques; Poésies diverses; OEuvres diverses en prose; Légations et missions; Correspondance.)

* OEuvres choisies de VICO... trad. par MICHELET. — (V. HISTOIRE, *n*° 3.)

* OEuvres de BACON. — (V. *la division* PHILOSOPHIE.)

103. — Mémoires de M. Jean KER DE KERSLAND. (Seconde partie), contenant des réflexions et des particularités intéressantes sur la puissance des Français dans l'île d'Hispaniola et sur leurs établissements dans le Mississipi; sur la décadence des manufactures de laine en Angleterre; sur les dépendances serviles en Ecosse, et sur la disgrâce du duc de Ripperda,... — (Troisième partie), contenant des réflexions intéressantes sur le commerce; une histoire abrégée de l'île de Majorque; les voyages du consul Ker, et le portrait d'un véritable Whig par le lord MOLESWORTH... publiée suivant ses ordres exprès, et traduite de l'anglais. — *Rotterdam, Jean-Daniel Beman*, 1727-28, 2 vol. in-12.

(Portrait et plans. — Il manque la première partie.)

104. — Œuvres complètes de STERNE, traduites de l'anglais par une société de gens de lettres (FRENAIS, DE BONNAI et SALAVILLE), nouvelle édition, ornée de neuf gravures. — *Paris, Ledoux et Tenré*, 1818, 6 vol. in-18.

(T. I-III : Vie de Sterne; Mémoires de Sterne; Tristram Shandy. — T. IV : Voyage sentimental. — T. V : Lettres — T. VI : Sermons.)

SECTION VI.

RECUEILS ET EXTRAITS D'OUVRAGES DES DIFFÉRENTS AUTEURS.

§ 1er. — Recueils périodiques ou Journaux polygraphiques.

(Pour les journaux purement bibliographiques et critiques, V. ci-après, *division* BELLES-LETTRES.)

105. — Les amusements du cœur et de l'esprit (publiés par PHILIPPE DE PRÉTOT), nouvelle édition, revue et corrigée. *Amsterdam, Henri du Sauzet*, 1744, T. V, in-12.

(Le faux-titre porte : « Amusements du cœur et de l'esprit, ouvrage périodique ».)

106. — Le biographe, journal biographique, littéraire, scientifique, théâtral et bibliographique. — *Paris, rue Saint-Hyacinthe-Saint-Michel, n° 6*, 30 août 1828—1er janvier 1829, in-8.

(Portraits. — Nos 5 à 40, moins les nos 16, 18, 37 et 39.)

107. — Revue des Deux-Mondes. — *Paris*, 1838-18..., 96 vol. in-8.

(La 1re livraison de la Revue des Deux-Mondes parut en août 1829.

108. — Revue des Deux-Mondes... Table des travaux de la Revue depuis sa fondation jusqu'au 1er janvier 1854. — *Paris*, 1854, in-8 de 48 pages.

109. — Annuaire des Deux-Mondes. Histoire générale des divers états. Années 1850-58. — *Paris*, 1850-58, 8 vol. in-8.

(Portraits.)

110. — Annuaire politique du journal *Le Constitutionnel*, 1846-47. — *Paris, Lacrampe fils et Cie*, 1846-47, in-8.

111. — Archives des missions scientifiques et littéraires, choix de rapports et instructions publié sous les auspices du ministère de l'instruction publique et des cultes. — *Paris, impr. nat.* (*-imp.*), 1850-58, 7 vol. in-8.

(Le frontispice du T. VII porte : « *Paris, impr. administrative de Paul Dupont* ».)

112. — L'Athenæum français, journal universel de la littérature, de la science et des beaux-arts, fondé et dirigé par MM. L. Vivien de Saint-Martin, Félix de Saulcy,... Adrien de Longpérier,... Edouard Delessert et Noël Desvergers (Ambroise-Firmin Didot et Ludovic Lalanne). — *Paris*, 1852-56, 5 vol. in-4.

113. — Revue contemporaine et Athenæum français. Cinquième année (et suivantes). — *Paris*, 1856-58, 15 vol. in-8.

(T. XXVII-XLI.)

114. — Revue européenne : Lettres, sciences, arts, voyages, politique. — *Paris, quai Voltaire, no 11*, 1859-18..., in-8.

(T. I à ...)

§ 2. — Recueils non périodiques.

115. — Latini sermonis exemplaria e scriptoribus probatissimis (EUTROPIO, AUR. VICTORE, CORNELIO NEPOTE, JUSTINO, CÆSARE, QUINTO CURTIO, SALLUSTIO, FLORO, VELLEIO PATERCULO, TITO LIVIO, TACITO, VALERIO MAXIMO, CICERONE). Prima solutæ orationis excerptio. — *Lutetiæ Parisiorum, apud fratres Guérin*, 1744, 2 parties en 1 vol. in-12.

(On trouve à la fin un vocabulaire latin-français.)

116. — Recueil de pièces d'histoire et de littérature. (Par l'abbé GRANET et le P. DESMOLETS). — *Paris, Chaubert*, 1731-38, 4 tomes en 2 vol. in-12.

(T. I : Panégyrique de la régence de Madame Royale Marie-Jeanne-Baptiste de Savoie... par l'abbé de ST-RÉAL; Réflexions nouvelles de M. de La R.*** (DE LA ROCHEFOUCAULD); Histoire du mahométisme; Remarques sur l'administration des finances des Romains, traduites de l'anglais; Dissertation touchant la part qu'eut le pape Zacharie à la déposition de Childéric; Dissertation si la grandeur temporelle de l'Eglise n'est point contraire à la loi de Dieu et aux maximes des temps apostoliques. — T. II : La Vie de Plutarque, traduite de l'anglais de DRYDEN; Discours sur l'état des nations à la naissance de Jésus-Christ; Des donations de Pépin et de Charlemagne à l'Eglise de Rome; Des faux prophètes et des moyens de les discerner d'avec les véritables; Dissertation sur la collection d'Isidore et sur les décrétales attribuées aux premiers papes; Sentiment d'un homme d'esprit sur la nouvelle intitulée *Dom Carlos;* Réponse de M. B.***, conseiller au parlement de B***, à une lettre que M Durand lui a écrite au sujet des Discours de M. de La Motte sur la poésie dramatique. — T. III : Dissertations sur la véritable époque de l'établissement fixe des Francs dans les Gaules, sur la vérité ou la fausseté de l'éjection de Childéric et de l'élévation d'Egidius et sur l'espèce et l'étendue de l'autorité d'Egidius et de Syagrius dans le Soissonnais, par RIBAULT DE ROCHEFORT; Mémoire sur la question de savoir si l'on doit nommer la reine Marie-Thérèse d'Espagne, ou bien Marie-Thérèse d'Autriche, par DE SALLO; Lettre de la reine de Suède sur son abdication à M. Chanut; Lettre de la reine de Suède au roi de Pologne sur le secours de Vienne; Lettre de PASCAL à la reine de Suède en lui envoyant la machine de *la roulette;* Vers latins de RACINE (attribués à tort à Racine) intitulés : *Urbis et ruris differentia;* Réponse à ces vers; Lettre du comte de Louvigny au maréchal de Grammont, son frère; Dissertation où l'on prouve que Salomon n'était point fils unique du roi David et de Bethsabée; Dissertation sur le texte d'un passage de saint Augustin; Du doyenné de l'église de Sens et des doyens qui y ont été; Qualité merveilleuse d'un petit fruit qu'on nomme *de Gatbalogan* ou autrement *la fève de saint Ignace.* — T. IV : Recherches sur les Ambrons, par le P. OUDIN; Considérations sur la vie de Cicéron traduites de l'anglais; Lettre de M.*** pour justifier Pomponius Atticus de la censure d'un auteur moderne (l'abbé de St-Réal); Illustrissimi et clarissimi viri Francisci Atterbari, Roffiensis episcopi, epistolæ quædam; Discours d'Isocrate à Démonique, traduit du grec par l'abbé Régnier Desmarais; Lettre à M. D. *** (Despréaulx) touchant la préface de son Ode sur la prise de Namur; Lettre de M. P.*** (Perrault), où l'ode de M. D.*** est comparée avec l'ode que M. Chapelain fit autrefois pour le cardinal de Richelieu; Compliment à MM. de l'Académie de La Rochelle, par M. Deslandes, commissaire général de la marine; Dissertation sur l'Histoire de sainte Ursule et des onze mille vierges.)

117. — Mémoires de littérature et d'histoire, par le P. Desmolets. — *Paris, Nyon fils*, 1749, 11 vol. in-12.

118. — Recueil A. — *A Fontenoy*, 1745, in-12.

(Ce recueil, publié par Pérau, de Querlon, Mercier-Saint-Léger, de La Porte, Barbazan et Gravilie, forme 24 vol. distingués par chacune des lettres de l'alphabet. La bibliothèque de Limoges ne possède que le 1er vol.)

119. — Nouveaux mémoires d'histoire, de critique et de littérature, par M. l'abbé d'Artigny (Antoine Gachet). — *Paris, Debure l'aîné*, 1749-51, 4 vol. in-12.

(Il manque les 3 derniers volumes. — T. I : De l'étude de la chronologie; Observations sur les antiquités des Egyptiens et des Chaldéens; Jugement sur les mémoires de R. P. Nicéron; De quelques prétendus livres de magie et recherches sur l'origine de la magie; Particularités romanesques de la vie de Moïse; Remarques sur l'origine des fables du paganisme; Recherches sur l'époque du règne de Sésostris; De l'origine de l'idolâtrie; des prétendus restes de l'arche de Noé; Remarques détachées; De l'existence des géants; Sur l'origine et sur les dieux des Philistins; Des richesses immenses que David laissa à Salomon pour la construction du temple; De la situation du pays d'Ophir et de Tharsis; Sur la destruction de l'armée de Sennacherib; Réflexions sur l'histoire de Cyrus; Histoire de la version des Septante; Sur les sectes des Juifs; De l'origine du grand Hérode; Extrait d'un voyage fait en Hollande par M. le marquis de Langallerie (V. Histoire, n° 1444); Remarques détachées d'histoire et de littérature; Observations sur un endroit de la Bibliothèque française de l'abbé Gouget; Réflexions sur les ana; Caractère de Bayle, jugement sur son Dictionnaire, etc; Particularités sur la reine Christine; Critique des prétendus fragments de Pétrone publiés par Nodot; Extrait des Mémoires de l'abbé de Marolles; Eloge de Huet; Leçons diverses de Pierre Messie; Histoire de la prétendue papesse Jeanne; Caractère du ministre Jurieu; Noëls bourguignons de M. de La Monnoye; Du dessein que Bayle a eu de se faire catholique; Sermons de Jean Boucher. — T. II : Sur les ouvrages latins de M. Boissat; Sur l'auteur du livre infâme intitulé *Aloysia*; Sur les Mémoires du comte de Forbin; Sur l'abbé de La Rivière; Extrait de deux ouvrages d'Arthur Désiré; Mémoires pour servir à l'histoire de Michel Servet; Chronique scandaleuse des savants; Arrêt contre Jeoffroy Vallée; Critiques d'un commentaire sur les *Centuries de Nostradamus*; Réflexions sur ce qui concerne le duc d'Epernon dans la préface du *Supplément aux mémoires de Condé*; Histoire du meurtre de Sébastien La Ruelle; Sur Guy Faur, seigneur de Pibrac; De la mort du cardinal Charles de Lorraine; Lettre du P. Edmond Auger au P. Guil. Creytton; Lettre de Nicolas Pasquier à son frère sur la vertu des songes; Réflexions sur les songes. — T. III : Dissertation littéraire; Remarques détachées; Extrait du *Janus français* et des *Pléiades* de Chavigny; Recueil de pièces sur

Catherine Charpy; Remarques sur *L'anti-Garasse;* Caractère des prédicateurs du xve siècle; Pièces concernant le procès de Simon Morin; Lettres de Calvin à M. le marquis du Poët; MM. de Pibrac et de Thou réfutés au sujet de Luc Gauric; Fragments d'un manuscrit: *Description du château de Delphes;* Caractère des poëtes grecs, latins et français, et des différents genres de poésies; — T IV : Détail critique de plusieurs faits douteux ou visiblement supposés; Pièces originales concernant le procès de MM. de Bouillon, de Cinq-Mars et de Thou; Extrait des *Mémoires pour servir à l'histoire de la fête des fous;* Addition à la chronique scandaleuse des savants; Mémoire historique sur M. de Brèves; Discours véritable fait par M. de Brèves du procédé qui fut tenu lorsqu'il remit entre les mains du roi la personne de monseigneur le duc d'Anjou; Des thèses soutenues à Béziers dans un chapitre provincial en 1682.)

120. — Variétés littéraires, ou Recueil de pièces, tant originales que traduites, concernant la philosophie, la littérature et les arts. (Par l'abbé Arnaud et Suard.) — *Paris, Lacombe,* 1768-69, 4 vol. in-12.

(C'est Turgot qui a traduit de l'anglais, de Macpherson, les fragments de poésie lyrique qui se lisent dans le T. I, page 219 et suiv. — L'abbé Morellet a traduit, dans le T. II, page 220, le dialogue de Lucien intitulé : *Jupiter le Tragique,* et, dans le T. III, le *Peregrinus* du même auteur. — Le 3e vol. contient encore les Lettres sur les animaux de Le Roy. — Au T. IV se trouvent la traduction en prose de l'Elégie de Gray sur un cimetière de campagne et le *Portrait de mon ami* par Mme Necker. — Barbier.)

121. — Mélanges tirés d'une grande bibliothèque. (Par le marquis de Paulmy et Contant d'Orville.) — *Paris, Moutard,* 1779-88, 65 vol. in-8.

(Il manque les 5 derniers tomes en 4 vol. — Chaque volume est désigné par une des lettres de l'alphabet. Le T. XXIV est désigné par le signe *Etc.* A partir du T. XXV, la série des lettres recommence, mais elles sont doubles : *Aa, Bb, Cc,* etc., jusqu'à *Etc-Etc.* Les T. XLIX et suivants ne portent plus, au faux-titre, que la tomaison ordinaire. Cet ouvrage comprend :

T. *A* : Bibliothèque historique à l'usage des dames, contenant un Catalogue raisonné de tous les livres nécessaires pour faire un cours complet d'histoire en langue française, suivie d'un Extrait de l'histoire de la conquête de Constantinople par Geoffroy de Villehardouin, et de celui de la Vie de saint Louis par le sire de Joinville.

T. *B* : Manuel des châteaux, ou Lettres contenant des conseils pour former une bibliothèque romanesque, pour diriger une comédie de société, et pour diversifier les plaisirs d'un sallon.

T. *C* : Précis d'une histoire générale de la vie privée des Français dans tous les temps et dans toutes les provinces de la monarchie.

T. *D*–LXV : De la lecture des livres français : *D* : Lectures que les dames pouvaient faire aux xiiie, xive et xve siècles. — *E–F* : Livres du xve siècle. — *G* : Poésies du xvie siècle. — *H* : Romans du xvie siècle. — *I* : Livres de théologie et de jurisprudence du xvie siècle. — *K* : Romans du xvie siècle (suite). — *L* : Grandes affaires et plaidoyers du xve siècle — *M* : Romans du

XVIe siècle (suite). — *N :* Livres de philosophie, sciences et arts du XVIe siècle. — *O :* Romans du XVIe siècle (suite). — *P :* Livres de philosophie, sciences et arts du XVIe siècle (suite). — *Q :* Romans du XVIe siècle (suite). — *R :* Livres de politique du XVIe siècle. — *S :* Romans du XVIe siècle (suite). — *T :* Livres de grammaire et de rhétorique du XVIe siècle. — *V :* Romans du XVIe siècle (suite). — *X :* Livres de physique générale et particulière du XVIe siècle. — *Y :* Romans du XVIe siècle (suite). — *Z :* Livres de physique et d'histoire naturelle du XVIe siècle. — *Etc. :* Romans du XVIe siècle (suite). — *Aa :* Livres de médecine, chirurgie, chimie et alchimie du XVIe siècle.— *Bb :* Livres concernant les sciences mathématiques et les arts qui en dépendent, imprimés au XVIe siècle. — *Cc–Ee :* Livres militaires du XVIe siècle. — *Ff :* Supplément aux portraits des illustres militaires du XVIe siècle, et des progrès qu'ont faits pendant ce siècle les arts de l'imprimerie, de la musique, de la danse, du dessin, de la peinture, de la sculpture et de la gravure. — *Gg :* Des livres écrits en français au XVIe siècle qui traitent de l'architecture et des progrès de cet art jusqu'au XVIIe siècle. — *Hh :* Suite des livres français écrits sur les arts mécaniques, des statuts et règlements de ces arts, de leur état et de leurs progrès jusqu'à la fin du XVIe siècle. — *Ii–Etc–Etc. :* Livres de géographie et d'histoire imprimés en français au XVIe siècle. — T. XLIX–LXV : Livres de géographie et d'histoire imprimés en français au XVIe siècle (suite).

* Pièces intéressantes et peu connues pour servir à l'histoire et à la littérature, par M. D. L. P. (DE LA PLACE). — (V. HISTOIRE, *n°* 569.)

122. — Mémoires littéraires, contenant des réflexions sur l'origine des nations, tirées de leur langage; plusieurs dissertations sur la pierre philosophale, sur la nature et les propriétés des différentes eaux et fontaines brûlantes, etc.; avec des remarques critiques et physiques sur l'histoire naturelle, sur la médecine et la géographie, et les moyens de multiplier le blé et d'améliorer les terres; traduits de l'anglais (par EIDOUS). — *Paris, André Cailleau*, 1750, in-12.

§ 3. — Recueils factices.

123. — Recueil *A* in-4, contenant :

1° — In hoc opere contenta Ludus L. Annæi Senecæ, De morte Claudij Cæsaris, nuper in Germania reptus, cũ Scholijs Beati Rhenani. SYNESIUS Cyrenẽsis de laudibus Caluitij, Ioãne PHREA Britanno interprete, cũ scholijs Beati Rhenani. ERASMI Roterodami Moriæ Encomium, cum cõmentarijs Gerardi Listrij, trium linguarum periti. — *Apvd inclytam Germaniae Basileam.* (A la fin de l'*Eloge de la Calvitie :*) *Basileae in aedibvs Ioannis Frobenii, Mense Martio anno.* M. D. XV.

2° — LUCIANI ERASMO interprete Dialogi et alia emuncta. Quorum quædam recentius, quędam annos abhinc octo sunt versa : sed nuper recognita : vt indice ad finem apponendo declarabimus. Quædam etiam a Thoma MORO latina facta : et Quædam ab eodem concinnata. — *Ve(æ)nundantur in e(æ)dibus Ascensianis.* (A la fin :) *Finis rursum in ædibus Ascensianis ad Kalendas Junias Anni* MDXIII.

3° — Opuscula PLUTARCHI nup traducta. ERASMO Roterodamo Interprete. De tuenda bona valetudine præcepta. In principe requiri doctrinam. Cum principibus maxime philosophum debere disputare. Vtrum grauiores sint animi morbi q̃ȝ corporis. Num recte dictum sit λάθε βιώσας : id est Sic viue vt nemo te sentiat vixisse. De Cupiditate diuitiarum. — *Ve(æ)nundantur vbi complura alia, et Plutarchi et Erasmi syntagmata, in ædibus Ascensianis* (s. d.), 24 feuillets.

124. — Recueil *B* in-4, contenant :

1° — APHTHONII Sophistæ progymnasmata, Rodolpho AGRICOLA Phrisio interprete. — (Sans frontispice), 50 pages.

2° — Petri SAINCT FLEVR Monspeliensis institutionum Rhetoricarum libellus, ad Aristotelis, Ciceronis, Quintiliani, Rodolphi Agricolæ, et aliorum probatissimorum authorum præceptiones, de Arte dicendi interpretandas, et intelligendas necessarius... — *Parisiis, ex Typographia Dionysii à Prato*, 1569, 32 feuillets.

3° — Ἐκ τῶν ΔΙΩΝΟΣ τοῦ Νικάεως Ρωμαικῶν ἱςοριῶν... — DIONIS Nicaei Rervm romanarum à Pompeio Magno ad Alexādrum Mamææ, Epitome authore Ioanne XIPHILINO... — *Lvtetiae, ex officina Roberti Stephani*, M. D. LI.

(Tout grec.)

125. — Recueil *C* in-12, contenant :

1° — Hiéron, ou Portrait de la condition des rois, par XÉNOPHON, en grec et en français, de la traduction de Pierre COSTE. — *Amsterdam, Henri Schelte*, 1711.

2° — Traité du scorbut, par M. BRESCOU DUMOURET,... — *Paris, Ch.-J.-B. Delespine*, 1743.

3° — Les soupers de Daphné et les dortoirs de Lacédémone, anecdotes grecques, ou Fragments historiques publiés pour la première fois, et traduits sur la version arabe imprimée à

Constantinople l'an de l'Hégire 1110 et de notre ère 1731. (Par DE QUERLON.) — *Oxfort* (*Paris*), 1740.

(Satire sur les soupers de Marly et sur ceux que Samuel Bernard donnait à Passy, composée (et non traduite) en trois jours par Querlon sur des notes ramassées par Moret. — V. Barbier, qui donne une clef de certains passages de l'ouvrage.).

4° — Les amours de Calotin, comédie en trois actes et en vers, par CHEVALIER. — *Paris*, 1664.

126. — Recueil *D* in-12, contenant :

1° — Lettre sur nos orateurs chrétiens. — *La Haye*, 1754, 31 pages.

2° — Examen des principes de gouvernement qu'a voulu établir l'auteur des « Observations sur le refus que fait le Châtelet de reconnaître la chambre Royale ». (Attribué au vicomte D'ALÈS DE CORBET.) — (1753), 168 pages.

3° — Indication sommaire des principes et des faits qui prouvent la compétence de la puissance séculière pour punir les évêques coupables de crimes publics, et pour les contenir dans l'obéissance qu'ils doivent aux lois et dans la soumission qu'ils doivent au roi. (Par DE MEYNIÈRES, président au parlement de Paris.) — *En France*, M. DC. LV (*sic*, *sed* 1755), 86 pages.

4° — Lettres d'un homme du monde au sujet des billets de confession et de la bulle *Unigenitus*. (Par l'abbé BON.) — 1753, 136 pages.

5° — Réflexions sur les onze lettres d'un homme du monde au sujet des billets de confession et de la bulle *Unigenitus*. — 1753, 48 pages.

6° — Douzième lettre d'un homme du monde: Paris, 15 mai 1753. — 1753, 14 pages.

127. — Recueil *E* in-8, contenant :

1° — Eloge de Michel de L'Hopital,... discours qui a remporté le prix de l'Académie française en 1777, par M. l'abbé REMY, avocat au parlement. — *Paris, Demonville*, 1777, 68 pages.

2° — Le progrès des arts dans la république, poème, précédé d'un Discours sur le même sujet ; suivi d'un autre poème intitulé : « Dieu et les Saints » ; de quelques Vers sur les victoires de Buonaparté ; des Doléances du pape, et de

Nouveaux hymnes civiques, par M. P.-D. CUBIÈRES. — *Paris, impr. de Bertrand-Quinquet, an* V, 64 pages.

3° — Eloge funèbre des généraux Kléber et Desaix, prononcé, le 1er vendém. an IX, à la place des Victoires, par le citoyen GARAT,... — *Paris, impr. de la république, an* IX, 107 pages.

4° — Essai sur la biblographie et sur les talents du bibliothécaire. (Par PARENT l'aîné.) — *Paris, l'auteur, an* IX, 54 pages.

5° — Mémoire qui a remporté le prix en l'an X sur cette question proposée par l'Institut national : « Quels sont les moyens de perfectionner en France l'institution du jury? » par le citoyen BOURGUIGNON,... — *Paris, impr. de la république, an* X, 159 pages.

6° — Discours sur la manière d'utiliser ses lectures, divisé en deux parties, par BIRON, bibliothécaire de l'Ecole Centrale du département de la Haute-Vienne. — *Paris, J. Charles, impr., an* X, 40 pages.

7° — Discours prononcé dans le temple de Mars par L. BONAPARTE, ministre de l'intérieur, le 1er vendémiaire an IX, pour la fête de la République. — (*Paris, impr. de la république, an* IX), 15 pages.

BELLES-LETTRES.

BELLES-LETTRES.

PRÉLIMINAIRES ET GÉNÉRALITÉS.

SECTION I.

INTRODUCTION A L'ÉTUDE DES BELLES-LETTRES.

* De stvdio literarvm recte et commode institvendo... Gulielmo BUDÆO Parisiensi,... auctore. — (V. ci-après : *De Philologia... Gulielmi* BUDÆI.)

* Des rapports que les belles-lettres et les sciences ont entre elles, par M. DE LA NAUZE. — (V. *Mém. de l'Acad. des Inscript.*, T. XIII.)

128. — De la destination du savant et de l'homme de lettres, par J.-G. FICHTE, traduit de l'allemand par M. NICOLAS,... — *Paris, Ladrange*, 1838, in-8.

129. — Appel d'un chrétien aux gens de lettres, par G. DE FÉLICE,... — *Paris, L.-R. Delay*, 1841, in-12.

* Discours. Combien les lettres, loin d'affaiblir les vertus

guerrières, fortifient la valeur et perfectionnent le courage, par le chevalier DE JUILLY DE THOMASSIN,... — *Paris, Vente*, 1771.

(Relié à la suite de l'ouvrage : *Connaissance de la langue française*, par SAUGER-PRÉNEUF. — V. ci-après LINGUISTIQUE.)

130. — Arcana studiorum omnium methodus, et Bibliotheca scientiarum librorumque earum ordine tributorum universalis, authore R. P. Alexandro FICHET,... De novo aucta et recognita ab uno patre ejusdem societatis (Jesu...) — *Lugduni, apud viduam Guillelmi Barbier*, 1668, in-12.

* Traité du choix et de la méthode des études, par l'abbé FLEURY. — (V. *n*° 73, *Œuvres*.)

131. — De la manière d'enseigner et d'étudier les belles-lettres par rapport à l'esprit et au cœur, par M. ROLLIN,... Quatrième édition, revue, corrigée et augmentée d'une table des matières. — *Paris, Jacques Estienne*, 1732-33, 2 vol. in-4.

132. — La méthode d'étudier et d'enseigner chrétiennement et solidement les lettres humaines par rapport aux lettres divines et aux écritures; divisée en six parties dont les trois premières regardent l'étude des poètes, et les trois suivantes celle des historiens, des philosophes et des grammairiens, par le P. L. THOMASSIN,... — *Paris, François Muguet*, 1681, in-8.

(La première partie seulement, comprenant l'étude des poètes. — Le faux-titre porte : « Traités historiques et dogmatiques sur divers points de la discipline de l'Eglise et de la morale chrétienne ».)

133. — Traité de la lecture chrétienne, dans lequel on expose des règles propres à guider les fidèles dans le choix des livres, et à les leur rendre utiles, par D. Nicolas JAMIN,... — *Paris, J.-Fr. Bastien*, 1774, in-12.

134. — Moyens de lire avec fruit, traduit de l'italien (ou plutôt du latin) de SACCHINI (par DUREY DE MORSAN). — *La Haye*, et *Paris, Guillot*, 1785, in-12.

* De la littérature considérée dans ses rapports avec les institutions sociales, par Mme DE STAEL. — (V. *n*° 93, *Œuvres*, T. I.)

SECTION II.

HISTOIRE LITTÉRAIRE COMPRENANT LA BIBLIOGRAPHIE ET LA CRITIQUE (1).

Chapitre I. — *Histoire littéraire des nations.*

§ 1er. — Histoire littéraire ancienne et moderne.

135. — Essais sur l'histoire des belles-lettres, des sciences et des arts, par M. Juvenel de Carlencas. — *Lyon, frères Duplain*, 1744, 2 vol. in-12.

136. — Histoire de la littérature ancienne et moderne, par F. Schlegel; traduite de l'allemand, sur la dernière édition, par William Duckett. — *Paris, Th. Ballimore*, et *Genève, Cherbuliez*, 1829, 2 vol. in-8.

137. — Histoire des lettres. — Cours de littératures comparées, par M. Amédée Duquesnel, 2e édition... — *Paris, W. Coquebert*, 1841-45, 7 vol. in-8.

(T. I : Considérations générales; l'Orient; l'Inde; la Chine; la Bible. — T. II : La Grèce; Rome. — T. III : Histoire des lettres aux cinq premiers siècles du christianisme. — T. IV : Histoire des lettres au moyen-âge. — T. V, VI, VII : Histoire des lettres aux XVIe, XVIIe et XVIIIe siècles.)

138. — De la décadence des lettres et des mœurs depuis les Grecs et les Romains jusqu'à nos jours, par M. Rigoley de Juvigny,... Seconde édition. — *Paris, Mérigot le jeune*, 1787, in-12.

(1) Nota. On ne trouvera dans cette section que l'histoire des sociétés polygraphiques ou purement littéraires. Quant aux actes des sociétés dont les études ont pour objet spécial la religion, les sciences ou les arts, nous avons cru devoir les réserver pour les placer dans les divisions auxquelles ils appartiennent. Les biographies des personnages qui se sont illustrés dans les sciences, les arts et les lettres, ayant trait autant à leur histoire personnelle qu'à leurs travaux, ont déjà été placées au Catalogue d'Histoire.

§ 2. — Histoire littéraire ancienne.

139. — Histoire abrégée de la littérature classique ancienne, traduite de l'allemand de F. Ficker,... par M. Theil,... — *Paris, L. Hachette,* 1837, 2 vol. in-8.

(Première partie : Littérature grecque. — Seconde partie : Littérature romaine.)

140. — Histoire de la littérature grecque profane depuis son origine jusqu'à la prise de Constantinople par les Turcs; suivie d'un précis de l'histoire de la transplantation de la littérature grecque en occident. Seconde édition, entièrement refondue sur un nouveau plan, et enrichie de la partie bibliographique. Par M. Schœll. — *Paris, Gide fils,* 1823-25, 8 vol. in-8.

(Portrait de l'auteur au T. IV.)

* Histoire de l'origine, des progrès et de la décadence des sciences dans la Grèce, traduite de l'allemand de Christophe Meiners,... par J.-Ch. Laveaux. — (V. Histoire, *n°* 1786.)

141. — Histoire de l'école d'Alexandrie comparée aux principales écoles contemporaines, ouvrage couronné par l'Institut. Par M. Matter,... Deuxième édition, entièrement refondue. — *Paris, L. Hachette,* 1840-44, et *Firmin Didot,* 1848; 3 vol. in-8.

(T. I : Topographie; Musées; Bibliothèques; Syssities; Didascalées; Plan d'Alexandrie ancienne et moderne. — T. II : Médecine; Histoire naturelle; Physique; Mathématiques; Astronomie; Chronologie; Géographie; Histoire. — T. III : Philologie; Critique; Littérature; Sciences morales et politiques; Religion et Philosophie.)

* Histoire de l'école d'Alexandrie, par J. Simon. — (V. *la division* Sciences et Arts.)

142. — Histoire abrégée de la littérature romaine, par F. Schœll,... — *Paris, Gide fils,* 1815, 4 vol. in-8.

§ 3. — Histoire littéraire moderne.

143. — Histoire de la littérature de l'Europe pendant les quinzième, seizième et dix-septième siècles, traduite de l'anglais, de Henri HALLAM, par Alphonse BORGHERS,... — *Paris, Ladrange,* et *Baudry,* 1839-40, 4 vol. in-8.

144. — De la littérature du midi de l'Europe, par J.-C.-L. SIMONDE DE SISMONDI,... Troisième édition, revue et corrigée. — *Paris, Treuttel et Würtz,* 1829, 4 vol. in-8.

145. — Cours de littérature française, par M. VILLEMAIN,... — Tableau de la littérature au moyen-âge en France, en Italie, en Espagne et en Angleterre, 3e édition... — *Paris, Didier,* 1841, 2 vol. in-8.

146. — Cours de littérature française, par M. VILLEMAIN,... — Tableau de la littérature au XVIIIe siècle, 3e édition,... — *Paris, Didier,* 1841, 4 vol. in-8.

147. — Histoire littéraire de la France, où l'on traite de l'origine et du progrès, de la décadence et du rétablissement des sciences parmi les Gaulois et parmi les Français; du goût et du génie des uns et des autres pour les lettres en chaque siècle; de leurs anciennes écoles; de l'établissement des universités en France; des principaux colléges; des académies des sciences et des belles-lettres; des meilleures bibliothèques anciennes et modernes; des plus célèbres imprimeries, et de tout ce qui a un rapport particulier à la littérature; avec les éloges historiques des Gaulois et des Français qui s'y sont fait quelque réputation; le catalogue et la chronologie de leurs écrits; des remarques historiques et critiques sur les principaux ouvrages; le dénombrement des différentes éditions... Par des religieux bénédictins de la congrégation de Saint-Maur (Dom RIVET, dom TAILLANDIER et dom CLÉMENCET). — *Paris, Osmont* (et autres), 1733-63, 12 vol. in-4.

— Histoire littéraire de la France; ouvrage commencé par des religieux bénédictins de la congrégation de Saint-Maur, et continué par une commission prise dans la classe d'histoire et de littérature ancienne de l'Institut (MM. BRIAL, GINGUENÉ, DAUNOU, DE PASTORET, AMAURY DUVAL, PETIT-RADEL, EMERIC DAVID, Félix LAJARD, FAURIEL, Paulin PARIS, Victor LE CLERC, Emile LITTRÉ). — *Paris, Firmin Didot,* 1814-..., 11 vol. in-4.

(Ne va que jusqu'à la fin du XIIIe siècle. — Se continue.)

* Origines de la littérature française, par J.-J. AMPÈRE.

(V. *Revue des Deux Mondes*, 1er janvier 1833, 15 février 1834, 1er janvier et 15 août 1836, 15 septembre et 1er octobre 1837 (ces années ne se trouvent pas à la bibliothèque), 1er et 15 février 1838, 1er juin et 15 juillet 1839, 15 janvier et 1er juin 1841, 15 août 1843, 1er février 1844.)

* Du point de départ et des origines de la langue et de la littérature françaises, par SAINTE-BEUVE.

(V. *Revue Contemporaine*, 30 novembre 1858 et n[os] suivants.)

148. — Histoire littéraire de la France avant le douzième siècle, par J.-J. AMPÈRE,... — *Paris, L. Hachette,* 1839-40, 3 vol. in-8.

149. — Histoire de la littérature française, par D. NISARD. — *Paris, F. Didot frères,* 1844-49, 3 vol. in-8.

(Le T. IV et dernier n'a pas encore paru.)

150. — Histoire des livres populaires ou de la littérature du colportage depuis le XVe siècle jusqu'à l'établissement de la commission d'examen des livres du colportage [30 novembre 1852], par M. Charles NISARD,... — *Paris, Amyot,* 1854, 2 vol. in-8.

* Mémoire pour servir à l'histoire de la société polie en France (pendant le XVIIe siècle), par P.-L. RŒDERER. — (V. HISTOIRE, *n°* 648.)

151. — De la littérature française pendant le dix-huitième siècle, par M. DE BARANTE,... Quatrième édition, revue et augmentée d'une préface. — *Paris, Ladvocat,* 1824, in-8.

152. — La France littéraire, contenant : I. Les académies établies à Paris et dans les différentes villes du royaume ; — II. Les auteurs vivants, avec la liste de leurs ouvrages ; — III. Les auteurs morts depuis l'année 1751 inclusivement, avec la liste de leurs ouvrages; — IV. Le catalogue alphabétique des ouvrages de tous ces auteurs. (Par les abbés D'HÉBRAIL et DE LA PORTE.) — *Paris, veuve Duchesne,* 1769, 4 parties en 2 vol. petit in-8.

(Il manque à cet ouvrage les *suppléments* de Guyot.)

CHAPITRE II. — *Histoire et actes des sociétés savantes, universités, écoles, etc.*

* Recueil de mémoires, ou Collection de pièces académiques concernant la médecine, l'anatomie et la chirurgie, la chimie, la physique expérimentale, la botanique et l'histoire naturelle... Par J. BERRYAT,... — (V. *la division* SCIENCES ET ARTS.)

* L'Institut, journal des académies et sociétés scientifiques de la France et de l'étranger. — Première section : Sciences mathématiques, physiques et naturelles (de 1833 à 1856). — (V. *ibidem.*)

153. — Annuaire des sociétés savantes de la France et de l'étranger, publié sous les auspices du ministère de l'instruction publique. Première année, 1846. — *Paris, Victor Masson,* 1846, in-8.

154. — Histoire de l'Académie Française, par PÉLISSON et D'OLIVET, avec une introduction, des éclaircissements et notes par M. Ch.-L. LIVET. — *Paris, Didier et Cie,* 1858, 2 vol. in-8.

* Histoire des quarante fauteuils de l'Académie Française... Par M. Tyrtée TASTET. — (V. HISTOIRE, *n°* 1722.)

* VILLEMAIN. L'Académie Française. Introduction à une histoire de l'Académie depuis d'Alembert.

(V. *Revue des Deux Mondes*, 15 septembre 1852.)

155. — Histoire de l'Académie royale des Sciences depuis son établissement en 1666 jusqu'en 1699. — *Paris, Gabriel Martin,* 1733, 13 vol. in-4.

(11 tomes en 13 vol. Les T. I et II dans le même vol. Le T. III formant 3 parties en 3 vol.; le T. VII, 2 parties en 2 vol. — A partir du T. III, le frontispice porte : « Mémoires de l'Académie », etc.).

— Histoire de l'Académie royale des Sciences, année 1699 (et suiv. jusqu'en 1783); avec les mémoires de mathématique et de physique pour la même année, tirés des registres de cette académie. Troisième édition... — *Paris*, 1732-86, 86 vol. in-4.

(Les années 1772 et 1773 sont en 2 vol. chacune : il manque les années 1708 et 1724. L'année 1709 est en double exemplaire.)

156. — De la grandeur et de la figure de la terre (par Cassini). Suite de l'année 1718. — In-4.

157. — Traité physique et historique de l'aurore boréale, par M. de Mairan, suite des mémoires de l'Académie royale des Sciences, année 1731. — *Paris, imprimerie royale*, 1733, in-4.

158. — Même ouvrage. — Seconde édition, revue et augmentée de plusieurs éclaircissements. — *Paris, impr. royale*, 1754, in-4.

159. — La méridienne de l'observatoire royal de Paris, vérifiée dans toute l'étendue du royaume par de nouvelles observations... par M. Cassini de Thury,... avec des observations d'histoire naturelle faites dans les provinces traversées par la méridienne, par M. Le Monnier,... — Suite des mémoires... Année 1740. — In-4.

160. — Tables alphabétiques des matières de 1666 à 1780, par Godin et Demours. — *Paris, par la compagnie des libraires*, 1784-86, 9 vol. in-4.

(Il manque le T. X.)

161. — Mémoires de mathématique et de physique, présentés à l'Académie royale des Sciences par divers savants (étrangers) et lus dans ses assemblées. — *Paris, imprimerie royale*, 1750-86, 11 vol. in-4.

162. — Machines et inventions approuvées par l'Académie royale des Sciences depuis son établissement... (jusqu'en 1754), avec leur description, dessinées et publiées du consentement de l'Académie par M. Gallon. — *Paris, Gabriel Martin* (et autres), 1735-77, 6 vol. in-4.

(Le T. VI manque.)

* Eloges des académiciens de l'Académie royale des Sciences morts depuis 1666 jusqu'en 1699, par le marquis de Condorcet,... — (V. Histoire, n° 1723.)

* Eloges des académiciens de l'Académie des Sciences morts depuis 1666 jusqu'en 1790; par le marquis DE CONDORCET. — (V. nº 69, *Œuvres*, T. II et III.)

* Histoire du renouvellement de l'Académie des Sciences, avec les éloges des académiciens de la même académie morts depuis 1699, par FONTENELLE. — (V. nº 74, *Œuvres*, T. V-VI.)

163. — Histoire de l'Académie royale des Inscriptions et Belles-Lettres depuis son établissement jusqu'à présent, avec les mémoires de littérature tirés des registres de cette académie depuis son renouvellement (jusqu'en 1793). — *Paris, imprimerie royale (-impériale)*, 1736-1808, 50 vol. in-4.

(D'après Brunet, les premiers volumes de ce recueil sont de la seconde édition. — Les T. XI, XXII, XXXIII, XLIV, contiennent la table des matières. — Les T. II, IV, VI, VIII, X, XIII, XV, XVII, XIX, XX, XXIV, XXVI, XXVIII, XXX, XXXII, XXXV, XXXVII, XXXIX, XLIII, XLV, XLVII, portent au frontispice : « Mémoires de littérature tirés des registres de l'Académie... ».)

164. — Mémoires de l'Institut national (-impérial, royal) des Sciences et Arts. — *Paris, Beaudouin, impr., an* VI (1798 et ann. suiv.), in-4.

Cette collection est divisée de la manière suivante :

A. — Sciences mathématiques et physiques. (An VI-1815.) — ***Paris, Baudouin*** (et ***Firmin Didot***), ***an*** VI-1818, 13 tomes en 17 vol. in-4.

B. — Sciences morales et politiques. (An VI-an XI.) — ***Paris, Baudouin, impr., an*** VI—***an*** XII, 5 vol. in-4.

C. — Littérature et beaux arts. — ***Paris, Baudouin, impr., an*** VI—***an*** XI, 4 vol. in-4.

(Le T. V manque.)

165. — Histoire et mémoires de l'Institut royal (ou plutôt impérial) de France. Classe d'histoire et de littérature ancienne. T. I-IV. — *Paris, F. Didot*, 1815-18, 4 vol. in-4.

(T. I à IV de la collection suivante.)

166. — Histoire et Mémoires de l'Institut royal de France (réorganisé par ordonnance royale du 22 mars 1816).

A. — Académie des Inscriptions et Belles-Lettres, T. V à XXIII. (Suite du n° précédent). — *Paris, impr. roy.* (*-impér.*), 1821-57, 18 tomes en 26 vol. in-4.

(Il manque la 1re partie du T. XX, le T. XXII et la 2e partie du T. XXIII.)

Aa. — Mémoires présentés par divers savants à l'Académie royale des Inscriptions et Belles-Lettres :

1re *série :* Sujets divers d'érudition, T. I-V. — *Paris, impr. roy.* (*-impér.*), 1844-57, 5 tomes en 6 vol. in-4.

2e *série :* Antiquités de la France, T. I-III. — *Paris, impr. roy.* (*-impér.*), 1843-54, 3 vol. in-4.

Ab. — Institut national (-impérial) de France. Rapport fait à l'Académie des Inscriptions et Belles-Lettres au nom de la commission des antiquités de la France, par M. Lenormant, lu dans la séance publique annuelle du 16 août 1840. — Rapport, par le même, séance du 17 août 1849. — *Idem*, par le même, séance du 22 août 1851. — *Idem*, par M. Berger de Xivrey, séance du 25 novembre 1853. — *Idem*, par M. Adrien de Longpérier, séance du 8 août 1856. — *Idem*, par le même, séance du 7 août 1857. — *Idem*, par M. Paulin Paris, séance du 12 novembre 1858. — *Paris, typogr. de F. Didot frères;* en tout, 7 brochures in-4.

B. — Académie des Sciences. Années 1816 et suivantes. T. I à XXIV. — *Paris, F. Didot*, 1818-54, 24 vol. in-4.

Bb. — Mémoires présentés par divers savants à l'Académie royale des Sciences de l'Institut de France, et imprimés par son ordre. — Sciences mathématiques et physiques, T. III-XIII. — 1832-52. — *Paris, impr. royale* (*-nationale*), 1832-52, 10 vol. in-4.

(Il manque le T. XII.)

Bc. — Comptes-rendus hebdomadaires des séances de l'Académie des Sciences, publiés conformément à une décision de l'Académie en date du 18 juillet 1835 par MM. les secrétaires perpétuels. T. I à XXXVI (de 1835 à 1853). — *Paris, Mallet-Bachelier*, 1835-53, 36 vol. in-4.

Bd — Table générale des comptes-rendus des séances de l'Académie des Sciences... [T. I à XXXI. — 3 août 1835 à 30 décembre 1850.] — *Paris, Mallet-Bachelier*, 1853, in-4.

C. — Sciences morales et politiques. 2e série. T. I-VIII. — *Paris, F. Didot frères*, 1837-52, 8 vol. in-4.

(V. pour la 1re série, ci-dessus, *n°* 164, *B.*)

Cc. — Savants étrangers. T. I, II. — *Paris, F. Didot frères*, 1841-47, 2 vol. in-4.

* Mémoires pour servir à l'histoire de l'Académie royale de peinture et de sculpture, depuis 1648 jusqu'en 1664 (attribués à Henri Testelin). Publiés pour la première fois par M. Anatole de Montaiglon,... — (V. *la division* Beaux-Arts).

167. — Congrès scientifique de France. Huitième session, tenue, à Besançon, en septembre 1840. — *Besançon, imprimerie de Sainte-Agathe l'aîné*, 1841, in-8.

168. — Congrès scientifique de France. Dixième session, tenue à Strasbourg, en septembre et octobre 1842. — *Strasbourg*, et *Paris, Derache*, 1843, 2 vol. in-8.

169. — Académie des Sciences, Belles-Lettres et Arts de Besançon. Séance publique du 24 août 1827 (et années suivantes jusqu'en 1841 inclusivement). — *Besançon, veuve Daclin*, 1827-32 (et *de Sainte-Agathe aîné*, 1832-51), 29 vol. in-8.

(Années 1827 (moins la séance de janvier) 1828, 1829, 1830 (séance de janvier), 1831, 1832, 1833, 1834, 1835, 1836, 1837 (séance d'août), 1839, (séance d'août), 1840 (séance de janvier), 1841 (séance d'août), 1842, 1843, 1844, 1847, 1848 et 1851 (séance d'août).

170. — Extrait des mémoires présentés à la Société libre d'Agriculture, Commerce et Arts du Doubs... — *Besançon, impr. de Jean-François Daclin, an* IX. — Rapport général des travaux de la Société libre d'Agriculture, Commerce et Arts du département du Doubs depuis le 15 ventôse an IX (jusqu'en 1806). — *Besançon, impr. de J.-Fr. Daclin.* — En tout, 7 vol. in-8.

171. — Mémoires de la Société d'Emulation du département du Doubs. Troisième série. T. I et II (1856-57). — *Besançon, impr. de Dodivers et Cie*, 1856-58, 2 vol. in-8.

(Le T. II contient uniquement le Traité des roches considérées au point de vue de leur origine... (etc.), par H. COQUAND,...)

172. — Mémoires de la Société royale des Sciences, Lettres et Arts de Nancy. (Années 1836 à 1846, moins l'année 1845.) — *Nancy, Thomas et Cie*, 1837-38 (et *Grimblot et Cie*, 1839-47), 10 vol. in-8.

173. — Mémoires de la Société des Sciences, Agriculture et Arts de Strasbourg. — *Strasbourg, impr. de Levrault*, 1811-23, 2 vol. in-8.

(T. I : Partie des sciences. — T. II : Economie intérieure, littérature et arts.)

174. — Nouveaux mémoires de la Société des Sciences,

Agriculture et Arts du département du Bas-Rhin. — *Strasbourg, impr. de F.-G. Levrault*, 1832-34, 2 tomes en 3 vol. in-8.

175. — Mémoires de l'Académie des Sciences, Agriculture, Commerce, Belles-Lettres et Arts du département de la Somme. — *Amiens, impr. de R. Machart*, 1835, in-8.

* Bulletin de la Société d'Agriculture, des Sciences et des Arts de Limoges. — (V. HISTOIRE, *nos* 1127-1131.)

176. — Annales de la Société d'Emulation des Vosges. T. II, 3e cahier, et T. IV, 3e cahier. — *Epinal, Gérard* (et *Gley*), 1836-42, 2 vol. in-8.

177. — Illustrium Hollandiæ et Westfrisiæ ordinum alma Academia Leidensis... — *Lugduni Batavorum, apud Jacobum Marci et Justum a Colster, anno* cIↃ. IↃC. XIV. (1614), in-4.

(On lit au recto du feuillet suivant : « Alma et illustris Academia Leidensis; id est Icones atque vitæ illustrissimorum principum Gulielmi, principis Aurangiæ,... atque Mauritii, principis Aurangiæ,... (etc.). Additæ sunt huic operi academiæ, horti academici, bibliothecæ, theatri anatomici, ejusque pompæ, qua ante annos XXXIX, solemni die, Academia in hanc urbem primum introducta est, delineationes artificiosissimæ, æri omnes incisæ ».)

178. — Choix des mémoires et abrégé de l'histoire de l'Académie de Berlin (par FORMEY). — *Berlin et Paris, Rozet*, 1767, 4 vol. in-12.

179. — Histoire de l'institution, dessin et progrès de la Société royale de Londres (par Thomas SPRAT). — *Paris, Olivier de Varennes*, 1670, petit in-8.

180. — Annuaire de l'Instruction publique pour l'an XII, ou Recueil complet des lois, arrêtés, décisions et instructions concernant l'établissement et le régime des lycées, des écoles primaires, secondaires et des écoles spéciales... — *Paris, Courcier, an* XII, 1804, in-18.

* De l'université de France. — (V. HISTOIRE, *n°* 571 : *Recherche de la France*, par Est. PASQUIER, liv. IX.)

181. — Historia universitatis parisiensis, ipsius fundationem, nationes, facultates, magistratus, decreta, censuras et judicia in negotiis fidei, privilegia, comitia, legationes, reformationes. Item antiquissimas Gallorum academias, aliarum quoque universitatum et religiosorum ordinum, qui ex eadem communi matre exierunt, institutiones et fundationes, aliaque id genus cum instrumentis publicis et authenticis a Carolo M. ad nostra tempora ordine chronologico complectens. Authore Cæsare Egassio BULÆO,... — *Parisiis, apud Franciscum Noel,* 1665-73, 6 vol. in-fol.

(Les 3 derniers volumes portent : *Parisiis, apud Petrum de Bresche.*)

182. — Histoire de l'Université de Paris depuis son origine jusqu'en l'année 1600. Par M. CREVIER,... — *Paris, Desaint et Saillant,* 1761, 7 vol. in-12.

183. — Factum pour l'Université de Paris (par Jacques DE L'ŒUVRE, prêtre). — *Paris, veuve de Claude Thiboust,* 1689, in-4.

(En double exemplaire.)

* Joannis LAUNOII constantiensis, paris. theologi, De varia Aristotelis in academia parisiensi fortuna, extraneis hinc inde adornata præsidiis, liber... tertia editio, auctior et correctior.

(Relié à la suite de l'ouvrage du même auteur : *De auctoritate negantis argumenti.*)

184. — Joannis LAUNOII constantiensis,... Regii Navarræ gymnasii parisiensis historia. — *Parisiis, apud viduam Edmundi Martini,* 1677, in-4.

* Histoire de la maison de Saint-Cyr, par Th. LAVALLÉE. — (V. HISTOIRE, *n°* 766.)

185. — Séances des écoles normales, recueillies par des sténographes, et revues par les professeurs. Nouvelle édition. — *Paris, imprimerie du Cercle Social* [1800-01], an IX, 14 vol. in-8.

(Y compris 1 vol. d'atlas. — Leçons, 10 vol.; Débats, 3 vol.)

* Exercices publics des cours de l'école centrale du département de la Haute-Vienne. — (V. HISTOIRE, *n°* 1220.)

* Distribution des prix du lycée de Limoges. —(V. HISTOIRE, nos 1221-23.)

186. — Université de France. Collége royal de Strasbourg. Distribution solennelle des prix de l'année scolaire 1827-28 (et des années suivantes jusqu'à l'année 1843-44 inclusivement). — *Strasbourg, imprimerie de F.-G. Levrault*, 1828-44, in-8.

CHAPITRE III. — *Bibliographie, ou Histoire et description des livres.*

§ 1er. — Traités généraux sur les livres et les bibliothèques.

* JUSTI LIPSII de bibliothecis. — (V. *n°* 59, *Opera*, T. II.)

* Traité des bibliothèques anciennes, traduit du latin de JUSTE LIPSE, suivi d'un supplément sur les bibliothèques modernes, par Gabriel PEIGNOT. — (V. ci-dessous, *n°* 188.)

187. — Dictionnaire raisonné de bibliologie, contenant 1° l'explication des principaux termes relatifs à la bibliographie, à l'art typographique, à la diplomatique, aux langues, aux archives, aux manuscrits, aux médailles, aux antiquités, etc.; 2° des notices historiques détaillées sur les principales bibliothèques anciennes et modernes; sur les différentes sectes philosophiques; sur les plus célèbres imprimeurs, avec une indication des meilleures éditions sorties de leurs presses, et sur les bibliographes, avec la liste de leurs ouvrages; 3° enfin, l'exposition des différents systèmes bibliographiques, etc... Par G. PEIGNOT,... — *Paris, Villier, an* x-1802, 2 vol. in-8.

(Il manque le T. III.)

188. — Manuel bibliographique, ou Essai sur les bibliothèques anciennes et modernes, et sur la connaissance des livres, des formats, des éditions; sur la manière de composer une bibliothèque choisie, classée méthodiquement, et sur les principaux ouvrages à consulter dans chaque partie de l'enseignement des écoles centrales; le tout suivi de plusieurs notices bibliographiques, instructives et curieuses. Par

G. P..... (PEIGNOT),... — *Paris*, *Villier*, *an* IX [1800], in-8.

189. — Avis pour dresser une bibliothèque, présenté à monseigneur le président de Mesme, par G. NAUDÉ P. Seconde édition... — *Paris*, *Rolet le Duc*, 1644, petit in-8.

* Conseils pour former une bibliothèque, peu nombreuse mais choisie, par FORMEY. — (V. ci-après n° 209 : *Nouveau dictionnaire bibliographique*, par DESESSARTS.)

190. — Coup d'œil éclairé d'une bibliothèque à l'usage de tout possesseur de livres, par M. *** (CELS et LOTTIN l'aîné). — *Paris*, *Lottin l'aîné*, 1773, in-8.

(Ce volume n'est composé que d'une infinité d'étiquettes propres à être découpées et collées sur des livres figurés en bois, pour indiquer les cinq grandes divisions bibliographiques (théologie, jurisprudence, sciences et arts, belles-lettres, histoire). Elles sont exposées et détaillées dans cinq tableaux qui, comme des cartes, se plient dans l'intérieur du volume. — V. *Nouveau manuel de bibliographie universelle*, par F. Denis, P. Pinçon et de Martonne, T. I, p. 75.)

* Observations sur la distribution et le classement d'une bibliothèque, par A.-G. CAMUS. — (V. *Mém. de l'Institut*, *Littérature et Beaux-Arts*, T. I.)

* Projets sur quelques changements qu'on pourrait faire à nos catalogues de bibliothèques pour les rendre plus constitutionnels; avec des observations sur le caractère, les qualités et le fonctions d'un vrai bibliothécaire, par le citoyen AMEILHON. — (V. *ibidem*, T. II.)

* Essai sur la bibliographie et sur les talents du bibliothécaire. (Par PARENT l'aîné.) — *Paris*, *l'auteur*, *an* IX (1801), in-8 de 54 pages. — (V. *n°* 127, 4°.)

191. — Exposition du tableau philosophique des connaissances humaines, par le citoyen Arsenne THIÉBAUT. — *Paris*, *impr. de la Répub.*, *an* X, in-8 de 24 pages.

192. — Manuels Roret. — Bibliothéconomie, ou Nouveau manuel complet pour l'arrangement, la conservation et l'administration des bibliothèques, par L.-A. CONSTANTIN. Nouvelle édition, revue, augmentée et ornée de figures. — *Paris, librairie encyclopédique de Roret*, 1841, in-18.

* Rapport au ministre de l'instruction publique sur les bibliothèques et archives des départements du sud-ouest de la France, par M. MICHELET. — (V. HISTOIRE, n° 552.)

193. — Tableau statistique des bibliothèques publiques des départements, d'après des documents officiels recueillis de 1853 à 1857. [Extrait du Journal général de l'instruction publique.] — (*Paris, impr. de P. Dupont*), 1857, in-8 de 23 pages.

194. — Description d'un projet de bibliothèque composé à Rome, en 1833, pour la ville de Paris, par F. MAUDUIT,... Avec l'exposé des idées de l'auteur pour le meilleur parti à tirer de l'emplacement compris entre les Tuileries et le Louvre. — *Paris, Firmin Didot frères*, 1839, in-8.

195. — Bibliotheca apostolica vaticana a Sixto V. pont. max., in splendidiorem commodioremq. locvm translata, et a Fratre Angelo ROCCHA a Camerino,... commentario variarvm artivm, ac Scientiarum Materijs curiosis, ac difficillimis, scituq. dignis refertissimo, illustrata... — *Romæ*, M. D. XCI, *ex Typographia Apostolica Vaticana*, in-4, figures.

§ 2. — Histoire du papier, du parchemin, etc.

* De re diplomatica libri VI... Opera et studio Domni Johannis MABILLON,... — (V. HISTOIRE, n° 1859.)

* Eléments de paléographie, par Natalis DE WAILLY. — (V. *ibidem*, n° 566.)

* De veteribus regum francorum diplomatibus... Auctore P. Bartholomæo GERMON,... — (V. *ibidem*, n° 1860.)

* Dissertation sur la plante appelée *papyrus*, sur le papier d'Egypte, sur le papier de coton et sur celui dont on se sert aujourd'hui, par Bernard DE MONTFAUCON. — (V. *Mém. de l'Acad. des Inscript.*, T. VI.)

* Dissertation sur le *papyrus*, par DE CAYLUS. — (V. *ibidem*, T. XXVI.)

§ 3. — Histoire de l'imprimerie.

196. — Le livre d'or des métiers. — Histoire de l'imprimerie et des arts et professions qui se rattachent à la typographie [calligraphie, enluminure, parcheminerie, librairie, gravure sur bois et sur métal, fonderie, papeterie et reliure], comprenant l'histoire des anciennes corporations et confréries d'écrivains, d'enlumineurs, de parcheminiers, d'imprimeurs, de libraires, de cartiers, de graveurs sur bois et sur métal, de fondeurs de caractères, de papetiers et de relieurs de la France, depuis leur fondation jusqu'à leur suppression en 1789, par Paul LACROIX [bibliophile JACOB], Edouard FOURNIER et Ferdinand SERÉ. — *Paris, 1852, lib. de F. Seré*, in-8.

* Analyse des opinions diverses sur l'origine de l'imprimerie, par le citoyen DAUNOU. — (V. *Mém. de l'Institut, Sciences morales et politiques*, T. IV.)

* Dissertation sur l'origine de l'imprimerie, par M. SCHEPFLIN. — (V. *Mém. de l'Académie des Inscript.*, T. XVII.)

* De l'imprimerie. — (V., *n°* 10, *Bibliothèque des artistes*, T. II, 2e partie.)

* Esquisse historique de Gutenberg, par J.-P. GAMA. — (V. HISTOIRE, *n°* 1757.)

* Gutenberg, par Ambroise-Firmin DIDOT. — (V. *ibidem, supplément*.)

* Notice d'un livre imprimé à Bamberg en 1462, par Arn.-Gast. CAMUS. — (V. *Mém. de l'Institut, Littérature et Beaux-Arts*, T. II.)

* Examen de l'opinion de M. Maittaire touchant l'époque de l'établissement de l'imprimerie en France, par M. DE FONCEMAGNE. — (V. le compte-rendu de cet ouvrage dans les *Mémoires de l'Acad. des Inscript.*, T. VII.)

197. — Marques typographiques, ou Recueil des monogrammes, chiffres, enseignes, emblêmes, devises, rébus et fleurons des libraires et imprimeurs qui ont exercé en France depuis l'introduction de l'imprimerie, en 1470, jusqu'à la fin du seizième siècle : à ces marques sont jointes celles des libraires et imprimeurs qui, pendant la même période, ont publié, hors de France, des livres en langue française. (Par L.-C. SILVESTRE,...) — *Paris, P. Jannet*, 1853-5..., in-8.

(Liv. I à VII. — En publication.)

198. — Précis historique sur l'imprimerie nationale et ses types, par F.-A. DUPRAT,... — *Paris, Benjamin Duprat*, 1848, in-8.

§ 4. — Bibliographes généraux.

199. — Βιβλιοθήκη τοῦ ΦΩΤΙΟΥ. Librorvm qvos legit PHOTIVS Patriarcha excerpta et censvrae. Quatuor mss. codicibus ex Græcia, Germania, Italia, Gallia collatis. David Hoeschelivs Avgvstanvs primus edidit. Notis... illustrauit. — *Avgvstae Vindelicorvm* (*ex officina Iohannis Prætorii*), cIↃ. IↃ c I. (1601), in-fol.

(Tout grec.)

200. — ΦΩΤΙΟΥ Μυριόβιβλον, ἡ Βιβλιοθήκη. PHOTII Myriobiblon, sive Bibliotheca librorum quos legit et censuit PHOTIUS,... Græce edidit David Hoeschelius Augustanus, et notis illustravit. Latine vero reddidit et scholiis auxit Andreas SCHOTTUS Antuerpianus... — *Rotomagi, sumpt. Joan. et Davidis Berthelin*, M. DC. LIII, in-fol.

201. — Bibliotheca institvta et collecta primvm a Conrado GESNERO, Deinde in Epitomen redacta et nouorum Librorũ accessione locupletata, iam vero postremo recognita, et in duplum post priores editiones aucta, per Iosiam SIMLERUM Tigurinum... — *Tigvri, apvd Christophorum Froschovervm*, M. D. LXXIIII, in-fol.

202. — Antonii POSSEVINI Mantuani,... Bibliotheca selecta de ratione stvdiorvm... Recognita novissime ab eodem, et avcta, et in duos Tomos distributa. Triplex additvs index... — *Venetiis*, M. DC. III. *Apud Altobellum Salicatium*, 2 tomes en 1 vol. in-fol.

203. — Même ouvrage. — *Coloniæ Agrippinæ, apud Ioannem Gymnicum*, M. DC. VII, 2 tomes en 1 vol. in-fol.

204. — In-4 contenant :

1° Bibliotheca exotica, sive Catalogus officinalis librorum peregrinis linguis usualibus scriptorum... La Bibliothèque universail (*sic*), contenant le catalogue de tous les livres qui ont été imprimés ce siècle passé... depuis l'an 1500 jusques à l'an présent M. DC. XXIV, distribuée en certain ordre selon les matières y contenues et les surnoms des auteurs. (Par George DRAUD.) — *A Francfort, par Balthasar Ostern*, M. DC. XXV.

2° Bibliotheca classica (id est per classes distributa) sive Catalogus officinalis, in quo philosophici artiumque adeo humaniorum, poetici etiam et musici libri omnes, qui intra hominum fere memoriam usque ad annum M. DC. XXIV inclusive, in publicum prodierunt... Authore M. Georgio DRAUDIO... — *Francofurti, anno* M. DC. XXV.

(Cette seconde partie du volume ne commence qu'à la page 1298, et se termine par une table alphabétique d'auteurs.)

* Bibliotheca scientiarum, librorumque earum ordine tributorum universalis. Auctore R. P. Alexandro FICHETO. — (V. ci-dessus, *n°* 130.)

205. — La bibliothèque choisie de M. COLOMIÈS. Nouvelle édition, augmentée des notes de messieurs Bourdelot, de La Monnoye, et autres ; avec quelques opuscules du même Colomiès qui n'avaient point été recueillis. — *Parie, Hippolyte-Louis Guérin*, 1731, in-12.

(Ces opuscules sont : « La Vie du P. Jacques Sirmond, jésuite », et la « Traduction de l'Exhortation de Tertullien aux martyrs ».)

206. — Jugements des savants sur les principaux ouvrages des auteurs. Par Adrien BAILLET. Revus, corrigés et augmentés par M. DE LA MONNOYE,... — *Paris, Charles Moette* (et autres), 1722, 7 vol. in-4.

(Le T. VI traite des Enfants célèbres et des Auteurs déguisés ; le T. VII, des Satires personnelles qui portent le titre d'*Anti*.)

* Table raisonnée des auteurs... pour l'usage et le choix des livres. — (V. *n°* 10, *Bibliothèque des artistes*, T. II, 2e partie.)

207 — Bibliographie instructive; ou Traité de la connaissance des livres rares et singuliers... Disposé par ordre de matières et de facultés, suivant le système bibliographique généralement adopté; avec une table générale des auteurs, et un système complet de bibliographie choisie, par Guillaume-François DE BURE le jeune,... — *Paris, G.-F. de Bure le jeune*, 1763-68, 7 vol. in-8.

— Supplément à la « Bibliographie instructive », ou Catalogue des livres du cabinet de feu M. Louis-Jean Gaignat,... Disposé et mis en ordre par Guil.-François DE BURE le jeune,... Avec une table alphabétique des auteurs. — *Paris, G.-F. de Bure*, 1769, 2 vol. in-8.

208. — Dictionnaire bibliographique, historique et critique des livres rares, précieux, singuliers, curieux, estimés et recherchés, qui n'ont aucun prix fixe, tant des auteurs connus que de ceux qui ne le sont pas, soit manuscrits avant et depuis l'invention de l'imprimerie, soit imprimés et qui ont paru successivement de nos jours, en français, grec, latin, italien, espagnol, anglais, etc. Avec leur valeur... Auxquels on a ajouté des observations et des notes... Suivi d'un Essai de bibliographie... (Par l'abbé DUCLOS.) — *Paris, Cailleau et fils*, 1791, 3 tomes en 1 vol. in-8.

— Dictionnaire bibliographique... Supplément. (Par BRUNET.) — *Paris, Delalain fils*, 1802-*an* x, in-8.

209. — Nouveau dictionnaire bibliographique portatif, ou Essai de bibliographie universelle, contenant l'indication des meilleurs ouvrages qui ont paru dans tous les genres, tant en France que chez les nations étrangères, anciennes et modernes; précédé d'une nouvelle édition des « Conseils pour former une bibliothèque, peu nombreuse, mais choisie (par FORMEY) ». Par N.-L.-M. DESESSARTS. — *Paris, N.-L.-M. Desessarts, an* VIII, in-8.

210. — Dictionnaire portatif de bibliographie, contenant plus de 17,000 articles de livres rares, curieux, estimés et recherchés... Suivi du Catalogue des éditions *Cum notis Variorum, Ad usum Delphini*, et de celles imprimées par les Aldes, les Elzevirs, Baskerville, etc... Par F.-J. FOURNIER, (MAUGÉ, JARDEL, etc.). — *Paris, Fournier frères, impr.*, 1805, in-8.

211. — Manuel du libraire et de l'amateur de livres, contenant : 1° Un nouveau dictionnaire bibliographique... 2° Une table en forme de catalogue raisonné... Par Jacq.-Charles Brunet. Troisième édition... — *Paris, l'auteur*, 1820, 4 vol. in-8.

(Il manque le « Supplément. — *Paris*, 1834, 3 vol. in-8 ».)

212. — Manuels-Roret. — Nouveau manuel de bibliographie universelle, par messieurs Ferdinand Denis,... P. Pinçon,... et de Martonne,... — *Paris, libr. encyclop. de Roret*, 1857, 3 vol. in-18.

§ 5. — Bibliographie des auteurs appartenant à des ordres religieux, et qui ont écrit sur différentes matières.

* Histoire littéraire de la congrégation de Saint-Maur, ordre de saint Benoît... (Par dom Tassin.) — (V. Histoire, n° 1720.)

213. — Scriptores ordinis prædicatorum recensiti, notisque historicis et criticis illustrati, opus quo singulorum vita præclareque gesta referuntur, chronologia insuper, seu tempus quo quisque floruit certo statuitur; fabulæ exploduntur; scripta genuina, dubia, supposititia expenduntur; recentiorum de iis judicium aut probatur, aut emendatur; codices manuscripti, variæque e typis editiones, et ubi habeantur, indicantur : alumni dominicani, quos alieni rapuerant, vindicantur... Præmittitur in prolegomenis Notitia ordinis qualis fuit ab initio ad an. MD... Inchoavit R. P. F. Jacobus Quetif S. T. P. absolvit R. P. F. Jacobus Echard,... — *Lutetiæ Parisiorum, apud J. B. Christophorum Ballard et Nicolaum Simart*, 1719, in-fol.

(Il manque le T. II.)

214. — Bibliotheca scriptorum Societatis Jesu post excusum anno M. DC. VIII. Catalogum R. P. Petri Ribadeneiræ,... Nunc hoc novo apparatu librorum ad annum... M. DC. XLII. editorum concinnata, et illustrium virorum elogiis adornata, a Philippo Alegambe,... Accedit Catalogus religiosorum Societatis Jesu qui hactenus pro catholica fide et pietate in variis mundi plagis interempti sunt. — *Antuerpiæ, apud Joannem Meursium*, M. DC. XLIII., in-fol.

§ 6. — Bibliographie des ouvrages anonymes et des ouvrages condamnés.

215. — Dictionnaire des ouvrages anonymes et pseudonymes composés, traduits ou publiés en français et en latin, avec les noms des auteurs, traducteurs et éditeurs ; accompagné de notes historiques et critiques par M. BARBIER,... Seconde édition... — *Paris, Barrois l'aîné,* 1822-27, 4 vol. in-8.

(Portrait.)

* Auteurs déguisés sous des noms étrangers, empruntés, supposés, feints à plaisir, abrégés, chiffrés, renversés, retournés ou changés d'une langue en une autre. (Par BAILLET.) — (V. *n*° 206, T. VI.)

* Auteurs pseudonymes et anonymes dévoilés, par QUÉRARD. — (V. ci-après n° 221 : *La France littéraire,* T. XI-XII.)

216. — Leonis ALLATII de Symeonum scriptis diatriba, Symeonis Metaphrastæ laudatio, auctore Michaele PSELLO ; sanctæ Mariæ planctus ipso METAPHRASTE auctore ; ejusdem aliquot epistolæ, Leone Allatio ipso interprete. — Originum rerumque constantinopolitanarum manipulus, variis auctoribus (Constantino PORPHYROGENETA, S. NICEPHORO, S. GERMANO, PROCOPIO, PHOTIO). F. Franciscus COMBEFIS,... ex vetustis Mss. codd. partim eruit, omnia reddidit, ac notis illustravit... — *Parisiis, sumptibus Simeonis Piget,* 1664, in-4.

217. — In-4 contenant :

1° Determinatio sacræ facultatis parisiensis super libro cui titulus : « Histoire du peuple de Dieu... (Par Berruyer.) Seconde partie. — *A La Haye, chez Neaulme et compagnie* [*Parisiis*], 1753 ». Tum super altero, qui inscribitur : « Histoire du peuple de Dieu. Troisième partie. (Par le même)... — [*Parisiis*], 1759 ». Necnon super defensionibus variis et elucidationibus tam ab auctore ipso quam a quibusdam ejus asseclis conscriptis et publici juris factis, sive Avenione anno 1755, sive Nanceii anno 1759, etc... — *Parisiis, apud P.-Al. Le Prieur,* 1762-63.

2° Determinatio sacræ facultatis parisiensis super libro cui titulus : « De l'Esprit (per Helvetius) ». Censure de la faculté de Théologie de Paris... — *Paris, J.-B. Garnier*, 1759.

3° Lettre (du 26 mai 1763) d'un docteur de la faculté de théologie de Paris (l'abbé GERVAISE) à l'auteur des *Nouvelles ecclésiastiques*.

4° Lettres (3e-6e, 26 mai-11 juin 1763) de M. *** (LE GRAND), D. D. L. F. D. T. D. P. (docteur de la faculté de théologie de Paris), à M. *** M. D. C., à l'occasion de la feuille du 16 mai dernier des N. N. E. E. (*Nouvelles ecclésiastiques*), et Lettre de M. l'abbé ***, chanoine de l'église de ***, licencié de Sorbonne, à l'auteur des lettres précédentes (21 juin 1763).

(V. *alinéa* 6 pour les 2 premières lettres.)

5° Determinatio sacræ facultatis parisiensis super libro cui titulus : « Emile ou de l'Education (par J.-J. Rousseau) ». Censure de la faculté de théologie de Paris contre le livre qui a pour titre : « Emile ou de l'Education ». — *Paris, Pierre-Alexandre Le Prieur*, 1762.

6° Observations sur quelques articles de la censure de la faculté de théologie de Paris contre le livre intitulé : « Emile ou de l'Education », ou Lettres (1re, 2e) de M *** (LE GRAND), D. D. L. F. D. T. D. P. (docteur de la faculté de théologie de Paris), à M *** M. D. C. à l'occasion de la feuille du 16 mai dernier des N. N. E. E. (*Nouvelles ecclésiastiques*). — (S. l. n. d.)

(V. *alinéa* 3 et 4 pour les lettres 3 à 6.)

218. — Catalogue des ouvrages qui ont été l'objet soit de condamnations, soit de poursuites judiciaires, depuis 1814 jusqu'au 1er janvier 1843. — *Paris, impr. de Paul Dupont*, 1843, petit in-12.

219. — Catalogue alphabétique des ouvrages condamnés, ou Relevé de toutes les publications officielles faites au *Moniteur* en exécution de la loi du 26 mai 1819, suivi d'un memento des parquets, contenant la nomenclature des envois et des rapports périodiques ou accidentels à faire par MM. les procureurs du roi, etc., etc. — *Paris, au bureau du journal du Palais*, 1836, in-8.

§ 7. — Bibliographes nationaux.

Bibliographes français.

* Bibliothèques françaises de LA CROIX DU MAINE et de DUVERDIER DE VAUPRIVAS. — (V. HISTOIRE, *n*os 1717 et 1718.)

220. — Bibliothèque française, ou Histoire de la littérature française, dans laquelle on montre l'utilité que l'on peut retirer des livres publiés en français depuis l'origine de l'imprimerie pour la connaissance des belles-lettres, de l'histoire, des sciences et des arts, et où l'on rapporte les jugements des critiques sur les principaux ouvrages en chaque genre écrits dans la même langue. Par M. l'abbé GOUJET,... — *Paris, Pierre-Jean Mariette*, 1741-56, 18 vol. in-12.

(Les T. V et VI portent au frontispice : « Seconde édition .. » — Cette bibliographie, non achevée, ne rend compte que des ouvrages de grammaire, de rhétorique et de poésie.)

* La France littéraire (par les abbés D'HÉBRAIL et DE LA PORTE). — (V. ci-dessus *n*o 152.)

221. — La France littéraire, ou Dictionnaire bibliographique des savants, historiens et gens de lettres de la France, ainsi que des littérateurs étrangers qui ont écrit en français, plus particulièrement pendant les XVIIIe et XIXe siècles... Par J.-M. QUÉRARD. — *Paris, Firmin Didot père et fils*, 1827-39, et *Paris, l'éditeur*, 1854-59, 12 vol. in-8.

(Les T. XI et XII portent en plus au frontispice : « Corrections, additions. — Auteurs pseudonymes et anonymes dévoilés ». — Cette seconde partie de l'ouvrage est en publication.)

222. — Bibliographia parisina, hoc est Catalogus omnium librorum Parisiis, annis 1647 et 1648 (1649, 1650) inclusive excusorum. — *Parisiis, apud Sebastianum Cramoisy*, 1649-51, 2 vol. in-4.

(A la suite du T. II :)

— Biblioagraphia gallica universalis, hoc est Catalogus omnium librorum per universum Galliæ regnum, anno M. DC. LI (1652 et 1653) excusorum. — *Parisiis, apud Sebastianum Cramoisy*, 1652-(54), in-4.

223. — Bibliographie parisienne, ou Catalogue d'ouvrages de sciences, de littérature, et de tout ce qui concerne les beaux-arts... imprimés ou vendus à Paris, avec les jugements qui en ont été portés dans les écrits périodiques... Par une société de gens de lettres (HURTAULT, D'HERMILLY, etc.), année 1770. — *Paris, Desnos*, 6 tomes en 2 vol. in-8.

224. — Catalogue général de la librairie française au XIXe siècle, indiquant, par ordre alphabétique de noms d'auteurs, les ouvrages publiés en France du 1er janvier 1800 au 31 décembre 1855, par M. Paul CHÉRON, de la bibliothèque impériale. — *Paris, P. Jannet*, 1856-18.., T. I, II et III, in-8.

(De A à DUBUISSON.)

225. — Bibliographie de la France, ou Journal général de l'imprimerie et de la librairie, publié sur les documents fournis par le ministère de l'intérieur. — *Paris, Pillet aîné*, in-8.

(Années 1856 et 1859.)

226. — Courrier de la librairie, Journal de la propriété littéraire et artistique pour la France et l'étranger. (Par Paul BOITEAU.) — *Paris, P. Jannet*, 1856-58, 3 vol. in-8.

(Ce journal n'a vécu que trois ans, et a cessé de paraître en janvier 1859.)

§ 8. — Bibliographes spéciaux.

(Nous avons cru devoir renvoyer tous les ouvrages de bibliographie spéciale en tête des divisions auxquelles ils se rattachent.)

§ 9. — Journaux bibliographiques et critiques (1).

227. — Histoire du journal en France, par Eugène HATIN. — *Paris, Gustave Havard*, 1846, in-16.

228. — Publication du *Courrier de la librairie*. — La presse parisienne. Catalogue général des journaux politiques, littéraires, scientifiques et industriels, paraissant au mois de juillet 1857. Publié par Ferd. GRIMONT. — *Paris, P. Jannet*, 1857, in-8 de 43 pages.

(1) V. n°s 105-114 pour les recueils polygraphiques et périodiques.

229. — Le journal des savants, par le sieur DE HEDOUVILLE (Denis SALLO, et continué par J. GALLOIS, DE LA ROQUE, L. COUSIN, DUPIN, FONTENELLE, DE VERTOT, TERRASSON, BURETTE, DU RESNEL, DES FONTAINES, TRUBLET, MONCRIF, DE GUIGNES, BOUGUER, CLAIRAUT, GAILLARD, DUPUY, MACQUER, DE LALANDE, etc.). — *Paris, Jean Cusson*, 1665 et années suiv., 14 vol. in-4.

(Il manque les T. III, XIV, XVI, XVIII et suiv. jusqu'à l'année 1792 — Les 14 vol. ci-dessus comprennent les années 1665-66, 1667-68-69-70-71-72, 1677-78, 1679-80, 1681-82, 1683-84, 1685-86, 1687-88, 1689-90, 1691-92, 1693, 1694-95, 1698-99, 1702.)

230. — Acta eruditorum anno M. DC. LXXXVII. (et anno M. DC. IC.) publicata... — *Lipsiæ, prostant apud J. Grossium et J. F. Gleditschium*, 2 vol. in-4.

231. — Mémoires pour l'histoire des sciences et des beaux-arts, recueillis par l'ordre de Son Altesse Sérénissime monseigneur prince souverain de Dombes. — *De l'imprimerie de S. A. S., à Trévoux, et se vendent à Paris chez Jean Boudot*, 1701-62, 216 vol. petit in-12.

(Il manque de janvier à avril et de septembre à décembre 1701, de janvier à mars 1702, de juin à décembre 1720, de septembre à décembre 1721, de mai à août 1727, d'octobre à décembre 1744 et les années 1763 à 1767. — Ce journal a été rédigé par les pères CATROU, TOURNEMINE, BUFFIER, DU CERCEAU, BRUMOY, ROUILLÉ, MERCIER abbé de St-Léger, etc.)

232. — Suite de la Clef, ou Journal historique sur les matières du temps... Par le sieur C. J. (Claude JORDAN, L.-Jos. DE LA BARRE, Ch.-Ph. MONTENAULT D'EGLY, P.-Nic. BONAMY et Hubert-Pascal AMEILHON.) — *Verdun, Paris, et se vend à La Rochelle*, 1730-56, 37 vol. petit in-8.

(T. XXVII-LXXX de la collection. — Il manque l'année 1739 (T. XXXV et XXXVI) et le premier semestre de l'année 1740 (T. XXXVII).)

* Les cinq années littéraires, ou Lettres de M. CLÉMENT. — (V. ci-après.)

233. — L'année littéraire, par M. FRÉRON,... (Fréron père et autres depuis 1754 jusqu'en 1776, et continuée par FRÉRON fils, ROYOU, GEOFFROY, BROTIER, etc., jusqu'en 1790.) — *Amsterdam et Paris, Michel Lambert*, 1759 et ann. suiv., 32 vol. in-12.

(Années 1759, 1760, 1761 et 1762.)

234. — Mémoires secrets pour servir à l'histoire de la république des lettres en France depuis M DCC LXII jusqu'à nos jours, ou Journal d'un observateur, contenant les analyses des pièces de théâtre... les relations des assemblées littéraires; les notices des livres... Par feu M. DE BACHAUMONT, (PIDANZAT DE MAIROBERT, MOUFLE D'ANGERVILLE, etc.). — *Londres, John Adamsohn*, 1777-83, 19 vol.

(Les 19 premiers vol. jusqu'à l'année 1781 inclusivement. — Il manque les vol. 20-36.)

235. — Annales politiques, civiles et littéraires du dix-huitième siècle; ouvrage périodique, par M. LINGUET. — *Londres*, 1777-79, 6 vol. in-8.

(Ne va que jusqu'au 31 octobre 1779. — Il manque les T. VII-XIX.)

236. — La décade philosophique, littéraire et politique (journal commencé au 10 floréal an II (1794), rédigé par MM. J.-B. SAY, Amaury DUVAL, GINGUENÉ, LE BRETON, ANDRIEUX, etc.). — *Paris, an* VI *et suiv.*, in-8.

(An VI (1797-98), moins les n°s 1, 2, 3, 10, 11, 15, 34 et 36; an VII, moins les n°s 2, 3, 21, 26; an VIII, moins les n°s 10, 23, 26, 27, 29, 31, 34, 35; an IX, les trois premiers trimestres, moins les n°s 22 et 23.)

237. — Revue encyclopédique, ou Analyse raisonnée des productions les plus remarquables dans les sciences, les arts industriels, la littérature et les beaux-arts; par une réunion de membres de l'Institut et d'autres hommes de lettres (fondée en 1819 sous la direction de Marc-Antoine JULIEN, dit de Paris). — *Paris*, 1828 (*et suiv.*), 12 tomes en 35 vol. in-8.

(Années 1828, 1829, 1830, formant les tomes XXXVII-XLVIII de la collection. — Il manque le n° d'août 1830.)

238. — Bulletin général et universel des annonces et des nouvelles scientifiques, dédié aux savants de tous les pays et à la librairie nationale et étrangère; publié sous la direction de M. le baron de FÉRUSSAC,... — *Paris, au bureau du Bulletin, rue de l'Abbaye, n°* 3, 1823, 4 vol. in-8.

(Ce Bulletin ne devait comprendre que cinq sections réunies en un seul corps d'ouvrage : 1° Annonces des ouvrages, extraits des journaux et nouvelles scientifiques; — 2° Revue; — 3° Travaux des sociétés savantes; — 4° Annonces diverses; — 5° Nécrologie. — Il ne fut organisé définitivement, et divisé en huit sections indépendantes les unes des autres, que l'année d'après (1824), époque à laquelle le titre fut changé pour le suivant :)

239. — Bulletin universel des sciences et de l'industrie, continuation du Bulletin général et universel des annonces et des nouvelles scientifiques... Publié sous la direction de M. le baron DE FÉRUSSAC. — *Paris, au bureau du Bulletin, rue de l'Abbaye, n° 3*, 1824-31, 148 vol. in-8.

(Ce Bulletin se divise en huit sections :)

Première section : Sciences mathématiques, astronomiques, physiques et chimiques; rédacteurs principaux : DEFLERS, BULOS, SAIGEY, CHEVILLOT, STURM et GAULTIER DE CLAUBRY. — 15 vol. in-8.

Deuxième section : Sciences naturelles et de géologie ; rédacteurs principaux : DELAFOSSE, BRONGNIART, DESMARETS, RASPAIL, LESSON, LUROTH, GUILLEMIN et KUHN. — 24 vol. in-8.

Troisième section : Sciences médicales; rédacteur principal : DEFERMON. — 24 vol. in-8.

Quatrième section : Sciences agricoles et économiques ; rédacteurs principaux : SÉNAC et JUNG. — 17 vol. in-8.

Cinquième section : Sciences technologiques; rédacteurs principaux : BULOS, BILLY, CHEVILLOT, DUBRUNFAUT, GAULTHIER DE CLAUBRY et Nestor URBAIN. — 17 vol. in-8.

Sixième section (portée par erreur au Catalogue d'HISTOIRE, *n°* 74) : Sciences géographiques, économie publique, voyages ; rédacteurs principaux : AUBERT, DE VITRY et THOMAS. — 26 vol. in-8.

Septième section (portée par erreur au Catalogue d'HISTOIRE, *n°* 220) : Sciences historiques, antiquités, philologie ; rédacteurs principaux : CHAMPOLLION-FIGEAC et CHAMPOLLION jeune. — 15 vol. in-8.

Huitième section : Sciences militaires ; rédacteurs principaux : KOCH et JACQUINOT DE PRESLE. — 9 vol. in-8.

— Observations sur les réflexions insérées au n° 4 du *Bulletin des sciences militaires*, concernant les Mémoires historiques et militaires, par le général CROSSARD. — *Paris, Anselin*, 1830, in-8.

§ 10. — Catalogues.

A. — Catalogues des manuscrits des bibliothèques publiques et des cabinets particuliers.

240. — Notices et extraits des manuscrits de la bibliothèque du roi et autres bibliothèques, publiés par l'Institut royal de France, faisant suite aux Notices et extraits lus au comité établi dans l'Académie des Inscriptions et Belles-Lettres, T. XIV, XVI, XVII, XVIII (1re partie) et XIX

(2e partie). — *Paris, impr. roy.* (*-impér.*), 1841-58, 5 tomes en 8 vol. in-4.

241. — Catalogue général des manuscrits des bibliothèques publiques des départements, publié sous les auspices du ministre de l'instruction publique. — *Paris, impr. nat.* (*-impér.*), 1849-55, T. I et II, in-4.

(Le 1er vol. contient le catalogue des manuscrits de Laon, rédigé par M. Fél. Ravaisson ; celui des deux bibliothèques de la ville et de la faculté de médecine de Montpellier, par MM. Libri, Blanc et Kuhnholtz ; celui des manuscrits d'Albi, rédigé par M. Libri, et revu, ainsi que les deux précédents, par M. Fél. Ravaisson. Les notices sont dues à MM. Hase, Reinaud, Vor Le Clerc. — Le 2e vol. est rempli tout entier par la Notice des manuscrits de la bibliothèque de Troyes, due à M. Harmand, conservateur de cette bibliothèque. — Les tables des deux volumes ont été faites par M. Taranne.)

* Catalogue général des cartulaires des archives départementales, publié par la commission des archives départementales et communales (M. le comte Portalis, président). — (V. Histoire, n° 551.)

* Traité de matériaux manuscrits de divers genres d'histoire, par Amans-Alexis Monteil. — (V. Histoire, n° 570.)

242. — Catalogue des manuscrits de la bibliothèque d'Albi, publié sous la direction de la commission du Catalogue général des manuscrits (par MM. Libri et F. Ravaisson). — *Paris, impr. nat.*, 1849, in-4 de 18 pages.

243. — Catalogue des manuscrits de la bibliothèque de la ville de Chartres. — *Chartres, impr. de Garnier*, 1840, in-8.

244. — Catalogue descriptif des manuscrits de la bibliothèque de Lille, par M. Le Glay,... — *Lille, Vanackere*, 1848, in-8.

245. — Manuscrits de la bibliothèque d'Orléans, ou Notices sur leur ancienneté, leurs auteurs, les objets qu'on y a traités, le caractère de leur écriture, l'indication de ceux à qui ils ont appartenu, etc. Précédées de Notes historiques sur les anciennes bibliothèques d'Orléans, et en particulier sur celle de la ville. Par A. Septier, bibliothécaire d'Orléans,... — *Orléans, impr. de Rouzeau-Montaut*, 1820, in-8.

246. — Catalogus manuscriptorum codicum collegii claromontani quem excipit catalogus mss[um] domus professæ parisiensis. — Catalogus manuscriptorum codicum bibliothecæ domus professæ parisiensis (uterque digestus et notis ornatus a Fr. Clément et Lud.-Georg. Oudard-Feudrix de Brequigny). — *Parisiis, in Palatio, apud Saugrain*, 1764, in-8.

* Catalogue des manuscrits de la bibliothèque de M. de Courcelles. — (V. ci-après *n°* 265.)

B. — **Catalogues des bibliothèques publiques.**

* Catalogues de la bibliothèque impériale : département des imprimés :

1° Histoire de France, T. I-V. — (V. Histoire, *n°* 478.)

2° Sciences médicales. — *Paris, Didot*, 1857, T. I, 1re partie. — (V. *la division* Sciences et Arts.)

247. — Catalogue méthodique de la bibliothèque communale de la ville d'Amiens. (Par Garnier, conservateur.)

— Médecine, (comprenant les ouvrages laissés par le docteur Baudelocque et Ch.-Gab. Lemercier, et précédé d'une notice sur leur vie.) — *Amiens, impr. de Duval et Herment*, 1853, in-8.

— Belles-lettres. — *Amiens, impr. de Duval et Herment*, 1854, in-8.

— Histoire. — *Amiens, impr. de Duval et Herment*, 1856-57, 2 vol. in-8.

248. — Catalogue des livres imprimés et manuscrits de la bibliothèque de la ville de Clermont-Ferrand [Puy-de-Dôme]; mis en ordre par M. B. Gonod, professeur de rhétorique au collége royal, bibliothécaire de la ville. — *Clermont-Ferrand, impr. de Perol*, 1839, in-8.

249. — Catalogue de la bibliothèque de Dieppe, rédigé en 1857 par A. Morin, bibliothécaire-archiviste. — *Dieppe, impr. de Levasseur*, 1857, in-8.

250. — Catalogue des livres imprimés de la bibliothèque de la ville de Dole, ancienne capitale de la Franche-Comté, par Jean-Joseph PALLU, bibliothécaire de la ville,... — *Dole, impr. de A. Prudont-Dupré*, 1848 (1856), 2 vol. in-8.

251. — Catalogue de la bibliothèque de la ville de Lille.

— Sciences et arts (imprimés et manuscrits, rédigé par F.-P. LAFUITE). — (*Lille*), *impr. de L. Jacqué*, 1839, in-8.

— Belles-lettres (imprimés et manuscrits, par le même). — *Lille, Vanackere*, 1841, in-8.

— * Manuscrits. — (V. ci-dessus, *n°* 244.)

252. — Catalogue méthodique de la bibliothèque communale de la ville de Limoges (dressé par le conservateur E. RUBEN). — Histoire. — *Limoges, impr. de Chapoulaud frères*, 1858, in-8.

253. — Catalogue des livres de la bibliothèque royale de Nancy, fondée par le roi de Pologne, duc de Lorraine et de Bar. (Par MARQUET, bibliothécaire.) — *Nancy, veuve et Claude Leseure*, 1766, in-8.

254. — Catalogue de la bibliothèque de la ville de Napoléon-Vendée, par M. Léon AUDÉ, conseiller de préfecture, secrétaire général de la Vendée, correspondant du ministère pour les travaux historiques, ancien maire de la ville. — *Napoléon-Vendée, impr. de C.-L. Ivonnet*, 1857, in-8.

C. — Catalogues de bibliothèques particulières.

255. — Catalogue des livres de la bibliothèque de la maison professe des ci-devant soi-disant jésuites. — *Paris, Pissot et Gogué*, 1763, in-8.

(Bibliothèque formée entre autres de celles e Ménage et d'Huet, évêque d'Avranches.)

256. — Catalogue des livres de la bibliothèque des ci-devant soi-disant jésuites du collége de Clermont... — *Paris, Saugrain et Leclerc*, 1764, in-8.

(Bibliothèque formée entre autres de celle de M. de Harlay.)

* Catalogue... de la cour d'appel de Limoges... Par M. FOURNIER,... — (V. HISTOIRE, *n°* 1470.)

257. — Catalogue d'une collection d'ouvrages sur l'histoire des provinces de la France... (Publié par l'administration du *Bulletin de l'Alliance des arts.*) — *Paris*, 1842, in-8 de 50 pages.

258. — Catalogue des livres provenant de la bibliothèque du Cercle de la Réunion (à Nantes)... — *Nantes, Petitpas*, 1852, in-8 de 23 pages.

(Ordre alphabétique de noms de possesseurs.)

259. — Catalogue de livres sur les sciences... la littérature et l'histoire... composant la bibliothèque de feu M. le comte *d'A*... — *Paris, A. Aubry*, 1856, in-8 de 51 pages.

260. — In-8 contenant :

1° Catalogue des livres de la bibliothèque de feu monsieur le président *Bernard de Rieux*. — *Paris, Barrois*, 1747.

2° Catalogue des livres de feu M. le comte *de La Marck*... — *Paris, Damonneville*, 1751.

(Prix manuscrits.)

261. — Bibliotheca bigotiana, seu Catalogus librorum quos... congessere... Joannes, Nicolaus et Lud. Emericus *Bigotii*, Domini de Sommesnil et de Cleuville,... (Cura et studio Prosperi Marchand.) — *Parisiis, Joan. Boudot (et alii)*, 1706, in-12.

262. — Bibliotheca bultelliana, seu Catalogus librorum bibliothecæ V. Cl. D. Caroli *Bulteau*,... Digestus et descriptus a Gabriele Martin,... Cum indice authorum alphabetico. — *Parisiis, Pet. Giffart et Gab. Martin*, 1711, 2 vol. in-12.

* Catalogue du cabinet de M. *Chardin*. — (V. ci-dessous, *n*° 270.)

263. — Bibliothecæ *cordesianæ* catalogus. Cum indice titulorum (studio et opera Gabrielis Naudæi). — *Parisiis, Ant. Vitray*, 1643, in-4.

(En tête se trouve l'éloge de de Cordes par Gab. Naudé. De Cordes (Jean), naquit à Limoges en 1570, et mourut à Paris vers 1702. Sa bibliothèque, formée en partie de celle de Siméon Duboys, autre savant limousin, fut achetée par le cardinal Mazarin. Elle renfermait de très-bons manuscrits, qui sont actuellement à la bibliothèque impériale. Quant aux imprimés, après avoir été vendus à l'encan pendant la guerre de Paris, et ensuite rachetés et mis avec les autres livres du cardinal au collége Mazarin, ils ont plus tard servi à former la bibliothèque Mazarine.—V. *Aug. DuBoys*, *Biogr. limous.*, et *Coulomiès*, *Bibl. choisie*, p. 176.)

264. — Catalogue des livres de M. l'abbé *Courbon du Ternay*, confesseur de Madame Louise de France. — *Paris*, *Pissot*, 1777, in-8.

265. — Catalogue des livres et documents historiques, manuscrits et imprimés, autographes, etc., faisant partie de la bibliothèque de M. *de Courcelles*,... — *Paris*, *Leblanc*, 1834, in-8.

(1re et 2e partie. — Il manque, d'après les auteurs de la *Bibliographie universelle*, la 3e et la 4e parties de ce catalogue, imprimées en 1835.)

266. — Catalogue des livres imprimés et manuscrits composant la bibliothèque de feu M. le Bon *Dacier*,... — *Paris*, *Leblanc*, 1833, in-8.

(Précédé d'une Notice sur le baron Dacier.)

267. — Catalogue des livres choisis et bien conditionnés du cabinet de M. *** (*Dincourt d'Hangard*, rédigé par J.-F. Née de La Rochelle)... — *Paris*, *Née de La Rochelle*, 1789, in-8.

268. — Catalogue des livres composant la bibliothèque de M. *Dumont*,... — *Paris*, *Ed. Garnot*, 1845, in-12 de 24 pages.

269. — Catalogue des livres de la bibliothèque de feu monseigneur le maréchal duc *d'Estrées*,... (Par Jacques Guérin.) — *Paris*, *Jacques Guérin*, 1740, in-8.

(T. I seulement, comprenant la religion, la jurisprudence, les sciences, les arts et les belles-lettres.)

270. — Catalogue des livres rares et singuliers du cabinet de M. *Filheul* (rédigé par Chardin, qui s'est masqué sous le nom de sa femme.) — *Paris*, *Desaint junior*, 1779, in-8.

* Catalogue des livres du cabinet de feu M. Louis-Jean *Gaignat*,... Par DE BURE. — (V. ci-dessus, *n*° 207.)

271. — Bibliotheca D. Joannis *Galloys*, abbatis S. Martini corensis,... seu Catalogus librorum quos ipse... collegit. Digestus a Laurentio SENEUZE,...—*Parisiis, apud Laurentium Seneuze*, 1710, 2 vol. in-12.

(Prix manuscrits.)

272. — Catalogue des livres de la bibliothèque de feu M. le baron *d'Holbach*. (Par DE BURE.) — *Paris, de Bure l'aîné*, 1789, in-8.

273. — Catalogue de bons livres, en langues française et étrangères, composant la bibliothèque de M. *de Janson*,... — *Paris, Auguste Aubry*, 1855, in-8.

* Catalogue de *La Marck*. — (V. ci-dessus, *n*° 260.)

274. — Catalogue de livres... composant les bibliothèques de MM. *de Lamorinière*, architecte-voyer,... et Th. *Lapierre*, artiste peintre... — *Paris, Auguste Aubry*, 1855, in-8 de 48 pages.

275. — Catalogue des livres composant la bibliothèque de feu M. Philippe *de Larenaudière*,... — *Paris, P. Jannet*. 1846, in-8.

276. — Catalogue des livres de la bibliothèque de feu M. le duc de *La Vallière*. Première partie, contenant les manuscrits (décrits par Van Praet), les premières éditions, les livres imprimés sur vélin, etc... Par Guillaume DE BURE fils aîné. — *Paris, Guillaume de Bure fils aîné*, 1783, 3 vol. in-8.

(Portrait du duc de La Vallière. — Il manque la 2e partie de ce catalogue, dressée par Nyon l'aîné.)

277. — Catalogue de livres manuscrits et imprimés sur la franc-maçonnerie et les sociétés secrètes, provenant du cabinet de feu M. *Lerouge*,.... — *Paris, Leblanc*, 1834, in-8 de 72 pages.

278. — Catalogue des livres... cartes et plans géographiques... pièces historiques originales et lettres autographes des principaux membres des diverses assemblées et des généraux français depuis la révolution de 1789 jusqu'à celle de 1830; le tout provenant du cabinet de feu M. *M****, ancien officier supérieur du génie... — *Paris*, *Leblanc*, 1834, in-8.

279. — Catalogue des livres rares et précieux du cabinet de M. L. C. D. M. (M. le comte de *Mackarty*), par Guillaume DE BURE, fils aîné... — *Paris, G. de Bure fils aîné*, 1779, in-8.

(Catalogue des livres doubles seulement possédés par M. de Mackarty. — *Barbier*.)

280. — Catalogue des livres rares et singuliers provenant du cabinet de M. *** (*Mars*, avocat), rédigé par DE BURE fils aîné... — *Paris, de Bure l'aîné*, 1787, in-8.

281. — Catalogue des livres de M. *Moreau de Beaumon*, conseiller d'Etat... — *Paris, Saugrain*, 1785, in-8.

282. — Catalogue de livres mathématiques, physiques et astronomiques provenant des bibliothèques de feu M. C. F. R. *Olufsen*,.... et de feu M. Gaspare *Brugnatelli*,... — *Berlin*, 1857, in-8 de 80 pages.

283. — Catalogue des livres de la bibliothèque de feue madame la marquise de *Pompadour*,... — *Paris, Jean-Th. Hérissant*, 1765, in-8.

(Prix manuscrits.)

284. — Catalogue des livres de feu M. *Pressac*, conservateur-adjoint de la bibliothèque de Poitiers,... — *Paris*, *François*, 1857, in-8.

285. — Catalogue d'une précieuse collection de livres, manuscrits, autographes, dessins et gravures composant la bibliothèque de feu M. Antoine-Augustin *Renouard*,... — *Paris, L. Potier*, 1854, in-8.

286. — Catalogue de quelques grands et beaux ouvrages... provenant de la bibliothèque de *Rosny* et de la belle galerie de *M. Bossange* père,.... — *Paris, Borrani et Droz* (1850), grand in-8 de 56 pages.

287. — Catalogue de bons livres... provenant de la bibliothèque de feu M. *Saint-Léger*... —*Paris, Aug. Aubry*, 1856, in-8 de 28 pages.

288. — Catalogue des livres composant la bibliothèque de feu M. *Thonnelier*,... et de ceux relatifs à l'Orient et à l'archéologie... provenant de la bibliothèque de M. Jules *Thonnelier*,.... — *Paris, Auguste Aubry*, 1856, in-8.

289. — Catalogus librorum bibliothecæ Raphaelis *Tricheti du Fresne*. — *Parisiis, apud viduam et hæredes*, 1662, in-4.

290. — Catalogue d'une collection de livres rares et précieux imprimés en grande partie en caractères gothiques, principalement sur la médecine, la littérature et les beaux-arts, formant la bibliothèque de M. le docteur *V. D*..... — *Paris, Edwin Tross*, 1856, in-8 de 32 pages.

291. — Catalogue des livres composant la bibliothèque de M. O. E. *Van Hippe*,... — *Paris, P. Jannet*, 1847, in-8.

292. — Catalogue des principaux livres de la bibliothèque de feu *M. Villenave*,... — *Paris, Pourchet aîné*, 1849, in-8.

293. — Catalogus bibliothecae luculentissimae... a Joanne *de Witt*, Joannis Hollandiae consiliarii et syndici,... filio... — *Dordraci, apud Theodorum Goris* (1701). — Bibliothecae wittianae pars secunda; sive numismatum ac operis prisci thesaurus... — *Amstelodami, ex typ. Francisci Halmae*, 1701; le tout en 1 vol. in-12.

(Précédé d'une courte notice sur Jean de Witt, par Grævius. — Prix manuscrits.)

294. — (Un catalogue, sans couverture ni frontispice, portant à l'approbation la date « 14 décembre 1765 », comprenant 428 pages et 4,317 numéros.) — In-8.

(Prix manuscrits.)

D. — Catalogues de libraires.

295. — A. *Allouard* (juin et juillet 1841, in-8. — Aug. *Aubry*, nos 3 (juillet 1854); 5, 6, 7 (1855); 8, 9, 10 (1856), in-8. — Catalogue du Trésor des pièces rares. — *Paris*, 1856, in-12 de 16 pages. — Bulletin du bouquiniste, année 1859 (en publication).

Bachelier (juin 1847 et novembre 1851). — *Baillière* (1848, 1850, 1853). — *Baillieu*, livres d'occasion (1855-59). — *Bance* (1840). — *Barba* (1837-38). — *Barthelemier* (1857). — *Bechet* (1824). — *Bertrand* (1844). — *Blanc-Montanier* (1841). — A. *Bohné et Schultz* (1855). — *Borrani et Droz* (1852-53). — *Bossange*. — *Bouchard-Huzard* (1841), in-8. — *V. Boy*, à Marseille (1858), in-8.

E. *Caen*, collection d'Elzevirs, etc. (1854); Bulletins (1855-57), in-8. — E. *Caussin*. — *Chamerot* (1847). — *Charavay* (1846, 1849, 1850, 1852, 1857). — *Charpentier* (1845, 1849, 1853). — *Cherbuliez* (1855-56).

A. *Delahays* (1849-58). — *Delaroque* aîné (1855-56). — *Demichelis* (1849-58). — *Dentu* (1856). — *Didier*. — Firmin *Didot* (1833-35, 1844-58-59). — J.-B. *Dumoulin* (1853, 1859). — Benjamin *Duprat* (1854). — *Duquesne*, à Gand (1857, 1859). — *Durand* (1842, 1859).

Edwin Tross (1856), in-8.

L. *Fayolle* (1810). — *Furne*, 1856, in-32.

E. *Garnot* (1855). — *Gide et Baudry* (annonces diverses). — *Guillaumin* (1849, 1859). — *Guillemot* (1844, 1846).

Hachette (1840, etc.). — *Heideloff et Campé*. — *Huet* (1857, 1859).

L. *Janet* (1853). — *Joubert*.

Labé (1848). — *Lacroix-Comon* (1856). — *Lacroix et Baudry* (1859). — *Ladrange* (1838, 1840). — *Larue*. — *Leiber et Commelin* (1856). — *Leleux* (1856-57). — *Le Normant* (1833). — Michel *Lévy* (1855). — *Lossy* (1858).

Maison (1856). — *Maisonneuve* (langues orientales et européennes). — *Marescq* (1846-47). — V. *Masson* (1846, 1847, 1849). — P. *Mellado*, à Madrid (1853). — P. *Mellier* (1841). — J. *Meyri*, à Bâle. — *Migne*, Patrologie. — *Morel* (1858).

Panckoucke, Bibl. latine-française. — *Paulin et Le Chevalier* (1848). — *Perrotin* (1854). — E. *Picard*. — *Poulet-Malassis et de Broisse* (1859).

Renouard (1841-42). — *Rey et Delhatte* (1851, 1854, 1857). — *Roret* (1841, 1849, 1856).

Saint-Denis et Mallet (1859). — *Sautelet*. — N. *Scheuring*, à Lyon. — F. *Séguin*, à Montpellier (1837). — *Sens*, à Toulouse (1785). — *Silvestre* (1857).

J. *Techener* (1858). — *Treuttel et Wurtz* (1816, 1834).

Catalogue des livres rares et curieux, manuscrits et imprimés, composant une partie de la librairie ancienne de M. V... — *Paris, Aug. Aubry*, 1856, in-8.

CHAPITRE IV. — *Philologie ou critique.*

§ 1er. — Traités de la critique.

296. — De philologia libri. II. Gulielmi BVDAEI parisiensis,... — *Excudebat Iodocus Badius Ascensius... anno* M. D. XXXII., in-fol.

(A la suite :)

— De stvdio literarvm recte et commode institvendo... Gulielmo BUDÆO,... auctore. — *Excudebat Iodocus Badius Ascensius anno* M. D. XXXII.

* Martiani CAPELLÆ de nuptiis Philologiæ et Mercurii libri novem. — (V. ci-après : ISIDORI *Origines.*)

* De la critique, par SAINT-RÉAL. — (V. *n°* 91, *Œuvres*, T. III.)

* Discours sur les avantages et les inconvénients de la critique, par VILLEMAIN. — (V. ses *Mélanges.*)

* Discours de l'esprit, de la conversation, des agréments, de la justesse. (Par le chevalier DE MÉRÉ.) — (V. ses *Œuvres.*)

297. — La manière de bien penser dans les ouvrages d'esprit. Dialogues. (Par le P. BOUHOURS.) — *Paris, veuve de Sébastien Mabre-Cramoisy*, 1687, in-4.

* Réflexions sur les divers styles... (Par DUMONT, masque de COTOLENDI. — (V. *n°* 87.)

298. — Des causes de la corruption du goût, par Mme DACIER. — *Paris, Rigaud*, 1714, in-12.

(En double exemplaire.)

299. — Essai historique et philosophique sur le goût, par M. CARTAUD DE LA VILATE. — *Londres*, 1751, in-12.

§ 2. — Etudes sur les écrivains anciens et modernes. — Cours de littérature.

* Les grands hommes vengés... Par M. des Sablons (l'abbé L. Mayeul-Chaudon et autres). — (V. Histoire, n° 1674.)

300. — Lycée, ou Cours de littérature ancienne et moderne, par J.-F. Laharpe. — *Toulouse, impr. de J.-B. Broulhiet,* 1813 (et de *J.-M. Douladoure,* 1814), 12 vol. in-8.

301. — Cours familier de littérature. Un entretien par mois. Par M. A. de Lamartine. — *Paris, l'auteur,* 1856, T. I et II, in-8.

302. — Etudes de littérature ancienne et étrangère, par M. Villemain. Nouvelle édition, revue, corrigée et augmentée. — *Paris, Didier,* 1846, in-8.

(Etudes sur Hérodote, Lucrèce; Notices sur Cicéron, sur Tibère et Plutarque; De la corruption des lettres romaines; Essai sur les romans grecs; Vies de Shakspeare, Milton, Pope, Byron.)

303. — Curiosités dramatiques et littéraires, par M. Hippolyte Lucas. Avec une notice sur l'auteur (par Ch. Robin.) — Littérature anglaise. — Théâtre américain. — Théâtre chinois. — Théâtre de Hrotsvitha. — *Paris, Garnier frères,* 1855, in-18 anglais.

§ 3. — Etudes d'érudition et de critique sur les auteurs grecs et latins.

A. — Critiques grecs et latins.

304. — ΑΘΗΝΑΙΟΥ Δειπνοσοφιστῶν βιβλία πέντε καὶ δέκα. Athenaei Dipnosophistarvm, hoc est argutè scitèq; in conuiuio disserentum. Lib. XV (cum indicibus J. Bedroti)... — *Basileae, apvd Ioannem Valdervm... anno* M. D. XXXV., in-fol.

(Tout grec.)

305. — Athenaei Deipnosophistarum libri quindecim, cum Jacobi Dalechampii,... latina interpretatione, ultimum ab autore recognita; et notis ejusdem ad calcem remissis. Editio postrema, in qua ultra ea quæ ante Isaacus Casaubonus recensuit, et ex antiquis membranis supplevit auxitque, adjectæ sunt margini ex ejusdem Casauboni in auctorem animadversionum libris XV variæ lectiones et conjecturæ. Accesserunt in textu notæ ad singulas voces... Cum necessariis indicibus. — *Lugduni, apud viduam Antonii de Harsy,* m. dc. xii, in-fol.

* Photii Myriobiblon, sive Bibliotheca. — (V. *n*os 199, 200.)

306. — Avli Gellii Noctium Atticarum Libri Vndeuigenti. Nam octauus desideratur præter Capita. Cum indicio diligentissime collecto, et gręcorum explanatione suis locis inserta. Cumq; scholijs Ascensianis in singula capita, collectis fere ex annotatis sane docti hominis Aegidij Maserij Parisieñ. qui nuper et addidit et reposuit ꝙ plurima neutiꝙ pœnitenda. — *Ve(æ)nu(n)dantur Parrisiis in clauso Brunello, apud Guillermu(m) le bret.* (A la fin :)... *In Aedibus Petri Gromorsi Mense Martio, Anno* m. d. xxvi, petit in-fol.

307. A. Gellii lvcvlentissimi scriptoris, noctes atticae. — *Coloniae, Opera et impensa Ioannis Soteris, anno* mdxxxiii. — Annotationes Petri Mosellani Protogensis in clarissimas Auli Gellii Noctes Atticas. — *Coloniae, Ioannes Soter excudebat, an.* m. d. xxxiii., petit in-8.

308. — Avli Gellii noctivm atticarvm lib. XIX. [Nam octauus præter capita desideratur] pluribus locis quàm antehac integriores. Cum Ascensianis scholiis collectis ferè ex annotatis sanè doctorum hominum Aegidii Maserii Parisiensis, et Petri Mosellani Protogensis. — *In officina Michaelis Vascosani,* m. d. xxxvi., in-fol.

(Les annotations de Pierre Mosellan ont leur frontispice et leur pagination particulière, et portent la date de 1534.)

309. — Avli Gellii lvcvlentissimi scriptoris noctes atticae. — *Lvgdvni, apvd Antonivm Gryphivm,* 1566, petit in-12.

310. — Macrobii Ambrosii Avrelii Theodosii, viri consv-

laris, et illustris, In Somnium Scipionis, Lib. II. Saturnaliorum, Lib. VII. Ex uarijs, ac uetustissimis codicibus recogniti, et aucti. — *Lvgdvni, apud Seb. Gryphivm*, 1548, in-8.

311. — Annotationes doctorum Virorũ in Grammaticos. Oratores. Poetas. Philosophos. Theologos : et leges. Angeli POLITIANI Centuria vna. Prælectio eiusdẽ in Analytica Aristotelis quę dicitur Lamia. Panepistemon eiusdem. Antonii SABELLICI annotationes... Philippi BEROALDI cẽturia prima. Eiusdem in Seruium... Eiusdem in Plynium et alios quosdam. Eiusdem appendix. Domitii CALDERINI obseruationes quædam. Ioannis Baptistæ EGNATII,... Racemationes. Ioannis Baptistæ PII,... Annotationes... Eiusdem Castigationes Ciceronis ad Hortensium. Cornelii VITELLII in Merulam. Iacobi A CRUCE,... annotat. in varios. Eiusdem prelectiones variæ. Pii Antonii BARTOLINI in leges castigationes. Eiusdem de ordine imperatorum Libellus. Horum omnium index duplex. — *Venundantur ab Ioanne paruo et Io Badio Ascensio.* (A la fin :) *An.* M. D. XI., in-fol.

312. — Ioachimi PERIONII benedict. cormoeriaceni de optimo genere interpretandi Commentarij. — *Parisiis, apvd Ioan. Lodoicvm Tiletanvm*, M. D. XL., in-4.

(Le frontispice ci-dessus n'est en réalité que la première pièce et en quelque sorte la préface de ce recueil de commentaires ou de traductions d'ouvrages grecs par PÉRIONIUS, recueil qui contient :)

1° Annotationes in Ethica Aristotelis, Cicerone interprete. — *Parisiis excudebat Lod. Tiletanus*, M. D. XL.

2° — ἈΡΆΤΟΥ Σολέως Φαινόμενα. CICERONIS in ARATI Phaenomena interpretatio, quæ multo et amplior est et emendatior quam vulgata. Accesservnt his VERGELII, GERMANICI Cæsaris, et Rufi AVIENI carmina, iis respondentia Arati, quæ à Cicerone conuersa interciderunt. Haec avtem latina omnia graecis ex altera parte respondent Ioachimi PERIONIJ opera, cuius obseruationes simul eduntur. — *Parisiis, apud Ioannem Lodoicum Tiletanum*, M. D. XL.

3° — Ἐκ ΠΛΆΤΩΝΟΣ Τιμαίου Τμῆμα... EX PLATONIS Timaeo particula, Ciceronis de Vniuersitate libro respondens. Qui duo libri inter se coniuncti et respondentes, nunc primùm opera Ioachimi PERIONIJ,... proferuntur in lucem. — *Parisiis, apud Ioannem Lodoicum Tiletanum*, M. D. XL.

4° — AESCHINIS et DEMOSTHENIS contrariæ Orationes in Ctesipho(n)tem, et pro Corona, Ioachimo PERIONIO,... interprete... — *Lvtetiae, apud Michaelem Vascosanum*, M. D. LIIII.

(Ce dernier morceau s'arrête au feuillet 92.)

313. — Lodovici Caelii RHODIGINI Lectionvm antiqvarvm libri XXX. recogniti ab avctore, atqve ita locupletati, ut tertia plus parte auctiores sint redditi : qui ob omnifariam abstrusarum et reconditiorū tam rerum quàm uocum explicationē... meritò Cornvcopiae, seu Thesavrvs vtrivsqve lingvae appellabuntur... Index est additus... — *Froben. Basileae*, M D L, in-fol.

314. — Alexandri ab ALEXANDRO,... Genialium dierum libri sex, varia ac recondita eruditione referti : Nunc postremùm... perpurgati atque in pristinum nitorem restituti. Hac Editione Accesserunt in eundem Alexandrum Animaduersiones per Nicolaum Mercerium Rhotomagensem. — *Parisiis, apud Thomam Brumennium*, M. D. LXXXVI., in-8.

315. — Andreæ TIRAQUELLI,... Semestria in Genialium dierum Alexandri ab Alexandro,... lib. VI. Cum indice capitum, rerumque et verborum locupletissimo. — *Lugduni, apud hæredes Gulielmi Rouillii*, M. DC. XIIII., in-fol.

(En double exemplaire)

316. — Adriani TVRNEBI Adversariorvm tomi III. Avctorvm loci, qvi in his sine certa nota appellabantvr, suis locis inserti, auctoribusq; suis ascripti sunt. Additi præterea Indices tres copiosissimi... Omnia verò in hac altera editione summa fide ac diligentia recognita atq; emendata... — *Argentinae, sumtibus Lazari Zetzneri*, M D XCIX, in-fol. — (V. aussi ci-après : TURNEBI *Opera*.)

317. — Petri VICTORII variarvm lectionvm libri XXV. Quæ corrupta, mutila, et præposterè sita admiserat prima editio, hæc secunda sedulò castigauit, suóque loco restituit. Cum indice plenissimo. — *Lugduni, apud Ioannem Temporalem*, 1554, in-4.

318. — M. Antonii MVRETI variarvm lectionvm libri XV. Accessit hac editione græcorum ferè omnium latina interpretatio : scriptorum qui ab auctore citantur, locis ad marginem indicatis. — *Parisiis, apud Thomam Brvmennivm*, M. D. LXXXVI., in-8. — (V. aussi ci-après : *Opera*.)

319. — Ivsti LIPSI opera omnia qvæ ad criticam propie spectant : Jam nouiter ab ipso aucta, correcta, digesta... —

Antverpiæ, Ex Officina Plantiniana, Apud Joannem Moretum, clɔ lɔc (1600), in-4.

320. — Lampas, sive Fax artivm liberalivm, hoc est, Thesavrus criticvs, in quo infinitis locis Theologorum, Jurisconsultorum, Medicorum, Philosophorum, Oratorum, Historicorum, Poetarum, Grammaticorum, scripta supplentur, corriguntur, illustrantur, notantur... A Iano GRUTERO. Cum Indice et Locorum et Memorabilium. — *Prodit Francofvrti, sumtibus Ionæ Rhodii*, M. DC. II.-M. DC. V., 5 tomes en 3 vol. in-8.

(Il manque les tomes VI et VII, qui, d'après Brunet, parurent de 1605 à 1634.)

321. — Jul. Cæs. SCALIGERI adversus Desid. Erasmum Orationes duæ, eloquentiæ romanæ vindices : una cum ejusdem epistolis, et opusculis aliquot nondum vulgatis. Quibus de novo etiam accedunt Problemata gelliana, ut reperiri potuerunt. — *Tolosæ Tectosagum, apud Dominicum Bosc et Petrum Bosc*, M. DC. XXI., in-4.

322. — Viridarium sacræ ac profanæ eruditionis, a P. Francisco DE MENDOÇA,... — Satum excultumque. Editio postrema.... — *Lugduni, sumptib. Gabrielis Baissat*, in-fol.

B. — Critiques français et étrangers.

* Dictionnaire pour l'intelligence des auteurs classiques grecs et latins, tant sacrés que profanes... Par M. SABBATHIER,... — (V. HISTOIRE, *n*° 9.)

* A.-L. BINAUT. — Etudes sur l'antiquité : Homère et la philosophie grecque. — Sophocle et la philosophie du drame chez les Grecs. — Aristophane, la comédie politique et religieuse à Athènes. — Eschyle et le drame politique chez les Grecs. — (V. *Revue des Deux Mondes*, 15 mars 1841, 15 juillet 1842, 15 août 1843 et 15 décembre 1853.)

* Etudes sur l'antiquité, par DARESTE. Babrius et la fable grecque. — (V. *ibidem*, 15 avril 1846.)

* Recherches sur la vie et les écrits d'Homère, trad. de

l'anglais de BLACKWELL, par J.-N. QUATREMÈRE DE ROISSY. — (V. HISTOIRE, n° 1698.)

323. — Remarques sur Virgile et sur Homère, et sur le style poétique de l'Ecriture sainte; où l'on réfute les inductions pernicieuses que Spinosa, Grotius et M. Le Clerc en ont tirées, et quelques opinions particulières du père Mallebranche, du sieur L'Elevel et de monsieur Simon. (Par l'abbé FAYDIT.) — *Paris, Jean et Pierre Cot*, 1705, in-12.

324. — Discours sur la comparaison de l'éloquence de Démosthène et de Cicéron. (Par le P. RAPIN.) — *Paris, Claude Barbin*, 1670, in-12.

325. — Recherches critiques sur l'âge et l'origine des traductions latines d'Aristote, et sur des commentaires grecs ou arabes employés par les docteurs scolastiques; ouvrage couronné par l'Académie des Inscriptions et Belles-Lettres; par M. JOURDAIN,... — *Paris, Fantin et Cie*, 1819, in-8.

326. — Etudes de mœurs et de critique sur les poètes latins de la décadence, par D. NISARD,... Seconde édition, suivie de jugements sur les quatre grands historiens latins. — *Paris, L. Hachette et Cie*, 1849, 2 vol. in-8.

327. — Apologie, ou Justification d'Erasme, par M. l'abbé MARSOLLIER,... — *Paris, François Babuty*, 1713, in-12.

(Consultez aussi les tables des *Mém. de l'Acad. des Inscript.*, de la *Revue des Deux Mondes*, de la *Revue contemporaine*, de la *Revue européenne*, etc.)

§ 4. — Etudes sur les écrivains français. — Polémique littéraire.

(* Pour la correspondance littéraire, V. ci-après : *Epistolaires français.*)

* De la satire en France au moyen-âge, par Jacques DEMOGEOT. — (V. *Revue des Deux Mondes*, 1846, T. II.)

* Les trois siècles de notre littérature... (Par SABATIER DE CASTRES.) — (V. HISTOIRE, n° 1721.)

328. — Pièces intéressantes pour servir à l'histoire des grands hommes de notre siècle, par M. POULLIN DE FLEINS,... *Paris, Leroy*, 1785, in-8.

(Le faux-titre porte : « Nouveaux essais philologiques, n° 1. Ce n° contient : trois lettres sur Louis Racine; deux lettres et des vers du même; un fragment d'un dialogue de Boileau, et la copie d'une lettre de M. Rigoley de Juvigny.)

* De l'éloquence judiciaire au XVIIe siècle : Antoine Lemaistre et ses contemporains, par OSCAR DE VALLÉE. — (V. HISTOIRE, *n°* 1737.)

* Corneille et son temps : étude littéraire, par M. GUIZOT. Nouvelle édition... — (V. HISTOIRE, *n°* 1728.)

329. — Molière musicien. Notes sur les œuvres de cet illustre maître, et sur les drames de Corneille, Racine, Quinault, Regnard, Montluc, Mailly, Hauteroche, Saint-Evremond, Du Fresny, Palaprat, Dancourt, Lesage, Destouches, J.-J. Rousseau, Beaumarchais, etc.; où se mêlent des considérations sur l'harmonie de la langue française, par CASTIL-BLAZE. — *Paris, Castil-Blaze*, 1852, 2 vol. in-8.

330. — Première (-seconde) partie des Lettres de Phyllarque (le P. GOULU) à Ariste (Balzac); où il est traité de l'éloquence française. Troisième édition, revue par l'auteur. — *Paris, Nicolas Buon*, 1628, 2 vol. in-8.

331. — Réponse du S[r] DE GIRAC à la défense des œuvres de M. de Voiture, faite par M. Costar. Avec quelques remarques sur ses entretiens. — *Paris, Augustin Courbé*, 1655, in-4.

(A la fin :)

Pauli Thomæ [A GIRACO] epistola ad Ludovicum Balzacium.

332. — Apologie de M. COSTAR à M. Ménage. — *Paris, Augustin Courbé*, 1657, in-4.

* Les conversations de M. D. C. E. D. C. D. M. (du maréchal de Clérambault et du chevalier DE MÉRÉ au sujet des lettres de Voiture.) — (V. ci-après : *Œuvres du chevalier de Méré*.)

333. — M. Perrot d'Ablancourt vengé, ou Amelot de La

Houssaye convaincu de ne pas parler français, et d'expliquer mal le latin. (Par FRÉMONT D'ABLANCOURT.) — *Amsterdam, Abraham Wolfgangh*, 1686, in-12.

334. — Histoire poétique de la guerre nouvellement déclarée entre les anciens et les modernes. (Par DE CALLIÈRES.) — *Paris, Pierre Aubouin* (et autres), 1688, in-12.

* Des causes de la corruption du goût, par Mme DACIER. — (V. *n°* 298.)

335. — Le voyage du Parnasse. (Par LIMOJON DE SAINT-DISDIER.) — *Rotterdam, Fristch et Bohm*, 1716-17, 2 tomes en 1 vol. in-12.

(La pagination suit d'un tome à l'autre. Le frontispice du T. II porte en plus : « Augmenté et corrigé en cette nouvelle édition ».)

336. — Le chef-d'œuvre d'un inconnu, poème heureusement découvert et mis au jour avec des remarques savantes et recherchées, par M. le docteur Chrisostome MATANASIUS (Hyacinthe CORDONNIER, plus connu sous le nom de THÉMISEUIL DE SAINT-HYACINTHE). On trouve de plus une Dissertation sur Homère et sur Chapelain ; deux Lettres sur des antiques ; la Préface de Cervantes sur l'histoire de don Quixotte de la Manche; la Déification d'Aristarchus Masso, et plusieurs autres choses non moins agréables qu'instructives. Huitième édition... — *La Haye, Pierre Husson*, 1745, 2 vol. in-12.

§ 5. — Etudes sur les écrivains étrangers.

337. — Cours de littérature allemande, professé à la faculté des lettres de Paris, par M. EICHHOFF,... 1836-1837. Semestre d'hiver. — *Paris, G. Angé et Cie*, 1838, in-8.

(Littérature allemande au moyen-âge.)

* Henri BLAZE. Ecrivains et littérateurs de l'Allemagne. — (V. *Revue des Deux Mondes* de 1839 à 1845.)

338. — Essai sur la littérature anglaise, et considérations sur le génie des hommes, des temps et des révolutions, par

M. de Chateaubriand. — *Paris, Charles Gosselin et Furne*, 1836, 2 vol. in-8.

* Shakespeare et son temps, par M. Guizot. — (V. Histoire, no 1760.)

339. — Etude sur les pamphlets politiques et religieux de Milton, par A. Geffroy,... — *Paris, Dezobry, E. Magdeleine et Cie*, 1848, in-8.

SECTION III.

POLYGRAPHIE LIMITÉE AUX BELLES-LETTRES.

Chapitre I. — *Œuvres diverses en latin* (1).

* C. Sollii Appolinaris Sidonii,... Opera, recognita et notis illustrata a Jacobo Sirmondo,... edita anno m. dc. xiv. — (V. Sirmondi *Opera*, T. I.)

340. — C. Sol. Apollin. Sidonii, Arvernorum episcopi, opera, Jac. Sirmondi,... cura et studio recognita, notisque illustrata. Editio secunda... — *Parisiis, sumptibus Sebastiani Cramoisy*, 1657, in-4.

(Les notes de Sirmond ont une pagination particulière.)

341. — Petri Criniti,... De Honesta disciplina, Lib. XXV. Poëtis Latinis, Lib. V et Poëmaton, Lib. II. Cum Indicibus. — *Apvd Seb. Gryphivm Lvgdvni*, 1554, in-8.

342. — Viri clariss. Adriani Tvrnebi regii qvondam Lvtetiæ professoris Opera : nunc primvm ex bibliotheca Amplissimi Viri Stephani Adriani F. Tvrnebi Senatoris Regij, in vnum collecta, emendata, aucta et tributa in Tomos III... Additi svnt singvlis tomis singvli indices Rerum et Verborum locupletissimi. — *Argentorati, Sumptibus Lazari Zetzneri*, m. dc., 3 tomes en 1 vol in-fol.

(1) V. pour les polygraphes généraux, ci-dessus nos 35-59.

343. — M. Antonii MURETI opera omnia, ex Mss. aucta et emendata, cum brevi annotatione Davidis RUHNKENII, cujus præfatio præposita est tomo IV. — *Lugduni Batavorum, apud Samuel. et Johannem Luchtmans*, 1789, 4 vol. in-8.

(T. I : Discours, opuscules divers, lettres, œuvres de jeunesse, poèmes divers. — T. II-IV : Critique et érudition. — Marc-Antoine Muret naquit en 1526 au village de ce nom près Limoges, et mourut à Rome en 1585. V. son éloge, par l'abbé Vitrac, HISTOIRE, n° 1195, et *Galerie de portraits des personnages du Limousin*, *ibidem*, n° 1189.)

344. — Joannis Ludovici Guezii BALZACII carminum libri tres. Ejusdem epistolæ selectæ. Editore Ægidio Menagio... — *Parisiis, August. Courbé*, 1650, in-4.

CHAPITRE II. — *Œuvres diverses en latin et en français.*

345. — Œuvres diverses du père DU BAUDORY,... — *Paris, Marc Bordelet*, 1750, in-12.

(Discours latins; trois plaidoyers en français; *S. Ludovicus in vinculis*, tragœdia; *In obitum Josephi du Baudory, e societate Jesu, epicedia a selectis rhetorices alumnis elaborata.*)

346. — Recueil de divers ouvrages en prose et en vers, par le P. Br. de la C. de J. (BRUMOY, de la compagnie de Jésus). — *Paris, Jean-Baptiste Coignard*, 1741, 4 vol. in-12.

(T. I-II : Pensées sur la décadence de la poésie latine en Europe; *Motus animi* (Les passions, poème latin en XII chants, avec la traduction française en regard); Lettre à M *** (sur la paresse); Compliments (en vers) à M. Guynet; Plaidoyers pour l'Académie des Inscriptions et Belles-Lettres et pour l'Académie des Inscriptions et des Peintures; Description du Parnasse français de M. Titon du Tillet; Discours sur l'usage des mathématiques. — T. III : *De arte vitraria* (L'art de la verrerie, poème latin en quatre chants, avec la traduction française en regard); Pièces diverses : *Oratio de famæ immortalis desiderio* (discours sur l'immortalité du nom, avec la traduction française); *Epistolæ mortuorum* (Epîtres des morts, vers, avec la traduction française); L'épicurien, ode. — T. IV : Pièces de théâtre : Isac, Jonathas, tragédies; Le couronnement du jeune David, pastorale; La boîte de Pandore, Plutus, comédies.)

347. — Les œuvres de M. COFFIN,... (publiées avec un éloge historique par LENGLET, avocat). — *Paris, Desaint et Saillant*, 1755, 2 vol. petit in-12.

(Le 1er vol. contient des harangues latines, parmi lesquelles on remarque le Discours sur les belles-lettres, celui sur l'Utilité de l'histoire profane; l'Oraison funèbre du duc de Bourgogne, et le discours par lequel l'Université célébra la naissance du Dauphin. — Le 2e vol renferme des poésies que l'auteur avait déjà rassemblées en 1727.)

Chapitre III. — *Œuvres diverses en français* (1).

(Ordre alphabétique de noms d'auteurs.)

348. — Œuvres de François-Guillaume-Jean-Stanislas Andrieux,... Avec gravures d'après Desenne. — *Paris, Nepveu*, 1818-23, 4 vol. in-8.

(T. I : Anaximandre; Les étourdis; Helvétius; La suite du Menteur; Molière avec ses amis. — T. II : Le trésor; Le vieux fat; La comédienne; Quelques scènes impromptu; Discours prononcé aux funérailles de Collin d'Harleville; Prologue pour la comédie des *Querelles des deux frères*, ouvrage posthume de Collin d'Harleville. — T. III : Le jeune créole; Contes, anecdotes et fables en vers; Poésies fugitives; Changements proposés pour *Polyeucte* et *Nicomède;* Mélanges en prose. — T. IV (paru en 1823) : Notice sur la vie et les ouvrages de Collin d'Harleville; Dissertation sur le *Prométhée enchaîné* d'Eschyle; Dialogue entre Archimède et Cicéron; Dissertation sur les langues; Traduction de la préface du Dictionnaire de la langue anglaise de Samuel Jonhson; Le manteau, comédie; Léonore, drame; Épitaphe d'une dame irlandaise; Notices historiques tirées de la *Galerie française :* Louis XII, Guillaume Budée, Henri IV; Pièce de vers latins, *ad Juvenes;* Traduction latine du *Maître chat* ou *Le chat botté*, conte de Perrault.)

349. — Œuvres diverses de M. d'Arnauld (Fr.-Th. Mar. de Baculard),... Dédiées au roi de Prusse. — *Berlin* (*Paris*), 1752, 2 vol. petit in-12.

(Il manque le T. Ier. Les T. II et III ne contiennent que des poésies diverses.)

350. — Œuvres complètes de Beaumarchais, précédées d'une Notice sur sa vie et ses ouvrages par M. Saint-Marc Girardin. — *Paris, Firmin Didot frères*, 1845, grand in-8.

(Portrait. — Notice. — Théâtre : Eugénie, Les deux amis, Le barbier de Séville, Le mariage de Figaro, La mère coupable, Tarare; Mémoires à consulter et autres pièces relatives au procès de Beaumarchais; Lettres; Mélanges; vers et chansons.)

351. — Œuvres complètes de M. le C. de B *** (le car-

(1) V., pour les polygraphes généraux, ci-dessus nos 60-100.

dinal de BERNIS),... Dernière édition. — *Londres* (*Paris*), 1767, 2 tomes en 1 vol. in-12.

(Comprenant, outre les poésies : Réflexions sur les passions, sur la métromanie, sur la curiosité, sur le goût de la campagne; Discours prononcé à l'Académie Française le jour de la réception de l'auteur; Réponse de l'auteur au discours de réception de M. Duclos; Compliments.)

352. — Œuvres diverses du sieur D*** (DESPRÉAUX), avec le Traité du sublime ou du merveilleux dans le discours, traduit du grec de LONGIN. — *Paris, Denys Thiérry*, 1682, in-12.

(Le Traité du sublime a une pagination particulière.)

353. — Œuvres diverses du Sr BOILEAU DESPRÉAUX; avec le Traité du sublime ou du merveilleux dans le discours, traduit du grec de LONGIN. Nouvelle édition, revue et augmentée. — *Paris, Denys Thierry*, 1701, in-4.

(Figures. — Ce vol. contient, outre les poésies et le Traité du sublime, le Discours sur la satire; des Lettres à diverses personnes; Remercîments à Messieurs de l'Académie Française; Réflexions critiques sur quelques passages de Longin. (Le Traité du sublime a une pagination particulière.) A la fin du volume se trouvent les ouvrages faits à l'occasion de ceux de l'auteur; ce sont : 1° Les remarques de DACIER sur le Traité du sublime; 2° Quatre traductions latines de l'Ode sur la prise de Namur, faites par Ch. ROLIN, LENGLET, J.-B.-V. DE SAINT-RÉMI; 3° *Claudii* FRAGUERII *versus ad Fabullum, veterum contemptorem, et ad V. C. N. Bolœum, e gravi morbo recreatum;* 4° Lettre de M. ARNAULD, docteur de Sorbonne, à M. P***, au sujet de la dixième satire de M. Despréaux. — D'après Quérard, cette édition des œuvres de Boileau est la plus précieuse pour les gens de lettres en ce que c'est la dernière revue par l'auteur, qui lui-même la nommait son édition favorite. On ne la trouve plus que par hasard.)

354. — Œuvres en vers (et en prose) de Mr BOILEAU DESPRÉAUX, avec des éclaircissements historiques donnés par lui-même. — *Amsterdam, frères G. et R. Westein*, 1717, 4 vol. in-12.

(Portraits et gravures. — Les T. I et II contiennent les œuvres en vers; les T. III et IV, les œuvres en prose.)

355. — Œuvres de BOILEAU, avec un choix de notes des meilleurs commentateurs, et précédées d'une notice par M. AMAR. — *Paris, Firmin Didot frères*, 1851, grand in-18.

(Portrait. — Cette édition contient, outre les morceaux indiqués n° 353 : Dissertation sur Joconde; Les héros de roman, dialogue à la manière de Lucien; Fragment d'un dialogue contre les modernes qui font des vers latins, Correspondance de Boileau avec Racine.)

356. — Œuvres badines et morales de M. Cazotte. Nouvelle édition, corrigée et augmentée. — *Londres*, 1788, 7 vol. in-18.

(Figures. — T. I-II : Ollivier, poëme; Le plaisir, conte moral; Aventures du pèlerin. — T. III-IV : Le lord impromptu; Le diable amoureux. — T. V-VI : Fables; L'honneur perdu et recouvré; La belle par accident. — T. VII : Le fou de Bagdad, Le procès de Vulcain, Le bon et le méchant homme, contes; La guerre de Genève, La Voltériade; La nouvelle Raméïde, poëmes; Le roi de Foule-Pointe, Rachel, nouvelles.)

357. — Œuvres mêlées de monsieur Chevreau. — *La Haye, Adrian Moetjens*, 1697, 2 parties en 1 vol. in-12.

(Portrait. — La pagination continue d'une partie à l'autre.)

358. — Œuvres complètes de M. de Chevrier. — *A Londres, chez l'éternel Jean Nourse* (*Bruxelles*), *l'an de la Vérité* 1774, 3 vol. in-12.

(T. I : Le colporteur, histoire morale et critique; Almanach des gens d'esprit, par un homme qui n'est pas sot; Calendrier pour toute la vie, publié en l'année 1762. — T. II : Amusements des dames; Les trois C, conte; Je m'y attendais bien; Mémoires d'une honnête femme. — T. III : Les ridicules du siècle; Nouvelles libertés de penser; Essai sur les Mémoires de M. Guillaume; La vie du P Norbert, aujourd'hui l'abbé Platel. Cette dernière pièce n'est pas de Chevrier.)

359. — Œuvres de Collin d'Harleville. Nouvelle édition, ornée de son portrait et enrichie d'une Notice sur sa vie (par Andrieux). — *Paris, Janet et Cotelle*, 1821, 4 vol. in-8.

(Théâtre et poésies fugitives.)

360. — Œuvres complètes de P.-L. Courier. Nouvelle édition, augmentée d'un grand nombre de morceaux inédits, précédée d'un Essai sur la vie et les écrits de l'auteur par Armand Carrel. — *Paris, F. Didot frères*, 1845, grand in-8.

(Portrait. — Pamphlets politiques; La Luciade; Daphnis et Chloé; Fragments d'une traduction d'Hérodote; Périclès; Lettres écrites de France et d'Italie; Procès; Mémoires; Pamphlets littéraires; Du commandement de la cavalerie et de l'équitation, trad. de Xénophon; Œuvres diverses.)

* Œuvres mêlées de M. Danchet. — (V. ci-après son *Théâtre*.)

361. — Œuvres de Desmahis. Nouvelle édition, plus ample

et plus correcte que les précédentes. — *Londres* et *Paris*, 1775, in-8.

(Poésies diverses; Articles (Fat, Femme) donnés à l'Encyclopédie; L'impertinent, comédie en vers.)

362. — Les consolations et opuscules en vers et en prose, par C.-A. Demoustier,... — *Paris, Ant.-Aug. Renouard*, XII-1804, in-18.

(Ce vol. contient, indépendamment des Consolations : Notice sur la vie et les ouvrages de Mme Dubocage; Le voyage de l'amitié; Quelques fragments d'un ouvrage présentant le tableau du XVIIIe siècle; Poésies diverses.)

363. — (Œuvres diverses de Cl.-Jos. Dorat, ornées d'estampes, vignettes, culs-de-lampe, etc. — *Paris, Séb. Jorry*, 1766-68), 5 vol. in-8.

(Ce recueil, qui ne porte d'indication de tomaison que sur les étiquettes d'une reliure uniforme, se compose des ouvrages suivants :

Tomes I–II. — Lettres en vers et œuvres mêlées de M. D*** (Dorat), ci-devant mousquetaire, recueillies par lui-même. — *Paris, Sébastien Jorry*, 1767.

(Le T. II porte au frontispice : « OEuvres mêlées en vers et en prose, etc. ».)

— *III.* — La déclamation théâtrale, poëme didactique en quatre chants, précédé d'un discours et de notions historiques sur la danse. Nouvelle édition. *Paris, impr. de Séb. Jorry*, 1767. — Théagène, tragédie en cinq actes... — *Paris, impr. de Séb. Jorry*, 1766.

— *IV.* — Mes fantaisies. — *Amsterdam*, et *Paris, Séb. Jorry*, 1768.

— *V.* — Amilka, ou Pierre le Grand, tragédie, précédée d'un discours où se trouvent des fragments d'un Czarowits, par le chevalier de Vatan, et suivie d'un extrait de la tragédie d'Alceste, et du discours du Scythe à Alexandre. — *Paris, impr. de Séb. Jorry*, 1767. — Regulus, tragédie en trois actes et en vers, précédée d'une lettre au solitaire de Guélaguet. Nouvelle édition. — *Paris, impr. de Séb. Jorry*, 1766.)

364. — Œuvres de M. Rivière du Fresny (recueillies par d'Alençon). Nouvelle édition, corrigée et augmentée. — *Paris, Briasson*, 1747, 4 vol. in-12.

(Portrait. — T. I : Le négligent, Le chevalier joueur, La noce interrompue, La malade sans maladie, L'esprit de contradiction, comédies. — T. II : Le double veuvage, Le faux honnête homme, Le faux instinct, Le jaloux honteux, La joueuse, comédies. — T. III : La coquette de village, La réconciliation normande, Le dédit, Le mariage fait et rompu, Le faux sincère, comédies; Poésies diverses et chansons. — T. IV : Les amusements sérieux et comiques; Le puits de la Vérité, suivi de Diverses aventures sous la treille de Vérité, histoire gauloise; Parallèle d'Homère et de Rabelais; Réflexions sur la tragédie de *Rhadamiste et Zénobie;* Parallèle du bouclier d'Achille dans l'Iliade d'Homère et dans celle de M. de La Motte; Réponse au *Mercure de Trévoux;* Nouvelles historiques.)

365. — In-12 contenant :

1° — Henry, duc des Vandales, histoire véritable, avec un Extrait des histoires tragiques de BANDEL, traduites par BELLEFOREST, qui contient des circonstances curieuses sur l'origine de ces peuples et sur cette histoire; ornée de figures en taille-douce. Par M. D. (DURAND), auteur des Belles Grecques. — *Paris, Pierre Prault*, 1714.

2° — Œuvres mêlées de madame DURAND. — *Paris, Prault père*, 1737.

366. — Œuvres de FLORIAN. — *Paris, an* II-*an* IX, 18 vol. in-18.

(Cette collection, dont plusieurs volumes ne sont pas tomés, se compose des ouvrages suivants :

— Estelle, pastorale, par J.-P. FLORIAN. Nouvelle édition. — *Paris, Lepetit* (et autres), *an* II, 1 vol.

— Galatée, pastorale imitée de Cervantes, par J.-P. FLORIAN, nouvelle édition. — *Paris, Lepetit* (et autres), *an* II, 1 vol.

— Gonzalve de Cordoue, ou Grenade reconquise, de J.-P. FLORIAN. Nouvelle édition. — *Paris, Lepetit, an* III, 3 vol.

(Le faux titre porte : OEuvres de FLORIAN, tomes X-XII.)

— Théâtre de J.-P. FLORIAN. Nouvelle édition. — *Paris, Lepetit* (et autres), *an* III, 3 vol.

— Les six nouvelles de J.-P. FLORIAN (Bliombéris, Pierre, Célestine, Sophronime, Sanche, Bathmendi). Nouvelle édition. — *Paris, Lepetit* (et autres), *an* III, 1 vol.

— Nouvelles nouvelles (Selmours, Sélico, Claudine, Zulbar, Camiré, Valérie), par J.-P. FLORIAN. — *Paris, Lepetit, an* III, 1 vol.

— Fables de J.-P. FLORIAN. — *Paris, Lepetit, an* III, 1 vol. (Portrait de Florian.)

— Don Quichotte de la Manche, traduit de l'espagnol de Michel DE CERVANTES par FLORIAN. Ouvrage posthume avec figures. — *Paris, Deterville, an* IX, 6 vol.

— Vie de J.-P. Florian, par A.-J. ROSNY, ornée de quatre figures, gravées sur les dessins de Queverdo. Tome XV des œuvres complètes. — *Paris*, 1797, 1 vol.

(Il manque pour compléter cette collection : Numa, 2 vol.; Mélanges, 1 vol.; Guillaume Tell, 1 vol.; Eliézer et Nephtali, 1 vol.; Nouveaux mélanges, 1 vol. En tout 6 vol.)

367. — Les sentiments du jeune PLINE sur la poésie, tirés de quelques-unes de ses Lettres, par M. DE FOURCROY, avocat en parlement. — *Paris, veuve P. Lamy,* 1660, in-12.

(Ce volume contient encore : La vie champêtre, paraphrase de Senèque; Les sentiments d'un Romain sur la condition des esclaves, version de Macrobe ; Lettres de Cicéron à Marcus Marius, avec des remarques.)

368. — (Œuvres d'Antoine HAMILTON. — *Paris,* 1749), 6 vol. petit in-12.

(Ces six volumes, non tomés, n'ont pas de faux-titre général, et portent les frontispices particuliers suivants :

— Mémoires du comte de Grammont, par le C. Antoine HAMILTON. — (*Paris*), 1749, 2 vol.

— Le bélier, conte par le C. Antoine HAMILTON. — 1749, 1 vol.

(Suivi d'œuvres mêlées en prose et en vers.)

— Histoire de Fleur d'épine, conte par le C. Antoine HAMILTON, — 1749, 1 vol.

(*Idem.*)

— Les quatre Facardins, conte. — 1762, 1 vol.

(*Idem.*)

— Œuvres mêlées, en prose et en vers, par le C. Antoine HAMILTON. — 1749, 1 vol.

369. — Œuvres de Victor HUGO,... — *Paris, Furne et Cie,* 1841-46, 16 vol. in-8.

(Portrait et gravures. — Il manque le T. XIII. — T. I-II : Odes et ballades; Orientales. — T. III : Les feuilles d'automne ; Les chants du crépuscule. — T. IV : Les voix intérieures ; Les rayons et les ombres. — T. V-VI : Notre-Dame de Paris. — T. VII : Cromwell, drame en cinq actes. — T. VIII : Hernani; Marion Delorme; Le roi s'amuse. — T. IX : Lucrèce Borgia ; Marie Tudor ; Angelo. — T. IX *bis* : La Esmeralda; Ruy Blas; Les burgraves. — T. X : Han d'Islande. — T. XI : Bug-Jargal ; Le dernier jour d'un condamné. — T. XII : Littérature et philosophie mêlées. — T. XIII (manque). — T. XIV-XVI : Le Rhin, lettres à un ami.)

370. — Les époux malheureux, drame en trois actes et en vers ; suivi de pièces fugitives, par M. DE JULIEN DE VINEZAC. — *Amsterdam* et *Paris, Valleyre* (et autres), 1778, in-8.

371. — Œuvres complètes de Jean DE LA FONTAINE, avec

des notes et une nouvelle Notice sur sa vie, par M. C.-A. WALCKENAER,... — *Paris, Firmin Didot frères*, 1840, grand in-8.

(Portrait. — Vie d'Esope; Fables; Contes et nouvelles; Comédies; Les amours de Psyché; Adonis; Le quinquina; La captivité de Saint-Male; Fragments du songe de Vaux; Œuvres diverses; Lettres, etc.)

372. — Œuvres de M. DE LA HARPE,... Nouvellement recueillies. — *Paris, Pissot*, 1778, 6 vol. in-8.

(T. I : Ouvrages dramatiques et morceaux relatifs à ce genre. — T. II : Poésies. — T. III-IV : Eloges académiques; Discours oratoires, etc. — T. V-VI : Littérature et critique (recueil d'articles insérés au *Mercure* depuis 1769.)

373. — Les travaux de monsieur l'abbé MOUCHE (G.-F. LANTIER). *Londres*, 1784, petit in-8.

(Lettre à messieurs les journalistes; Le petit Candide, conte moral; Le déjeuner de M. Antoine Bernard, pour servir de suite au petit Candide; Poésies diverses.)

374. — Œuvres de LESAGE. Le diable boiteux; Gil Blas; Le bachelier de Salamanque; Gusman d'Alfarache; Théâtre. Nouvelle édition, ornée de sept vignettes gravées par Ferdinand d'après les dessins de Nap. Thomas; précédée d'une Notice biographique et littéraire par M. Prosper POITEVIN. — *Paris, Firmin Didot frères*, 1845, grand in-8.

(Portrait.)

375. — Les œuvres de Mre François DE MALHERBE,... Troisième édition. — *Paris, Antoine de Sommaville*, 1638, in-4.

(Portrait. — Traduction du « Traité des bienfaits » de SÉNÈQUE; Poésies.)

376. — In-12 contenant :

1° — Les conversations D. M. D. C. E. D. C. D. M. (du maréchal de Clérambault et du chevalier DE MÉRÉ). Troisième édition, augmentée d'un discours de la justesse. — *Paris, Claude Barbin*, 1671.

(Critique de quelques passages des lettres de Voiture.)

2° — De la conversation, discours de monsieur le chevalier DE MÉRÉ à madame ***. — *Paris, Denys Thierry*, 1677.

3° — De l'esprit, discours de monsieur le chevalier DE MÉRÉ à madame ***. — *Paris, Denys Thierry,* 1677.

4° — Les agréments, discours de monsieur le chevalier DE MÉRÉ à madame ***. — *Paris, Denys Thierry,* 1677.

5° — Les aventures de Renaud et d'Armide, par M. L. C. D. M. (le chevalier DE MÉRÉ). — *Paris, Claude Barbin,* 1678.

377. — Amusements variés, ou Mélanges de littérature en prose et en vers; avec une lettre de Jean-Jacques Rousseau de Genève, par M. D'OFFREVILLE,... — *Lausanne* et *Paris, veuve Hérissant* (et autres), 1780, in-8.

378. — Les œuvres de monsieur DE PALAPRAT. Nouvelle édition. — *Paris, Briasson,* 1735, in-12.

(Le concert ridicule; Le ballet extravagant; Le secret révélé; Les sifflets, prologue du Grondeur; La prude du temps; Poésies diverses (presque toutes en l'honneur du duc de Vendôme); Lettre à M. B. P. M. D. M.)

379. — Œuvres complètes d'Alexis PIRON, publiées (avec un Discours préliminaire et une Vie de Piron) par M. RIGOLEY DE JUVIGNY,... — *Paris, impr. de M. Lambert,* 1776, 9 vol. petit in-12.

(T. I : Discours préliminaire; Vie de Piron; Théâtre. — T. II-VII : Suite du théâtre. — T. VIII : Epîtres; Odes; Poëmes; Contes; Epigrammes; Fables. — T. IX : Allégories; Satires; Inscriptions; Epitaphes; Poésies diverses; Epigrammes; Cantates; Chansons; Poésies sacrées; Pièces mêlées en prose.)

380. — Œuvres de monsieur POISSON (Philippe), ou Recueil contenant ses pièces de théâtre, et autres pièces de poésies galantes et comiques. — *Paris, Prault fils,* 1743, 2 vol. in-12.

381. — Œuvres de Jean RACINE. Imprimé par ordre du roi pour l'éducation de monseigneur le Dauphin. — *Paris, impr. de Franç.-Ambr. Didot l'aîné,* 1783, 3 vol. in-4, tr. dor.

(Cette magnifique édition, qui n'a été tirée qu'à 200 exemplaires, comprend le théâtre et quelques œuvres diverses en vers et en prose, qui forment à peu près la moitié du T. III. En tête est une notice sur la vie et les ouvrages de l'auteur, par NAIGEON. Le faux titre porte : « Collection des auteurs classiques français et latins ».)

382. — Commentaires sur les œuvres de Jean Racine, par M. LUNEAU DE BOISJERMAIN. — *Paris, Panckoucke,* 1768, 3 vol. in-12.

(A la suite du T. III :)

— Supplément aux Commentaires sur les œuvres de Jean Racine. — *Londres,* 1768.

(Ces commentaires sont l'ouvrage de plusieurs écrivains, et Luneau ne revendique comme lui appartenant en propre que la Vie de Racine qu'on trouve en tête du premier volume. — V. *Biographie universelle.*)

383. — Œuvres de Louis RACINE. Nouvelle édition. — *Paris, Desaint et Saillant,* 1747, 2 vol. petit in-12.

(La Bibliothèque ne possède que les T. III-IV qui portent au frontispice :

— Réflexions sur la poésie, par M. RACINE, de l'Académie Royale des Inscriptions et Belles-Lettres. — *Paris, Desaint et Saillant,* 1747.

384. — Œuvres de M. REGNARD. Nouvelle édition. — *Paris, par la compagnie,* 1758, 4 vol. in-12.

(Cet ouvrage, entré à la Bibliothèque depuis l'impression des premières feuilles du Catalogue, serait peut-être mieux placé à la division POLYGRAPHIE GÉNÉRALE, à cause des Voyages de Regnard, compris dans le premier volume. Les T. II, III et IV contiennent le théâtre et les poésies diverses.)

385. — Œuvres de monsieur RÉMOND DE ST-MARD. — *Amsterdam, Pierre Mortier,* 1749, 5 vol. petit in-12.

(Fleurons et vignettes. — T. I : Dialogues des Dieux. — T. II-III : Lettres galantes et philosophiques; Petites poésies. — T. IV-V : Poétique prise dans ses sources.)

386. — Œuvres de Jean-Baptiste ROUSSEAU. Nouvelle édition, revue, corrigée et augmentée sur les manuscrits de l'auteur. (Donnée par SÉGUY, frère de l'abbé.) — *Bruxelles* (*Paris, Didot*), 1743, 3 vol. grand in-4.

(Portrait. — Cette belle édition contient : T. I : Odes; Odes en musique, ou Cantates allégoriques; Epîtres. — T. II : Allégories; Epigrammes; Poésies diverses; Comédies. — T. III : Comédies; Lettres.)

387. — Les œuvres de monsieur SCARRON. Nouvelle édition, revue, corrigée et augmentée. — *Paris, Michel David*, 1719, 2 vol. in-12.

(T. I : Petites œuvres en vers. — (A la fin :) « La relation véritable de tout ce qui s'est passé en l'autre monde au combat des parques et des poètes sur la mort de Voiture ». — *Paris, Michel David*, 1719. — T. II : Typhon, ou La gigantomachie, comédie.

(Le T. II est double.)

388. — Les dernières œuvres de monsieur SCARRON, divisées en deux parties, contenantes plusieurs lettres amoureuses et galantes, nouvelles, histoires; plusieurs pièces, tant en vers qu'en prose, comédies, et autres. Le tout rédigé par un de ses amis. — *Paris, Guillaume de Luyne*, 1668, in-12.

(Le T. I seulement.)

389. — Les dernières œuvres de monsieur SCARRON, divisées en deux parties... — *Paris, Michel-Etienne David*, 1720, 2 vol. in-12.

(Le T. I a le même titre que le n° précédent — Le T. II porte : « Les dernières œuvres de monsieur Scarron, contenant : La fausse apparence, comédie; Le prince corsaire, tragi-comédie; D. Japhet d'Arménie, comédie ».)

390. — Discours académiques et poésies de monsieur *** (l'abbé SÉGUY). — *La Haye, Neaume l'aîné*, 1736, 2 parties en 1 vol. in-12.

(1re partie : Discours. — 2e partie : Poésies.)

391. — Œuvres complètes du baron de STASSART,... publiées et accompagnées d'une Notice biographique et d'un Examen critique des ouvrages de l'auteur par P.-N. DUPONT DELPORTE,... — Nouvelle édition. — *Paris, Firmin Didot frères*, 1855, grand in-8.

(Portrait. — Fables; Pensées; Maximes; Réflexions; Observations; Poésies diverses; Idylles et contes en prose; Méditations religieuses d'ECKARTSHAUSEN; Rapports, Discours et Notes; Notices biographiques; Discours aux assemblées législatives; Discours prononcés en diverses circonstances; Critique littéraire; Miscellanées.)

392. — Œuvres de M. THOMAS,... Nouvelle édition,

revue, corrigée et augmentée. — *Amsterdam* et *Paris*, *Moutard*, 1773, 4 vol. in-12.

(T. I-II : Essai sur les éloges. — T. III ; Eloges de Maurice, comte de Saxe, de Daguesseau, de Dugay-Trouin, de Sully. — T. IV : Eloges de Descartes, du Dauphin ; Discours académiques.

A la suite du T. IV :

— Essai sur le caractère, les mœurs et l'esprit des femmes dans les différents siècles, par M. Thomas,... Seconde édition. — *Paris*, *Moutard*, 1772.)

593. — In-12 contenant :

1° — Eloge de Marc-Aurèle, par Thomas,... — *Paris*, *N.-L.-M. Desessarts*, *an* VIII.

2° — Les poésies de Thomas,... Nouvelle édition. — *Paris*, *Desessarts*, *an* VII.

3° — De la cruauté religieuse (traduit de l'anglais par le baron d'Holbach). — *Londres* (*Amsterdam*, *Marc-Michel Rey*), 1769.

4° — Les frères Lasne, anciens commerçants à Beaune ; origine des plaisanteries faussement imaginées sur le compte des citoyens de cette ville : explication de quelques historiettes, par M. A.-T. Chevignard de La Pallue, écuyer. — *A Bonne-Intention*, 1784, 36 pages.

(L'étiquette de ce volume porte : « OEuvres de Thomas, T. V ».)

594. — OEuvres posthumes de Thomas,... — *Paris*, *Desessarts*, *an* x [1802], 2 vol. in-12.

(T. I : Le czar Pierre Ier poème ; Poésies diverses. — T. II : Discours prononcé à la réception de l'archevêque de Toulouse ; Traité de la langue poétique, etc. ; Correspondance avec madame Necker (1781-85) et diverses autres personnes ; Morceaux retranchés à la censure dans l'*Essai sur les éloges* ; Relation de la captivité du grand Frédéric dans les prisons de Custrin et du supplice du jeune Katt, son favori. — Ces deux volumes forment les T. VI et VII des œuvres complètes éditées par Desessarts. — D'après Quérard, ces œuvres posthumes renferment quelques ouvrages qui ne sont pas de Thomas ; mais le bibliographe n'indique pas quels sont ces ouvrages.)

595. — OEuvres diverses de Mr Thomas, ci-devant professeur en l'université de Paris, au collége de Beauvais. — *Avignon*, *Jean-Baptiste Giroud*, 1764, in-8.

(Ode à Moreau de Séchelles; Jumonville, poème; Epître au peuple; Eloges de Maurice de Saxe, de Daguesseau, de Dugay-Trouin, de Sully.

A la suite :

— Eloge de René Descartes; Eloge de Louis, dauphin de France... — *Paris, Regnard*, 1766, 56 pages.)

396. — Les œuvres du sieur THÉOPHILE (VIAUD), revues, corrigées et augmentées. Seconde édition. — *A Paris* (s. d.). — OEuvres du sieur THÉOPHILE. Seconde partie. — *Paris* (s. d.). — Nouveau recueil de diverses poésies du sieur THÉOPHILE, la plupart faites durant son exil, et aussi toutes les pièces faites depuis sa prise jusqu'à présent. — *A Paris, par Michel de La Mare*, M. DC. XXVII. — Apologie au roi (par le même). — *A Lyon, pour Jean Michel, jouxte la copie imprimée à Bourdeaux* (s. d.); le tout en 1 vol. in-12.

(Ce recueil contient, outre les poésies : De l'immortalité de l'âme, ou La mort de Socrate; Les amours tragiques de Pyrame et Thisbé, tragédie; Apologie de Théophile; et deux pièces en prose latine, *Larissa* et *Theophilus in carcere* qui ont paru trop peu importantes pour motiver le classement de l'ouvrage au chapitre précédent.)

397. — OEuvres de madame DE VILLE-DIEU. — *Paris, par la compagnie des libraires*, 1720-25, 12 vol. in-12.

(T. I : Les désordres de l'amour; Portrait des faiblesses humaines; Fables ou histoires allégoriques; Nouveau recueil de pièces galantes; Cléonice, ou Le roman galant. — T. II : OEuvres mêlées; Manlius, tragi-comédie; Nitétis, tragédie; Le favori, tragi-comédie. — T. III : Carmante — T. IV : Alcidamie; Les galanteries grenadines. — T. V : Les amours des grands hommes; Lysandre. — T. VI : Mémoires du sérail; Nouvelles africaines. — T VII : Mémoires de la vie de Henriette-Sylvie de Molière, Annales galantes de Grèce. — T. VIII : Les exilés. — T. IX : Les annales galantes. — T. X : Le journal amoureux. — T. XI : Le prince de Condé; Mademoiselle d'Alençon; Mademoiselle de Tournon. — T. XII : Astérie, ou Tamerlan; Don Carlos; L'illustre Parisienne.)

398. — Discours et mélanges littéraires, par M. VILLEMAIN. Nouvelle édition, revue, corrigée et augmentée. — *Paris, Didier*, 1846, in-8.

(Eloge de Montaigne; Discours sur la critique; Eloge de Montesquieu; Notice sur Fénelon; De Pascal; Discours académiques; Discours prononcés, en 1822 et 1824, à l'ouverture du cours d'éloquence française; Rapports sur les concours de l'Académie Française de 1836 à 1845.)

399. — Les œuvres de monsieur DE VOITURE. Cinquième édition, revue, corrigée et augmentée. — *Paris, Augustin*

Courbé, M. DC. LVI. — Nouvelles œuvres de monsieur DE VOITURE. — *Paris, Augustin Courbé*, M. DC. LVIII. Le tout en 1 vol. in-4.

(Lettres; Poésies; Nouvelles lettres; Histoire d'Alcidalis et de Zélide; Eloge du comte-duc d'Olivares.)

400. — Les œuvres de monsieur DE VOITURE, contenant ses lettres et ses poésies, avec l'Histoire d'Alcidalis et de Zélide. Nouvelle édition, augmentée de la Conclusion de l'histoire d'Alcidalis et de Zélide et de plusieurs autres pièces. — *Paris, Jean-Luc Nyon*, 1745, 2 vol. in-12.

CHAPITRE IV. — *Littérateurs étrangers* (1).

401. — Prose et rime di Messere Giovanni DELLA CASA; Edizione nuova, riveduta et corretta per l'abbate Annibale Antonini. — *In Parigi, appresso Christoforo Davitte*, 1727, in-12.

(Galateo, o Vero de costumi. — Trattato de gli uffici communi, tra gli amici superiori et inferiori, scritto de M. Giovanni della Casa in lingua latina, et doppo tradotto in volgare; Oratione de M. Giovanni della Casa, scrita a Carlo Quinto, imp. interno alla restitutione della città di Piacenza; Rime de M. Giovanni della Casa.)

402. — Théâtre et poésies d'Alexandre MANZONI, traduits par Antoine DE LATOUR. — *Paris, Adolphe Delahays*, 1841, in-18 anglais.

---

403. — LESSING's sämmtliche Werke in einem Bande mit dem Bildnitz des Verfassers. — *Leipzig, Verlag der G.-J. Goeschen'schen Buckhandlung*, 1841, grand in-8.

404. — Der Mädchenfreund... — *Berlin, zu finden bey J.-C. Klücter*, 1755, petit in-8.

(Mélange de prose et de poésie.)

---

(1) V., pour les polygraphes généraux, n°s 101-104.

* The complete Works of W. SHAKSPERE. — (V. ci-après : *Théâtre anglais.*)

405. — Œuvres diverses du docteur Young, traduites de l'anglais par M. LE TOURNEUR. — *Paris, Le Jay,* 1770, in-12.

(Figures. — Le T. IV seulement, contenant : La vengeance et Busiris, tragédies, et Epître au lord Landsdowne sur la paix de 1712.)

406. — Œuvres complètes de lord BYRON, avec notes et commentaires, comprenant ses Mémoires publiés par Thomas MOORE, et ornées d'un beau portrait de l'auteur ; traduction nouvelle par M. Paulin PARIS,... — *Paris, Dondey-Dupré,* 1830-31, 13 vol. in-8.

(T I-II : Vie de lord Byron, par P. PARIS ; Don Juan ; Les poètes anglais et les journalistes écossais, satire ; — Beppo. — T. III : Le pèlerinage de Childe Harold ; Mazeppa ; Le prisonnier de Chillon. — T. IV : Heures de loisir ; La prophétie du Dante ; Miscellanées ; Mélodies hébraïques ; La malédiction de Minerve ; L'âge de bronze ; *Romance muy doloroso del sitio y toma de Alhama* ; premier chant du *Morgante maggiore*, traduit de l'italien de PULCI ; Discours parlementaires de L. Byron. — T. V : Le giaour ; la fiancée d'Abydos ; Le Corsaire ; Lara ; Le siége de Corinthe ; Parisina ; Lamentation du Tasse ; Poésies inédites. — T. VI : Théâtre : Manfred ; Marino Faliero ; Le défiguré transfiguré ; Ciel et terre. — T. VII : théâtre (suite) : Sardanapale ; Verner ; Lettre à John Murray à l'occasion du révérend W.-L. Bowles et de ses Observations critiques sur la vie et les ouvrages de Pope. — T. VIII : théâtre (suite) : Les deux Foscari ; Caïn ; L'Ile, poëme : La vision du jugement, poëme. — T. IX-XIII : Mémoires sur la vie de L. Byron.)

CHAPITRE V. — *Gnomoniques, sentences, apophthegmes, adages, proverbes, pensées détachées, bons mots, ana et esprits.*

407. — Histoire générale des proverbes, adages, sentences, apophthegmes, dérivés des mœurs, des usages, de l'esprit et de la morale des peuples anciens et modernes ; accompagnée de remarques critiques, d'anecdotes, et suivie d'une Notice biographique sur les poètes, les moralistes et les philosophes les plus célèbres cités dans cet ouvrage, et d'une table des matières, par M. C. DE MÉRY,... — *Paris, Delongchamps,* 1828-29, 3 vol. in-8.

* (Pour les poètes gnomoniques, V. ci après la classe POÉSIE.)

408. — Johannis Stobæi Sententiæ, ex thesauris Græcorum delectæ, græce, nunc primum a Conrado Gesnero in latinum traductæ, sic ut latina Græcis è regione respondeant. — *Tiguri*, 1543, in-fol.

(Sans frontispice. — Le titre ci-dessus a été copié sur le n° 4248 du catal. de Dole, T. I.)

409. — Κέρας Ἀμαλθαίας. Ιωαννοῦ τοῦ ΣΤΟΒΑΙΟΥ ἐκλογαι ἀποφθεγμάτων καὶ ὑποθήκων. Ioannis Stobæi Sententię ex thesauris Græcorum delectæ, quarum autores circiter ducentos et quinquaginta citat : et in Sermones siue Locos communes digestę, a Conrado Gesnero Doctore Medico Tigurino in Latinum sermonem traductæ, sic ut Latina Græcis è regione respondeant.. Adiecta sunt et alia quædam... (Cyri Theodori dialogus de exilio amicitiæ, opuscula Platoni adscripta De Justo, et An virtus doceri possit)... Accessit quoq; locupletiss... Index. — *Basileae*. (A la fin :) *Ex officina Ioannis Oporini... anno...* M. D. XLIX., in-fol.

410. — Sentētiarū volvmen absolvtissimvm, a Stephano Bellengardo Lemouico. Opus prorsus nouum, et ab iis omnibus, quæ hoc titulo circumferuntur longè diuersum, necnon omnium facillimum. Secunda editio auctior et emendatior, cui ad calcem addita est Epithetorvm farrago, à Joanne Castelio in gratiam poëseos studiosorum collecta, et in ordinem commodissimum digesta, cuique classi ostensa sua quantitate. — CIↃ IↃ XXCVII (1587), *ex officina Ioannis Tornæsij*, in-fol.

(Etienne Bellengard, originaire de St-Yrieix-la-Perche (Hte-Vienne), fut, en 1557 appelé à Limoges pour être principal du collége, et enseigner la langue latine. — La première édition de cet ouvrage est de Lyon, 1559.)

411. — Apophthegmatvm ex optimis vtrivsqve lingvæ scriptoribvs qvvm priscis, tum recentioribus. Parabolarum item seu Similitudinum, Loci communes per Conradvm Lycosthenem Rubeaquensem collecti. Denuò aucti, ad trium exemplarium collationem accuratè recogniti, et in ordinem alphabeticum digesti. — *Parisiis, apud Ægidium Gorbinum*, 1574, in-8.

(Lycosthènes n'est que la traduction grecque du mot composé Wolffhart, vrai nom du compilateur.)

* Plutarchi regum et imperatorum apophthegmata. — (V. *Opera*.)

412. — Desiderii Erasmi Roterodami Adagiorum veterum Collectanea. — Petit in-4.

(Le frontispice manque; mais l'impression est la même que celle de l'ouvrage suivant, qui se trouve dans le même volume :)

— Prouerbiorum et adagiorū veterum Polydori Vergilii Vrbinatis libellus perutilis cum facili contentorum indice. Adiectis recenter, vbi maxime deerant, caracteribus græcis. Margineisq; annotamentis. a variis, quæ librariorum vicio contraxerat, erratis à N. B. T. accuratissime expurgatus. — *Venales habentur Parrhisijs ab Ioanne petit.* (A la fin :) *Anno d(omi)ni* M. *qui(n)gentesimo decimo septimo* (1517), in-4.

413. — Adagiorvm chiliades Des. Erasmi Roterodami qvatvor cvm dimidia ex postrema avtoris recognitione. In hac æditione, prioribus tribus Indicibus subiunctus est quartus nouus, quo cuncta loca autorum in hoc opere sparsim citata, et ab ipso Erasmo uel explicata, uel restituta, lectori ob oculos quàm clarissimè sunt posita. — *Froben, Basileae,* M. D. LI., in-fol.

414. — Epitomes adagiorvm omnivm, quæ hodie ab Erasmo, Iunio et aliis collecta exstant, pars altera, Vict. Giselini opera nunc primùm edita, et duplici indice illustrata... — *Antverpiæ, ex officina Christophori Plantini,* clɔ. Iɔ LXVI., in-8.

415. — Polydori Vergilii Vrbinatis adagiorum liber. Eiusdem de inuentoribus rerum libri octo, ex accurata autoris castigatione, locupletationéq; non uulgari, adeo ut maxima ferè pars primæ ante hanc utriusq; uoluminis æditioni accesserit. — (S. l. n. d.). — Polydori Vergilii,... de inventoribus rerum. (Sans frontispice. A la fin :) *Basileae, ex aedibus Ioan. Frobenii... anno* M. D. XXIIII, le tout en 1 vol. in-fol.

416. — Proverbes basques recueillis par Arnauld Oihenart; suivis des poésies basques du même auteur. Seconde édition, revue, corrigée, augmentée d'une traduction française des poésies et d'un appendice, et précédée d'une introduction bibliographique (par Francisque Michel). — *Bordeaux, impr. de Prosper Faye,* 1847, in-8.

417. — Refranes o Proverbios castellanos, traduzidos en

lengua francesa. Proverbes espagnols traduits en français. Par César OUDIN,... Revus, corrigés et augmentés en cette dernière édition. — *Paris, Cardin Besongne,* 1659, in-12.

---

418. — Florilegii magni, seu Polyantheæ floribus novissimis sparsæ, libri XXIII. Opus præclarum, suavissimis celebriorum sententiarum, vel græcarum, vel latinarum, flosculis ex sacris et profanis auctoribus collectis refertum : à Josepho LANGIO, post alios, meliore ordine dispositum, innumeris fere apophtegmatis, similitudinibus, adagiis, exemplis, emblematis, hieroglyphicis et mythologiis locupletatum atque perillustratum. Editio novissima... cui, præter additiones et emendationes Fr. Sylvii insulani, accesserunt libri tres... — *Lugduni, sumptibus Joannis Antonii Huguetan et Marci Antonii Ravaud,* 1659, 2 vol. in-fol.

(La pagination continue d'un volume à l'autre.)

419. — Theatrvm hvmanae vitae (primùm à Conrado LYCOSTHENE inchoatum), Theodori ZVINGERI Bas. Tertiatione Nouem Volvminibvs locupletatum... Jacobi ZVINGERI Fil. recognitione plurium imprimis recentiorum Exemplorum auctario, Titulorum et Indicum certitudine ampliatum. Cum quadrigemino Elencho, Methodi scilicet, Titulorum, Exemplorum, Rerum et Verborum. — *Basileæ, per Sebastianvm Henricpetri* (1604), 6 vol. in-fol.

(Conrad Lycosthénes avait laissé à Théodore Zuinger des matériaux pour cet ouvrage, en le priant de les mettre en ordre. C'est une vaste compilation d'anecdotes et de traits historiques distribués sous différents titres. — V. *Catal. de Dole*, nº 4252.)

420. — Pensées ingénieuses des anciens et des modernes (par le P. BOUHOURS). — *Paris, veuve de Sébastien Mabre-Cramoisy,* 1689, in-12.

421. — Même ouvrage. — *Lyon, Hilaire Baritel,* 1693, in-12.

422. — Le sublime des auteurs, ou Pensées choisies, rédigées par matières suivant l'ordre alphabétique... (Par l'abbé de BELLEGARDE.) — *Paris, Jean et Michel Guignard,* 1705, in-12.

---

423. — Le passe-temps agréable, ou Nouveaux choix de bons mots, de pensées ingénieuses, de rencontres plaisantes, dont une partie n'avait point encore été mise au jour. Enrichi d'une Elite des plus vives gasconnades, qui ne sont point dans le *Gasconniana*, et de quelques nouvelles histoires galantes. Le tout avec des réflexions. Nouvelle édition, augmentée de plus du double. — *Rotterdam, Jean Hofhout*, 1737, 2 tomes en 1 vol. in-12.

424. — Dictionnaire d'anecdotes, de traits singuliers et caractéristiques, historiettes, bons mots, naïvetés, saillies, réparties ingénieuses, etc. (Par Jacques LACOMBE.) Nouvelle édition, augmentée. — *Rouen, Labbey*, 1787, 2 tomes en 1 vol. in-12.

* Pièces intéressantes et peu connues pour servir à l'histoire et à la littérature. (Par DE LA PLACE.) — (V. HISTOIRE, *n*° 569.)

* Les historiettes de TALLEMANT DES RÉAUX. — (V. HISTOIRE, *n*° 728.)

425. — Mélanges d'histoire et de littérature, par M. DE VIGNEUL-MARVILLE (Bonaventure D'ARGONNE, chartreux). Quatrième édition, revue, corrigée et augmentée par M. *** (l'abbé BANIER). — *Paris, Claude Prudhomme*, 1725, 3 vol. in-12.

(Le T. III est presque tout entier de l'abbé Banier. — (V. *Mém. de litt. de l'abbé d'Artigny*, T. I, p. 312.)

426. — Mémoires historiques, politiques, critiques et littéraires. Par AMELOT DE LA HOUSSAYE. Ouvrage imprimé sur le propre manuscrit de l'auteur. — *Amsterdam, Michel-Charles Le Cène*, 1722, 2 vol. in-12.

(Espèce de dictionnaire anecdotique.)

427. — Même ouvrage. — *La Haye, Pierre de Hondt*, 1737, 3 vol. in-12.

---

428. — Le nouveau Démocrite, ou Délassements d'esprit.

(Par Boyer de Ruvière.) — *Paris, Michel Brunet*, 1701, in-12.

429. — Essais sur divers sujets de littérature et de morale. Par M. l'abbé Trublet,... Quatrième édition, revue, corrigée et augmentée. — *Paris, Briasson*, 1749, 4 vol. in-12.

(Les T. III et IV sont de 1760.)

430. — Mon radotage et celui des autres, recueilli par un invalide retiré du monde pendant son carnaval. (Par Jean-Henri Marchand.) — *A Bagatelle*, 1760, in-12.

431. — Pensées, essais, maximes et correspondance de J. Joubert, recueillis et mis en ordre par M. Paul Raynal, et précédés d'une notice sur sa vie, son caractère et ses travaux. Seconde édition, revue et augmentée. — *Paris, Ve Le Normant*, 1850, 2 vol. in-8.

432. — Pensées de Jean-Paul (Richter), extraites de tous ses ouvrages; traduites de l'allemand par M. le Mis de La Grange. Deuxième édition. — *Paris, F.-G. Levrault*, 1836, in-8.

433. — Pensées philosophiques, morales, critiques, littéraires et politiques de M. Hume (trad. par Desboulmiers). — *Londres* et *Paris, veuve Duchesne*, 1767, in-12.

(Portrait.)

---

* Réflexions sur les Ana. Catalogue raisonné de ces sortes d'ouvrages. — (V. *Nouveaux mém. de littér. de l'abbé d'Artigny*, T. I, p. 287.)

434. — Scaligerana, ou bons mots, rencontres agréables, et remarques judicieuses et savantes de J. Scaliger. Avec des notes de M. Le Fèvre et de M. de Colomies. Le tout disposé par ordre alphabétique en cette nouvelle édition. — *Cologne*, 1695, in-12.

435. — Perroniana et Thuana. Editio tertia. — *Coloniæ Agrippinæ, apud Gerbrandum Scagen*, 1691, in-12.

(Disposé alphabétiquement par Daillé.)

436. — Sorberiana, sive Excerpta ex ore Samuëlis SORBIERE. Prodeunt ex musæo Francisci GRAVEROL,... Accedunt ejusdem tum Epistola de vita et scriptis Samuëlis Sorbiere et Joan. Bapt. Cotelier, tum Epulæ ferales, sive fragmenti marmoris nemausini explanatio. — *Tolosæ, typis Guilielmi-Ludovici Colomyez et Hier. Posuël*, 1691, in-12.

(Ordre alphabétique.)

437. — Valesiana, ou les Pensées critiques, historiques et morales, et les poésies latines de monsieur DE VALOIS,... Recueillies par monsieur de Valois son fils. — *Paris, Florentin et Pierre Delaulne*, 1694, in-12.

(Portrait.)

438. — Naudæana et Patiniana, ou Singularités remarquables, prises des conversations de Mess. NAUDÉ et PATIN. (Par LANCELOT, publié par BAYLE.) — *Paris, Florentin et Pierre Delaulne*, 1701, in-12.

* Maintenoniana, ou Choix d'anecdotes intéressantes, de portraits, de pensées ingénieuses... tirés des lettres de Mme DE MAINTENON, par M. B*** de B*** (BOSSELMAN DE BELLEMONT). — (V. HISTOIRE, n° 1485.)

---

439. — L'esprit des almanachs : analyse critique et raisonnée de tous les almanachs tant anciens que modernes. (Par DORFEUIL.) — *Paris, veuve Duchesne* (et autres), 1783, in-12.

440. — Esprit, saillies et singularités du P. Castel. (Par l'abbé DE LA PORTE.) — *Amsterdam* et *Paris, Vincent*, 1763, in-12.

441. — L'esprit de MONTAIGNE, ou Les maximes, pensées, jugements et réflexions de cet auteur, rédigés par ordre de matières. (Par PESSELIER.) — *Berlin* et *Paris, Rozet*, 1767, in-12.

(Le T. I manque.)

* L'esprit d'Henri IV, ou Anecdotes les plus intéressantes,

traits sublimes, réparties ingénieuses, et quelques lettres de ce prince. (Par L.-Laurent PRAULT.) — (V. HISTOIRE, n° 718.)

442. — Le génie de Montesquieu. (Attribué à DELEYRE.) — *Amsterdam, Arkstée et Merkus*, 1759, in-12.

* Dictionnaire Napoléon, ou Recueil alphabétique des opinions et jugements de l'empereur NAPOLÉON Ier, avec une introduction et des notes par DAMAS-HINARD. — (V. HISTOIRE, n° 981.)

CHAPITRE VI. — *Recueils de pièces de différents auteurs.*

§ 1er. — Recueils d'auteurs latins.

443. — Recueil factice in-4, contenant :

1° — M. T. CICERONIS de Partitionibus Oratoriis Dialogvs, Iacobi Strebæi Commentariis vltimò ab ipso recognitis, et Enarrationibus Bartholomæi Latomi, itémque Scholiis Christophori Hegendorphini, illustratus. Quibus iam hęc præter aliorum editionem accesserunt, Spicilegia Leodegarij à Quercu recognita... et Obseruationes Ioannis à Fossa : deinde Commentarius incerti authoris... postremò Audomari Talæi annotationes collectæ ex prælectionibus, in fine libri adiectæ. Cum indice... Editio tertia. — *Parisiis, ex Typ. Thomæ Richardi*, 1557.

2° — M. T. CICERONIS Officiorum libri III, argvmentis doctissimis et annotationibus illustrati. — *Parisiis, ex Typ. Thomæ Richardi*, 1557, 35 feuillets.

3° — Avdomari TALÆI Rhetorica, ad Carolvm Lotharingivm Cardinalem. — *Parisiis, ex typ. Thomæ Richardi*, 1558, 37 feuillets.

4° — P. OVIDII NASONIS Metamorphoseon Liber secundus, cvi doctissima Lactantij accesserunt argumenta. Cum annotationibus Longolij... — *Parisiis, ex typ. Thomæ Richardi*, 1558, 18 feuillets.

5° — Adelphi Terentij.

(Le frontispice manque.

Tout ce volume, moins la dernière pièce, est parsemé de notes marginales manuscrites de l'écriture du temps.)

444. — Recueil factice in-4, contenant :

1° — M. T. Ciceronis ad C. Trebatium Iurisconsultū Topica, Scholiis doctissimis, singulis marginibus adiectis, illustrata. — *Parisiis, apud Thomam Richardum*, 1560, 16 feuillets.

2° — Compendivm in vniversam Dialecticam, ex Rivio aliisqve recentioribus collectum. Cui accessit breuissima et vtilissima de Demonstratione et Locis tractatio. — *Parisiis, ex Typographia Thomæ Richardi*, 1558, 10 feuillets.

3° — M. Tvllii Ciceronis oratoriæ Partitiones. Cum annotationibus Strebæi, Hegendorphini, Latomi, Leodegarij, Ioannis à Fossa, et Commētarij, margini adscriptis, ac suis numeris designatis. — *Parisiis, ex Typ. Thomæ Richardi*, 1560, 32 feuillets.

4° — M. T. Ciceronis Philippicæ in M. Antonium, Cum Annotationibus Hegendorphini, Trapezuntij, Sturmij, Latomi, Maturantij, Beroaldi, Badij, Toxitæ, et Incerti cuiusdam authoris, margini adiunctis, ac suis numeris designatis. Prima philippica. — *Parisiis, ex typ. Thomæ Richardi*, 1560, 12 feuillets.

5° — Introductio Iacobi Fabri Stapulensis in Ethicen Aristotelis, ad Germanum Ganay. Dialogus Leonardi Aretini de moribus, ad Galeotum, Dialogo paruorum Moralium Aristotelis ad Eudemium respondens : paucis ex posterioribus à Leonardo adiectis. — *Parisiis, Apud Thomam Richardum*, 1555.

(Les deux parties de cet ouvrage ont une pagination particulière : la première a 16 feuillets ; la seconde, 12.)

6° — Q. Horatii Flacci Venusini poëtæ lyrici poemata. Carminum Lib. IIII. Epodon Lib. I. De arte poëtica Lib. I. Epistolarum Lib. II. Sermonum Lib. II. Scholiis breuibus, iisque doctissimis illustrata. — *Parisiis, ex Typ. Thomæ Richardi*, 1558, 55 pages.

(Précédé de la Vie d'Horace en latin par Pierre Crinito.)

7° — P. Virgilii Maronis Georgicon libri IIII, ad Mecoenatem, Philippi Melanchthonis illustrati scholiis. — *Parisiis, Apud Thomam Richardum*, 1557, 12 feuillets.

(Le liv. 1 seulement.)

8° — A. PERSII FLACCI Satyræ sex, cvm doctissimi cvivsdam viri commentariis, nunquam antehac in lucem editis. — *Parisiis, ex Typ. Thomæ Richardi*, 1558, 27 feuillets.

9° — L. Annei SENECÆ Cordubensis Hercules Furens. — *Parisiis, ex Typ. Thomæ Richardi*, 1560, 24 feuillets.

10° — Compendivm Ioannis DESPAUTERIJ de Syllabarvm qvantitate per Ioannem Pellissonem excerptum. Appendix eiusdem PELLISSONIS de accentibus. — *Parisiis, ex Typ. Thomæ Richardi*, 1558, 12 feuillets.

11° — ANACHARSIDIS epistolæ (grece et latine). — *Parisiis*, M. D. LVI. *Apud Guil. Morelium*, 6 feuillets non chiffrés.

(Presque toutes les pièces que contient ce volume sont couvertes de notes manuscrites de l'écriture du temps.)

445. — In-12 contenant :

1° — Jacobi VANIERII, e Societate Jesu, carmina (Columbæ, Vites, Vinum). — *Parisiis, apud viduam Simonis Benard*, 1704.

2° — Namurcum expugnatum. Carmen. Auctore Franc. TARILLON, Soc. Jesu. — *Parisiis, apud viduam Simonis Benard*, 1704.

3° — Franc. CHAMPION, e Societate Jesu Stagna. — *Parisiis, apud viduam Simonis Benard*, 1704.

4° — In divum Maximum martyrem... Ode ionica, auct. Natale Stephano SANADONE.

5° — Ratio conscribendæ epistolæ. Carmen. Auctore Claudio HERVÆO DE MONTAIGU, e Societate Jesu. — *Parisiis, apud Joannem Barbou*; 1713.

6° — De arte confabulandi carmen. Auctore Franc. TARILLON, Soc. Jesu. — *Parisiis, apud viduam Simonis Benard*, 1704.

7° — Vers français et latins sur la mort d'un petit chat (traduit du français de Joachim DU BELLAI, par Noël-Etienne SANADON). — (S. l. n. d.)

8° — In laudem Ludovici XV. Argumenta poetica a P. Carolo PORÉE, rhetorices professore, proposita; a selectis rhetoribus scripta (Paul BOMBARD, Ch. Marie de LA CONDAMINE, P. César-Fabrice BOMBARD et Dominique de

S. CONTEST), et ab iisdem recitata... In regio Ludovici Magni collegio... — *Parisiis, apud Joannem et J. Barbou*, 1717.

9° — Exempla amoris a P. Carolo PORÉE,... proposita; a selectis rhetoribus (Ch. DISTEPHANO, Ch.-Gab. TURGIS, Nicolas LE BRETON, Jacq.-Marie-Jérôme DE MONTARAN) scripta, et ab iisdem recitata... in regio Ludovici Magni collegio... — *Parisiis, apud Joannem et J. Barbou*, 1717.

10° — In columbulum cum infante Jesu colludentem; Ad Christum crucifixum; Christus ad peccatorem. — (S. l. n. d.)

11° — Europa ad Summum Pontificem mortis Commirii nuncia. Elegia. (Par Jos.-Isaac BERRUYER, avec l'imitation en vers français par D'ORIVAL.) — (S. l. n. d.)

12° — Namurcum expugnatum. Ode. (Par J. DE JOUVENCY.) — (Sans frontispice).

13° — Pulvis Pyrius, carmen. Auctore Franc. TARILLON,... — (S. l. n. d.)

14° — Pammetra dithyrambica; Chanson d'A. BILLAUD « *Aussitôt que la lumière* », traduite en vers latins; Chanson bachique sur la chaconne de Phaéton, traduite en vers latins. — (Sans frontispice.)

15° — Petro Danieli HUETIO,... Blandusia Suciana, metamorphosis; Blandusiæ Sucianæ ad auctorem metamorphoseos gratiarum actio, quod eam primus suis versibus celebraverit; Elegia. — (Sans frontispice.)

16° — Ad serenissimos Burgundiæ et Biturigum duces ecloga. Auctore Jacobo VANIÈRE,... — *Tolosæ, apud viduam J. Pech et A. Pech*, 1701.

(La fin du volume se compose des pièces en prose suivantes :)

17° — Panegyricus clero gallicano dictus. Coram ejusdem cleri comitiis. Ab Andrea LE CAMUS,... In regio Ludovici Magni collegio. — *Parisiis, apud viduam Simonis Benard*, 1705.

18° — In natalibus serenissimi ducis Britanniæ gratulatio habita intra paucos ab ortu principis dies. In regio Ludovici Magni collegio... Ab Andrea LE CAMUS,... — *Parisiis, apud viduam Simonis Benard*, 1707.

19° — Laudatio funebris Ludovici Delphini, nepôtis Ludovici Magni, dicta in regio Ludovici Magni collegio... a Natali Stephano SANADON,... Non. mai. an. M. DCC. XII. — *Lutetiæ Parisiorum, apud Joannem Barbou*, 1712.

20° — De mala ingeniorum contagione vitanda, oratio habita Lutetiæ Parisiorum, in regio Ludovici Magni collegio... a Natali Stephano SANADONE,... VI decembris an. M. DCC. XIII. — *Lutetiæ Parisiorum, apud Joannem Barbou*, 1714.

§ 2. — Recueils d'auteurs français.

446. — Recueil de plusieurs pièces d'éloquence et de poésie présentées à l'Académie Française pour les prix de l'année 1699. Avec plusieurs discours qui ont été prononcés dans l'Académie en différentes occasions. — *Paris, Jean-Baptiste Coignard*, 1699, in-12.

447. —Recueil de plusieurs pièces d'éloquence... (etc.), pour les prix de l'année 1723 ... — *Paris, J.-B. Coignard*, 1723, in-12.

448. — Recueil de plusieurs pièces de poésie et d'éloquence, présentées à l'Académie des Jeux floraux pour les prix de l'année 1720 (1721 et 1728). Avec les discours prononcés cette année dans les assemblées publiques. — *Toulouse, Claude-Giles Lecamus*, 2 vol. in-12.

(Les années 1720-21 dans le même vol.)

449. — Recueil de pièces galantes en prose et en vers de madame la comtesse DE LA SUZE et de monsieur PÉLISSON. Nouvelle édition, à laquelle on a joint le Voyage de BACHAUMONT et LA CHAPELLE, les poésies du chevalier D'ACEILLY ou DE CAILLY, Les visionnaires, comédie de Jean DESMARETS... Tome cinquième. — *Trévoux, par la compagnie*, 1748, in-12.

(Le T. V seulement, contenant le *Voyage de Bachaumont*, les *Poésies de d'Aceilly* et *Les visionnaires*.)

450. — Distribution des prix faite aux élèves du Prytanée, collége de St-Cyr, par le ministre de l'intérieur, accompagné du citoyen Fourcroy,... le 2 fructidor an XI de la république française... — *Paris, impr. de Gillé, an* XI, in-8.

(Ce recueil contient entre autres : n° 1, Discours du citoyen CROUZET, directeur du Prytanée; n° 2, Discours du citoyen HAUCHECORNE, professeur de mathématiques; n° 3, Les brevets, ou Le départ des élèves de St-Cyr pour l'armée, dialogue (en vers) par le citoyen CROUZET; n°s 4 à 11, Diverses pièces de vers par les élèves du cours de rhétorique (B. ANTIER, A.-B.-F. HAUCHECORNE, M.-F.-H. LABIGNE, J.-N. PIERRET, G. TOURRET, A. LAJARD).

451. — Recueil factice in-4, contenant :

1° — Discours prononcés dans l'Académie Française le jeudi IV mars M. DCC. LXXIX (par DUCIS et l'abbé DE RADONVILLIERS), à la réception de M. DUCIS,... — *Paris, Demonville,* 1779, 42 pages.

(C'est THOMAS qui est l'auteur du discours de DUCIS.)

2° — Discours prononcés dans l'Académie Française le jeudi XXIX février M. DCC. LXXVI (par DE BOISGELIN et DE ROQUELAURE) à la réception de M. DE BOISGELIN,... — *Paris, Demonville,* 1776, 22 pages.

3° — Panurge dans l'île des Lanternes, comédie lyrique en trois actes, représentée pour la première fois, par l'Académie royale de musique, le mardi 25 janvier 1785. (Par MOREL DE CHEDEVILLE, musique de GRÉTRY.) — *Paris, impr. de P. de Lormel,* 1785, 64 pages.

4° — Pénélope, tragédie-lyrique en trois actes (par MARMONTEL, musique de PICCINI), représentée pour la première fois devant Leurs Majestés, à Fontainebleau, le 2 novembre 1785, et, à Paris, sur le théâtre de l'Académie royale de musique, le mardi 6 décembre de la même année. — *Paris, impr. de P. de Lormel,* 1785, 59 pages.

5° — Le seigneur bienfaisant, opéra, composé des actes du *Pressoir,* ou des *Fêtes de l'automne,* de *L'incendie* et du *Bal* (par ROCHON DE CHABANNES, musique de FLOQUET), représenté pour la première fois, par l'Académie royale de musique, le jeudi 14 décembre 1780. — *De l'impr. de P. de Lormel,* 1780, 42 pages.

6° — Adèle de Ponthieu, tragédie en trois actes (par DE SAINT-MARC, musique de DE LA BORDE et de BERTON), représentée pour la première fois, par l'Académie royale de musique, le mardi 1er décembre 1772. — *Paris, de Lormel,* 1772. 53 *pages.*

7° Thésée, tragédie-lyrique en quatre actes (par QUINAULT), représentée pour la première fois, par l'Académie royale de musique, le 11 janvier 1675... remise en musique par M. GOSSEC, et au théâtre, le mardi 26 février 1782. — *Paris, impr. de P. de Lormel,* 1782, 62 pages.

452. — Recueil factice in-8, contenant :

1° — Connaissance de la langue française considérée sous le seul rapport de l'orthographe... Par F. SAUGER-PRÉNEUF, professeur de grammaire générale à l'école centrale du département de la Haute-Vienne. — *Paris, Fuchs, an* X.

2° — Tableau des principales locutions vicieuses usitées dans le département de la Haute-Vienne, considérées tant sous le rapport de la syntaxe que sous celui de la prononciation, par F. SAUGER-PRÉNEUF,... — *Limoges, l'auteur,* et *Bargeas* (s. d., *an* IX.)

3° — Réflexions sur l'ouvrage de M. Cabanis ayant pour titre : « Rapports du physique et du moral de l'homme », par J. GAREBEUF. M., membre du conseil général du département de la Haute-Vienne. — *Limoges, impr. de F. Chapoulaud, an* XI.

4° — Discours. Combien les lettres, loin d'affaiblir les vertus guerrières, fortifient la valeur et perfectionnent le courage. Par M. le chevalier DE JUILLY DE THOMASSIN,... — *Paris, Vente,* 1771.

5° — Discours prononcé à la séance publique de l'Académie des Sciences, Belles-Lettres et Arts d'Amiens, le 25 août 1782, par M. D'AGAY, intendant de la province, sur les avantages de la navigation intérieure, auquel on a joint la carte de communication de la mer Méditerranée avec la mer du Nord par le canal projeté en Bourgogne et par les canaux de Picardie. — *Amiens, J.-B. Caron l'aîné, impr.* (s. d.).

Ire CLASSE.

LINGUISTIQUE.

Chapitre I. — *Origine et formation des langues.*

* Dissertation sur les différents moyens dont les hommes se sont servis pour exprimer leurs idées, par de Maupertuis. — (V. nº 178, *Mém. de l'Académie de Berlin*, T. I, et nº 77, *Œuvres de Maupertuis*, 1756, T. III.)

* Réflexions philosophiques sur l'origine des langues et la signification des mots, par le même. — (V. *Œuvres*, 1756, T. I.)

* Briani Waltoni, de linguarum natura, origine, divisione, numero, mutationibus et usu. — V. *Biblia polyglotta Waltoni*, T. I.)

453. — Essai synthétique sur l'origine et la formation des langues. (Par l'abbé Copineau.) — *Paris, Ruault*, 1774, in-8.

454. — Traité de la formation mécanique des langues et des principes physiques de l'étymologie. (Par le président de Brosses.) — *Paris, Saillant* (et autres), 1765, 2 vol. in-12.

455. — Les éléments primitifs des langues, découverts par la comparaison des racines de l'hébreu avec celles du grec, du latin et du français. Ouvrage dans lequel on examine la manière dont les langues ont pu se former, et ce qu'elles peuvent avoir de commun. Par M. Bergier,... — *Paris, Brocas et Humblot*, 1764, in-12.

* Sur l'origine de la parole et sur l'étude des langues qui peuvent y conduire, par Fabre d'Olivet. — (V. *Langue hébraïque restituée, introd.*)

* De l'origine, de la formation et de la variété des langues, de leur progrès et de leur déclin. Par ANDRIEUX. — (V. n° 348, *Œuvres*, 1813, T. IV.)

CHAPITRE II. — *Grammaire générale.*

456. — Grammaire générale et raisonnée de Port-Royal (par ARNAULD et LANCELOT). — Suivie 1° de la partie de la logique de P.-R. qui traite des propositions; 2° des remarques de Duclos, de l'Académie Française; 3° du supplément à la grammaire générale de P.-R., par l'abbé FROMANT, et publiée sur la meilleure édition originale, avec une introduction historique par M. A. BAILLY. — *Paris, L. Hachette*, 1846, in-12.

* Grammaire, par CONDILLAC. — (V. n° 68, *Œuvres*, 1798, T. V.)

* Grammaire générale de BEAUZÉE. — (V., dans l'*Encyclopédie méthodique*, la partie *Grammaire et littérature*, où les divers articles de la grammaire de Beauzée se trouvent disposés selon l'ordre alphabétique.)

* Examen de l'Hermès d'Harris, traduction de Thurot, par l'abbé SICARD. — (V. n° 164-C, *Mém. de l'Institut : Littér. et Beaux-Arts*, T. I.)

457. — Eléments de grammaire générale, appliqués à la langue française, par R.-A. SICARD,... Seconde édition, revue, corrigée et considérablement augmentée — *Paris, Deterville*, *an* x [1801], 2 vol. in 8.

* Essai sur les sourds-muets et sur le langage naturel, ou Introduction à une classification naturelle des idées avec leurs signes propres par A. BÉBIAN. — (V. la division *Sciences, Arts.*)

* Grammaire, par M. DESTUTT, comte DE TRACY,... — (V. *Eléments d'idéologie*, 1817, T. II.)

* Discours sur l'étude philosophique des langues, par VOLNEY. — (V. n° 96, *Œuvres*, 1826, T. I.)

Chapitre III. — *Comparaison des langues. — Dictionnaires polyglottes.*

* De Dialectis, hoc est De variis linguarum generibus. — (V. n° 195, *Bibliotheca apostolica Vaticana...*, page 291.)

* La philologie comparée, ses principes et ses applications nouvelles, par Alf. Maury. — (V. *Revue des Deux Mondes*, 15 avril 1857.)

458. — Atlas ethnographique du globe, ou Classification des peuples anciens et modernes d'après leurs langues, précédé d'un Discours sur l'utilité et l'importance de l'étude des langues appliquées à plusieurs branches des connaissances humaines; d'un Aperçu sur les moyens graphiques employés par les différents peuples de la terre; d'un Coup d'œil sur l'histoire de la langue slave et sur la marche progressive de la civilisation et de la littérature en Russie, avec environ sept cents vocabulaires des principaux idiomes connus, et suivi du Tableau physique, moral et politique des cinq parties du monde... Par Adrien Balbi,... — *Paris, Rey et Gravier,* 1826, in-fol.

— Introduction à l'atlas ethnographique du globe, contenant un discours sur l'utilité et l'importance de l'étude des langues (etc.)... Par Adrien Balbi,... Tome premier. — *Paris, Rey et Gravier,* 1826, in-8.

(Le tableau physique, moral et politique des cinq parties du monde, qui devait former le T. II, n'a pas paru.)

459. — Dictionnaire de linguistique et de philologie comparées. Histoire de toutes les langues mortes et vivantes, ou Traité complet d'idiomographie, embrassant l'examen critique des systèmes et de toutes les questions qui se rattachent à l'origine et à la filiation des langues, à leur essence organique et à leurs rapports avec l'histoire des races humaines, de leurs migrations, etc. Précédé d'un Essai sur le rôle du langage dans l'évolution de l'intelligence humaine. Par L.-F. Jehan [de Saint-Clavien],... — *S'imprime et se vend chez J.-P. Migne,... au Petit-Montrouge,* 1858, grand in-8.

(Un premier frontispice porte : « Troisième et dernière encyclopédie théologique... Tome trente-quatrième... »)

460. — Parallèle des langues de l'Europe et de l'Inde, ou Etude des principales langues romanes, germaniques, slavonnes et celtiques comparées entre elles et à la langue sanscrite, avec un Essai de transcription générale, par F.-G. EICHHOFF,... — *Paris, impr. roy.*, 1836, in-4.

* Réflexions générales sur les rapports des langues égyptienne, phénicienne et grecque, par l'abbé BARTHÉLEMY. — (V. nº 163, *Mém. de l'Acad. des Inscript.*, T. XXXII.)

461. — Oratio dominica CL linguis versa, et propriis cujusque linguæ characteribus plerumque expressa; edente J.-J. MARCEL,... — *Parisiis, typis imperialibus*, 1805, in-4.

---

462. — CALEPINI dictionarivm latinvm, praeter adagia selectiora, et gallicas, italicas, hispanicasque voces, variè auctum, permultisque mendis repurgatum, atque hebraica, græca et germanica explanatione illustratum... — 2 vol. in-fol.

(Le frontispice ayant été enlevé, le titre ci-dessus est le titre de départ. L'avis du typographe au lecteur porte la date de CIƆ. IƆ. XCIIII. (1594.)

463. — Ambrosii CALEPINI dictionarium, quanta maxima fide ac diligentia accurate emendatum, et tot recens factis accessionibus ita locupletatum ut jam thesaurum linguæ latinæ quilibet polliceri sibi audeat. Adjectæ sunt latinis dictionibus hebrææ, græcæ, gallicæ, italicæ, germanicæ, hispanicæ atque anglicæ; item notæ, quibus longæ aut breves syllabæ dignoscantur. Præter alia omnia quæ in hunc usque diem fuerunt addita, præcipue a Joanne PASSERATIO,... Pro operis coronide adjectum est supplementum ex Glossis ISIDORI, adornatum a R. P. Joanne Ludovico DE LA CERDA,... Editio novissima. — *Lugduni, sumptibus hæred. Petri Prost, Philippi Borde et Laurentii Arnaud*, M. DC. XLVII., in-fol.

(Le T. II manque.)

464. — שילוש לשונות Dictionarivm trilingve, in qvo scilicet latinis vocabvlis in ordinem alphabeticum digestis respondent Græca et Hebraica : Hebraicis adiecta sunt magis-

tralia et Chaldaica, opera et labore Sebastiani MUNSTERI congestum. — *Basileæ, apud Henricvm Petrvm,* M. D. XXX., in-fol.

CHAPITRE IV. — *Langues orientales.*

§ 1er. — Introduction à l'étude des langues orientales. — Grammaires et Dictionnaires polyglottes.

465. — Nouvelle méthode pour entrer dans le vrai sens de l'Ecriture sainte... par M. l'abbé DU CONTANT DE LA MOLETTE,... — *Paris, Le Clerc* (et autres), 1777, 2 vol. in-12.

* Mémoire historique et critique sur les langues orientales, par M. DE GUIGNES. — (V. *n°* 163, *Mém. de l'Acad. des Inscript.*, T. XXXVI, page 113.)

* L'alfabet européen appliqué aux langues asiatiques, par C. VOLNEY. — (V. *n°* 96, *Œuvres*, 1825, T. VIII.)

466. — Lexicon heptaglotton, hebraicum, chaldaicum, syriacum, samaritanum, æthiopicum, arabicum, conjunctim, et persicum, separatim... Cui accessit brevis, et harmonica [quantum fieri potuit] grammaticæ, omnium præcedentium linguarum delineatio. Authore Edmundo CASTELLO,... — *Londini, impr. Thomas Roycroft*, 1669, 2 vol. in-fol.

(Portrait. — La pagination continue d'un vol. à l'autre.)

467. — Lexicon pentaglotton, hebraicum, chaldaicum, syriacum, talmudico-rabbinicum et arabicum. in quo omnes voces hebrææ, chaldææ, syriæ, rabbinicæ et arabicæ, adjectis hinc inde persicis, æthiopicis et turcicis, ordine alphabetico, sub suis singulæ radicibus digestæ continentur... Variorum item interpretum (sacrorum bibliorum) difficiles ac discrepantes sententiæ conferuntur et examinantur. Collectum et concinnatum a... Dn. Valentino SCHINDLERO Œderano,... Cum triplici indice... — *Hanoviæ, typis Joannis Jacobi Hennei,* M. DC. XII, in-fol.

§ 2. — Langues hébraïque, chaldéenne, syriaque, palmyrénienne.

468. — In-8, contenant :

1° — Alphabetū Hebraicum. — *Parisiis, ex officina Roberti Stephani*, M. D. XLIIII.

2° — Institvtiones hebraicae, autore Alano RESTALDO Calignio,... — *Parisiis, apud Christianum Wechelum*, M. D. XLI.

3° — לוח הדקדוק Tabula in grammaticen hebræam, autore Nicolao CLENARDO. — *Parisiis excudebat Christianus Wechelus*, M. D. XXXIX.

469. — בשהק תצר לשוך קתדש Hoc est atrium linguæ sanctæ quo exhibetur I. consilium de studio linguæ S. feliciter tractando. II. Grammaticæ hebr. compendium hebraismi restituti celeber. Dn. D. Wasmuthi cum idiotismis syntacticis et poetica hebr. III. Textus cum praxi hebræo-analytica... una cum accentuum hebræorum repræsentatione. IV. Lexici hebræi compendium... V. Index plenissimus anomalorum... Autore M. Henrico OPITIO,... Altera nunc vice auctius editum. — *Jenæ,... literis Joh. Jacobi Bauhoferi, anno* 1674, in-4.

* Principes discutés pour faciliter l'intelligence des livres prophétiques, et spécialement des psaumes, relativement à la langue originale. — (V. *la division* RELIGION.)

* Dissertation critique sur l'époque de la ponctuation hébraïque de la Massore telle qu'elle est aujourd'hui, dont l'auteur, jusqu'ici inconnu, est désigné par un manuscrit de la bibliothèque du roi. Par M. FOURMONT l'aîné. — (V. *n°* 163, *Mém. de l'Acad. des Inscript.*, T. XIII, p. 491.)

* Dissertation sur les manuscrits hébreux ponctués et les anciennes éditions de la Bible, par le même. — (V. *ibidem*, T. XIX, p. 229.)

* Dissertation philologique et critique sur les voyelles de la

langue hébraïque et des langues orientales qui ont une liaison intime avec elles, par M. Dupuy. — (V. *ibidem*, T. XXXVI, p. 239.

470. — Petit in-4, contenant :

1° — Hebraicarum institutionum libri IV, Sancte Pagnino authore. — *Lutetiæ Parisiorum excud. Rob. Stephanus*, M. D. XLIX.

(Sans frontispice.)

2° — Hebræa et Chaldæa nomina virorum, mulierum, populorum, idolorũ, vrbium, fluuiorum, montium, cæterorumque locorũ quæ in Bibliis leguntur, ordine alphabeti Hebraici. — *Lutetiæ. Ex officina Rob. Stephani*, M. D. XLIX.

471. — De re Grammatica Hebraeorvm opvs, in gratiam studiosorum linguæ sanctæ methodo quàm facillima cõscriptum, Authore Johanne Quinquarboreo, Aurilacensi. Secunda æditio, cum authoris locupleti recognitione. — *Parisiis, apud Martinum Iuuenem*, 1549, in-4.

472. — Globvs canonvm et arcanorvm lingvæ sanctæ, ac divinæ scriptvræ... Avctore F. Lvdovico S. Francisci,... — *Impensis Bartholomæi de Grassis. Romæ*, CIↃ. IↃ. LXXXVI., in-4.

473. — Johannis Buxtorfi P. Epitome grammaticæ hebrææ, autoritate et decreto nobilissimorum DD. curatorum Academiæ Franekeranæ emendata, et ex Thesauro gramm. aucta. Additi sunt Propheta Obadja et Ecclesiastes Schelomonis, hebraice et latine. Opera et studio Johannis Terenti,... — *Franekeræ, typis Joh. Wellens*, 1665, petit in-8.

* L'hébreu simplifié par la méthode alfabétique de C.-F. Volney, contenant un premier essai de la grammaire et un plan du dictionnaire écrit sans lettres hébraïques, etc. — — (V. n° 96, *Œuvres*, 1826, T. VIII.)

474. — La langue hébraïque restituée, et le véritable sens des mots hébreux rétabli et prouvé par leur analyse radicale. Ouvrage dans lequel on trouve réunis : 1° une dissertation introductive sur l'origine de la parole, l'étude des langues qui peuvent y conduire, et le but que l'auteur s'est proposé; 2° une grammaire hébraïque, fondée sur de nouveaux principes, et rendue utile à l'étude des langues en général; 3° une série de racines hébraïques, envisagées sous des rapports nouveaux, et destinées à faciliter l'intelligence du langage et celle de la science étymologique; 4° un discours préliminaire; 5° une traduction en français des dix premiers chapitres du Sépher, contenant la Cosmogonie de Moïse... Par Fabre d'Olivet. — *Paris, l'auteur* (et autres), 1815, in-4.

475. — ספר יאיר נתיב Concordantiarvm hebraicarvm capita, Quæ sunt de Vocum Expositionibus, à doctissimo Hebræo Rabbi Mardochai Nathan, ante cix annos conscripta, nunc uerò in gratiam Theologiæ candidatorum, ac Linguæ Sanctæ studiosorum, ad uerbum translata, per M. Antonium Reuchlinum Isnensem, in scola Argentoratensi Linguæ Hebreæ professorem... — *Basileæ, per Henrichvm Petri* (*Anno* m. d lvi.), in-fol.

476. — ספר השרשים עם נגזרים Dictionarivm hebraicvm, iam vltimo ab autore Sebastiano Mvnstero recognitum, et ex Rabinis, præsertim ex Radicibus Dauid Kimhi, auctum et locupletatum. — *Froben*, m d xlviii, in-8.

477. — אוצר לשון הקדש Hoc est Thesaurus linguæ sanctæ, sive lexicon hebraicum... authore Sancte Pagnino,... auctum ac recognitum opera Joannis Merceri,... Cum indicibus locupletissimis... — *Coloniæ Allobrogum, typis Petri de la Rouiere*, 1614, in-fol.

478. — נטע הגפן Planta vitis, seu thesaurus synonymicus hebraico-chaldaico-rabbinicus... Collectus, concinnatus ac summo labore, serie alphabetica ubique servata, digestus. Auctore Io. Plantavitio Pausano,... — *Lodovæ, typis Arnaldi Colomerii*, 1644, in-fol.

479. — Johannis Buxtorfi lexicon hebraicum et chaldaicum. Accessere huic editioni Radices ebraicæ cum versione belgica. — *Amstelodami, smuptibus* (sic) *Johannis Jansonii junioris*, 1655, in-8.

480. — Lexicon manuale hebraicum et chaldaicum in quo omnia librorum veteris Testamenti vocabula necnon linguæ sanctæ idiomata explanantur. Auctore J. B. Glaire,... — *Lutetiæ Parisiorum, ex typis Eberharti*, 1830, in-8.

481. — Onamasticum sacrum, in quo omnia nomina propria hebraica, chaldaica, græca et origine latina, tam in V. et N. T. quam in libris apocryphis occurrentia, dilucide explicantur, et singula propriis suis typis describuntur. Additur in fine Additamentum de vasis, pecunia et ponderibus sacris. Editore Johanne Leusden,... — *Ultrajecti, ex officina Anthorii Smytegelt*, 1665, petit in-8.

482. — Petit in-4, contenant :

1° — ערוך Dictionarivm chaldaicum, non tã ad Chaldaicos interpretes q̃ Rabbinorũ intelligenda cõmentaria necessarium : per Sebastianum Munsteru(m) ex baal Aruch et Chal. biblijs atq; Hebræorũ peruschim conjestũ. — *Basileae, apvd Io Fro., anno* M. D. XXVII.

2° — רקרוק ולי שן אוכוי אז הכסראה Chaldaica grammatica, antehac à nemine attentata, sed jam primũ per Sebastianum Munsterum cõscripta et ædita, nõ iam ad Chaldaicos interpretes quàm Hebræorũ cõmentarios intelligendos... — *Basileae, apud Io. Frob., anno* M. D. XXVII.

483. — Joh. Buxtorfi grammaticae chaldaicae et syriacae libri III... Ex Daniele, Onkelo, Jonathane, ex Targum hierosolymitano, Talmud babylonico et hierosol. ex Zohar, et versione novi Testam. syra... Inserta quoque passim est Dialectus talmudica et rabbinica. — *Basileæ, typis Conradi Waldkirchi*, 1615, in-12.

484. — Eclogæ sacræ novi Testamenti, syriacæ, græcæ, latinæ. Cum notis et observationibus ita explicatæ ut, præter rerum non inutilem cognitionem, adhibitis grammaticæ syriacæ rudimentis, antehac excusis, attentus lector linguam syriacam proprio marte possit addiscere. Adduntur Indices locupletissimi et Manuale lexici syriaci. Opera Joh. Mich. Dilherri,... — *Jenæ, apud Joh. Lud. Neuenhahn*, 1662, petit in-12.

* Réflexions sur l'alphabet et sur la langue dont on se servait autrefois à Palmyre, par M. l'abbé BARTHÉLEMY. — (V. *nº* 163, *Mém. de l'Acad. des Inscript.*, T. XXVI, p. 577.)

§ 3. — Langue arabe.

* Grammaire de la langue arabe, par VOLNEY. — (V. *nº* 96, *Œuv.*, 1826, T. VIII.)

485. — Grammaire de la langue arabe vulgaire et littérale; ouvrage posthume de M. SAVARY,... Augmenté de quelques contes arabes, par l'éditeur (L. LANGLÈS). — *Paris, impr. imp.*, 1813, in-4.

(Ces additions de l'éditeur sont : « Récit de Sindebad le marin ; Ruse des femmes et Chansons arabes. »)

486. — Cours synthétique, analytique et pratique de langue arabe, par BLED DE BRAINE,... — *Paris, Th. Barrois*, 1846, in-8.

(La Bibliothèque ne possède de cet ouvrage, qui a paru en 35 livr., que jusqu'à la page 128.)

§ 4. — Langues persane, chinoise, tartare.

* Recherches sur les anciennes langues de la Perse, par M. ANQUETIL. — (V. *nº* 163, *Mém. de l'Acad. des Inscript.*, T. XXXI, p. 340 et 393.)

* Réflexions sur les principes généraux de l'art d'écrire et en particulier sur les fondements de l'écriture chinoise par M. FRÉRET. — (V. *ibidem*, T. VI, page 609.)

* Recherches sur l'origine et la formation de l'écriture chinoise, par M. Abel RÉMUSAT. — (V. *nº* 166-*A*, *Mém. de l'Institut*, *Inscript. et Belles-Lettres*, T. VIII, p. 1re.)

* Mémoire dans lequel, après avoir examiné l'origine des lettres phéniciennes et hébraïques, etc., on essaye d'établir que le caractère épistolique, hiéroglyphique et symbolique

des Egyptiens se retrouve dans les caractères des Chinois, et que la nation chinoise est une colonie égyptienne, par M. de Guignes. — (V. n° 163, *Mém. de l'Acad. des Inscript.*, T. XXIX, p. 1re.)

487. — Dictionnaire chinois, français et latin, publié, d'après l'ordre de Sa Majesté l'empereur et roi Napoléon le Grand, par M. de Guignes,... — *Paris, impr. imp.*, 1813, in-fol.

*(V., sur la langue chinoise : *Description de la Chine* par le P. du Halde, T. II, p. 224 et suiv., Histoire, n° 1567.)

488. — Recherches sur les langues tartares, ou Mémoires sur différents points de la grammaire et de la littérature des Mandchous, des Mongols, des Ouigours et des Thibétains ; par M. Abel Rémusat. — *Paris, impr. roy.*, 1820, in-4.

(T. I, seul paru.)

Chapitre V. — *Langues européennes.*

§ 1er. — Mélanges de grammaire et dictionnaires polyglottes.

489. — Le manuel des grammairiens, divisé en trois parties. Dans la première, l'écolier apprendra les principes de l'élégance, et l'ordre qu'il faut garder dans la disposition des mots latins ; dans la seconde, les formaisons des verbes grecs, les accents et la syntaxe ; dans la troisième, la quantité latine, et la façon de retourner et faire des vers. (Par Nic. Mercier.) Nouvelle édition. — *Paris, veuve de Claude Thiboust*, 1697, in-12.

490. — Même ouvrage. — Nouvelle édition, revue, corrigée et augmentée par M. ***. — *Paris, frères Barbou*, 1732, in-12.

* Nomenclator octolingvis omnivm rervm propria nomina continens. Ab. Adriano Ivnio antehac collectvs : nvnc vèro renovatvs...Accessit hvic postremæ editioni alter Nomenclator

è duobus veteribus Glossariis. Hermanni GERMBERGII opera et stvdio. Cvm Indice Rervm et Capitum. — *Parisiis, apvd Davidem Dovcevr,* M. DC. VI. — (V. ci-après : *Trésor de la langue française*, par NICOT.)

491. — Thesavrvs vocvm omnivm latinarvm ordine alphabetico digestarvm, quibus Græcæ et Gallicæ respondent. Item adiectæ svnt vtrivsqve lingvae phrases selectissimæ, ex optimis quibusque auctoribus, opera Guillelmi MORELIJ descriptæ. Hvic postremæ editioni accesservnt pleráque cognitu non indigna. — *Lvgdvni, apvd Ioannem Pillehotte,* M. D. XCIX., in-4.

492. — Thesaurus trium linguarum : latinæ, gallicæ, græcæ, magno vocum locutionumque ex optimis scriptoribus collectarum numero locupletatus, opera et studio Joannis GAUDINI,... — *Tutelæ, impensis Antonii de Lagarde,* 1680, in-4.

493. — Dizionario italiano, latino e francese, in cui si contiene non solamente un compendio del dizionario della Crusca, ma encora... (etc.). Raccolto dall' abbate Annibale ANTONINI. Nuova edizione... — *In Lione, appresso Pietro Duplain,* 1770, in-4.

— Dictionnaire français, latin et italien, contenant non-seulement un abrégé du Dictionnaire de l'Académie, mais encore tout ce qu'il y a de plus remarquable dans les meilleurs lexicographes... Par M. l'abbé Annibal ANTONINI. Nouvelle édition... — *Lyon, Pierre Duplain,* 1770, in-4.

(T. I et II du même ouvrage.)

494. — Quatuor linguarum lexicon... Auctore Nicolao GURTLERO. — *Basileæ,* 1715, in-8.

(Lexique en deux parties : latin-grec-français-allemand, et allemand-latin. — Le frontispice manque.)

495. — Dictionarium triglotton, hoc est tribus linguis, latina, græca, et ea qua tota hæc inferior Germania utitur, constans... Joanne SERVILIO collectore et interprete... — *Antuerpiæ, apud Hieronymum Verdussen,* M. DC. XII., in-8.

* Nouveau dictionnaire du voyageur, français-allemand-latin et allemand-français-latin... Septième et dernière édition... — (V. ci-après : *Langue allemande.*)

§ 2. — Langue grecque.

A. — Grammaires et traités généraux.

496. — Ερωτήματα τοῦ Χρυσολωρᾶ. Π ρι (sic) ἀνωμάλων ῥημάτων... Erotemata CHRYSOLORÆ. De anomalis uerbis. De formatione temporum ex libro CHALCONDYLÆ. Quartus GAZÆ de Constructione. De Encleticis. Sententiæ monostichi ex uarijs poetis. CATO. Erotemata GUARINI. — Aldus. — (A la fin :) *Venetiis in aedibus Aldi et Andreae soceri, mense novembri* M. D. XVII, petit in-8.

(Tout grec.)

497. — Petit in-4, contenant :

1° — Θεοδόρου γραμματικοῦς εἰσαγωγῆς... Theodori (GAZÆ) introductiuę grammatices libri quatuor. — *Dionysiae*, M. D. XXXI., *Egidivs Gormontivs.*

2° — Γνωμολογία. Gnomologia. Index eorum quæ in hoc volumine, quam Gnomologiam, Moraliū sententiarꝫ collectanea merito appelles, cōprehēdunt. Hieronymi ALEANDRI, qui librum recognouit, Epistola. THEOGNIDIS poetæ vetustissimi Elegiaco carmine sententiæ. PYTHAGORÆ Carmina aurea. Epigrammata duo in PHOCYLIDEM, cum eiusdem sanctissimis heroico carmine præceptis. Carmina Sibyllæ Erythrææ nomen Jesu Dei filii in primis literis pre se ferentia. Diuersorum animalium differentia vocis. CATONIS, quē pro pueris appellat vulgus, hexametro versu sentētiæ in græcum e latino conuersę. Variorꝫ poetarꝫ sententię ordine Alphabetico... Epigramma in septem sapientes. Eorūdem pręclara dicta. Sententiæ in inuidiam. Illustrium quorūdam virorum... sententiæ nunꝙ antea impressę. Addita sunt fini rudimenta quędam gręca, cū Dñica Angelica et aliis quibusdam piis orationibus... — *Apud Matthæum Bolsecum (bibliopolam parisiensem,* 1512).

* Theodori GAZAE Thessalonicensis grammaticae institutionis libri duo per Des. ERASMUM Roterodamum in lati-

nam linguam conuersi ac distincti. — (V. n° 54, ERASMI *Opera*, T. I.)

498. — VRBANI Bellvnensis (BOLZANI),... Institvtionvm in linguam Græcam Grammaticarum libri duo... (Accesserunt De passionibus dictionum tractatus, ex TRYPHONE grammatico, Item De spiritibus, ex THEODORITO et aliis auctoribus probatissimis.) — *Parisiis, apud Christianum Wechelum*, M. D. XLIII., in-4.

499. — Institvtiones ac meditationes in græcam lingvam, N. CLENARDO avthore : cvm Scholiis et Praxi P. ANTESIGNANI Rapistagnensis. Operi Præfixi sunt Indices copiosissimi duo, rerum vnus, verborum alter... Omnia à Frid. Sylburgio Hesso recognita, locis propemodum innumeris emendata, notisq; insuper illustrata. — *Francofvrdi, apud Andreæ Wecheli heredes, Claudium Marnium et Joannem Aubrium*, MDXC, in-4.

500. — N. CLENARDI græcæ lingvæ institvtiones, cvm scholiis et praxi Petri ANTESIGNANI Rapistagnensis : A. Frid. Sylburgio denuo rocognitæ : Notationibusque Henr. Stephani, Noua Syntaxi; adhæc Declinationum, Coniugationum, et Verborum anomalorum tabulis synopticis : tum... duobus Indicib... ab eodem Sylburgio... auctæ atque illustratæ. — *Lvgdvni, apud Ioannem Pillehotte*, M. D. XCIX., in-8.

501. — Vniversa grammatica græca. Institutiones Etymologicæ ex N. CLENARDO, cum Scholiis P. ANTESIGNANI, multis his quidem in locis recognitis, auctis et emēdatis : Orthographia verò, Syntaxis et Prosodia, ex optimis, et qui in Scholis Societatis Jesv potissimùm probantur auctoribus per Alexandrvm SCOT,... collectæ, et suis locis insertæ, Scholiis et Aunotationibus illustratæ. Operi accesserunt indices duo, iis qui priùs in Antesignani editione habebantur multo copiosiores... tyronibus maximè necessarij. Et in eorundem gratiam ad operis calcem annexus est libellus, Petri ANTESIGNANI de praxi præceptorum grammatices. Auctorum nomina ex quibus quæq; partes depromptæ sunt sexta habet pagina. — *Lvgduni, ex officina Hvgonis a Porta*, M. D. XCIII., in-8.

(On lit, en effet, à la sixième page : « ... Orthographiæ et Etymologiæ auctores Nicolaus CLENARDUS, Petrus ANTESIGNANUS. Dialectorum Angelus CANINIUS. Syntaxeωs Ioannes VARENNIUS. Prosodiæ, de Accentibus Gulielmus BAILLIUS,... de Syllabarum Quantitate F. VERGARA, adiectis tabulis Gulielmi BAILLII. De Passionibus dictionum TRIPHON Grammaticus. Ad calcem operis accessit libellus P. ANTESIGNANI de Praxi Præceptorum Grammatices ».)

502. — Abrégé de la grammaire grecque de CLÉNARD, des accents, de la syntaxe et des dialectes. Peu de préceptes, mais beaucoup de lecture, de réflexion et d'exercice. Nouvelle édition. — *Paris, Jean-Luc Nion*, 1717, in-8.

503. — Ioannis SVRSINI Carnvtis Nogentini Grammaticæ græcæ libri sex... Accessit breue Lexicon Primitiuarum omnium totius Græcæ linguæ Dictionvm. — *Andegavi, Apud Anthonium Hernault*, M. D. XCV., in-4.

(Le Lexique des racines grecques forme un ouvrage à part, ayant son frontispice et sa pagination.)

504. — Nouvelle méthode pour apprendre facilement la langue grecque, contenant les règles des déclinaisons, des conjugaisons, de l'investigation du thème, de la syntaxe, de la quantité, des accents, des dialectes, et des licences poétiques; mises en français dans un ordre très-clair et très-abrégé; avec un grand nombre de remarques très-solides et très-nécessaires pour la parfaite connaissance de cette langue, et pour l'intelligence de ses auteurs. Nouvelle édition... (Par Cl. LANCELOT, ARNAULD et NICOLE de Port-Royal.) — *Paris, Denys Thierry*, 1682, in-8.

505. — Le même ouvrage. — Neuvième édition... — *Paris, Denys Mariette*, 1696, in-8.

506. — Nouvel abrégé de la grammaire grecque, plus ample, plus méthodique et mieux imprimé que ceux qui ont paru jusqu'ici, composé par feu M. FURGAULT,... Septième édition, revue, corrigée et considérablement augmentée par M. Jannet; avec une table alphabétique des matières. — *Paris, Mme Aumont Ve Nyon*, 1740, in-8.

507. — Nouvelle grammaire grecque, à l'usage des lycées et autres écoles, par J.-B. GAIL,... Cinquième édition.. — *Paris, Auguste Delalain, impr.*, 1810, in-8.

508. — Méthode pour étudier la langue grecque... Par J.-L. Burnouf,... Cinquième édition... — *Paris, impr. d'Auguste Delalain*, 1817, in-8.

509. — Introduction à la langue grecque à l'usage des colléges. Premier livre pour les cinquièmes. Par le P. Bonaventure Giraudeau,... Quatrième édition. — *A La Rochelle, chez René-Jacob Desbordes*, 1758, in-12.

510. — Introductio ad linguam græcam, complectens regulas grammaticæ, radices vocum, et exercitationem; seu Poema in quo regulæ radicesque omnes ad usum et praxim rediguntur. Ad usum III. classis... Auctore P. Bonaventura Giraudeau,... — *Rupellæ, ex typ. R.-J. Desbordes*, 1752, in-12.

— Introductio ad linguam græcam, complectens Evangelium secundum Matthæum græco-latinum. Cum duplici indice vocum, cum græcarum, tum latinarum. Ad usum II. classis. Auctore P. Bonaventura Giraudeau,... — *Rupellæ, ex typ. R.-J. Desbordes*, 1753, in-12.

— Introductio ad linguam græcam, complectens Iliadis homericæ quatuor priores libros græco-latinos... Ad usum rhetoricæ. Auctore P. Bonaventura Giraudeau,... — *Rupellæ, ex typ. R.-J. Desbordes*, 1755, in-12.

511. — Cours de langue grecque, ou Extraits de différents auteurs, avec la traduction interlinéaire latine et française et des notes grammaticales; à l'usage des écoles centrales, par J.-B. Gail,... — Première partie (Isocrate, discours à Démonique). — *Paris, l'auteur, an* v [1797], in-8.

512. — Démosthène. Philippiques, expliquées en français, suivant la méthode des colléges, par deux traductions : l'une littérale et interlinéaire, avec la construction du grec dans l'ordre naturel des idées; l'autre, conforme au génie de la langue française, précédée du texte pur et accompagnée de notes explicatives; d'après les principes de MM. de Port-Royal, Dumarsais, Beauzée et des plus grands maîtres. Traduction de l'abbé Auger, revue par M. G. Cannissié. — *Paris, impr. d'Auguste Delalain*, 1830, in-12.

B. — Traités particuliers.

* Mémoire sur l'origine des lettres grecques, par M. l'abbé Renaudot. — (V. *n°* 163, *Mém. de l'Acad. des Inscript.*, T. II, p. 231.)

513. — Regulæ accentuum et spirituum græcorum, novo ordine in faciliores et difficiliores, pro captu scholasticorum, distributæ. Quibus additæ sunt nonnullæ Observationes omnibus græcæ linguæ studiosis utilissimæ. Item Dialecti apud oratores usurpatæ, poeticis sejunctæ : cum syntaxi faciliori ac figurata, etc... Opera P. Philippi Labbe,... Editio ultima auctior. — *Parisiis, apud viduam Simonis Benard*, 1693, in-12.

* Dissertation sur les accents de la langue grecque, par M. l'abbé Arnauld. — (V. *n°* 163, *Mém. de l'Acad. des Inscript.*, T. XXXII, p. 432.)

* Des. Erasmi Rot. de recta latini græcique sermonis pronvnciatione Dialogus. — (V. *n°* 54, *Opera*, T. I.)

* De veteri et recta græcæ linguæ pronunciatione. — (V. *n°s* 532 et 533.)

* Guil. Baillii de accentibus. — F. Vergaræ de syllabarum quantitate. — (V. *n°* 501.)

514. — Le jardin des racines grecques, mises en vers français; avec un Traité des prépositions et autres particules indéclinables, et un Recueil alphabétique des mots français tirés de la langue grecque, soit par allusion, soit par étymologie. Cinquième édition... — *Paris, Ve de Claude Thiboust et P. Esclassan*, 1694, in-12.

515. — Le même ouvrage. — Sixième édition... — *Paris, V^e Cl. Thiboust et Pierre Esclassan*, M. DC. I. (*sic sed* 1701), in-12.

* Περὶ διαλεκτῶν ἐκ ΙΩΑΝΝΟΥ Γραμματίκοῦ τεχνικῶν. — (V. ci-après les Lexiques de Budé, de Tusanus, d'Henri Etienne, de Scapula.)

* De Dialectis, ex Angelo CANINIO. — (V. n° 501.)

516. — Commentarii lingvae graecae, Gvlielmo BVDAEO,... avctore. — *V(a)enundantur Iodoco Badio Ascensio.* (A la fin : M. D. XXIX.), in-fol.

517. — Le même ouvrage, même édition. — In-fol.

518. — Petit in-8, contenant :

1° — De syntaxi partivm orationis apud Græcos liber : In quo præter exemplorum delectum, et Latina cum Græcis coniuncta, de præceptis ad auctorū scripta accommodandis, petitis ex Xenophonte et Menandro exemplis, traditur, avctore Georgio FABRITIO Chemnicensi. — *Parisiis, aupd* (sic) *Guil. Morelium*, M. D. LI.

2° — ΙΩΑΝΝΟΥ τοῦ Δαμασκηνοῦ εἰς τὴν Θεογονίαν ὕμνος. — *Parisiis, apud Guil. Morelium*, M. D. LI.

3° — De verborvm apvd Graecos anomalorvm avt alioqui difficilium inuestigatione thematis commentarius (auctore G. MORELIO). — *Parisiis, apud Guil. Morelium*, 1549.

* Les formaisons des verbes grecs, les accents et la syntaxe (par MERCIER). — (V. ci-dessus n°s 489-90.)

519. — Système perfectionné de conjugaison des verbes grecs ; présenté dans une suite de (neuf) tableaux paradigmatiques ; par D. Frédéric THIERSCH, professeur au lycée de Munich,... Traduit de l'allemand, sur la troisième édition, par F.-M.-C. JOURDA,... — *Paris, Thomine et Fortic*, 1822, in-fol.

520. — Synonymes grecs recueillis dans les écrivains des différents âges de la littérature grecque, et expliqués d'après les grammairiens, l'étymologie et l'usage, avec des exemples tirés des meilleurs auteurs grecs, par M. Alex. PILLON,... — *Paris, veuve Maire-Nyon*, 1847, in-8.

C. — Lexiques.

521. — Ἐτυμολογίκον τὸ μέγα... Etymologicon magnvm; sev magnvm grammaticæ penv : In quo et Originum et Analogiæ doctrina ex Veterum sententia copiosissime proponitur : Historiæ item et Antiquitatis monumenta passim attinguntur : Superiorum editionum variorumq; auctorum collatione a multis ac fœdis mendis repurgatum, perpetuis notis illustratum, tribusq; utilissimis Indicibus, Verborum, Rerum, atq; Auctorum... nunc recens adauctum : Opera Friderici SYLBURGII Veter. — *E. Typographeio Hieronymi Commelini*, M D XCIIII., in-fol.

522. — ΣΟΥΙΔΑ. Τὸ μὲν παρὸν βιβλίον, Σουιδᾶ, οἱ δὲ συνταξάμενοί τοῦτο, ἄνδρες σοφοί... — *Froben. Basileae*, M. D. XLIIII., in-fol.

(Tout grec.)

523. — SVIDAE historica, caeteráque omnia quę ulla ex parte ad cognitionem rerum spectant... Opera ac studio Hier Vvolfii annis abhinc XVII, in Latinum sermonem conversa : nunc uerò et emendata, et aucta. Accessit nunc demum Rerum et uerborum extra ordinem Alphabeticum memorabilium Index... — *Basileae, ex officina Heruag. per Evsebivm Episcop.*, CIↃ. IↃ. LXXXI., in-fol.

524. — ΣΟΥΙΔΑΣ. Svidas, nvnc primvm integer latinitate donatus, et ex collatione multorum manuscriptorum codicum infinitis mendis purgatus, pristinoque suo nitori redditus... Opera et studio Æmilii PORTI,... — *Coloniæ Allobrogum, apud Heredes Petri de la Rouiere*, M. D. XXX., 2 vol. in-fol.

525. — Ἰουλίου ΠΟΛΥΔΕΥΚΟΥΣ ὀνομαστικὸν ἐν βιβλίοις δέκα. Jvlii POLLVCIS Onomasticon, hoc est instrvctissimvm rervm ac synonymorvm dictionarivm, decem libris constans, summo studio et cura emendatum, inq; studiosorum gratiam tribus nunc demum locupletissimis Indicibus auctũ. Cum praefatione Simonis GRYNÆI ad Ludimagistros. — *Basileae (per Balthasarem Lazium et Thomam Platterum)*, M. D. XXXVI., in-4.

(Tout grec.)

526. — Ivlii Pollvcis onomasticon, hoc est instrvctissimvm rervm et synonymorvm Dictionarium, nunc primum Latinitate donatum, Rodolpho Gualthero Tigurino Interprete. Vnà cum Indice... — *Apvd Robertvm Winter, Basileæ, An.* 1541, in-4.

(Trad. latine seulement. — Les annotations de Gualther ont une pagination particulière.)

527. — Ιουλίου ΠΟΛΥΔΕΥΚΟΥΣ ονομαστικὸν ἐν βιβλίοις δέκα. Ivlii Pollvcis onomasticon, decem libris constans : E. Mss. codd. Bibliothecarum Palatinæ atque Augustanæ, variis item doctorum virorum lucubrationibus quanta fieri potuit diligentia emendatum; suppletum quoq; nonnullibi, et illustratum. Adiecta interpretatio Latina Rodolphi Gvaltheri... indices item noui prioribus locupletiores; et Notæ, Studio atque operâ Wolfgangi Seberi Sulani. — m. dc. viii., *Francofvrti, Apud Claudium Marnium, et heredes Iohan. Aubrii*, in-4.

528. — Lexicon graecolatinvm, ingenti vocvm accessione, Iacobi Tusani Græcarum literarum Professoris Regij studio et industria locupletatum, scriptorumque laudatorum auctoritate plurimis in locis illustratum, et à vitiis quibus scatebat vindicatum. — *Parisiis, Apud Carolum Guillard*, 1552, in-fol.

(A la fin du dictionnaire se trouvent plusieurs opuscules réunis sous le titre de : « Farrago libellorvm qvos... frugiferos fore duximus » Suit la liste de ces opuscules : « Cyrilli opusculum de dictionibus quæ accentu variant significatum. — Ammonius, de similitudine ac differentia dictionum. — De re militari veterum et nominibus præfectorum libellus. — Orbicii de ordinibus exercitus. — Significata τοῦ ἤ, Tryphonis Grammatici. — Significata τοῦ ὡς ejusdem Tryphonis. — In quibus dictionibus ν addatur, vel abjiciatur, ex Choeroboscо. — Quòd verborum canones non exactè investigari possint, ex eodem. — De proprietate linguæ Græcæ, ex Ioanne Grammatico, Plutarcho et Corintho. — De Passionibus dictionum, ex Tryphone Grammatico. — De verbis anomalis. — De inclinatis, incliticis et synencliticis partibus, ex Herodiano. — De Græcorum notis arithmeticis. — De mensibus Græcorum ».)

529. — Lexicon graeco-latinvm. Sev Thesaurus Linguæ Græcæ, post eos omnes qui in hoc commentandi genere hactenus excelluerunt, ex ipsius demum G. Bvdaei manu scripto Lexico, magna cum dictionum tum elocutionum accessione auctus, et plurimis in locis restitutus. — *Ex officina Ioannis Crispini*, M. D. LIIII., in-fol.

(A la suite : « Farrago libellorvm, etc. ». V. le n° précédent.)

530. — Glossaria duo, è situ vetustatis eruta : ad vtrivsqve lingvae cognitionem et locupletationem perutilia. Item, de atticae linguæ seu dialecti idiomatis, comment. Henr. STEPH(ANUS). Vtraque nunc primùm in publicum prodeunt. — *Anno* M. D. LXXIII. *excudebat Henr. Stephanus*, in-fol.

(Les Commentaires d'H. Etienne sur le dialecte attique ont une pagination particulière.)

531. — Θησαυρὸς τῆς ἑλλενικῆς γλώσσης. Thesaurus græcæ linguæ, ab Henrico STEPHANO constructus. Post editionem anglicam novis additamentis auctum, ordineque alphabetico digestum, tertio ediderunt Carolus Benedictus HASE,... Lud. DE SINNER et Theobaldus FIX, secundum conspectum ab Academia regia Inscriptionum et humaniorum Litterarum die 29 maii 1829 approbatum. — *Parisiis excudebat Ambrosius Firmin Didot*, 1831-18..., 8 vol. in-fol.

(En publication.)

532. — Lexicon græco-latinum Joannis SCAPULÆ. Accesserunt opuscula perquam necessaria, de dialectis, de investigatione thematum et alia. — *Basileæ, per Sebastianum Henricpetri*, clↄ Iↄc XV, in-fol.

(Le frontispice manque. — Les ouvrages à la suite du Lexique sont : « Jacobi ZUINGERI, .. Græcarum dialectorum Hypotyposis. — De græcæ linguæ dialectis ex scriptis Joannis GRAMMATICI quæ τεχνικά fuerunt inscripta. — De dialectis à CORINTHO decerptis. — Ex PLUTARCHO excerpta de dialectis, de tropis, de schematis et Homerico eorum usu. — De passionibus dictionum, ex TRYPHONE grammatico. — ΑΜΜΩΝΙΟΥ περί ὁμοίων καὶ διαφόρων λέξεων. AMMONII de similibus et differentibus vocabulis libellus. — Τάξις παλαιὰ, καὶ ὀνομασίαι τῶν ἀρχόντων. — ΟΡΒΙΚΙΟΥ περὶ τῶν περὶ τὸ στράτευμα τάξεων. — Verborum quorumdam themata, quæ magna ex parte sunt anomala, vel poëtica, aut certe ejusmodi ut non obviam cuilibet habeant originem. — De græcorum notis arithmeticis compendium ex Hadriani AMEROTII scriptis. — HERODIANI de iisdem tractatus — De mensibus et eorum partibus. — De veteri et recta græcæ linguæ pronunciatione ».)

533. — Lexicon græco-latinum, seu Epitome thesauri græcæ linguæ ab Henrico STEPHANO constructi, quæ hactenus sub nomine Joh. SCAPULÆ prodiit... Accesserunt opuscula perquam necessaria, de dialectis, de investigatione thematum, et alia. Accessit et Index earum vocum quibus hæc editio ultra præcedentes locupletata fuit. — *Apud Petrum Aubertum*, 1621, in-4.

(On trouve à la suite, outre les opuscules indiqués au n° précédent : « Συναγωγὴ τῶν πρὸς διάφορον σημασίαν διαφόρως τονουμένων λέξεων, κατὰ στοιχεῖον. Collectio vocum quæ, pro diversa significatione, accentum diversum accipiunt (CYRILLI, sive potius PHILOPONI.)

534. — Corn. SCHREVELII lexicon manuale græco-latinum et latino-græcum, utrumque hac ultima editione multo auctius, præsertim quod ad dialectos et etymologicas thematum investigationes attinet, ut et vocabulorum latinorum copiam. Ad calcem adjecta sunt Sententiæ græco-latinæ quibus omnia primitiva græca comprehenduntur. Item Tractatus duo : alter, de resolutione verborum; alter, de articulis; uterque perutilis. — *Amstelodami, ex officina Henrici et viduæ Theodori Boom*, 1700, in-8.

535. — Dictionnaire grec-français, composé sur un nouveau plan, où sont réunis et coordonnés les travaux de Henri Estienne, de Schneider, de Passow et des meilleurs lexicographes et grammairiens anciens et modernes, augmenté de l'explication d'un grand nombre de formes difficiles, et suivi de plusieurs tables nécessaires pour l'intelligence des auteurs, par C. ALEXANDRE,... Onzième édition... Quatrième tirage. — *Paris, L. Hachette et Cie*, 1855, grand in-8.

536. — Λεξικὸν ἑλληνικὸν καὶ γαλλικόν. Συνταξθὲν μὲν ὑπὸ ΣΚΑΡΛΑΤΟΥ Δ. Βυζαντίου. Ἐκδοθὲν δὲ ὑπὸ Ἀνδρέου Κορομηλα... — Ἀθήνησιν, ἐκ τοῦ τυπογραφείου Ἀνδρέου Κορομηλα, 1846, grand in-8.

537. — Λεξικὸν τῆς Ἑλληνικῆς γλώσσης. Συντεθὲν μὲν ὑπὸ ΣΧΑΡΛΑΤΟΥ Δ. Βυζαντίου ἐπὶ τῇ βάσει πάντων τῶν ἄχρι τοῦδε ἐκδεδομηνων Ἑλληνικῶν Λεξικῶν, ἰδίως δὲ τοῦ ἐν Παρισίοις ἐκδιδομένου Θησαυροῦ τοῦ Ἐρρίκου Στεφάνου... Οἷς προσετέθη ἐπὶ τέλους καὶ Λεξικόν ἐπίτομον τῶν ἐν τοῖς Ἑλληνικοῖς συγγράμμασιν ἀπαντωμένων κυρίων ὀνομάτων, ἐκδοθὲν δὲ στερεότυπως ὑπό Ἀνδρέου Κορομηλα,... — Ἐν Ἀθήναις, ἐκ τῆς τυπογραφίας Ἀνδρέου Κορομηλα, 1852, grand in-8.

538. — Georgii PASORIS lexicon græco-latinum in novum Domini nostri Jesu Christi Testamentum, nominum tam propriorum quam appellativorum significatus atque analysin complexum. Editio correctior... Accessere indices necessarii. — *Lipsiæ, sumptibus Jo. Fried. Gleditschii*, 1702, in-8.

§ 3. — Langue latine.

A. — Histoire de la langue latine. — Méthodes d'enseignement. — Traités généraux et grammaires.

* Origine de la langue latine. — (V. *n°* 142, Schœl, *Littérature romaine*, T. I.)

539. — Nouvelle méthode pour apprendre la langue latine par un système si facile qu'il est à la portée d'un enfant de cinq à six ans qui sait lire, et si prompt qu'on y fait plus de progrès en 2 ou 3 années qu'en 8 ou 10 en suivant la route ordinaire... Par M. de Launay. — *Paris, veuve Robinot et Babuty fils*, 1756-61, 4 vol. in-8.

(Règles de la syntaxe latine appliquées aux deux premiers livres des fables de Phèdre et à la première satire de Perse. — A la fin du T. IV : 1° « Réponse de M. de Launay à un de ses amis au sujet de deux lettres critiques concernant sa nouvelle méthode... l'une de M. Paris de Meyzieu,... et l'autre de M. d'Açarq.. — *Paris*, 1756 ». — 2° « Lettre de M. D. D. M. à M. ***, servant de réponse aux erreurs et aux indécences du sieur d'Açarq... au sujet de la *Nouvelle méthode latine* de M. de Launay. — *Paris*, 1756 ».)

540. — In hoc volvmine habentur haec. Cornvcopiae, siue linguæ latinæ cõmentarij diligentissime recogniti : atq; ex archetypo emendati. — Index copiosissimus dictionum omnium quæ in hisce Sypontini commentarijs : quæ in libris de lingua latina et de Analogia M. Terentij Varronis : quæ in undeuigenti librorum fragmentis Sexti Pompeij Festi : quæ in compendiis Nonij Marcelli de proprietate sermonum continentur... — Eiusdem Sypontini libellus, quo Plinii epistola ad Titum Vespasianum corrigitur. — Cornelij Vitellij in eum ipsum libellum Sypontini Annotationes. — M. Terentij Varronis de lingua latina libri tres. Quartus. Quintus. Sextus. — Eiusdem de Analogia libri tres. — Sexti Pompeij Festi undeuigenti librorum fragmenta. — Nonnij Marcelli Compendia, in quibus tertia ferè pars addita est : non ante impressa, idq; labore et diligentia Iucundi nostri Veronensis... Additus præterea est longus tractatus de generibus. — (A la fin : *Venetiis, in aedibvs Aldi et Andreæ soceri*, M. D. XIII.) in-fol.

341. — Avctores latinae lingvae in vnvm redacti corpvs : Quorum Auctorum Veterum et Neotericorum Elenchum sequens pagina docebit. Adiectis Notis Dionysii Gothofredi I. C. Vna cvm indice generali in omnes Auctores. — *S. Gervasii. Apud Hæredes Eustathij Vignon*, MDCII, in-4.

(On lit au second feuillet : « Elenchus et series huius Corporis. M. Terentius Varro De lingua Latina. — M. Verrii Flacci fragmenta. — Festi fragmenta à Fuluio Vrsino edita. — Schedæ Festi à Pomp. Læto relictæ. — Sext. Pomp. Festvs, Paulo Diacono coniunctus. — Nonivs Marcellvs. — Fvlgentivs Placiades. — Isidori Originum libri XX. — Ex Veteribvs Grammaticis qui de Proprietate et Differentiis scripserunt, excerpta. — Vetvs Kalendarivm Romanvm. — De Nominibvs et Prænominibvs Romanorum. — Varii Avctores qui de Notis scripserunt. — Notæ Dionysii Gothofredi I C. ad Varronem, Festum, Nonium et Isidorum. — Variæ lectiones in Fulgentium et Isidorum. — Huic editioni accessêre præter superiora iam antea edita Liber Glossarvm ex variis Glossariis, quæ sub Isidori nomine circumferuntur collectus. Excerpta Pythoeana ex veteribus glossis. Excerpta Differentiarvm Bongarsii,... ».)

342. — M. Terentii Varronis de lingva latina libri tres, et totidem de analogia. adiectis in fine castigationibus doctissimi uiri Michaelis Bentini, quibus non parum lucis infertur. His iam recens accessit M. Portij Catonis Originum liber unus. Præterea index duplex : alter græcanicarum, alter latinarum dictionum. — *Parisiis, apud collegium Sorbonæ*, M. D. XXX., petit in-8.

* Adriani Tvrnebi commentarii et emendationes in libros M. Varronis de lingua latina. — (V. *n°* 342, Adr. Turnebi *Opera*.)

343. — M. Verrii Flacci qvæ extant et Sex. Pompei Festi de verborvm significatione libri XX. Cum vetusto Bibliothecę Farnesianæ exemplari Romæ nuper edito, collati... In eos libros Ant. Augustini annotationes, ex editione Veneta. Io. Scaligeri Castigationes recognitæ, ex Parisiensi. Ful. Vrsini notæ, ex Romana. Accesserunt nunc denique doctissimorum virorum Notæ ex eorum scriptis hinc inde collectæ. — *Parisiis, apud Hieronymum de Marnef, et Viduam Gulielmi Cauellat*, M. D. XXCIIII. (1584), in-8.

344. — Prisciani Grammatici Cesariensis Opera a tergo huius, cum vita eius exprimenda, Aldina, dũ adhuc vivebat, diligẽtia ad archetypum Gallicanũ recognita, et ad eundem opera Ascensiana diligentius reposita. — (A la fin : ... *In Typogr. Badiana*, M. XXVII. (*sic, sed* 1527), in-fol.

(Le frontispice manque. Le titre ci-dessus a été reproduit d'après le nº 262 du catalogue de la bibliothèque d'Amiens.)

* Magistri Albini Flacci ALCHUINI grammatica. — (V. ALCHUINI *Opera, Thesaurus monument. ecclesiasticor.*, T. II, p. 506.)

* ISIDORI Hispalensis de grammatica. — (V. ISIDORI *Opera.*)

545. — Opera grammatices Aelii ANTONII Nebrissensis nouissimè emendata : reiectisque multis friuolis, quę juuenũ intellectus cõfundebãt : et ad eam perfectam accentus prolationẽ et cognitionẽ per Bertrandũ Casalusmagnũ Sparronũ studiose, quod nunquam antea, recognita fuere. His addiderunt multa... viri doctissimi nempe hi. L. Christopho. SCOBAR in quinq; libros glossemata. — F. RUYSIUS vallis Oletanę interpretationẽ in syluã. — Andreas VAURE(N)TIN⁹ Serran⁹ in quintũ librũ accessiones. Cuius etiam opera additũ est carmẽ de pedibus et cudendo omnigeno carmine : quòd. B. Mantuano adscribunt. — R. PALASINUS albigena multa addidit et cõcordauit. — Hiero. SA(N)GUIN⁹ Vindocinus, etiã multa in margine. – Hilarius Bertul. LEDIUS Gãdanus, obseruator non hercle postponẽdus varia et arguta ĩgeniose oĩa (omnia). — Bertrandus quoq; CASALUSMAGNUS Sparronus hac editione et collatiõe diuersorũ exẽplariorũ repurgauit, restituit, multaq; addenda curauit... — *Venundantur Tolosæ*, M. D. XXXVII. (*impressa per Nicol. Vieillard*), in-fol.

546. — Syntaxis Johãnis DESPAUTERII Niniuitæ quarto edita. Index vocularum, quarum aut constructio aut significatio insignior est. — *Parisiis. Ex officina Roberti Stephani*, M. D. XLVI., in-4.

547. — Despautère abrégé par le R. P. GAUDIN, de la compagnie de Jésus. Revu nouvellement par un père de la même compagnie. — *Limoges, Jean Barbou, impr.*, 1722, in-12.

548. — Franc. SANCTII Brocensis,... Minerva, seu de causis linguæ latinæ commentarius, cui inserta sunt, uncis inclusa, quæ addidit Gasp. SCIOPPIUS; et subjectæ suis paginis Notæ Jac. PERIZONII. Editio septima, prioribus emendatior, et accessione correctionum ipsius Sanctii, Diatribesque L. Kusteri de verbo *cerno* auctior. — *Lugduni, apud Piestre et Delamollière,* 1789, in-8.

549. — Gerardi Joannis Vossii de arte grammatica libri septem. — *Amsterdami, apud Guilielmum Blaeu,* 1635, 4 tomes en 1 vol. in-4.

(Le premier livre traite des lettres; le second, des syllabes; le troisième et le quatrième, des mots en général, et particulièrement des noms; le cinquième, des verbes; le sixième, des six autres classes de mots; le septième, de la syntaxe.)

550. — Nouvelle méthode pour apprendre facilement la langue latine, contenant les règles des genres, des déclinaisons, des prétérits, de la syntaxe, de la quantité et des accents latins; mise en français, avec un ordre très-clair et très-abrégé... Avec un traité de la poésie latine et une brève instruction sur les règles de la poésie française. (Par Lancelot, Arnauld et Nicole, de Port-Royal.) Septième édition... — *Paris, Pierre Le Petit, impr.,* 1667, in-8.

551. — Même ouvrage. — Dixième édition... — *Paris, Florentin Delaulne,* 1709, in-8.

552. — Méthode nouvelle et aisée pour apprendre en peu de temps la langue latine, avec un traité de la syntaxe et des particules; la Méthode de traduire le latin en français, et l'Abrégé de la prosodie ou quantité... par messire Choupineau, prêtre et directeur du collége de Felletin. — *Lyon, J. Certe,* 1702, in-8.

553. — Méthode pour la traduction du français en latin. Troisième partie des Rudiments de M. l'abbé V*** D. L. A. D. A (l'abbé Vallart, de l'Académie d'Amiens). Neuvième édition. — *Paris, J. Barbou,* 1761, in-12.

554. — Introduction à la langue latine par la voie de la traduction, ou Feuilles élémentaires qui contiennent les premières notions de la grammaire française et le rudiment latin, tiré de Scioppius et de la Minerve de Sanctius. (Par P. C. Chompré.) Sixième édition. — *Paris, Louis-François Delatour,* 1767, petit in-8.

555. — Principes de la langue latine (du P. Sauger), mis dans un ordre plus clair, plus précis et plus exact (par le P. Fleuriau). Dixième édition, refondue entièrement par M. de Wailly,... — *Paris, J. Barbou, impr.*, 1777, in-12.

556. — Cours de langue latine, où 4,000 exemples, pris dans Salluste, César, Cicéron, Virgile, etc., servent à fonder la lexigraphie, la syntaxe, l'étymologie et la nomenclature, et à rassembler les 2 mille racines latines et 15 mille dérivés, les tournures communes et les latinismes, et forment un recueil gradué complet des mots, des phrases et autres prénotions nécessaires pour traduire, sans dictionnaire, les auteurs latins, et pouvoir les imiter dans l'art d'écrire et de parler cette langue ; par P.-A. Lemare,... Troisième édition... — *Paris, Henry Grand*, 1819, in-8.

557. — Cours de latinité élémentaire en deux volumes : Grammaire et Cours de thèmes, par Tarneaud, doyen de l'académie de Limoges, bachelier ès-lettres et ès-sciences, et membre correspondant de l'Académie royale des Sciences, Belles-Lettres et Arts de Bordeaux. — *Limoges, Th. Marmignon*, 1836, 2 vol. in-12.

(Pierre Tarneaud, né à Limoges, et mort dans cette ville le 6 mars 1837, après y avoir exercé long-temps la profession de chef d'institution.)

558. — Méthode pour étudier la langue latine, par J.-L. Burnouf,... Deuxième édition... — *Paris, impr. de Jules Delalain et* ^ie^, 1841, in-8.

B. — **Traités particuliers.**

* Justi Lipsii Dialogus de recta pronunciatione latinæ linguæ. — (V. n° 59, Lipsii *Opera*, 1613, T. I, p. 392.)

* Règles pour la prononciation des langues française et latine (par Moulis). — (V. ci-après : *Langue française.*)

* Aurelii Cassiodori,... de orthographia liber ex duodecim auctorum opusculis defloratus. — (V. Cassiodori *Opera.*)

* Hieronymi CARDANI liber de orthographia. — (V. n° 57, CARDANI *Opera*, T. I.)

* ISIDORI Hispalensis differentiarum sive de proprietate sermonum liber. — (V. ISIDORI *Opera*.)

* Des. ERASMI de octo orationis partium libellus. — (V. n° 54, ERASMI *Opera*, T. I.)

559. — HADRIANVS TT. S. Chrysogoni, S. R. E. Presb. Cardinal. Botoien. De sermone Latino, et modis Latine loquendi. Eiusdem venatio ad Ascanivm cardinalem. Item, iter Ivlii II. pont. rom. — *Parisiis apud Simonem Colinæum*, 1534, petit in-8.

560. — Lavrentii VALLÆ De Latina Elegantia Libri VI. — De Reciprocatione Sui et Suus. Lib. I. — In Antonium Raudensem notarum. Lib. I. — In Poggium Florentinum Apologeticus et scenicus actus admodum festiuus ac facetus. Sũma accuratiõe integritati restituti et Ascẽsianis scholiis expositi, et ab imperitorũ morsiculis pro virili defensi. Cum indice amplissimo, sed in Raudensem et Poggium ad calcem ponendo. — *Venunda(n)tur ipsi Ascensio Sub cuius prelo ia(m) sunt*... (A la fin : M. D. XXVIII.), in-fol.

(A la suite :)

— Lavrentii VALLÆ,... Libri duo in Benedictũ Morandum, et quatuor in Barptolemęum Faciũ et Panormitam : quibus historiam a se scriptã defendit, et Liuianã corrigit et emẽdat... — *Ve(æ)nundantur Iodoco Badio* (M. D. XXVIII.)

— Lavrentii VALLÆ,... de rebus a Ferdinando Hispaniarũ rege et maioribus eius gestis : deq3 eiusdem electione, coronatione, regno et obitu, Libri III. — *Ve(æ)nundantur cum eorundem defensione Iodoco Badio Ascensio* (M. D. XXVIII.)

561. — Lavrentii VALLAE de lingvae latinae elegantia libri sex. Eiusdem de Reciprocatione Sui et Suus, libellus apprime vtilis. Vnà cũ Epitomis Iodoci BADII Ascensij, Nec non Antonii MANCINELLI Lima. His accesserunt perdoctæ annotationes eruditissimi viri Ioannis Theodorici Bellouaci... — *Parisiis, apud Simonem Colinæum*, 1544, in-4.

562. — Gvidonis Ivvenalis Cenomani latinæ linguæ elegantias tam a Lavrentio Valla quam à Gellio memoriæ proditas interpretatio dilucida. — *Parisiis, ex officina Roberti Stephani,* M. D. XXVIII., in-4.

(Le frontispice manque.)

* Epitome Des. Erasmi Roterodami in Elegantiarvm libros Laurentij Vallæ. — (V. *n°* 54, Erasmi *Opera*, T. I.)

563. — De dvplici copia, verborvm ac rervm, commentarii dvo, Des. Erasmo Roterodamo avtore. — *Lvgdvni, apvd Seb. Gryphivm,* 1539, petit in-8.

(A la suite, et faisant partie du même ouvrage :)

— Epitome libri de copia verborum Erasmi Roterodami, qua ratio uariandæ orationis exemplis atq; explanationibus paulò apertioribus traditur.

* (V. aussi *n°* 54, Erasmi *Opera*, T. I.)

* Progymnasmatum in artem oratoriam Francisci Sylvii Ambiani,... Centuriæ tres... Ab... Alexandro Scot Scoto... in Synopsim redactæ... — (V. *n*os 571, 572.)

* Manuel des grammairiens (par Mercier). — (V. *n°* 489.)

564. — Abrégé des particules, contenant ce qui est le plus difficile et le plus nécessaire pour composer correctement en latin. Nouvelle édition revue et corrigée. — *Paris, Jean Barbou,* 1751, in-18.

565. — Rudiments de la traduction, ou L'art de traduire le latin en français, ouvrage élémentaire, précédé d'une notice sur les traductions des auteurs latins, par J.-L. Ferri de St-Constant,... Seconde édition, revue, corrigée et augmentée. — *Paris, Aug. Delalain,* 1811, 2 vol. in-12.

C. — Lexiques.

566. — Isidori Hispalensis episcopi Originum libri viginti ex antiquitate eruti. Et Martiani CAPELLAE De nuptiis Philologiæ et Mercurij Libri nouem. Uterque, præter Fulgentium et Veteres Grammaticos, varijs lectionibus et scholijs illustratus Opera atq; Industria Bonaventurae VVLCANI Brugensis. — *Basileæ, per Petrvm Pernam* (1577), in-fol.

(On lit page 505 : « Vetervm grammaticorvm de proprietate et differentiis latini sermonis libelli. Authorum hæc sunt nomina : 1° Cornelii FONTONIS. 2° NONII MARCELLI. 3° AGRAETII. 4° Aelii DONATI. 5° ARRUNTII CELSI. 6° Fl. SOPITARII CHARISII. 7° Q. ASCONII POEDIANI. 8° Marii Servii HONORATI. 9° SEX. POMPEII FESTI. 10° M. TERENTII VARRONIS. 11° Q. TERENTII SCAVRI. 12° AGELLII.)

* (V. aussi ISIDORI *Opera.*)

567. — Etymologicvm trilingve. Opus pernecessarium; ex libris sacris, probatissimis Philologis, Philosophis, Historiographis, Poëtis, et aliis Scriptoribus diuersis in vnum corpus collectum. Antiqvitatibvs, et animadversionibus passim respersum, vocabulis insuper iis, quæ transierunt ex primigeniis linguis in ius Latinitatis, locupletatum. Auctore Ioanne FVNGERO,... Nova editio... — *Lvgdvni, Sumptibus Antonii de Harsy,* M. DC. VII., in-4.

568. — Gerardi Joannis VOSSII etymologicon linguæ latinæ. Præfigitur ejusdem de litterarum permutatione tractatus, et in fine adjectus est luculentus Index vocabulorum extra seriem. — *Lutetiæ Parisiorum,* 1664, in-fol.

---

569. — (Sans frontispice.) Incipit summa que vocatur catholicon : edita a fratre Johãne de ianua (BALBI ou DE BALBIS), ordĩs fratrũ p̃dicatorũ. — (*Lugduni, anno* 1492?), in-fol.

(Goth sur deux colonnes, sans pagination. On lit à la fin, avant la marque typographique de Jean Dupré :

« Littere ut precium Johannis surgat de Prato
Lugduni catholicon impressit arte sua.
Anno milleno bis ducento octuageno
Quater vigenti numero addito duodeno
Xxvi. septembris bona peruenta die
Det cui felices vite componere cursus
Jupiter omnipotens nutu qui cuncta gubernat.
Amen. »

Faut-il traduire par 1492 le total de cette addition en latin barbare? Ce qui nous y engage, c'est que l'auteur des *Marques typographiques* mentionne, n°s 263 et 264, un Jean Du Pré, imprimeur à Lyon de 1487 à 1495. Au surplus, cette édition n'est pas indiquée dans le *Manuel* de Brunet, 3e édition, ni dans le supplément.)

* (V. ci-dessus, pour les *dictionnaires latins polyglottes*, n°s 462 à 464, 491, 492 et 495.)

570. — Dictionarivm, sev Latinæ linguæ Thesaurus, non singulas modo dictiones continens, sed integras quoque Latine et loquendi et scribendi formulas... Cum Latina tum grammaticorum, tum varii generis scriptorum interpretatione. (Auctore Roberto Stephano.) — *Parisiis. Ex officina Roberti Stephani*, M. D. XXXVI., in-fol.

571. — Apparatvs latinæ locvtionis, in vsvm stvdiosae ivventvtis : post Marii Nizollii principia ex M. T. Ciceronis libris collectus. Avctore Alexandro Scot Scoto,... Accessit ad calcem Progymnasmatum in artem oratoriam libellus, ex Francisci Sylvij opere in Synopsim redactus. — *Lvgdvni, Sumptibus Ioannis Pillehotte*, M. DC. II., in-fol.

572. — Même ouvrage. — Ultima editio. — *Rothomagi, per Joannem Berthelier*, 1635, in-4.

573. — Dictionarium Latinogallicum, postrema hac æditione valde locupletatum... (A. Rob. Stephano.) — *Lvtetiae, Apud Carolum Stephanum*, M. D. LII., in-fol.

574. — Inventaire des deux langues française et latine, assorti des plus utiles curiosités de l'un et de l'autre idiome, par le P. Philibert Monet,... — *Lyon, Claude Obert*, 1636, in-fol.

* Thresor de la langve francoyse tant ancienne que moderne... Par Aimar de Ranconnet,... augmenté par Jean Nicot,... — (V. ci-après : *Langue française.*)

575. — Officina latinitatis, seu novum dictionarium latino-gallicum. Nouveau dictionnaire pour la traduction du latin en français... Nouvelle édition, augmentée de quantité de mots et de phrases ou manières de parler; d'un dictionnaire des équivoques latines, et d'un traité de l'orthographe française nécessaire pour la traduction... — *Paris, veuve Claude Thiboust et Pierre Esclassan*, 1681, in-4.

576. — Le grand apparat français, avec le latin recueilli de Cicéron et des meilleurs auteurs de la langue latine... Par le P. Pierre Delbrun,... Quatrième édition. — *A Toulouse, par Jean Boude, impr.*, M. DC. LVIII., in-4.

577. — Le dictionnaire royal, augmenté de nouveau, et enrichi d'un grand nombre d'expressions élégantes, de quantité de mots français... comme aussi d'un petit traité de la vènerie et de la fauconnerie. Dernière édition... Composé par le P. François Pomey,... — *Lyon, Antoine Molin*, 1684, in-4.

578. — Novum dictionarium latino-gallicum P. Guidonis Tachard, e societate Jesu, aliorumque ex eadem societate eruditorum opera ac studio concinnatum... Recognitum denuo et emendatum ac... locupletatum. — *Parisiis, sumptibus fratrum Barbou*, 1727, in-4.

(Ce dictionnaire, quoique portant le nom de Tachard, est moins son ouvrage que celui des PP. Gaudin, Bouhours et Commire. — V. Michaud, *Biogr. univ.*)

579. — Dictionarium novum latino-gallicum, ex Cicerone aliisque præcipuis linguæ latinæ scriptoribus... concinnatum: serenissimo duci Burgundiæ dicatum. — *Parisiis, apud Josephum Barbou*, 1754, in-4.

(Même ouvrage que le précédent.)

580. — Magnum dictionarium latinum et gallicum, ad pleniorem planioremque scriptorum latinorum intelligentiam, collegit, digessit, ac nostro vernaculo reddidit M. Petrus Danetius,... — *Parisiis, apud viduam Claudii Thiboust et Petrum Esclassan*, 1700, in-4.

581. — Dictionnaire français et latin de l'abbé Danet... Seconde édition, revue, corrigée et augmentée de nouvelles notes concernant l'histoire, la géographie, la chronologie, les beaux-arts, la fable, la critique, la grammaire, etc. — *Toulouse, Gaspard Hénault*, 1728, in-4.

582. — Novitius, seu Dictionarium latino-gallicum, schreveliana methodo digestum, ou Dictionnaire latin-français suivant la méthode de Schrevelius... (Par Nicolas Magniez.) — *Lutetiæ Parisiorum, apud Carolum Huguier*, 1721, in-4.

583. — Trésor des langues française et latine... Par le P. Jean Gaudin,... Ou Dictionnaire français et latin... Nouvelle édition, augmentée de plusieurs termes, phrases et verbes qui manquaient dans les précédentes. — *Limoges, Jean Barbou*, 1730, in-4.

* Dictionnaire universel français et latin de Trévoux. — (V. ci-après : Langue française.)

584. — Le petit apparat royal, ou Nouveau dictionnaire français et latin... Nouvelle édition... Avec le Dictionnaire géographique... mis dans le corps du livre, et les noms des auteurs latins cités. — *Lyon, frères Duplain*, 1755, in-8.

585. — Dictionnaire français et latin, tiré des meilleurs auteurs de l'une et de l'autre langue... Nouvelle édition. Par le R. P. Joseph Joubert,... — *Amsterdam, aux dépens de la Société* (s. d.), in-4.

586. — Indiculus universalis rerum fere omnium quæ in mundo sunt; scientiarum item artiumque nomina apte breviterque colligens. L'univers en abrégé... Par le P. F. P. (Pomey),... — *Sur l'imprimé, à Lyon, chez Antoine Molin*, 1692, in-12.

587. — L'oracolo della Lingua Latina, di D. Marc'Antonio Mazzone da Miglionico. Nuovamente ristampato, et corretto... — *In Pavia, appresso Pietro Bartolo*, 1602, petit in-8.

D. — Dictionnaires de la moyenne et de la basse latinité.

588. — Josephi Laurentii Lucensis S. T. D. Amalthea onomastica, in qua voces universæ, abstrusiores, sacræ, profanæ, antiquæ, antiquatæ, usurpatæ, usurpandæ, e latinis, latino-græcis, latino-barbaris... Auctoribus quibusque indicatis, excerptæ, italicé interpretatæ, cum onomastico italico-latino, ad calcem addito, ordine alphabetico digestæ. — *Lucæ, sumptibus Balthassaris de Judicibus*, M. DC. XL., in-4.

589. — Glossarium ad scriptores mediæ et infimæ latinitatis, auctore Carolo DUFRESNE, domino DU CANGE,... Editio nova, locupletior et auctior, opera et studio monachorum ordinis S. Benedicti e congregatione S. Mauri. — *Parisiis, sub. Oliva Caroli Osmont*, 1733-36, 6 vol. in-fol.

590. — Glossarium novum ad scriptores medii ævi, cum latinos tum gallicos; seu Supplementum ad auctiorem Glossarii cangiani editionem. Svbditæ sunt, ordine alphabetico, voces gallicæ usu aut significatu obsoletæ, quæ in glossario et supplemento explicantur. Accedunt varii indices... His demum adjuncta est CANGII dissertatio de inferioris ævi aut imperii numismatibus, quam excipiunt emendationes typographicæ ad postremam Glossarii editionem. Collegit et digessit D. P. CARPENTIER,... — *Parisiis, apud Le Breton, Saillant, Desaint*, 1766, 4 vol. in-fol.

§ 4. — Langue française.

A. — Excellence de la langue française.

591. — Proiect dv livre intitulé De la precellence du langage François. Par Henri ESTIENE... — *A Paris, par Mamert Patisson, impr.*, M. D. LXXIX., in-8.

592. — Défense de la langue française pour l'inscription de l'arc de triomphe. Dédiée au roi. Par M. CHARPENTIER,... — *Paris, Claude Barbin*, 1676, in-12.

* Dissertation sur la question de savoir si les inscriptions doivent être rédigées en latin ou en français, par le président ROLLAND. — (V. *Recueil de plusieurs des ouvrages de M. le président* ROLLAND, p. 146.)

B. — Origine et histoire de la langue française. — Langues celtique et romane.

* Dissertation sur les principes de l'étymologie par rapport à la langue française, par M. FALCONET. — (V. *n°* 163, *Mém. de l'Acad. des Inscript.*, T. XX.)

593. — Origine et formation de la langue française, par A. DE CHEVALLET. Seconde édition... — *Paris, J.-B. Dumoulin*, 1858, 3 vol. in-8.

(Les T. II et III portent au frontispice : « *Paris, imprimerie impériale* ».)

594. — La langue française dans ses rapports avec le sanscrit et avec les autres langues indo-européennes, par Louis DELATRE. Tome premier. Première partie (seule parue) : Labiales. Labiales sanscrites : forte, P; douces, B, M; aspirées, PH, BH; semi-labiale, V. — *Paris, Firmin Didot frères*, 1854, in-8.

* De l'origine de nostre Vulgaire François que les anciens appeloient Roman, par Estienne PASQUIER. — (V. HISTOIRE, *n°* 571, *Recherches de la France*, liv. VII.)

* Mémoire sur l'origine et les révolutions des langues celtique et française, par DUCLOS. — (V. *n°* 163, *Mém. de l'Acad. des Inscript.*, T. XV et XVII.)

* Mémoire de M. LE MESL, de Paimpol, sur l'ancienne langue celtique. — Mém. de M. le général de PENHOUET sur la même question. — (V. *Congrès historique européen*, séance du 28 novembre 1835.)

* Ethnogénie gauloise, ou Mémoires critiques sur l'origine et la parenté des Cimmériens, des Cimbres, des Ombres, des Belges, des Ligures et des anciens Celtes, par ROGET, B^on^ DE BELLOGUET,... Introduction. — Première partie, Glossaire gaulois, avec deux tableaux généraux de la langue gauloise. — *Paris*, 1858, in-8. — (V. HISTOIRE, *Supplément*.)

* Mémoire sur l'introduction de la langue latine dans les

Gaules sous la domination des Romains. — Réflexions sur la langue latine vulgaire pour servir d'introduction à l'explication des serments en langue romance prononcés par Louis de Germanie et par les seigneurs français sujets de Charles le Chauve dans l'assemblée de Strasbourg de l'an 842. — Dissertation sur les causes de la cessation de la langue tudesque en France... pendant le règne de Charlemagne et de ses successeurs. Par BONAMY. — (V. n° 163, *Mém. de l'Acad. des Inscript.*, T. XXIV, p. 582.)

* Explication des serments en langue romance... faits à Strasbourg en 842, par M. BONAMY. — (V. *ibidem*, T. XXVI.)

* Serments prêtés à Strasbourg... Traduits en français avec des notes grammaticales et critiques, des observations sur les langues romane et francique... Par M. DE MOURCIN. — (V. HISTOIRE, n° 593.)

* Dissertation sur les causes de la cessation de la langue tudesque en France... Par M. BONAMY. — (V. n° 163, *Mém. de l'Acad. des Inscript.*, T. XXIV, p. 657.)

* Dissertation historique et critique sur cette question : « Si le latin a été une langue vulgaire parmi les Gaulois, et si la langue française a été employée avant le milieu du XIIe siècle. — (V. n° 147, *Hist. littéraire*, T. VII, Avertissement.)

* Remarques sur la langue française des XIIe et XIIIe siècles, comparée avec les langues provençale, italienne et espagnole dans les mêmes siècles. Par M. DE LA CURNE DE SAINTE-PALAYE. — (V. n° 163, *Mém. de l'Acad. des Inscript.*, T. XXIV, page 671.)

* Recherches sur les plus anciennes traductions en langue française, par l'abbé LEBEUF. — (V. *ibidem*, T. XVII, p. 709.)

* Les quatre livres des Rois, traduits en français du XIIe siècle, suivis d'un fragment de moralités sur Job et d'un choix de sermons de saint Bernard, publiés par M. LE ROUX DE LINCY,... — (V. HISTOIRE, n° 565-*Hh*.)

595. — Glossaire de la langue romane, rédigé d'après les manuscrits de la Bibliothèque Impériale et d'après ce qui a été imprimé de plus complet en ce genre ; contenant l'étymologie et la signification des mots usités dans les XIe, XIIe, XIIIe, XIVe, XVe et XVIe siècles, avec de nombreux exemples puisés dans les mêmes sources, et précédé d'un Discours sur l'origine, les progrès et les variations de la langue française... Par J.-B.-B. ROQUEFORT. — *Paris, B. Warée oncle,* 1808, 2 vol. in-8.

— Supplément au Glossaire de la langue romane... Par J.-B. DE ROQUEFORT,... Ce Supplément forme le T. III du Glossaire publié en 1808 par le même auteur. Il est précédé de deux dissertations inédites : l'une, sur l'origine des Français, par M. ***, de l'Académie des Inscriptions et Belles-Lettres; l'autre, sur le génie de la langue française, par M. AUGUIS,... (ou plutôt CLÉMENT). — *Paris, Chasseriau et Hécart,* 1820, in-8.

(La dissertation signée Auguis a été copiée textuellement du *Tableau annuel de la littérature*, par CLÉMENT. — V. QUÉRARD.)

* La langue et la littérature romanes, par L. DESSALLES. — (V. ci-après : *classe* POÉSIE.)

596. — Grammaires provençales de Hugues FAIDIT et de Raymond VIDAL de Besaudun [XIIIe siècle]. Deuxième édition, revue, corrigée et considérablement augmentée par F. GUESSARD,... — *Paris, A. Franck,* 1858, in-8.

* Grammaire de la langue romane, par M. RAYNOUARD. — (V. ci-après : *Poésies originales des troubadours*, T. I.)

597. — Grammaire comparée des langues de l'Europe latine dans leurs rapports avec la langue des troubadours. Par M. RAYNOUARD,... — *Paris, impr. de Firmin Didot,* 1821, in-8.

598. — Lexique roman, ou Dictionnaire de la langue des troubadours comparée avec les autres langues de l'Europe latine, précédé de nouvelles recherches historiques et philologiques, d'un résumé de la grammaire romane, d'un nouveau choix des poésies originales des troubadours et d'extraits de poèmes divers. Par M. RAYNOUARD,... — *Paris, Silvestre,* 1844, 6 vol. in-8

(Dans l'avertissement placé en tête du T. I, l'éditeur JUST PAQUET, qui a terminé cet ouvrage, déclare qu'il s'est aidé du concours de MM. Pellissier et Léon Dessalles (actuellement archiviste de la Dordogne), qui tous les deux avaient secondé M. Raynouard dans ses travaux lexicographiques. — Voici la distribution de l'ouvrage : T. I : Recherches; Grammaire ; Poésies. — T. II–V : Lexique. — T. VI : Appendice; Vocabulaire.)

599. — Des variations du langage français depuis le XIIe siècle, ou Recherche des principes qui devraient régler l'orthographe et la prononciation. Par F. GÉNIN,... — *Paris, Firmin Didot frères*, 1845, in-8.

600. — Histoire des révolutions du langage en France, par M. Francis WEY. — *Paris, Firmin Didot frères*, 1848, in-8.

C. — **Grammaires.**

* Des traités sur la langue française. — (V. *n°* 220, *Bibliothèque française de l'abbé* GOUJET, T. I.)

* Exact et tres-facile acheminement à la langve françoise, par Iean MASSET. Mis en latin par le mesme authevr, povr le sovlagement des estrangers... — *Paris, David Dovcevr*, M. DC. VI. — (V. *n°* 633, *Thresor de langve francoyse... par Iean* NICOT.)

601. — Le génie de la langue française, par le sieur D*** (D'AISY). — *Paris, Laurent d'Houry*, 1685, in-12.

602. — L'art de bien parler français... (Par DE LA TOUCHE.) Nouvelle édition, revue exactement sur la grammaire de M. l'abbé Regnier-Desmarais, sur le dictionnaire de l'Académie Française, et sur plusieurs remarques nouvelles... — *Amsterdam, R. et G. Wetstein*, 1720, 2 vol. in-12.

603. — Principes généraux et raisonnés de la grammaire française, avec des observations sur l'orthographe, les accents, la ponctuation et la prononciation, et un abrégé des règles de la versification française... Par M. RESTAUT,... Troisième édition... — *Paris, Le Gras* (et autres), 1736, in-12.

604. — Abrégé des principes de la grammaire française. Par M. Restaut. — *Paris, Le Gras* (et autres), 1739, in-12.

* Grammaire, par Condillac. — (V. nº 68, *Œuvres*, T. V.)

*Grammaire et littérature. — (V. nº 12, *Encyclopédie méthodique.*)

* De la grammaire. (Par André-Joseph Panckoucke). — (V. nº 21, *Les études convenables aux demoiselles*, T. I.)

605. — Nouvelle grammaire* raisonnée à l'usage de la jeunesse (par C. Panckoucke). [Les C. Laharpe, Suard, Ginguené, Aubert, etc., ont fourni plusieurs articles.] Quatrième édition, corrigée et augmentée. — *Paris, veuve Panckoucke, impr., an* x, in-8.

606. — Eléments raisonés de la gramaire françoise, où l'on traite de la prononciation et de l'ortografe, de l'élocution, du tissu du discours, de l'art de traduire, du mécanisme des vers françois, de la poësie en général, des avantages et désavantages de la versification latine et françoise. Abrégé de logique ou entendement humain. Discours sur la maniere de lire les fables ou de les réciter. Introduction aus Eléments de littérature. Ouvrage élémentaire propre à initier les jeunes-gens aus beles-letres et à la rétorique. Par Jh. Roullé. — *Paris, l'auteur, an* v, 3 vol. in-8.

(L'orthographe du frontispice a été conservée, comme pouvant donner une idée du système orthographique adopté par l'auteur.)

607. — Eléments de la grammaire française de Lhomond, à l'usage des écoles primaires et des pensionnats... Par L. Parelon, instituteur primaire, greffier de la justice de paix du canton de St-Léonard. — *Limoges, F. Chapoulaud*, 1830, in-12.

(L. Parelon, né à St-Léonard (Hte-Vienne) le 15 février 1764, et mort dans la même ville le 11 février 1848. On a de lui, outre l'ouvrage ci-dessus, un *Traité élémentaire d'arithmétique*, in-12, et des *Tables très-utiles pour établir les intérêts d'un capital quelconque*, in-4.)

608. — Grammaire des grammaires, ou Analyse raisonnée des meilleurs traités sur la langue française, par Ch.-P.

GIRAULT-DUVIVIER... Seconde édition... — *Paris, l'auteur* et *Janet et Cotelle*, 1814, 2 vol. in-8.

609. — Manuel des amateurs de la langue française, contenant des solutions sur l'étymologie, l'orthographe, la prononciation, la syntaxe, et sur les principales difficultés de la langue française... Précédé d'une Notice sur Domergue, et suivi de deux tables des matières, l'une méthodique, l'autre alphabétique. Par A. BONIFACE, instituteur, et par plusieurs grammairiens. Seconde édition... — *Paris, Pillet aîné*, 1825, in-8.

610. — Nouvelle grammaire des grammaires, ou Résumé des meilleurs traités sur l'art de parler et d'écrire correctement la langue française, par P. PONS,... — *Paris, Igonette*, 1828, in-12.

611. — Dictionnaire grammatical de la langue française, où l'on trouve rangées par ordre alphabétique toutes les règles de l'orthographe, de la prononciation, de la prosodie, du régime et de la construction, etc. Et les mêmes règles appliquées à chacun des mots. De plus les remarques et observations des plus habiles grammairiens... (Par l'abbé FÉRAUD.) — *Avignon, veuve Girard*, 1761, in-8.

D. — Traités généraux ou particuliers en différentes langues.

* Exact et tres-facile acheminement a la langve françoise, par Iean MASSET. Mis en latin par le mesme avthevr, povr le sovlagement des estrangers... — *Paris, David Dovcevr*, M. DC. VI. — (V. n° 633, *Thresor de la langve françoise.*)

612. — Llave nueva y universal para aprender con brevedad y perfeccion la lengua francesa... Dispuesta en tres columnas. La primera muestra la voz española. La segunda, la francesa escrita. La tercera, la misma pronunciada. Su autor Don Antonio GALMACE,... Quinta edicion... — *En Madrid, en la Oficina de Miguel Escribano* (s. d.), in-8.

* L'éclaircissement de la langue française, par Jean PALSGRAVE, suivi de la Grammaire de Giles DU GUEZ, publiés pour la première fois en France par F. GÉNIN. — 1852, in-4. — (V. HISTOIRE, n° 565-*Ii.*)

613. — Vollkommene französische Grammatig. Parfaite grammaire française expliquée en langue allemande, et partagée en cinq parties. Par Antoine Perger. — *Paris, Thomas Guillain*, 1687, in-12.

614. — Partie principale de la grammaire française, ou Raisonnement sur les verbes français... Par A. Berlan. — Das ist : Vornemster Theil der französischen Grammatik... — *Coelln, getruckt bey Balthasar Wilms*, 1752, in-8.

E. — Lecture, prononciation, orthographe.

* Dialogue des lettres de l'alphabet, par M. de Frémont (neveu de Perrot d'Ablancourt). — (V. n° 31, *Traduction de Lucien*, par ce dernier, T. II.)

* Réflexions sur les changements des langues vivantes par rapport à l'orthographe et à la prononciation, par M. de Beausobre. — (V. n° 178, *Mém. de l'Acad. de Berlin*, T. I.)

615. — Règles pour la prononciation des langues française et latine. (Par Moulis.) — *Paris, Augustin-Martin Lotin l'aîné*, 1761, in-12.

* Traité de la prosodie française, par l'abbé d'Olivet. — (V. n° 630, *Remarques sur la langue française.*)

616. — Les vrais principes de la lecture, de l'orthographe et de la prononciation française, suivis de différentes pièces de lecture propres à donner des notions simples et faciles sur toutes les parties de nos connaissances... Par M. Viard,... — *Paris, Nyon*, 1764, in-8.

617. — Le mécanisme des mots de la langue française, ou Méthode usuelle pour apprendre à parler, à lire et à écrire cette langue en peu de temps. Par P.-H.-A. Pain. — *Paris, Bailly, an* x (1801), in-8.

618. — Nouveau système de lecture applicable à toutes les langues, par Jean-Baptiste Maudru,... — Suite du nouveau système de lecture... Répertoire... — *Paris, Mérigot, an* 8, 2 vol. in-8.

(Avec atlas in-fol.)

619. — Dictionnaire de la prononciation de la langue française, indiquée au moyen de caractères phonétiques, précédé d'un mémoire sur la réforme de l'alphabet, par Adrien Féline. — *Paris, Firmin Didot frères*, 1851, in-8.

620. — Traité de l'orthographe française en forme de dictionnaire, enrichi de notes critiques, et de remarques sur l'étymologie et le genre des mots, la conjugaison des verbes irréguliers, et les variations des auteurs. (Par Le Roy.) Nouvelle édition, revue et corrigée. — *Poitiers, J.-Félix Faulcon*, 1742, in-8.

621. — Même ouvrage. Nouvelle édition, considérablement augmentée sur la révision et les corrections de M. Restaut,... — *Poitiers, Félix Faulcon, imp.*, 1775, in-8.

(A la fin : « Appendice, ou Abrégé des règles de la versification française ».)

* Connaissance de la langue française considérée sous le seul rapport de l'orthographe... Par F. Sauger-Préneuf,... — Tableau des principales locutions vicieuses usitées dans le département de la Haute-Vienne... Par F. Sauger-Préneuf. — (V. *n*o 452-1o et 2o.)

622. — Nouvelle praxigraphie, ou Manuel théorique et pratique de l'orthographe française... Par F. Sauger-Préneuf, ancien professeur au collége royal de Limoges, associé-correspondant de l'Académie... de Bordeaux,... — *Limoges, Th. Marmignon et Me Ardant*, 1831, in-12.

F. — Tropes, Synonymes.

623. — Des tropes, ou Des différents sens dans lesquels on peut prendre un même mot dans une même langue... Par M. du Marsais. Troisième édition. — *Paris, Paschal Prault*, 1775, in-12.

---

* L'art de bien parler français, tome second, où l'on traite du choix des mots... — (V. *n*o 602.)

624. — Dictionnaire universel des synonymes de la langue française, par M. Guizot. Cinquième édition, revue et considérablement augmentée. — *Paris, Didier et Cie*, 1859, 2 parties en 1 vol. in-8.

625. — Synonymes français, par Benjamin Lafaye.... — *Paris, L. Hachette*, 1841, in-8.

G. — Remarques et observations critiques.

626. — Observations de l'Académie Française sur les remarques de M. de Vaugelas. — *Paris, Jean-Baptiste Coignard, impr.*, 1704, in-4.

627. — Doutes sur la langue française proposés à messieurs de l'Académie Française par un gentilhomme de province. (Par le P. Bouhours.) Seconde édition. — *Paris, Sébastien Mabre-Cramoisy*, 1682, in-12.

628. — Observations de monsieur Ménage sur la langue française. — *Paris, Claude Barbin*, 1672, in-12.

629. — Remarques et décisions de l'Académie Française. recueillies par M. L. T. (l'abbé Tallemant). — *Paris, Jean-Baptiste Coignard*, 1698, in-12.

630. — Remarques sur la langue française, par M. l'abbé d'Olivet. — *Paris, Barbou, impr.*, 1783, in-12.

(Prosodie française. — Essais de grammaire. — Remarques sur Racine. — Réponse de M. de Voltaire à M. l'abbé d'Olivet sur la nouvelle édition de la Prosodie.)

* Remarques sur plusieurs articles de la *Nouvelle encyclopédie*, concernant l'ellipse et les suppléments qu'on emploie pour expliquer les phrases elliptiques; sur les compléments et les régimes; sur le supin et le participe; sur *qui, que, quoi, lequel;* sur *qui est-ce?* ou *qu'est-ce?* Par de Wailly. — (V. *n° 164-C, Mém. de l'Institut Nat. : Littérature et Beaux-Arts*, T. I, page 1.)

* Observations sur le pronom *soi*, par le cit. Lemonnier. — (V. *ibidem*, page 34.)

* Mémoire sur la proposition grammaticale, par Urbain Domergue. — (V. *ibidem*, page 84.)

H. — Dictionnaires étymologiques.

631. — Dictionnaire général et curieux, contenant les principaux mots et les plus usités en la langue française, leurs définitions, divisions et étymologies... Avec des démonstrations catholiques sur tous les points qui sont contestés entre ceux de l'Eglise romaine et les gens de la religion prétendue réformée... Par Me César de Rochefort,... Première édition. — *Lyon, Pierre Guillimin*, 1684, in-fol.

(Portrait.)

632. — Dictionnaire étymologique de la langue française, par M. Ménage, avec les Origines françaises de M. de Caseneuve, les Additions du R. P. Jacob et de M. Simon de Valhebert, le Discours du R. P. Besnier sur la science des étymologies, et le Vocabulaire hagiologique de M. l'abbé Chastelain. Nouvelle édition, dans laquelle... on trouvera encore les Etymologies de messieurs Huet, Le Duchat, de Vergy, et plusieurs autres. Le tout mis en ordre, corrigé et augmenté par A.-F. Jault,... Auquel on a ajouté le Dictionnaire des termes du vieux français, ou Trésor des recherches et antiquités gauloises et françaises de Borel, augmenté des mots qui y étaient oubliés, extraits des Dictionnaires de Monet et Nicot, et des auteurs anciens de la langue française. — *Paris, Briasson*, 1750, 2 vol. in-fol.

(Le dictionnaire de Borel a son frontispice et sa pagination particulière.)

I. — Dictionnaires généraux.

633. — Thresor de la langve françoyse, tant ancienne que Moderne. Avqvel entre avtres choses sont les mots propres de marine, venerie, et Faulconnerie, cy deuant ramassez par Aimar de Ranconnet,... Revev et avgmenté en ceste derniere impression de plvs de la moitie; par Iean Nicot,... Avec vne grammaire françoyse et Latine, et le recueil des vieux prouerbes de la France. Ensemble le Nomenclator de Iunius, mits par ordre alphabetic, et creu d'vne table particuliere de toutes les dictions... — *A Paris, chez David Dovcevr,* M. DC. VI., in-fol.

(La *Grammaire française et latine* dont il est ici question est plutôt une grammaire française avec la traduction latine en regard, comme l'indique son frontispice particulier, ainsi conçu : « Exact et tres-facile acheminement à la langve françoise, par Iean Masset. Mis en latin par le mesme avthevr, povr le sovlagement des estrangers... — *Paris, chez David Dovcevr,* M. DC VI. ».)

634. — Dictionnaire français, contenant les mots et les choses, plusieurs nouvelles remarques sur la langue française; ses expressions propres, figurées et burlesques, la prononciation des mots les plus difficiles, le genre des noms, le régime des verbes; avec les termes les plus connus des arts et des sciences... Par P. Richelet. — *Genève, Jean-Herman Widerhold,* 1680-1688, 2 vol. in-4.

635. — Nouveau dictionnaire français, contenant généralement tous les mots anciens et modernes, et plusieurs remarques sur la langue française... Par Pierre Richelet. Nouvelle édition (donnée par le P. J.-Cl. Fabre), revue, corrigée et augmentée sur les manuscrits trouvés après la mort de l'auteur, avec de nouvelles additions et les termes latins de tous les mots et phrases proverbiales qui manquaient dans les précédentes, et un grand nombre d'exemples; avec un abrégé de la vie des auteurs dont ces exemples sont tirés. — *Rouen, veuve de François Vaultier,* 1719, 2 vol. in-fol.

(Le frontispice du T. II porte : *Rouen, Pierre Le Boucher,* 1719.)

636. — Essais d'un dictionnaire universel, contenant généralement tous les mots français tant vieux que modernes, et les termes de toutes les sciences et des arts... Recueilli et compilé par messire Antoine Furetière,... — (S. l. n. n.), 1684, in-4.

637. — Dictionnaire universel, contenant généralement tous les mots français tant vieux que modernes, et les termes de toutes les sciences et des arts... Recueilli et compilé par feu messire Antoine Furetière,... — *La Haye et Rotterdam, Arnout et Reinier Leers,* 1690, 2 vol. in-fol.

638. — Dictionnaire universel français et latin (dit de Trévoux), contenant la signification et la définition tant des mots de l'une et de l'autre langue, avec leurs différents usages, que des termes propres de chaque état et de chaque profession... Avec des remarques d'érudition et de critique ; le tout tiré des plus excellents auteurs, des meilleurs lexicographes, étymologistes et glossaires qui ont paru jusqu'ici en différentes langues... — *Paris, veuve Delaune* (et autres), 1743, 6 vol. in-fol.

— Supplément au Dictionnaire universel... — *Paris, par la compagnie des libraires associés*, 1752, in-fol.

639. — Le dictionnaire de l'Académie Française, dédié au roi. — *Paris, veuve de Jean-Baptiste Coignard*, 1694, 2 vol. in-fol.

640. — Le dictionnaire des arts et des sciences, par M. D. C. (Thomas CORNEILLE) de l'Académie Française. — *Paris, veuve de Jean-Baptiste Coignard, impr.*, 1694, 2 vol. in-fol.

(Suite de l'ouvrage précédent.)

641. — Dictionnaire de l'Académie Française, revu, corrigé et augmenté par l'Académie elle-même. Cinquième édition. — *Paris, Bossange et Masson* (et autres), 1814, 2 vol. in-4.

642. — Institut de France. Dictionnaire de l'Académie Française. Sixième édition, publiée en 1835. — *Paris, Firmin Didot frères, impr.*, 1835, 2 vol. in-4.

643. — Complément du Dictionnaire de l'Académie Française, publié sous la direction d'un membre de l'Académie Française, avec la coopération de MM. BARDIN [le général], BARRE,... BARRÉ,... BOILEUX,... DE BONNECHOSE,... BOTTÉE DE TOULMONT,... DEFRENNE,... GUIBERT [Adrien]; JOUANNIN,... JOURDAN,... MARY,... MEISSAS [Achille]; LE ROUX DE LINCY,... MICHELOT,... NARCISSE LANDOIS,... PARIS [Paulin],... RAVOISIÉ,... REGNAULT,... REGNIER,... THUILLIER,... Avec une préface par M. Louis BARRÉ,... — *Paris, Firmin Didot frères*, 1847, in-4.

644. — Vocabulaire français, ou Abrégé du dictionnaire de l'Académie Française, auquel on a joint une nomenclature géographique fort étendue.... (Par GOULIN.) — *Paris, veuve Regnard, impr.*, 1771, 2 vol. in-8.

645. — Dictionnaire portatif de la langue française, extrait du grand dictionnaire de Pierre Richelet... Nouvelle édition, entièrement refondue et considérablement augmentée, par M. M. DE WAILLY. — *Lyon, Jean-Marie Bruysset,* 1780, 2 vol. in-8.

646. — Nouveau dictionnaire de la langue française... Par J.-Ch. LAVEAUX,... Seconde édition, revue, corrigée et augmentée. — *Paris, Deterville,* 1828, 2 vol. in-4.

J. — Dictionnaires spéciaux.

647. — Dictionnaire servant de bibliothèque universelle, ou Recueil succinct de toutes les plus belles matières de la théologie, de l'histoire, du droit, de la poésie, de la cosmographie, de la chronologie, de la fable, de la médecine, de la chirurgie et de la pharmacie. Ensemble les vies les plus remarquables des saints pères (etc.)... Avec une fidèle description des états, des royaumes (etc.)... Par Paul BOYER, écuyer, sieur de Petit-Puy. — *Paris, Antoine de Sommaville,* 1649, in-fol.

K. — Idiomes et patois en usage dans différentes parties de la France.

648. — Histoire littéraire, philologique et bibliographique des patois et de l'utilité de leur étude, par PIERQUIN de Gembloux. Nouvelle édition, suivie de la Bibliographie générale des phonopolismes basques. — *Paris, Auguste Aubry,* 1858, in-8.

649. — Grammaire française-celtique ou française-bretonne... par le P. F. GRÉGOIRE de Rostrenen,... Première édition. — *Rennes, Julien Vatar,* 1738, in-8.

650. — Glossaire du centre de la France, par M. le comte JAUBERT,... — *Paris, Napoléon Chaix et Cie* (1856), 2 vol. in-8.

— Glossaire... Deuxième supplément, présenté à la Société du Berry dans sa séance du 7 décembre 1857. — *Paris, Napoléon Chaix* (1858), in-8 de 40 pages.

* Dictionnaire du patois du Bas-Limousin [Corrèze], et plus particulièrement des environs de Tulle, ouvrage posthume de M. Nicolas BÉRONIE,... Mis en ordre, augmenté et

publié par Joseph-Anne VIALLE, avocat. — *Tulle, impr. de J.-M. Drappeau* (s. d.), in-4.° — (V. HISTOIRE, *Supplément.*)

651. — Dictionnaire languedocien-français, contenant un recueil des principales fautes que commettent, dans la diction et dans la prononciation françaises, les habitants des provinces méridionales connues autrefois sous la dénomination de la langue d'oc. Ouvrage où l'on donne, avec l'explication de bien des termes de la langue romance ou de l'ancien languedocien, celle de beaucoup de noms propres, autrefois noms communs de l'ancien langage... Nouvelle édition... Par M. L. D. S. (l'abbé DE SAUVAGES). — *Nîmes, Gaude père, fils et compagnie*, 1785, 2 tomes en 1 vol. in-8.

652. — Projet d'un dictionnaire provençal-français, ou Dictionnaire de la langue d'oc ancienne et moderne... Par S.-J. HONNORAT,... — *Digne, Repos*, 1840, in-8 de 80 pages.

653. — Grammaire béarnaise, suivie d'un vocabulaire français-béarnais, par V. LESPY,... — *Pau, typographie et lithographie Véronèse*, 1858, in-8.

L. — Argot.

654. — Etudes de philologie comparée sur l'argot et sur les idiomes analogues parlés en Europe et en Asie, par Francisque MICHEL,... Développement d'un mémoire couronné par l'Institut de France. — *Paris, Firmin Didot frères*, 1856, in-8.

§ 5. — Langue italienne.

* Traité des origines et de la poétique de la langue nationale italienne, avec une introduction générale sur le langage humain, par DANTE ALIGHIERI. — (V. n° 101, *Œuvres*, T. VI.)

655. — Grammaire italienne, mise et expliquée en français par César OUDIN. — *Paris, Jean Gesselin*, 1610, petit in-8.

(A défaut de frontispice, le titre ci-dessus a été pris au privilége.)

656. — La grammaire italienne de Jean PERGER,... Quatrième édition... — *Paris, Pierre Variquet*, 1674, in-12.

(A la suite :)

— Les amours de Léandre et d'Héro (poème de MUSÉE, traduit en français). — *Paris, veuve d'Ant. Cellier*, 1681.

657. — Nouvelle méthode, contenant en abrégé tous les principes de la langue italienne ; des dialogues familiers ; un recueil de noms et de verbes, et un petit traité de la poésie. Par M. BERTERA. — *Paris, Le Clerc*, 1747, in-12.

658. — Même ouvrage. — *Paris, Huart*, 1747, 1 tome en 2 vol. in-12.

659. — Le maître italien dans sa dernière perfection. Revu, corrigé et augmenté de nouveau... Par le sieur VENERONI (Jean VIGNERON dit),... Nouvelle édition. — *Paris, Savoye*, 1752, in-12.

660. — Même ouvrage. — Nouvelle édition, dans laquelle on a retouché le style et tâché de rendre le texte plus clair. Exactement corrigée suivant l'orthographe moderne et les décisions de l'Académie de La Crusca ; augmentée de plusieurs règles très-nécessaires, de quelques lettres de commerce et d'un vocabulaire des deux langues. Le tout revu sur les éditions publiées par M. Minazio et M. Charles Placardi,... — *Lyon, Bruyset frères*, 1801, in-8.

661. — Abrégé de la langue toscane, ou Nouvelle méthode, contenant les principes de l'italien, l'explication des langages qui ont contribué à sa formation, les règles de son élégance et de sa délicatesse, avec une nouvelle prosodie pour le prononcer correctement... Par M. PALOMBA,... — *Paris, Briasson* (et autres), 1768, 2 vol. in-8.

(Dans le T. II : « Abrégé général, contenant quelques instructions sur les anciens Grecs et sur la république romaine... ». — « Dictionnaire abrégé français, italien et latin, où chaque matière est rangée par ordre, avec une explication succincte. On a ajouté à la suite une instruction itinéraire pour les principaux royaumes de l'Europe, avec des observations sur les choses les plus remarquables ».)

— Choix de poésies italiennes, traduites en français, avec des observations sur les élisions, les licences poétiques, les diverses terminaisons et les différentes parties du discours ;

augmenté d'un commentaire instructif touchant la poésie; avec un vocabulaire italien-français des mots anciens et des expressions néologiques employées par les poètes, et une dissertation sur les vers italiens. Ouvrage destiné à faciliter la lecture et l'intelligence de la poésie italienne, pour servir de suite à l'Abrégé de la langue toscane... Par M. PALOMBA,... — *Paris, Tillard* (et autres), 1773, in-8.

(Tome troisième de l'ouvrage ci-dessus.)

662. — Gramatica ragionata della lingua italiana. — *In Parma, presso i fratelli Faure*, 1771, in-8.

663. — Cours de langue italienne, à l'aide duquel on peut apprendre cette langue chez soi, sans maître, et en deux ou trois mois de lecture. Par M. LUNEAU DE BOISJERMAIN. — *Paris, l'auteur*, 1783-84, 3 vol. in-8.

(Ces trois volumes comprennent la traduction interlinéaire de la *Jérusalem délivrée*.)

664. — Teutsche und italiänische Discurs sambt etlichen Proverbien, Historien, und Fabeln. Zuzammen getragen durch Stephanum BARNABE,... — *Gedruckt zu Wienn... bey Matthæo Rickhes*, 1660, très-petit in-8.

(Cours de langue italienne à l'usage des Allemands.)

665. — Vocabolario et grammatica con l'orthographia della lingva volgare d'Alberto ACHARISIO Dacento, con l'espositione di molti lvoghi di Dante, del Petrarca et del Boccaccio... — *In Venetia, alla bottega d'Erasmo di Vicenzo Valgrisio*, M D L, in-4.

666. — Vocabolario degli accademici della Crusca, in questa terza impressione nuovamente correcto, e copiosamente accresciuto... — *In Firenze*, 1691, *nella stamperia dell' Accademia della Crusca*, 2 vol. in-fol.

667. — Vocabolario portatile per agevolare la lettura degli autori italiani ed in specie di Dante. — *Parigi*, 1768, *appresso Marcello Prault*, petit in-12.

* Dictionnaire italien, latin et français, et Dictionnaire

français, latin et italien, par l'abbé Annibal ANTONINI. — (V. nº 493.)

668. — Dictionnaire françois et italien. Seconde edition, corrigee et augmentee de plus du tiers... Par Pierre CANAL D. M. — *Pour Iaqves Chovet*, M. DC. III., *a Geneve*, in-8.

669. — Même ouvrage. — Dernière édition. — *Genève, Pierre et Jacques Chouet*, 1634, in-8.

(Cette édition est anonyme.)

§ 6. — Langue espagnole.

670. — Grammaire et dictionnaire français et espagnol. Nouvellement revu, corrigé et augmenté par monsieur DE MAUNORY, suivant l'usage de la cour d'Espagne. — *Paris, veuve Barbin*, 1708, in-12.

671. — Diccionario de la lengua castellana, compuesto por la real Academia Española, reducido á un tomo... Segunda edicion... — *Madrid, por D. Joaquin Ibarra*, 1783, in-fol.

672. — Tesoro de las dos lengvas francesa y española. Thresor des devx langves françoise et espagnolle : avqvel est contenve l'explication de toutes les deux respectiuement l'vne par l'autre : Diuisé en deux parties. Par Cesar OVDIN,... — *Paris, Chez Marc Orry*, M. DCVII., in-4.

673. — Dictionnaire français-espagnol, espagnol-français. Edition économique... Rédigé d'après la dernière édition du Dictionnaire de l'Académie Française et celle du Dictionnaire de l'Académie Espagnole, dont on a suivi l'orthographe... Par MM. MARTINEZ-LOPEZ et Fr. MAUREL,... — *Paris, Ch. Hingray*, 1841, in-8.

§ 7. — Langue allemande.

* Recherches sur l'histoire des langues germaniques et sur les modifications qu'elles ont éprouvées depuis le milieu du XVe siècle jusqu'à nos jours, par M. REGNIER, professeur hono-

raire de rhétorique au lycée Charlemagne. — (V. *n°* 166-*Aa*, *Mém. présentés par divers savants à l'Acad. des Inscript.*, 1re série, T. III.)

674. — Analogies constitutives de la langue allemande avec le grec et le latin, expliquées par le samskrit, par C. SCHOEBEL,... — *Paris, impr. roy.*, 1845, in-8.

* Dissertation dans laquelle on entreprend de prouver que, de toutes les langues que l'on parle actuellement en Europe, la langue allemande est celle qui conserve le plus de vestiges de son ancienneté. Par M. TERCIER. — (V. *n°* 163, *Mém. de l'Acad. des Inscript.*, T. XXIV, page 569.)

675. — Ausführliche deutsche Grammatik als Kommentar der Schulgrammatik. Von Dr Karl Ferdinand BECKER. Zweite neubearbeitete Ausgabe. — *Frankfurt am Main, verlag von G. F. Kettembeil*, 1842, 2 vol. in-8.

676. — La grammaire allemande de M. GOTTSCHED; nouvelle édition,... Par M. GÉRAU DE PALMFELD,... — *Paris, veuve Duchesne*, 1766, in-8.

677. — Le maître de la langue allemande, ou Nouvelle grammaire allemande méthodique et raisonnée, composée sur le modèle des meilleurs auteurs de nos jours, et principalement sur celui de Mr le prof. Gottsched... Nouvelle (5e) édition, considérablement corrigée. — *Strasbourg, Amand Koenig*, 1766, in-8.

678. — Johann Christian LEDERER,... Neu umgearbeiteter Orbis pictus. — *Leipsig, im schwickertschen Verlage*, 1784, in-8.

679. — Les auteurs allemands expliqués d'après une méthode nouvelle par deux traductions françaises, l'une littérale et juxtalinéaire, présentant le mot à mot français en regard des mots allemands correspondants, l'autre correcte et précédée du texte allemand; avec des sommaires et des notes, par une société de professeurs et de savants. — LESSING.

fables (expliquées, traduites et annotées par M. Boutteville,...) — *Paris, L. Hachette et Cie*, 1852, in-12.

680. — Handbuch zur Uebung im Lesen deutscher Handschriften, ou Exercices pour habituer à la lecture des manuscrits allemands, comprenant l'histoire politique et littéraire de l'Allemagne et un choix de morceaux en prose et en vers empruntés aux meilleurs écrivains, par M. Adler-Mesnard,... — *L. Hachette et Cie, Paris*, 1847, in-8.

* Quatuor linguarum lexicon... Auctore Nic. Gurtlero. — (V. ci-dessus *n°* 494.)

* Dictionarium triglotton... collectore Joanne Servilio. — (V. ci-dessus *n°* 495.)

681. — Nouveau dictionnaire du voyageur, français-allemand-latin, et allemand-français-latin, enrichi de tous les mots et de toutes les belles expressions françaises et allemandes nouvellement introduites... Septième et dernière édition... — *Genève, chez les frères de Tournes*, 1732, in-8.

682. — Nouveau dictionnaire français-allemand... Par Pierre Rondeau. Nouvelle édition... augmentée d'un nombre prodigieux de termes et de phrases par Auguste J. Buxtorf,... — *Bâle, veuve de feu J. Conrad de Mechel*, 1739, in-4.

— Neues deutsch-frantzösisches Wörter-Buch... Durch Peter Rondeau. Nun... vermehret durch August Johann Buxtorff,... — *Bâle, Johann Conrad von Mechel*, 1740, in-4.

683. — Nouveau dictionnaire allemand-français et français-allemand... Par M. le docteur Schuster. Revu pour le français par M. Régnier,... — *Paris, Charles Hingray*, 1855, 2 vol. in-8.

684. — Neues nach der reinesten Red und Schreibart eingerichtetes deutsch und französisches Wörterbuch... Ausgefertiget von Franz Ludwig Poetevin,... — *Basle, bey Johann Rudolf Imhof*, 1754, in-4.

§ 8. — Langue anglaise.

685. — Nouvelle double grammaire française-anglaise et anglaise-française, par mess[rs] Claude Mauger et Paul Festeau,... Dernière édition... Enrichie des règles fondamentales et succinctes pour les (deux langues) prononcer naturellement, parler et écrire parfaitement, et aussi de dialogues curieux et récréatifs. Ensemble un Vocabulaire assez ample, tous les gallicismes et anglicismes, et enfin quelques histoires plaisantes sur toutes sortes de matières, fort profitables pour servir aux deux langues. — *La Haye, Adrian Moetjens*, 1693, petit in-8.

686. — Cours complet, ou Grammaire de la langue anglaise théorique et pratique, à l'usage de la jeunesse française... avec un Vocabulaire où toutes les difficultés et les différentes acceptions des mots contenus dans cet ouvrage sont expliquées, et de plus des thèmes au moyen desquels l'élève saisira facilement le génie de cette langue. Par Gidolph,... — *Paris, H. Nicolle* (1806), in-8.

687. — Cours élémentaire complet de langue anglaise, avec la prononciation figurée à la suite de chaque mot, à l'usage des Français, par M. le chevalier d'Auriol,... Approuvé par M. Charles Nodier,... et par M. Maccarthy,... Seconde édition... — *Paris, veuve Maire-Nyon*, 1844, in-12.

688. — Grammaire complète de la langue anglaise, contenant un Traité de la prononciation et un examen raisonné de toutes les difficultés de cette langue, par F. Churchill,... Troisième édition... — *Paris, Dezobry et E. Magdeleine*, 1849, in-12.

689. — Traité analytique, étymologique et raisonné de l'accent et de la prononciation de la langue anglaise; suivi d'une Table des verbes anglais réguliers et irréguliers... Par M. Carré. — *Paris, Pissot*, 1778, in-8.

690. — A dictionarie of the french and english tongues.

Compiled by RANDLE COTGRAVE. — *London, printed by Adam Islip*, 1611, in-fol.

691. — Dictionnaire royal français-anglais et anglais-français, en abrégé, par M. A. BOYER. Avec des accents pour faciliter aux étrangers la prononciation de la langue anglaise. Douzième édition... — *Lyon, Jean-Marie Bruyset*, 1768, 2 tomes en 1 vol. in-8.

692. — Royal dictionary english and french, and french and english; compiled from the dictionary of Johnson, Todd, Ash, Webster and Crabb... By professors FLEMING and TIBBINS. — *Paris, published by Firmin Didot frères*, 1849, in-4.

— Grand dictionnaire français-anglais et anglais-français, rédigé d'après la sixième édition du Dictionnaire de l'Académie Française, le complément de ce Dictionnaire, la dernière édition de Chambaud, Garnier et J. Descarrières, le Dictionnaire grammatical de Laveaux et le Lexique universel de Boiste, les Dictionnaires anglais de Johnson, Todd, Ash, Webster et Crabb, et les principaux ouvrages technologiques de l'une et l'autre langue. Par MM. les professeurs FLEMING et TIBBINS... — *Paris, Firmin Didot frères*, 1849, in-4.

§ 9. — Langue basque.

* Bibliographie générale des phonopolismes basques, par PIERQUIN de Gembloux. — (V. *n°* 648.)

* De lingua Vasconum...
(V. HISTOIRE, *n°* 1087, *Notitia utriusque Vasconiæ*... Authore Arnaldo OIHENARTIO.)

693. — Apologia de la lengua bascongada, ó Ensayo crítico filosófico de su perfeccion y antigüedad sobre todas las que se conocen : en respuesta á los reparos propuestos en el Diccionario geográfico histórico de España, tomo segundo, palabra *Nabárra*. Por D. Pablo Pedro DE ASTARLOA, presbitero. — *Madrid, por Don Geronimo Ortega*, 1803, in-8.

* Le pays basque, sa population, sa langue, ses mœurs... Par Francisque MICHEL,... — (V. HISTOIRE, *Supplément*.)

694. — Diccionario trilingüe castellano, bascuence y latin, dedicado a la M. N. Y. M. L. provincia de Guipuzcoa, por el padre M. DE LARRAMENDI, de la compañia de Jesus. Nueva edicion, publicada por Don Pio de Zuazua. — *San Sebastian*, 1853, in-4.

* Proverbes basques recueillis par Arnauld OIHÉNART... — (V. *n°* 416.)

CHAPITRE VI. — *Langues africaines.*

* RENAUDOTII dissertatio de lingua coptica. — (V. *Liturgiarum orientalium collectio*, T. I.)

* Essai sur le moyen de parvenir à la lecture et à l'intelligence des hiéroglyphes égyptiens, par M. DE GUIGNES. — (V. *n°* 163, *Mém. de l'Acad. des Inscript.*, T. XXXIV, page 1.)

* (V. aussi HISTOIRE, *n°s* 1851-1855.)

CHAPITRE VII. — *Langues américaines.*

* Vocabulaire de la langue des Miamis, par VOLNEY. — (V. *n°* 96, *Œuvres*, 1825-26, T. IV.)

IIe CLASSE.

RHÉTORIQUE.

Chapitre I. — *Rhéteurs.*

§ 1er. — Rhéteurs grecs.

* Dissertations sur l'origine et les progrès de la rhétorique dans la Grèce. Par M. Hardion. — (V. n° 163, *Mém. de l'Acad. des Inscript.*, T. IX, XIII, XV, XVI, XIX, XXI.)

695. — ΑΡΙΣΤΟΤΕΛΟΥΣ, τέχνης ῥητορικῆς βιβλία τρία. Aristotelis, de arte dicendi Libri tres. — *Parisiis*, m. d. lxii. *Apud Guil. Morelium*, in-4.

(Tout grec.)

696. — ΑΡΙΣΤΟΤΕΛΟΥΣ τέχνης ῥητορικῆς βιβλία τρία. Aristotelis de arte Rhetorica libri tres. — *Parisiis, ex officina Christiani Wecheli*, m. d. xxxviii. — Aristotelis rhetoricorvm ad Theodecten, Georgio Trapezvntio interprete, libri III. Eivsdem rhetorices ad Alexandrum a Francisco Philelpho in latinũ versæ liber I. Nunc recens ad græcam veritatem recogniti. — *Parisiis, apud Simonem Colinæum*, 1540, le tout en **1 vol. petit in-8.**

(Il manque le frontispice et les deux premiers feuillets de la traduction latine qui suit le texte grec.)

697. — Aristotelis artis rhetoricæ libri tres, correctiores multo quam antea latina versione e regione græci sermonis posita. — *Lemovicis, apud viduam Jacobi Barbou*, 1617, petit in-8.

(Edition grecque-latine à deux colonnes.)

* (V. aussi nos 22-24, Aristotelis *Opera.*)

698. — La rhétorique d'ARISTOTE, traduite en français par le sieur Rob. ESTIENNE, interprète du roi ès langues grecque et latine. — *Paris, impr. de Rob. Estienne*, 1624, petit in-8.

699. — La rhétorique d'ARISTOTE en français. (Par CASSANDRE.) — *Paris, Louis Chamhoudry*, 1654, in-4.

700. — La rhétorique d'ARISTOTE, traduite en français par Mr CASSANDRE. Nouvelle édition. — *La Haye, Isaac Vaillant*, 1718, in-12.

701. — Petri VICTORII Commentarij longe doctissimi, in tres libros ARISTOTELIS de Arte dicendi, nunc primum in Germania editi. Cum locuplete rerum et uerborum in ijsdem memorabilium Indice. — *Basileae.* (A la fin :) *Ex officina Ioannis Oporini*, M. D. XLIX., in-fol.

* Même ouvrage. — (V. ci-après *n*o 704-2o.)

702. — ARISTOTELIS Stagyritae De Arte Rhetorica Libri Tres, Cvm M. Antonii Maioragii commentariis. Additis nuper Græco textu ad ipsius MAIORAGII versionem, et Petri Victorii sententiam emendato : Noua Capitum diuisione : Suis in singula Capita argumentis : Singulorum librorum per tabulas œconomia : nec non Repletis lacunis, præsertim in secundo, vbi multorum contextuum Commentaria deerant per Fabivm Pavlinvm vtinensem,... Cum duplici Indice... — *Venetiis, Apud Franciscum de Franciscis Senensem*, M D XCI., in-fol.

* Mémoire sur l'art oratoire de CORAX, par GARNIER. — (V. *n*o 165, *Mém. de l'Instit., classe d'hist. et de littér. anc.*, T. II, p. 44.)

* De la rhétorique connue sous le nom de Rhétorique à Alexandre, par Ernest HAVET. — (V. *n*o 166-*Aa, Mém. présentés par div. sav. à l'Acad. des Inscript.*, 1re série, T. II, page 197.)

703. — De la théorie des lieux communs dans les topiques d'Aristote et des principales modifications qu'elle a subies

jusqu'à nos jours, thèse présentée à la faculté des lettres de Paris par Eug. THIONVILLE, ancien élève de l'Ecole normale, professeur de rhétorique au lycée impérial de Limoges. — *Paris, Auguste Durand*, 1855, in-8.

* PLATONIS Gorgias. (V. *Opera*.)

704. — In-fol., contenant :

1° — Petri VICTORII commentarii in librvm DEMETRII Phalerei de elocutione positis ante singvlas Declarationes Græcis vocibus Auctoris : ijsdemque ad verbum Latine expressis. Additvs est rervm et verborvm memorabilivm index copiosvs... — *Florentiae, In officina Iuntarum, Bernardi F.*, M. D. LXII.

2° — Petri VICTORII Commentarij longe doctissimi, in tres libros ARISTOTELIS de Arte dicendi, nunc primum in Germania editi... — *Basileae* (*ex officina Ioannis Oporini*, M. D. XLIX.).

* Traité du sublime ou du merveilleux dans le discours, traduit du grec de LONGIN par BOILEAU. — (V., nos 352-355, *Œuvres de* BOILEAU.)

* ΔΙΟΝΥΣΙΟΥ ΑΛΙΚΑΡΝΑΣΣΕΩΣ τεχνή. — DIONYSII HALICARNASSIS ars Rhetorica. — (V. *Opera*, HISTOIRE, n° 296.)

* Observations sur l'ouvrage de Denys d'Halicarnasse intitulé : Περὶ τῆς λεκτικῆς Δημοσθένους δεινότητος, ou De l'excellence de l'élocution de Démosthène, par M. CAPPERONNIER. — (V. n° 163, *Mém. de l'Acad. des Inscript.*, T. XXIV, page 1.)

705. — ΑΦΘΟΝΙΟΥ Σοφιστοῦ Προγυμνάσματα καὶ Μῦθοι. — APHTHONII Sophistæ progymnasmata, Francisco SCOBARIO interprete : cum notis ex commentariis Hadamarii. Ejusdem APHTHONII fabulæ, nunc primum in lucem prolatæ. Editio nova a P. S. J. aucta et recognita, et ad usum studiosæ juventutis accomodata. — *Parisiis, apud Sebastianum Cramoisy*, 1648, in-16.

(Edition grecque-latine.)

706. — APHTHONII Sophistæ progymnasmata. Partim à

Rodolpho AGRICOLA, partim à Ioanne Maria CATANÆO latinitate donata. Cum luculentis et vtilibus in eadem Scholiis Reinhardi Lorichij Hadamarij. Nunc vérò omnia multo quàm antea et emendatiora et meliori artificio disposita. — *Lvgdvni, Apud Antonium Gryphium*, M. D. XCVIII., in-16.

* APHTHONII Sophistæ progymnasmata, Rodolpho AGRICOLA Phrisio interprete. — (V. *n°* 124-1°.)

* (V. aussi *n*os 731, 732.)

§ 2. — Rhéteurs latins, anciens et modernes.

* (V. ci-dessus *n*os 37, 39-45, pour tous les ouvrages de CICÉRON concernant la rhétorique, et *n°* 36, *Bibliothèque Panckoucke*, la traduction de ces ouvrages par MM. DELCASSO pour la *Rhétorique* et les *Topiques*, J.-P. CHARPENTIER et E. GRESLOU pour l'*Invention*, ANDRIEUX pour les *Dialogues de l'orateur*, Alph. AGNANT pour l'*Orateur*, BOMPART pour les *Partitions oratoires*, E. GRESLOU pour les *Orateurs parfaits*.)

707. — En habes lector in omnes de arte rhetorica M. Tvl. CICERONIS libros, doctissimorvm virorvm commentaria... Autorum uerò... Catalogum sequens statim pagina indicabit. Accesserunt quoq; singuli in singulos Tomos rerum ac uerborum... Indices... — *Basileae.* (A la fin :) *Ex officina Roberti Winter et Thomæ Platteri*, M. D. XLI., 3 tomes en 1 vol. in-fol.

(On lit en effet au verso du frontispice : « Catalogus lucubrationum... quæ tribus hisce tomis comprehendimus, quorum primo continentur : In libros III de Oratore : Jac. Lod. Strebæi,... Commentarii III ; Ph. Melanchthonis Scholia ; Marii Becichemi,... Castigat. ; P. Victorii Castigat. — In Brutum : A. Antonii Palmyræni Scholion ; Rivii Castigat. ; P. Victorii Castigat. — In Perfectum oratorem : Victoris Pisani,... Commentarius ; Jac. Lod. Strebæi Comment. ; Ph. Melanchthonis Scholia ; J. Rivii,... Castigat. ; P. Victorii Castigat. — Secundo : in Topica : Severini Boetii Commentariorum lib. IV ; G. Vallæ,... Commentarius ; J. Visorii Comment. ; Bart. Latomi Enarrat. ; Ph. Melanchthonis Scholia ; Ch. Hegendorphini Scholia. — In Partitiones oratorias : G. Vallæ Comment. ; Jac. Lod. Strebæi Comment. ; Barthol. Latomi Enarrationes ; Christ. Hegendorphini Scholia. — Tertio in Rhetorica : Gyb. Longolii Annotat. ; Cl. Pontani Scholia, P. Victorii Castigat., Hieronymi Capiduri Parentuni Comment., Marini Becichemi Castigat. — In rhetoricos de Inventione : M. Fab. Victorini Comment., Marini Becichemi Castigat. ».)

708. — Rhetorica M. Tullij Ciceronis cum commento. Marci Tullij Ciceronis Rhetoricorũ libri quattuor : quos alij nõ esse Ciceronis asseuerãt, cum eruditissimis enarrationibus francisci Maturantij et Antonij Mancinelli,... expositione : et cũ admodum familiari Jodoci Badij Ascensij in quattuor libros explanatione : ac epitomatibus suis, quibusꝗ capitibus per Claudium Surgiteum Parrhisinum adiectis. Item eiusdem M. Tullij Ciceronis de Inuentione libri duo, a Mario fabio victorino rhetore expositi. Marini Becichemi Scodrensis castigationes ex epistolicarũ questionũ centuria prima, tam in lib. Rhetori... ꝗ̃ in Cice. Rheto. de Inuẽtiõe. Complures etiã adnotationes hac editione ex Georgio Trapezũtio, aliisꝗ disertissimis viris excerpte huic operi accesserũt... Singulis insuper quattuor librorũ principiis addite sunt historie, materiam illorũ non inuenuste cõmonstrantes. Adhec rerum scitu dignarum Index... — (S. l. n. n.), M. D. XXVI. (A la fin :) *Excudebat Antonius Blanchard Lugd., anno* M. D. XXVI., in-fol.

(Caractères gothiques.)

709. — Traduction du Traité de l'orateur de Cicéron, avec des notes. Par M. l'abbé Colin. Nouvelle édition, revue et corrigée, avec le texte à la suite de la traduction. — *Paris, Barbou*, 1766, in-12.

(On trouve à la suite trois discours de l'abbé Colin qui ont remporté le prix d'éloquence à l'Académie Française en 1705, 1714 et 1717, et qui ont été imprimés dans les recueils de cette Académie.)

710. — M. T. Ciceronis ad M. Brvtvm Orator, illustratvs Iacobi Lodoici Strebaei Rhemi commentariis. — *Parisiis*, M. D. XXXVI. *Apud Michaelem Vascosanvm*, in-4.

(Le frontispice manque.)

711. — Præcepta rhetorices collecta ex libris De oratore M. Tullii Ciceronis, nec non ex libro Orator inscripto : ad faciliorem intelligentiam disposita, notisque enucleata. Accesserunt eximia quædam loca ex lib. De claris oratoribus. Ad usum tyronum in eloquentia. (Cura et studio P.-A. Alletz.) — *Parisiis, apud J. Barbou*, 1766, in-12.

* M. T. Ciceronis... Topica, Scholiis doctissimis, singulis

marginibus adiectis, illustrata. — *Parisiis*, 1560, in 4. — (V. nº 444-1º.)

712. — In topica CICERONIS Anitii Manlii Severini BOETII commentarivs. — *Lvgdvni apvd Seb. Gryphivm*, 1536, in-4.

713. — In-4, contenant :

1º — M. T. CICERONIS partitiones Oratoriæ ad veterum codicum manv scriptorvm exemplaria collatæ, et innumeris mendis repurgatæ, cvm commentariis Iac. Strebæi, Bartholomæi Latomi, Christophori Hegendorphini, Ioannis Fossani, Adriani Turnebi [qui adhuc inscriptus est Commentarius incerti authoris] postremo adiectis prælectionibus Audomari Talei. Denique Spicilegia Leodegarii a Qvercv... Cum Indice... — *Parisiis, Ex officina Gabrielis Buonij*, 1568.

2º — Ioannis STVRMII in Partitiones Oratorias Ciceronis Dialogi duo. — *Parisiis, Apud Ioannem Roigny*, 1543.

3º — M. Tvl. CICERONIS de oratore ad Quintum Fratrem dialogorum Lib. III. Doctissimi cuiusdem viri scholiis illustrati. — *Parisiis. E Typographia Ioannis Gueullartij*, 1551.

4º — Marci Tvllii CICERONIS de claris oratoribvs liber, qui inscribitur Brutus. — *Parisiis, Apud viduam Mauritij à porta*, 1553.

5º — Marci Tullii CICERONIS Ad Marcum Brutum Orator. — *Parisiis Apud Ioannem Roygni*, 1542.

6º — M. T. CICERONIS ad C. Trebatium Iurisconsultum topica. Scholijs doctissimis singulis marginibus adiectis illustrata. — *Parisiis, Apud Thomam Richardum*, 1548.

7º — M. Tul. CICERONIS de optimo genere oratorvm (cum scholiis Petri Salomonis). — *Parisiis, Apud Ioannem Roigny*, 1540.

714. — In-4, contenant :

1º — M. T. CICERONIS de Partitione Oratoria dialogvs, Iacobi Lodoici Strebæi Commentariis ab ipso authore recognitis illustratus. — *Parisiis, Apud Michaëlem Vascosanum*, M. D. XL.

2° — Ioannis Stvrmii in Partitiones Oratorias Ciceronis Dialogi duo. — *Parisiis, Apud Michaëlem Vascosanum*, M. D. XXXIX.

3° — M. Tvllii Ciceronis pro C. Rabirio Posthumo Oratio, Ioannis Tissini Commentario illustrata. — *Parisiis, Apud Michaelem Vascosanum*, M. D. XXXVII.

4° — C. Crispi Sallustii in M. T. Ciceronem invectiva oratio: et Ciceronis in eundem responsio : cū F. Syluii Ambiani Commentariis. — *Ex officina Michaelis Vascosani*, M. D. XLI.

* M. T. Ciceronis de Partitionibus Oratoriis Dialogvs, Iacobi Strebæi Commentariis... illustratus... — *Parisiis, ex Typographia Thomæ Richardi*, 1557, in-4. — (V. *n°* 443-1°.)

* M. Tvllii Ciceronis Oratoriæ Partitiones. Cum annotationibus Strebæi, etc. — *Parisiis, ex typographia Thomæ Richardi*, 1560, in-4. — (V. *n°* 444-3°.)

715. — Commentarii Iod. Badii Ascensii in Quintiliani institutiones denuo aucti non prætermissis Raphaelis Regii castigationibus. — *Parisiis, sub prelo Ascensiano*, M. D. XXVII., *ad calendas Maias*, in-fol.

(Le frontispice manquant, le titre ci-dessus a été reproduit d'après Panzer, *Annales typogr.*, T. VIII, p. 108, *n°* 1640.)

716. — M. Fabii Qvintiliani oratoris eloqventissimi institvtionum Oratoriarum Libri XII. incredibili cum studio tum iudicio ad fidem uetustissimi exemplaris recens iam recogniti. Eiusdem Declamationum Liber. — *Basileae, ex aedibvs Ioannis Bebelii*, M. D. XXIX., in-fol.

(Le livre des *Déclamations*, qui, du reste, au dire de la plupart des bibliographes, n'est pas de Quintilien, a une pagination spéciale.)

717. — M. Fabii Qvintiliani,... de institutione Oratoria Libri XII, singulari cum studio tum iudicio doctissimorū virorum ad fidem vetustissimorū codicū correcti et emendati, argumentisq; doctissimi viri Petri Gallandii,... longè quàm antea castigatioribus et plenioribus ante singula omniū librorum capita præfixis elucidati. Eiusdem Quintiliani Declamationum Liber. L. Annæi Senecæ Declamationū Liber unus cum Rodolphi Agricolæ luculentis commentarijs. Petri Mosellani Annotationes in septē lib. priores. Ioachimi item Camerarij in Primum et Secundū. Commentarius Antonij Pini in Tertium. — *Parisiis, Apud Audoënum Paruum,* M. D. XLIX., in-fol.

(Chacun des ouvrages ou des commentaires indiqués au frontispice a une pagination spéciale.)

718. — M. Fabii QUINTILIANI institutionum oratoriarum libri duodecim. Ad usum scholarum accommodati, recisis quæ minus necessaria visa sunt, et brevibus notis illustrati a Carolo Rollin,... — *Parisiis, apud viduam Estienne,* 1741, 2 vol. in-12.

* Marcus Fabius QUINTILIANUS de institutione oratoria, ad codices parisinos recensitus, cum integris commentariis Georgii Ludovici Spalding, quibus novas lectiones et notas adjecit Joannes Josephus Dussault,... — (V. *n°* 35, *Bibl. Lemaire.*)

* Institution oratoire de QUINTILIEN, traduction nouvelle par C.-V. OUIZILLE,... — (V. *n°* 36, *Bibl. Panckoucke.*)

719. — QUINTILIEN, De l'institution de l'orateur; avec les notes historiques et littérales, où les mots barbares, grecs, anciens, et les plus difficiles passages sont expliqués. Par M. M. D. P. (DE PURE). — *Paris, Pierre Bien-fait,* 1663, in-4.

720. — QUINTILIEN, De l'institution de l'orateur, traduit par M. l'abé GÉDOYN de l'Académie Françoise. Edition faite d'après un exemplaire corigé par l'Auteur. — *Paris, de l'imprimerie de J. Barbou,* 1770, 4 vol. in-12.

(Bonne traduction. — L'orthographe du frontispice a été conservée afin de donner une idée du système orthographique adopté par le traducteur.)

* De oratoribus, sive De causis corruptæ eloquentiæ. — (V. TACITI *Opera*, HISTOIRE, *n°s* 331 et suiv.)

* Principia Rhetorices. — (V. *la division* RELIGION : S. AUGUSTINI *Opera*; T. I, *Append.*, p. 35.)

* Magni Aurelii CASSIODORI de schematibus et tropis. — (V. *ibid.*, CASSIODORI *Opera*, et *Max. Biblioth. veter. patrum*, T. XI.)

* ISIDORI Hispalensis de rhetorica et dialectica. — (V. *ibid.*, ISIDORI *Opera.*)

* Magistri Albini Flacci ALCHUINI de rhetorica et de virtutibus dialogus. — (V. *ibid.*, ALCHUINI *Opera.*)

* Fr. HUMBERTUS DE ROMANIS. De modo prompte cudendi sermones ad omne hominum et negotiorum genus. — (V. *ibid.*: *Max. Bibl. veter. patrum*, T. XXV.)

721. — G. TRAPEZUNTIJ rhetoricorvm libri qvinqve, nunc denuò diligenti cura excusi. — *Parisiis, apud Ioannem Roigny*, M. D. XXXVIII., petit in-8.

(A la suite :)

— Seuerini BOETII de differentiis topicis libri quatuor. — *Parisiis, Ex officina Roberti Stephani*, M. D. XXXVII., in-8 de 79 pages.

* ÆNEÆ SYLVII artis rhetoricæ præcepta. — (V. *n*os 49-50, *Opera.*)

* Pierii VALERIANI sermo de studiorum conditione. — (V. HISTOIRE, *n*o 1851, *Hieroglyphica.*)

* Avdomari TALÆI Rhetorica... — *Parisiis, Ex Typographia Thomæ Richardi*, 1558, in-4 de 37 feuillets. — (V. *n*o 443-3o.)

* Petri SAINCT FLEVR Monspeliensis institutionum Rhetoricarum libellus, ad Aristotelis, Ciceronis, Quintiliani, Rodolphi Agricolæ, et aliorum probatissimorum authorum præceptiones, de Arte dicendi interpretandas, et intelligendas necessarius... — *Parisiis, Ex Typogr. Dionysii à Prato*, 1569, in-4 de 32 feuillets. — (V. *n*o 124-2o.)

722. — Summa rhetoricæ expressa e Cypriano SOARIO,

Societatis Jesu sacerdote... — *Parisiis, apud viduam Simonis Benard*, 1700, in-16.

* Antonii Possevini,... Bibliothecæ selectæ liber decimus octavus qui inscribitur Cicero (seu de Arte conscribendi epistolas.) — (V. nos 202-203; Possevini *Biblioth.*)

723. — Emvndi Richerii de arte figvrarvm et cavsis eloqventiæ... — *Parisiis, Apud Adrianvm Beys*, clↄ. Iↄ. cv. (1605), in-8.

724. — Eloquentiæ sacræ et humanæ parallela. Libri XVI. Auctore P. Nicolao Caussino Trecensi, e Societate Jesu. — *Flexiæ, sumptibus Sebastiani Chappelet*, 16 xix (1619), in-fol.

725. — Nicolai Caussini,... de eloquentia sacra et humana libri XVI. Editio tertia, non ignobili accessione locupletata. Cum accuratis indicibus... — *Parisiis, apud Sebastianum Chappelet*, 1627, in-4.

726. — Même ouvrage. — Editio septima... — *Lugduni, sumptibus Joannis-Amati Candy*, 1657, in-4.

727. — In-8, contenant :

1° — Gerardi Joannis Vossii de rhetorices natura ac constitutione, et antiquis rhetoribus, sophistis ac oratoribus, liber. — *Lugduni Batavorum, apud Johannem Maire*, 1622.

2° — Famiani Stradæ Romani, e Societate Jesu, prolusiones academicæ. Nunc secundo ab auctore recognitæ, atque suis indicibus illustratæ. — *Lugduni, sumpt. Jacobi Cardon et Petri Cavellat*, 1627.

728. — Gerardi Joannis Vossi commentariorum rhetoricorum, sive oratoriarum institutionum, libri sex, quarta hac editione auctiores et emendatiores. — *Lugduni Batavorum, ex officina Joannis Maire*, 1643, 2 parties en 1 vol. in-4.

729. — Gerardi Joannis Vossi rhetorices contractæ, sive partitionum oratoriarum libri V. Editio ultima. Prioribus multo castigatior, et ab ultima auctoris manu aliquot in locis auctior. — *Parisiis, apud viduam Claudii Thiboust et Petrum Esclassan*, 1671, in-12.

* Rhetorice... Authore P. Josset,... — (V. ci-après : *Poëtes latins*.)

730. — De arte rhetorica libri quinque, lectissimis veterum auctorum ætatis auræ, perpetuisque exemplis illustrati. Auctore P. Dominico de Colomia, Societ. Jesu presbytero. — *Lugduni, sumptibus Antonii Molin*, 1710, in-8.

731. — Novus candidatus rhetoricæ, altero se candidior, non Aphthonii solum Progymnasmata ornatius concinnata, sed Tullianæ etiam Rhetoricæ Præcepta clarius explicata repræsentans, studiosis eloquentiæ candidatis. Accessit nunc primum Dissertatio de Panegyrico. Auctore P. Francisco Pomey,... — *Lemovicis, apud Petrum Barbou*, 1699, in-12.

(En double exemplaire.)

732. — Candidatus rhetoricæ, olim a patre Franc. Pomey digestus. In hac editione novissima a P. Josepho Juvencio auctus, emendatus et perpolitus.. — *Parisiis, apud Joannem Barbou*, 1712, in-12.

733. — Josephi Juvencii,... candidatus rhetoricæ, auctus et meliori ordine digestus. — *Blesis, et veneunt Parisiis, apud viduam Brocas*, 1738, in-12.

734. — Præceptiones rhetoricæ, variis exemplis illustratæ, una cum indice locupletissimo, accurate emendatæ. (Curantibus DD. Langlet, Hersan et Rollin.) — *Lutetiæ Parisiorum, apud C. C. Thiboust*, 1737, in-8.

735. — Même ouvrage. — *Luxemburgi, sumptibus Andreæ Chevalier*, 1744, in-12.

(Le faux-titre porte : « Rhétorique de Monsieur Rollin ». — A la suite :)

— Extrait du tome second de M. Rolain (*sic*) sur la manière d'enseigner et d'étudier les belles-lettres.

(A défaut de frontispice, le titre de cette seconde partie est le titre de départ.)

736. — Vacationes autumnales, sive De perfecta oratoris actione et pronunciatione libri III... Auctore Ludovico Cresollio,... — *Lutetiæ Parisiorum, ex officina nivelliana, sumptibus Sebastiani Cramoisy,* 1620, in-4.

(A la suite :)

— Panegyricus Ludovico XIII,... votus in gratiarum actionem pro scholiis restitutis collegii claromontani societatis Jesu in Academia Parisiensi. Item aliæ aliis gratiarum Actiones. Auctore Ludovico Cresollio,... — (S. l. n. d.), in-4 de 72 pages.

737. — Famiani Stradæ romani e societate Jesu prolusiones academicæ. — *Romæ, apud Jacobum Mascardum,* 1617, in-4.

* (V. aussi *n*o 727-2o.)

738. — Reginæ eloquentiæ palatium, sive Exercitationes oratoriæ. (Auctore Gerardo Pelletier.) — *Lutetiæ Parisiorum, apud viduam N. Buon,* 1641, in-fol.

(Il manque le frontispice gravé, représentant le palais de l'Eloquence, avec des médaillons suspendus aux colonnes. Au bas de l'estampe : *Lutetiæ Parisiorum, sumptibus viduarum Nicolai Buon et Claudii Sonnii,* M. DC. XLI. — Cette édition est la première de ce livre, plusieurs fois imprimé depuis, et dont les réimpressions donnèrent lieu à une vive querelle entre les jésuites français et les jésuites allemands. Voir les éditions in-4 de Lyon, 1657, et de Paris, 1663.)

739. — Bibliotheca rhetorum, præcepta et exempla complectens, quæ tam ad oratoriam facultatem quam ad poeticam pertinent... Opus bipartitum. Auctore P. Gab.-Franc. Le Jay, e societate Jesu. — *Parisiis, apud Gregorium Dupuis,* 1725, in-4.

740. — M. T. Ciceronis orationum analysis rhetorica perpetua. Adjecto Indice oratorio locupletissimo. Authore R. P. Martino du Cygne,... — *Parisiis, apud Joannem Boudot,* 1704, in-12.

---

741. — La rhétorique du prédicateur, traduite du latin d'Augustin Valerio,... Par M. l'abbé Dinouart,... — *Paris, Nyon fils et Guillyn,* 1750, in-12.

§ 3. — Rhéteurs français.

* Essai des merveilles de nature... Par René **François**. — (V. ci-dessus n° 5.)

742. — La première partie des conférences académiques et oratoires, accompagnées de leurs résolutions, dans lesquelles on voit le plus bel usage des maximes de la philosophie et des préceptes de l'éloquence... Par J. D. S., écuyer, sieur **de Richesource**, modérateur de l'Académie. — *Paris, l'auteur*, 1661, in-4.

(La suite manque. — Voici ce que nous trouvons à la page 138 des *Curiosités littéraires* de M. L. Lalanne sur cet auteur, qui n'est mentionné dans aucune des *Biographies* dites universelles : « Au XVIIe siècle il s'établit à Paris un cours public dont le but était assez singulier. Richesource, misérable déclamateur, qui s'intitulait *directeur de l'Académie des orateurs philosophiques*, enseignait à un individu dépourvu de tout talent littéraire à devenir un auteur distingué. Il publia les principes de son art, qu'il nommait le *plagiarisme*, sous le titre de *Masque des orateurs, ou Manière de déguiser toutes sortes de compositions, lettres, sermons, panégyriques, oraisons funèbres, dédicaces, discours, etc...* Plusieurs écrivains célèbres, et entre autres Fléchier, qui lui a adressé des vers, fréquentèrent dans leur jeunesse les cours de ce professeur de littérature fabriquée, auquel on doit encore un *Art d'écrire et de parler, ou Méthode pour faire toutes sortes de lettres.* — V. Disraeli, *Curiosities of literature*, cité par M. Lalanne. Ces auteurs semblent n'avoir pas eu connaissance de notre ouvrage, pas plus que de la *Rhétorique du barreau*, — *Paris*, 1668, in-8, et de l'ouvrage décrit ci-dessous n° 752.)

743. — Harangues sur toutes sortes de sujets, avec l'art de les composer. Dédiées à monseigneur le chancelier. (Par Pierre Dortigue **de Vaumorière**.) — *Paris, Jean Guignard*, 1688, in-4.

(Portrait.)

744. — Manière de parler la langue française selon ses différents styles; avec la critique de nos plus célèbres écrivains en prose et en vers, et un petit Traité de l'orthographe et de la prononciation française. (Par Antoine **Renaud**.) — *Lyon, Claude Rey*, 1697, in-12.

745. — La rhétorique ou Les règles de l'éloquence. Par M. **Gibert**,... — *Paris, Huart et Moreau*, 1749, in-12.

* Traité de l'éloquence. (Par Hardion.) — (V. *Nouvelle histoire poétique*, T. III, page 413.)

746. — Essai sur les bienséances oratoires. (Par l'abbé Mallet.) — *Paris, Prault fils*, 1753, 2 tomes en 1 vol. petit in-8.

(En double exemplaire.)

* Mémoire sur les nombres poétiques et oratoires, par M. l'abbé Le Batteux. — (V. n° 163, *Mém. de l'Acad. des Inscript.*, T. XXXV, page 413.)

* L'art d'écrire, par Condillac. —(V. n° 68, *Œuvres*, 1798, T. VII.)

* Lettre sur les sourds et muets, à l'usage de ceux qui entendent et qui parlent, où l'on traite de l'origine des inversions, de l'harmonie du style, du sublime de situation, de quelques avantages de la langue française sur la plupart des langues anciennes et modernes, et, par occasion, de l'expression particulière aux beaux-arts. — (V. n° 71, *Œuvres de* Diderot, T. I, 2e partie.)

747. — Traité du style, par Dieudonné Thiébault,... Nouvelle édition, revue, corrigée et augmentée. — *Paris, Lavillette et Cie*, 1801, 2 vol. in-8.

748. — Traité élémentaire du genre épistolaire, de l'apologue et de la narration, à l'usage de MM. les humanistes du collége royal de Limoges. (Par Vitrac.) Seconde édition, revue et augmentée. — *Limoges, Martial Barbou, impr.*, 1780, in-8.

(Jean-Baptiste Vitrac, né à Limoges le 12 novembre 1740, fut successivement régent de 6e, professeur d'humanités, sous-principal et principal du collége de cette ville. En 1783, il fut pourvu de la cure de Montjovis. Forcé de s'expatrier en 1792, il se réfugia en Espagne, où il vécut du produit des sermons en langue espagnole qu'il composait pour les moines espagnols eux-mêmes. La bibliothèque possède les manuscrits d'une partie de ces sermons, ainsi qu'une traduction, également manuscrite, des Héroïdes d'Ovide, et différentes autres pièces. Après la révolution, Vitrac revint à Limoges, et fut nommé curé de la paroisse de Saint-Michel-des-Lions. Il mourut le 9 floréal an XIII (1805). — V. le *Journal de la Haute-Vienne* du 9 mai 1805, et le *Calendrier de la sénatorerie de Limoges* de 1806, Histoire, n° 1120.)

749. — Méthode pour exercer les jeunes gens à la composition française, et pour les y préparer graduellement, par L. Gaultier. Ouvrage divisé en deux cahiers, l'un destiné à l'élève, et l'autre au maître. Cahier de l'élève, ou Recueil de passages tirés des meilleurs auteurs, et transcrits avec des lacunes que l'élève devra remplir. — *Paris, l'auteur* et *A. Renouard*, 1811, in-8.

---

750. — L'éloquence de la chaire et du barreau, selon les principes les plus solides de la rhétorique sacrée et profane, par feu M. l'abbé de Bretteville. Seconde édition. — *Paris, Denis Thierry*, 1699, in-12.

751. — Principes d'éloquence pour la chaire et le barreau, par Son E. Monseigneur le cardinal Maury, ex-député aux Etats-généraux en 1789. Nouvelle édition, revue, corrigée, augmentée du discours de l'auteur lors de sa réception à l'Académie Française, de la réponse du duc de Nivernois, et d'une lettre de Louis XVI (adressée à l'auteur). Ornée d'un très-beau portrait, gravé par Roger. — *Paris, Théodore Warée, an* XII-1804, in-8.

---

* Bibliothèque des prédicateurs... Par Vincent Houdry. — (V. *la division* Religion.)

752. — L'éloquence de la chaire, ou La rhétorique des prédicateurs, c'est-à-dire La manière de bien prêcher et de bien panégyriser, avec celle de bien parler, de l'artifice, de la force et de la beauté du sermon et du panégyrique... Par le sieur de Richesource,... Seconde édition. — *Paris, à l'Académie des Orateurs*, 1673, in-12.

753. — La véritable manière de prêcher selon l'esprit de l'Evangile; où, après avoir supposé la rhétorique ordinaire, on fait des réflexions très-utiles pour rendre un sermon judicieux et chrétien. (Par le père Albert de Paris, capucin.) — *Paris, Jean Couterot*, 1691, in-12.

754. — Essai sur l'éloquence de la chaire. Seconde édition, revue, corrigée et considérablement augmentée. Avec un discours de la Cêne, prononcé devant le roi en 1777, et un panégyrique de saint Bernard, prononcé à Paris, la même année... Par M. l'abbé DE BESPLAS,... — *Paris, frères de Bure,* 1778, in-12.

755. — Maximes sur le ministère de la chaire. Par M*** P. D. L. O. (le P. GAICHIÉS, de l'Oratoire). — *Paris, Damien Beugnié,* 1711, in-12.

---

* Essai sur les éloges, par THOMAS. — (V. *n°* 392, *Œuvres,* T. I et II.)

CHAPITRE II. — *Orateurs.*

§ 1er. — Histoire de l'éloquence.

756. — Vies des anciens orateurs grecs, avec des réflexions sur leur éloquence, des notices de leurs écrits, et des traductions de quelques-uns de leurs discours. (Par FEUDRIX DE BRÉQUIGNY.) — *Paris, Nyon fils et Robustel,* 1751, 2 vol. in-12.

(Ces deux volumes, consacrés à Isocrate et à Dion Chrysostôme, devaient avoir une suite qui n'a pas paru. — V. *Biogr. univ.*)

* Considérations sur l'utilité des orateurs dans la république d'Athènes, par M. DE ROCHEFORT. — (V. *n°* 163, *Mém. de l'Acad. des Inscript.,* T. XLIII, page 1.)

---

* Histoire de la prédication... Par Joseph-Romain JOLY. — (V. *la division* RELIGION.)

757. — Tableau de l'éloquence chrétienne au IVe siècle, par M. VILLEMAIN. Nouvelle édition, revue et corrigée. — Du polythéisme. De la philosophie stoïque. — Des pères de l'Eglise grecque : St Athanase, St Grégoire, St Basile,

St Jean Chrysostôme, etc., etc. — Des pères de l'Eglise latine : St Hilaire, St Ambroise, St Jérôme, St Augustin, etc., etc. — De l'empereur Julien. De Symmaque et de St Ambroise. — *Paris, Didier,* 1855, in-8.

* Discours prononcés à l'ouverture du cours d'éloquence française, en 1822 et 1824, par M. VILLEMAIN. — (V. *n*° 398, *Discours et mélanges littéraires.*)

---

* De l'éloquence judiciaire au XVIIe siècle. Antoine Lemaistre et ses contemporains. Par Oscar DE VALLÉE. — (V. HISTOIRE, *n*° 1737.)

§ 2. — Discours grecs et latins.

758. — Conciones sive orationes ex graecis Latinisque historicis excerptæ (HERODOTO, THUCYDIDE, XENOPHONTE, POLYBIO, ARRIANO, HERODIANO; — SALUSTIO, LIVIO, TACITO, Q. CURTIO, Amm. MARCELLINO, etc.). Quæ ex Græcis excerptæ sunt, interpretationem Latinam adiunctam habent, nonnullæ nouam, aliæ iam antea vulgatam, sed nũc demum plerisque in locis recognitam. Argumenta singulis præfixa sunt... Additvs est index... — *Anno* M. D. LXX. *excudebat Henricus Stephanus,* 2 tomes en 1 vol. in-fol.

759. — Philippiques de DÉMOSTHÈNE, et Catilinaires de CICÉRON, traduites par M. l'abbé D'OLIVET,... Cinquième édition, revue avec soin. — *Paris, Barbou,* 1765, in-12.

(L'abbé d'Olivet a donné dans cet ouvrage : 1° la traduction française, sans le texte, des quatre *Philippiques*, et une traduction latine de la première ; 2° la traduction française des quatre *Catilinaires*, suivie du texte latin.)

* Discours sur la comparaison de l'éloquence de Démosthène et de Cicéron. (Par le P. RAPIN.) — (V. *n*° 324.)

§ 3. — Orateurs grecs.

* Vies des anciens orateurs grecs... (Par FEUDRIX DE BRÉQUIGNY.) — (V. *n°* 756.)

760. — Λόγοι τούτωνι τῶν Ῥητόρων... Orationes horvm rhetorvm. AESCHINIS. LYSIÆ. ALCIDAMANTIS. ANTISTHENIS. DEMADIS. ANDOCIDIS. ISÆI. DINARCHI. ANTIPHONTIS. LYCURGI. GORGIÆ. LESBONACTIS. HERODIS. Item Aeschinis uita. Lysiæ uita. — *Aldvs.* (A la fin :) *Venetiis Apud Aldum, et Andream Socerum...* M. D. XIII., 2 tomes en 1 vol. in-fol.

(Tout grec.)

761. — Discours grecs choisis de divers orateurs, publiés par M. l'abbé AUGER,... Faisant partie de la collection des auteurs grecs classiques, imprimés par ordre du Gouvernement. Tome premier, qui contient les trois Olynthiennes de Démosthène, les quatre Philippiques du même, les Harangues sur la couronne, ou pour et contre Ctésiphon, de DÉMOSTHÈNE et d'ESCHINE. (Tome second, qui contient des discours choisis d'ISOCRATE, de LYSIAS, de LYCURGUE l'orateur, de S. BASILE, de S. JEAN CHRYSOSTÔME et de S. GRÉGOIRE de Nazianze.) — *Paris, P. Fr. Didot le jeune,* 1788, 2 vol. in-12.

762. — Oratores attici, ANTIPHON, ANDOCIDES, LYSIAS, ISOCRATES, ISÆUS, LYCURGUS, ÆSCHINES, DINARCHUS, DEMADES. Declamationes GEORGIÆ et aliorum. Græce, cum translatione reficta a Carolo MULLERO. Accedunt scholia Ulpiani commentarii in Demosthenem et index nominum et rerum absolutissimus. Tomus primus. — *Parisiis, editore Ambrosio Firmin Didot,* 1846-47, 2 parties en 1 vol. grand in-8.

(T. XXIII de la *Bibliothèque* grecque-latine de Firmin Didot.)

763. — ΙΣΟΚΡΑΤΟΥΣ ἅπαντα. ISOCRATIS scripta, qvae qvidem nvnc extant, omnia, Græcolatina, postremò recognita : annotationibvs novis et ervditis illustrata, castigationibvsqve necessarijs expolita : Hieronymo VVOLFIO Oetingensi interprete et auctore. Additi sunt Rerum et uerborum locupletissimi Indices. — *Basileae, ex officina oporiniana*, 1570, in-fol.

(2 parties en 1 vol. La seconde partie porte au frontispice : « Hieronymi VVolfii,... In omnia Isocratis Opera, et Vitam eiusdem à diuersis autoribus descriptam, Annotationes... Paraenesis verò... triplici Commentariolo illustratur... — *Basileæ, ex officina oporiniana*, 1570 ».)

764. — ΙΣΟΚΡΑΤΟΥΣ λόγοι καὶ ἐπιστολαί. Isocratis orationes et epistolæ. Cum latina interpretatione Hieronymi Wolfii, ab ipso postremum recognita. Editio postrema. — *Coloniæ Allobrog., sumptibus Samuelis Crispini*, 1613, in-8.

765. — Même ouvrage. — Editio postrema, recognita et a mendis purgata. — *Parisiis, apud Joannem Libert*, 1621, in-8.

* Isocrates ad Nicoclem... Desid. Erasmo interprete. — (V. n° 54, Erasmi *Opera*, T. IV.)

* ΙΣΟΚΡΑΤΟΥΣ πρὸς Δημόνικον λόγος. — (V. n° 511, *Cours de langue grecque*... Par J.-B. Gail.)

* Recherches sur les ouvrages d'Isocrate que nous n'avons plus, par l'abbé Vatry. — (V. n° 163, *Mém. de l'Acad. des Inscript.*, T. XIII, page 162.)

766. — Demosthenis et Aeschinis Principum Græciæ Oratorum opera, Cum utriusq; authoris Vita, et Vlpiani Commentarijs, nouisq; Scholiis, ex Quarta, eaque postrema recognitione, Græcolatina... à mendis repurgata, uarijs Lectionib. adaucta, Annotationib. illustrata : Per Hieronymvm Vvolfivm Oetingensem,... Indices duos adiecimus, Catalogvm Operum Præfationi subiecimus, Gnomologiam Demosthenicam seorsim ad Scholarum usum excudimus. — *Basileae, ex officina heruagiana, per Evsebivm Episcopium*, M D LXXII, 4 tomes en 1 vol. in-fol.

— Demosthenici operis Græcolatini tomus v (-vi). — (A la fin :) *Basileæ, ex officina hervagiana, per Evsebivm Episcopivm*, M. D. LXXII., in-fol.

767. — Même ouvrage. — *Avreliæ Allobrogvm excudebat Petrvs de la Rouiere*, CIↃ DC VII, 2 tomes en 1 vol. in-fol.

768. — Œuvres complètes de DÉMOSTHÈNE et d'ESCHINE, traduites en français, avec des remarques sur les harangues et plaidoyers de ces deux orateurs; précédées d'un Discours préliminaire sur l'éloquence et autres objets intéressants; d'un Précis historique sur la constitution de la Grèce, sur le gouvernement d'Athènes, et sur la vie de Philippe; d'un Traité de la juridiction et des lois d'Athènes, etc., par M. l'abbé AUGER,... — *Angers, imprim. de Mame père et fils, an 12-1804.* 6 vol. in-8.

(Buste de Démosthène et carte géographique.)

* AESCHINIS et DEMOSTHENIS contrariæ Orationes in Ctesiphōtem, et pro Corona, Ioachimo PERIONIO,... interprete. — *Lvtetiae, Apud Michaelem Vascosanum,* M. D. LIIII., in-4. — (V. *n°* 312-4°.)

* Recherches sur la vie et les ouvrages d'Eschine l'orateur, par l'abbé VATRY. — (V. *n°* 163, *Mém. de l'Acad. des Inscript.*, T. XIV, page 84.)

769. — ΔΗΜΟΣΘΕΝΟΥΣ λόγων τμῆμα πρῶτον (-τρίτον). DEMOSTHENIS orationvm, nvnc longe diligentiore quàm unquam hactenus recognitione emendatarum, pars prima (-tertia)... — *Basileae, per Ioannem Heruagium.* (A la fin du T. III :) *Anno salutis* M. D. XLVII., 3 vol. in-8.

(Tout grec.)

770. — ΔΗΜΟΣΘΕΝΟΥΣ λόγοι, καὶ προοίμια δημηγορικὰ, καὶ ἐπιστολαὶ, σὺν ταῖς ἐξηγήσεσιν ὠφελιμωτάταις, τοῦ Οὐλπιάνου ῥήτορος... Διὰ φιλοπονίας, καὶ ἐπιμελείας τοῦ Γουλιέλμου Μορελίου,... Προετέθη βιὸς Δημοσθένους, καὶ ἄλλα πολλὰ, πρὸς τὸν τοῦ αὐτοῦ ῥήτορος βιὸν ἀνήκοντα, ἐκ συχνῶν συγγραφέων σύλλεχθέντα... (DEMOSTHENIS orationes et prooemia concionatoria, et epistolæ, cum explicationibus Ulpiani, Rhetoris... Studio et cura Guilielmi Morelii,... Præcedit vita Demosthenis, et alia plura, ad ejusdem rhetoris vitam pertinentia, ex multis scriptoribus collecta...). — *Lvtetiae,* M. D. LXX. *Apud Iacobum Dupuys.* (A la fin :) *Iohannes Benenatvs absolvebat.* In-fol.

(Tout grec.)

771. — ΔΗΜΟΣΘΕΝΟΥΣ τὰ σωζόμενα. DEMOSTHENIS opera

recensuit græce et latine cum indicibus edidit Dr Johannes Theodorus Vœmelius,... — *Parisiis, editore Ambrosio Firmin Didot*, 1849, grand in-8.

(T. XVI de la *Bibliothèque* grecque-latine de Firmin Didot.)

772. — DEMOSTHENIS oratorum Græciæ principis Opera quæ ad nostram ætatem peruenerunt, omnia, unà cum Vlpiani rhetoris commentariis, è Græco in Latinum sermonem conuersa, per Hieronymum VVOLFIVM Oetingensem : et in quinq; diuisa partes... — *Basileae, per Ioannem Oporinum* (s. d.), in-fol.

(La traduction latine seulement.)

* ΔΗΜΟΣΘΕΝΟΥΣ Ὀλυνθιακὸς λόγος Α (-Γ, καὶ κατὰ Φιλίππου λόγοι Α-Δ.) — ΔΗΜΟΣΘΕΝΟΥΣ ὁ περὶ τῆς Ἀλοννήσου λόγος (καὶ περὶ τῶν ἐν Χεῤῥονήσῳ λόγος). — DEMOSTHENIS,... Olynthiaca prima (-tertia) Hieronymo WOLFIO interprete. — DEMOSTHENIS orationes qvatvor contra Philippvm, à Paulo MANUTIO latinitate donatæ. — *Parisiis, apud Guil. Morelium*, M. D. LII., in-4. — (V. à la suite du vol. intitulé : ΝΙΚΑΝΔΡΟΥ Ἀλεξιφάρμακα... — *Parisiis*, M. D. LVII.)

773. — Philippiques de DÉMOSTHÈNE. Avec des remarques (et une Préface historique, par TOURREIL). Seconde édition. — *Paris, Jean Moreau*, 1703, in-4.

(Traduction française sans le texte.)

* Philippiques de Démosthène... Traduites par l'abbé D'OLIVET. — (V. *n*° 759.)

* DÉMOSTHÈNE. Philippiques, expliquées en français... Traduction de l'abbé AUGER, revue par M. G. CANNISSIÉ. — (V. *n*° 512.)

* Mémoire où l'on cherche à prouver que la harangue en réponse à la lettre de Philippe n'est pas de Démosthène, par LARCHER. — (V. *n*° 165, *Mém. de l'Instit., Hist. et Litt. ancienne*, T. II, page 243.)

* Mémoire sur la politique et l'éloquence de Démosthène,

par DE ROCHEFORT. — (V. n° 163, *Mém. de l'Acad. des Inscript.*, T. XLIII et XLVI.)

774. — ΔΙΩΝΟΣ τοῦ ΧΡΥΣΟΣΤΟΜΟΥ λόγοι Π. DIONIS CHRYSOSTOMI orationes LXXX. Cvm vetvstis codd. mss. reg. bibliothecæ, sedulo collatæ, eorumque ope ab innumeris mendis liberatæ, restitutæ, auctæ. Phocii excerptis, synesiiq. censura illustratæ. Ex interpretatione Thomæ NAGEORGI, accuratè recognita, recentata, et emendata Fed. MORELLI,... opera. Cum Is. CASAVBONI Diatriba, et eiusdem MORELLI Scholiis, Animaduersionibus, et Coniectaneis. Accessit rervm et verborvm Index locupletissimus. — *Lvtetiæ*, M. DCIV. *Ex officina Typographica Clavdii Morelli*, in-fol.

(Edition grecque-latine.)

775. — ΘΕΜΙΣΤΙΟΥ Εὐφράδους λόγοι ΙΘ. Themistii cognomento SUADÆ orationes XIX. Græce ac latine conjunctim editæ. Dionysius PETAVIUS, e societate Jesu, magnam illarum partem latine reddidit, reliquarum interpretationem recensuit, notis universas atque emendationibus illustravit... — *Parisiis, apud Claudium Morellum*, M. DC. XVIII., in-4.

§ 4. — Orateurs latins.

A. — Orateurs latins anciens.

776. — Oratorum romanorum fragmenta ab APPIO inde CÆCO usque ad Q. Aurelium SYMMACHUM. Collegit atque illustravit Henr. Meyerus,... Editio parisina, auctior et emendatior curis Friderici Dübner. Accessit Friderici ELLENDT Historia eloquentiæ romanæ usque ad Cæsares primis lineis adumbrata. — *Parisiis, apud L. Bourgeois-Maze*, 1837, in-8.

777. — Panegyrici veteres. Interpretatione et notis illustravit Jacobus DE LA BAUNE, soc. Jesu. Jussu christianissimi regis, ad usum serenissimi delphini. — *Parisiis, apud Simonem Benard*, 1676, in-4.

(I. C. PLINII Panegyricus Trajano dictus. — II. Claudii MAMERTINI Panegyricus Maximiano Augusto. — III. Ejusdem Genethliacus Maximiani Augusti. — IV. EUMENII oratio pro restaurandis scholis. — V. Ejusdem Panegyricus

Constantio Cæsari — VI. Incerti Panegyricus Maximiano et Constantino. — VII. Eumenii Panegyricus Constantio Augusto. — VIII. Ejusdem Gratiarum actio Constantino Augusto Flaviensium nomine. — IX. Incerti Panegyricus Constantino Augusto. — X. Nazarii Panegyricus Constantino Augusto. — XI. Mamertini pro consulatu gratiarum actio Juliano Augusto. — XII. Latini Pacati Drepanii Panegyricus Theodosio Augusto.)

* Panegyrici quibusdam imperat. dicti a Latino Pacato, Mamertino, Nazario. — (V. ci-après Caii Plin. secundi *epistolæ. — Lut. Par. excud. Henric. Stephanus.*)

* Panegyrici et orationes Plinii secundi, Pacati, Mamertini, Nazarii, Eumenii, Ausonii. — (V. ci-après Plinii *epistolæ.* — 1625, in-4.)

* Ciceronis orationes. — (V. *nos* 37-45, Ciceronis *Opera.*)

778. — In omnes M. Tvllii Ciceronis orationes, quot quidem extant, doctissimorum virorum Enarrationes, summa diligentia, ac singulari erga Ciceronianæ eloquentiæ studiosos fide in vnum velut corpus collectæ. Accesserũt huic postremæ editioni Claudij Baduelli in Milonianam et pro M. Marcello orationẽ annotationes. Item Cœlii Secundi Curionis in omnes Philippicas Commẽtarii non minùs docti quàm copiosi... Cum Indice rerum et uerborum locupletissimo. — *Lvgdvni, apvd Ioan. Tornaesivm et Gvill. Gazeivm,* m. d. liiii., 2 tomes en 1 vol in-fol.

779. — Pavlli Manvtii in M. Tvllii Ciceronis orationes commentarivs... — *Coloniae Agrippinae, Apud hœredes Arnoldi Birckmanni,* cIↄ. Iↄ. lxxix., in-8.

780. — M. T. Ciceronis orationes interpretatione et notis illustravit P. Carolus (Hallot) de Merouville, societatis Jesu; Jussu christianissimi regis, ad usum serenissimi delphini. — *Parisiis, apud Dionysium Thierry, et viduam Simonis Benard,* 1684, 3 vol. in-4.

* M. T. Ciceronis orationum analysis rhetorica perpetua. Adjecto Indice oratorio locupletissimo. Authore R. P. Martino du Cygne,... — (V. *no* 740.)

781. — Pro P. Qvintio M. Tullii CICERONIS Oratio, cum F. Syluii Commentariis. — *V(a)enundatur Badio* (à la fin :) M. D. XXXII. — Pro Sex. Roscio Amerino M. Tvllii CICERONIS Oratio, cum F. Syluii Ambiani Commentariis. — *Vænundatur Iodoco Badio* (M. D. XXXII.). — Pro M. Fonteio M. Tullii CICERONIS Oratio : Cum F. Syluii Ambiani Commentariis. — *Vænundantur Parrhisiis in Officina Ascensiana* (1533). — F. Syluii Ambiani in orationem CICERONIS pro Lege Manilia, Commentarii. — *Vænundantur Iod. Badio* (1532). — Pro A. Clventio Habito, M. Tullii CICERONIS Oratio, cum F. Syluii Ambiani Commentariis luculentissimis. — *V(a)enundatur Iodoco Badio Ascensio* (M. D. XXXI.). — Pro C. Rabirio perdvellionis reo, M. T. CICERONIS Oratio, cũ F. Syluii Cõmẽtariis. — *Apud Iodocum Badium*, 1532. — In Catilinarias M. T. CICERONIS inuectiuas F. Syluii Ambiani Commentarii lucvlentissimi. — *Vænundantur Ascensio* (M. D. XXXI.). — Pro L. Mvrena M. T. CICERONIS, Cum F. Syluii Ambiani Commentariis, Oratio. — *V(a)enundatur Iodoco Badio* (M. D. XXXII.). — Le tout en 1 vol. in-4.

* Crispi SALLUSTII oratio contra M. T. Ciceronem. — M. T. CICERONIS Oratio contra C. Sallustium. Ejusdem orationes quatuor contra L. Catilinam. — (V. HISTOIRE, *n*° 317.)

* M. Tullii CICERONIS... Orationes omnes ad optimos codices et editionem J. Vict. Le Clerc recensitæ, cum selectis veterum ac recentiorum notis, curante et emendante N. E. Lemaire. — (V. *n*° 35, *Biblioth. Lemaire.*)

* Oraisons de CICÉRON, traduction nouvelle par GUÉROULT jeune,... J.-N.-M. DE GUERLE,... et Ch. DU ROZOIR,... — (V. *n*° 36, *Biblioth. Panckoucke.*)

782. — Oraisons choisies de CICÉRON, traduction nouvelle (par PHILIPPE, l'abbé D'OLIVET, l'abbé DE MAUCROIX et Fr.-P. GILLET) ; avec le latin à côté, sur l'édition de Grævius, et des notes. — *Paris, Joseph Barbou*, 1763, in-12.

(Le tome second seulement. — C'est, d'après Quérard, l'édition de 1725 et 1737 en 3 vol., dont on a rajeuni les frontispices. — Ce second volume contient les *Catilinaires*, l'*Oraison contre Pison* et les deux dernières *Philippiques.*)

783. — Oraisons choisies de CICÉRON, traduction (DE

VILLEFORE), revue par M. de Wailly, avec le latin à côté sur l'édition de M. l'abbé Lallemant, et avec des Notes. Nouvelle édition, retouchée avec soin. — *Paris, J. Barbou*, 1778, in-12.

(Le tome second seulement, contenant les oraisons : *Pour la loi Manilia*, *Pour Murena*, *Pour le poète Archias*, *Pour sa maison* et *Contre Pison*. — Il manque les T. I et III.)

784. — Mar. Tvl. CICERONIS Actionū in Verrem libri septem, additis argvmentis Asconii, et Partitionibus Bart. Latomi, in singulas actiones. — *Parisiis, Apud Fran. Gryphium*, 1535, in-4.

(A la suite :)

— Oratio Bart. LATOMI regii professoris Lvtetiæ, de laudibus eloquentiæ et Ciceronis, dicta in auditorio cùm enarrationē Actionum in Verrem auspicaretur. — *Parisiis, Apud Fran. Gryphium*, 1535, 11 feuillets in-4.

(Dans le même volume :)

— T. LIVII Patauini historici ab urbe condita liber primus (-quartus). — *Parisiis. Apud Fran. Gryphium*, 1534, in-4.

* M. T. CICERONIS pro C. Rabirio perduellionis reo ad Quirites oratio, et in eandem commentarius Adr. TURNEBO auctore. — Adr. TURNEBI commentarii in M. T. CICERONIS orationes tres de lege agraria. — (V. *n*° 342, TURNEBI *Opera*.)

* Catilinaires de CICÉRON, traduites par l'abbé d'OLIVET. — (V. *n*° 759.)

785. — M. T. CICERONIS Philippicæ, diligentissime ad exemplar fidelius repositæ : et quinq; Commentariis; MAturantii (*sic*), Beroaldi, Trapezuntii, Hegendorphini, Sturmii, et scholiis Ascensii, et indice illustratæ. — *Parisiis, Ex officina Michaelis Vascosani*, M. D. XXXVII., in-4.

* M. T. CICERONIS Philippicæ in M. Antonium, Cum Annotationibus Hegendorphini, Trapezuntij, Sturmij, Latomi, Maturantij, Beroaldi, Badij, Toxitæ et Incerti cuiusdam authoris, margini adiunctis, ac suis numeris designatis. Prima philippica. — *Parisiis, Ex Typographia Thomæ Richardi*, 1560, in-4. — (V. *n*° 444-4°.)

786. — Les Philippiques de CICÉRON. — *Paris, Antoine de Sommaville*, 1639-40, 2 parties en 1 vol. in-4.

(La seconde partie porte en plus au frontispice : « De la traduction de P. Du RYER ».)

* M. Fabii QVINTILIANI oratoris eloqventissimi declamationes. — (V. nos 716, 717.)

* Marci Fabii QUINTILIANI declamationes majores et minores, item Calpurnii FLACCI, ex recensione burmanniana,... — (V. no 35, *Bibl. Lemaire* : QUINTIL., T. V-VII.)

787. — Ivsti LIPSI dissertativncvla apvd principes (Albertum Maximilianum II et Isabellam, archiduces Austriæ) : item C. PLINI panegyricvs liber Traiano dictvs, Cum eiusdem LipsI perpetuo Commentario. — *Antverpiæ, Ex Officina Plantiniana, Apud Ioannem Moretum*, cIↃ. IↃC. (1600), in-4.

(A la suite :)

— C. VELLEIVS PATERCVLVS cvm animadversionibvs Ivsti LIPSI. — *Antverpiæ, Ex Officina Plantiniana, Apud Ioannem Moretum*, cIↃ. IↃC. (1600), in-4.

* Caii PLINII Secundi panegyricus Trajano dictus. — (V. *Caii* PLINII *Secundi Epistolæ*.)

* (V. aussi no 35, *Bibl. Lemaire*.)

788. — Panégyrique de Trajan, par PLINE le jeune, traduit par M. DE SACY,... — *Paris, Barbou*, 1772, petit in-12.

* (V. aussi no 36, *Bibl. Panckoucke*, pour la nouvelle édition de cette traduction, revue et corrigée par Jules PIERROT.)

B. — Orateurs latins modernes.

789. — Orationes clarorvm hominvm, vel honoris officiiqve causa ad Principes, vel in funere de virtutibus eorum habitæ. Nuper in Academia Veneta primùm in lucem editæ, et nunc diligentiùs multo quàm antè typis excusæ. Adiectis

nouis aliquot disertissimis eiusdem argumenti Orationibus... — *Parisiis, Apud Hieronymu(m) de Marnef, et Viduam Gulielmi Cauellat*, 1577, in-16.

(Orationes ad Paulum II, ad Xystum IV, auctore Bernardo JUSTINIANO; ad Innocentium VIII, auct. Hectore FLISCO; ad Alexandrum VI, auct. Jacobo SPINOLA; ad Fridericum, imperatorem, et Maximilianum, regem Romanorum, auct. Hermolao BARBARO; ad Ludovicum, Gallorum regem, auct. Hieronymo DONATO; ad Ferdinandum, Hispaniæ regem, auct. Marco DANDULO; ad Marcum Antonium, Venetiarum principem, auct. Joanne Baptista GIRALDO; ejusdem ad Franciscum Venetium, Venetiarum principem; in funere Innocentii VIII, auct. LEONELLO, episcopo concordiensi; in funere Franc. Cornelii cardin., auct. Hieronymo NIGRO; in funere Francisci, Gallorum regis, auct. Cynthio Johanne Bapt. GYRALDO; in funere Sigismundi, Poloniæ regis, auct. Stan. ORICHOVIO rhuteno; in funere Nicolai Marcelli, Venetiarum principis, auct. Hermolao BARBARO; in funere Leonardi Lauredani, auct. Andrea NAUGERIO; in funere M. Antonii Trevisani, auct. Bernardino LAUREDANO Andrea; ejusdem in funere Francisci Venerii; in funere Benedicti Pisauri, auct. Gabriele MAURO; in funere Caroli Zeni, auct. Leonardo JUSTINIANO; in funere Zachariæ Barbari, auct. M. Ant. SABELLICO; in funere Francisci Faseoli, auct. Jo. Bapt. RHAMNUSIO; in funere Guidi Ubaldi Feretrii, auct. ODAXIO; in funere Bartholomæi Liviani, auct. Andrea NAUGERIO; in funere Francisci Rubrii, auct. Victore FAUSTO; in funere Benedicti Rugii, auct. M. Ant. SABELLICO; in funere Maximiliani imper. auct. Udalrico ZASIO; ejusdem in funere Blancæ Mariæ, conjugis Cæsareæ; in funere Caroli V, auct. Georgio EDER; ad Maximilianum Cæsarem, ZASIO dicente; triumphus, D. Ferdinando I, imper.; HENRICI II, Gallorum regis, epistola ad Status Imperii; Legatorum Henrici ad Status Imperii oratio; Responsio Statuum Imperii.)

790. — M. Antonii MVRETI I. C. et civis romani orationvm volvmina dvo. Quorum primum ante aliquot annos in lucem prodiit; secundum verò recens est editum. Accesserunt Indices... Adiunximus etiam Caroli SIGONII Oratoris disertissimi Orationes VII. Seorsim quoque editæ sunt eiusdem Mureti Epistolæ, Hymni sacri, et Poëmata omnia. — *Lvgdvni, Apud Antonium de Harsy*, M. DCVI, 2 parties en 1 vol. in-16.

(La seconde partie a pour titre : « M. Antonii MVRETI.... Epistolæ, hymni sacri, et poemata omnia. Editio vltima ab Authore emendata, et integro Epistolarum, præfationumque libro iam recens adaucta. — *Lvgdvni, Apud Antonium de Harsy*, M. DCVI ».)

* (V. aussi *n°* 343, *Opera*, T. I.)

* M. Ant. MURETI,... Oratio pro Carolo IX,... Gregorio XIII... — (V. ci-après, à la suite de l'ouvrage : *Epistolarum Pauli Manutii Libri X.*)

* Henrici VALESII oratio in obitvm Jacobi Sirmondi,... —

Elogium divi Augustini. Umbra eiusdem... authore P. L. — Panegyricus pro sancita a Ludovico XIII, instituta a cardinali duce Richelæo christiana ad animas expeditione dictus... a Claudio GADEVILLE,... — Panegyricus Ludovico XIV,... pro gemino pacis et conjugii fœdere dictus... a Petro DOZENNIO,... — Genius divinus, seu Panegyricus Ludovico XIV, collegii Sedanensis... fundatori... dictus Sedani a R. P. Martino DE LIONCOURT,... — Panegyricus augustissimo Delphino dictus... anno M. DC. LXII. a Petro BOUCHER. — (V. *n*° 809 : 4°, 5°, 6°, 10°, 11°, 12°.)

* Oratio funebris in exequiis regis catholici Caroli secundi, Hispaniar. et Indiarum monarchæ, Belgarum principis... Dicta per Guilielmum Marcellum CLAES,... — *Lovanii, apud Ægidium Denique*, 1701, in-4 de 19 pages.

— Serenissimi principis Ludovici Franciæ Delphini laudatio funebris. Dicta... a P. Carolo PORÉE,... Editio secunda. — *Parisiis, apud Stephanum Papillon*, 1711, in-4 de 37 pages.

— Nobilissimo... de Lamoignon... Francisci de Lamoignon,... filio dilectissimo. (Auctore N. GUÉNÉE.) — In-4 de 6 pages.

— Illustrissimo senatus principi Gulielmo Lamonio, et patriciis senatoribus Claudio Menardæo et Henrico Refugio, tribus collegii Dormano-Bellovaci delectis curatoribus... Gratulatorium panegyricum Nicolaus GUÉNÉE,... primulum offert et consecrat. — *Parisiis*, 1667, in-4 de 18 pages.

— Honoraria scholastica, quibus collegium Dormano-Bellovacum, illustrissimum senatus principem, et duumviros senatores curiæ primarios, collegii sui lustrandi gratia... cohonestavit. (Auctore N. GUÉNÉE.) — *Parisiis*, 1670, in-4 de 5 pages.

— Ad illustrissimum... Lamonium et primarios curiæ patres Catinatum et Refugium, ob suum in scholam Dormano-Bellovacam... adventum, gratulatio. (Auctore N. GUÉNÉE.) — In-4 de 5 pages.

— Hoc elogio illustrissimum senatus principem Lamonium, curiæ primarios patres Grangierium et Refugium suam scholam invisentes musæ Dormano-Bellovacæ salvere jubebant. (Auctore N. GUÉNÉE.) — *Parisiis*, 1674, in-4 de 7 pages.

— Elogium, tessera, perpetuæ collegii Prelæ-Bellovaci

in Lamonæam gentem observantiæ. In procinctu theseωn juvenis... Joannis Durand, de universa philosophia publice respondentis... pronunciatum. (Auctore N. Guénée.) — *Parisiis*, 1666, in-4 de 9 pages.

— Regi epistola nuncupatoria theseon, ex persona Josephi d'Estrades,... anno Domini 1679. (Auctore N. Guénée). — (Sans frontispice), in-4. — (V. *nos* 797 : 23°, 24°, 25°, 26°, 27°, 28° 29°.)

791. — Josephi Juvencii, e societate Jesu, orationes. — *Parisiis, apud viduam Simonis Benard*, 1701, 2 vol. in-12.

(La traduction latine de l'oraison funèbre du prince de Condé prononcée par Bourdaloue, et qui se trouve à la fin du T. II, est accompagnée du texte.)

* Panegyricus clero gallicano dictus... ab Andrea Le Camus,... — In natalibus serenissimi ducis Britanniæ gratulatio... ab Andreæ Le Camus,... — Laudatio funebris Ludovici Delphini, nepotis Ludovici Magni... a Natali Stephano Sanadon,... — De mala ingeniorum contagione vitanda... a Natali Stephano Sanadone,... — (V. *n°* 445 : 17°, 18°, 19°, 20°.)

792. — Caroli Porée, e societate Jesu sacerdotis, orationes. Nova editio, auctior et emendatior. — *Parisiis, apud Marcum Bordelet*, 1747, 3 vol. in-12.

(Quelques-uns de ces discours ont la traduction française en regard du texte ; ce sont : « Ludovici Magni oratio funebris », dans le T. Ier ; au T. II : « de Heroibus informandis ; » au T. III : « Theatrum sit ne vel esse possit schola informandis moribus idonea ? »)

* Harangues latines de Coffin. — (V. *n°* 347, *Œuvres*, T. I.)

* Discours latins du P. du Baudory. — (V. *n°* 345, *Œuvres*.)

* Caroli Lotharingi Card. et Francisci Ducis Guysii Litteræ et Arma, in funebri Oratione habita Nancii à N. Bocherio Theologo, et ab eodem postea latine plenius explicata. — *Lutetiæ*, 1577, in-4. — (V. Histoire, *n°* 702.)

793. — Serenissimo principi Ludovico duci Borbonio, eloquentiæ studia in collegio Claromontano feliciter auspicanti, oratio Jacobi DE LA BAUNE, e societate Jesu. — *Parisiis, apud Gabrielem Martinum*, 1682, in-12.

794. — Viro summe venerabili Lud. Herrenschneider,... gratulantur collegæ in seminario theol. prot. pridie non. maias MDCCCXXXIV. — (A la fin :) *Argentorati, typis Caroli Friderici Heitz*, in-4 de 17 pages.

§ 5. — Orateurs français.

A. — Collections et recueils de discours sur divers sujets et par divers auteurs.

* Le trésor des harangues faites aux entrées des rois, reines, princes, princesses et autres personnes de condition, par M. L. G. (GIBAULT),... — (V. HISTOIRE, *n°* 650.)

795. — Recueil de diverses oraisons funèbres, harangues, discours et autres pièces d'éloquence des plus célèbres auteurs de ce temps. — *Bruxelles, François Foppens*, 1681, in-12.

(T. II.)

796. — Recueil de diverses oraisons funèbres, harangues, discours et autres pièces d'éloquence des plus célèbres auteurs de ce temps. Nouvelle édition... — *A L'Isle, chez Jean Henry*, 1695, 2 vol. in-12.

(T. II et IV.)

797. — (Recueil factice in-4, contenant :)

1° — Oraison funèbre de madame Anne-Marie Martinozzi, princesse de Conty. Prononcée... le 26 avril 1672 par messire Gabriel DE ROQUETTE, évêque d'Autun. — *Paris, G. Desprez*, 1672, 50 pages.

2° — Oraison funèbre de madame Madeleine de Lionne, marquise de Cœuvre.... Prononcée le 20 décembre 1684 par monsieur VILLETTE,... — *Laon, A. Rennesson, impr.*, 1685, 44 pages.

3° — Oraison funèbre de messire Gaspard de Fieubet,... Prononcée le 12 de septembre 1695... par messire M.-A. Anselme. — *Paris, Louis Josse*, 1695, 67 pages.

4° — Oraison funèbre de ... Henry-Jules de Bourbon, prince de Condé,... Prononcée... le 29e jour d'août 1709 par le P. Gaillard,... — *Paris, Nicolas Simart, impr.*, 1709, 46 pages.

5° — Oraison funèbre de,... Anne-Jule, duc de Noailles, pair et maréchal de France, prononcée... le 27 de février 1709, par le P. Delarue,... — *Paris, Josse, impr.*, 1709, 39 pages.

6° — Oraison funèbre de... monseigneur Louis, dauphin, et de... madame Marie-Adélaïde de Savoie, son épouse. Prononcée... le 19 janvier 1713 par messire Jean-César Rousseau de La Parisienne, évêque de Nîmes. — *Paris, Jacques Estienne*, 1713, 50 pages.

7° — Oraison funèbre de... Louis XIV,... Prononcée... le 11 décembre 1715 par M. Jean-Baptiste-Zacharie Gosset,... — *Paris, Pierre Witte*, 1716, 40 pages.

8° — Harangue faite au roi à Versailles le quatorzième juillet M. DC. LXXXV. par monseigneur... Daniel de Cosnac, .. — *Paris, impr. de Frédéric Léonard*, 1685, 10 pages.

9° — Harangue faite au roi à Versailles le vingt et un juillet M. DC. LXXXV. par monseigneur... Jacques-Nicolas Colbert,... — *Paris, impr. de Frédéric Léonard*, 1685, 10 pages.

10° — Harangue faite au roi sur son avènement à la couronne, et sur la mort du roi son bisaïeul, par monseigneur l'archevêque de Narbonne (Charles de Goux de La Berchère), président de l'assemblée générale du clergé, à Versailles, le mardi 3 septembre 1715. — *Paris, veuve de François Muguet*, 1715, 7 pages.

11° — Harangue faite au roi, à Versailles, le dimanche 3 juin 1725, par monseigneur l'archevêque de Toulouse (Henry de Nesmond), président de l'assemblée générale du clergé de France... — *Paris, Pierre Simon*, 1725, 16 pages.

12° — Harangue faite au roi, à Fontainebleau, le 10 septembre 1725, par monseigneur l'évêque de Luçon (Michel-Celse-Roger de Rabutin, comte de Bussy). — *Paris, Pierre Simon*, 1725, 8 pages.

13° — Harangue faite à la reine, à Fontainebleau, le 10 septembre 1725, par monseigneur l'évêque d'Angers (Michel Poncet de La Rivière). — *Paris, Pierre Simon*, 1725, 8 pages.

14° — Discours prononcés dans l'Académie Française (par de Fleury et de Valincour), le mercredi vingt-troisième juin M. DCC. XVII., à la réception de monsieur de Fleury,... — *Paris, Jean-Baptiste Coignard, impr.*, 1717, 31 pages.

15° — Discours prononcés dans l'Académie Française (par l'abbé de Montgault et de Sacy) le samedi trente et unième de décembre M. DCC. XVIII., à la réception de monsieur l'abbé Montgault,... — *Paris, Jean-Baptiste Coignard, impr.*, 1718, 27 pages.

16° — Discours prononcés dans l'Académie Française (par Massillon et l'abbé Fleury) à la réception de monsieur l'évêque de Clermont. — *Paris, Jean-Baptiste Coignard, impr.*, 1719, 24 pages.

17° — Discours prononcés dans l'Académie Française, le jeudi douzième décembre M. DCC. XX., par monsieur l'abbé de Roquette (et le duc de Richelieu), lorsqu'il fut reçu à la place de M. l'abbé Renaudot. — *Paris, Jean-Baptiste Coignard*, 1720, 28 pages.

18° — Discours prononcés dans l'Académie Française (par Boivin et l'abbé Dubos), le samedi vingt-neuf mars M. DCC. XXI., à la réception de monsieur Boivin,... — *Paris, Jean-Baptiste Coignard*, 1721, 16 pages.

19° — Discours qui a remporté le prix d'éloquence au jugement de l'Académie Française, en l'année M. DCC. V. Par monsieur l'abbé Colin. — *Paris, Jean-Baptiste Coignard*, 1705, 24 pages.

20° — Discours qui a remporté le prix d'éloquence au jugement de l'Académie Française, en l'année MDCCXIV. Par monsieur l'abbé Colin. — *Paris, Jean-Baptiste Coignard*, 1714, 23 pages.

21° — Discours qui a remporté le prix d'éloquence au jugement de l'Académie Française, en l'année MDCCXVII, par M. l'abbé Colin. — *Paris, Jean-Bapsiste Coignard*, 1717, 20 pages.

* (V. aussi, pour ces trois discours de l'abbé Colin, sa traduction du Traité de l'orateur, *n°* 709.)

22° — Panégyrique de saint Louis,... prononcé dans la chapelle du Louvre... par monsieur l'abbé Chéret,... le 25 d'août MDCCXVIII. — *Paris, Jean-Baptiste Coignard*, 1718, 36 pages.

(Les pièces 23 à 31, qui terminent le volume, sont latines, et ont été décrites ci-dessus page 709, ligne 11 et suiv.)

B. — Recueil de discours d'un même auteur.

798. — Les femmes illustres, ou Les harangues héroïques de Mr de Scudery. Seconde partie. — *Paris, Toussainct Quinet et Nicolas de Sercy*, 1644, in-4.

(La première partie manque.)

* Harangues sur toutes sortes de sujets, avec l'art de les composer. (Par de Vaumorière.) — (V. ci-dessus *n°* 743.)

799. — Œuvres de monsieur de Nesmond, archevêque de Toulouse,... — *Paris, Durand* et *Pissot*, 1754, in-12.

(Le titre de départ porte : « Sermons, harangues, discours, etc., par M. de Nesmond ».)

* Discours de l'abbé Maury lors de sa réception à l'Académie Française, et réponse du duc de Nivernais. — Panégyrique de saint Louis. — Panégyrique de saint Augustin. Eloge de Fénelon. — (V. *n°* 751.)

* (V. aussi : *Œuvres* de d'Aguesseau, de Baudory, de Chateaubriand, de Thomas, de Coffin, de La Harpe, de Stassart; Villemain, *Discours et mélanges littéraires*, et autres polygraphes.)

C. — Eloquence sacrée.

(V. *la division* Religion, et ci-après : *Oraisons funèbres.*)

D. — Eloquence politique.

800. — Choix de rapports, opinions et discours prononcés à la tribune nationale depuis 1789 jusqu'à ce jour ; recueillis dans un ordre chronologique et historique. — *Paris, Alexis Eymery* et *Corréard,* 1818-25, 23 vol. in-8.

(Portrait. — T. I : 1789. — T. II : 1790. — T. III-V : 1790-91. — T. VI : 1789-90-91. — T. VII : 1790-91 [dernier volume de l'Assemblée Constituante]. — T. VIII : 1791-92 [premier volume de l'Assemblée Législative]. — T. IX : 1792 [second et dernier volume de l'Assemblée Législative]. — T. X : 1792-93 [premier volume de la Convention. — Procès de Louis XVI]. — T. XI-XIII : 1793. — T. XIV : 1794. — T. XV : 1794-95 [sixième et dernier volume de la Convention]. — T. XVI : 1795-99 [le Directoire et les Conseils]. — T. XVII : premier volume du Consulat. — De l'an VIII à l'an X [1799-1802]. On a joint à ce volume un extrait des manuscrits de Napoléon Bonaparte, avec un *fac-simile* de son écriture. — T. XVIII : 1802-04 [Consulat. — Gouvernement impérial]. — T. XIX : 1804-08 [Gouvernement impérial]. — T. XX et dernier : [de 1789 à 1815].)

— Choix de rapports... — Table générale des noms cités et des matières comprises dans la 1re série. — Supplément au premier volume.

(Ce volume et le suivant portent en plus au frontispice, après : « recueillis dans un ordre chronologique et historique », ces mots : « par M. LALLEMENT [de Metz] »)

— Choix de rapports... — *Année* 1815, T. Ier, 2e série.

— Choix de rapports... Session de 1819. — (Non tomé.)

* Discours prononcé dans le temple de Mars par L. BONAPARTE, ministre de l'intérieur, le 1er vendémiaire an IX, pour la fête de la république. — (V. ci-dessus *n°* 127-7°.)

801. — Discours du général FOY (recueillis par Etienne fils), précédés d'une notice biographique par M. P. F. TISSOT; d'un Eloge par M. ETIENNE, et d'un Essai sur l'éloquence politique en France par M. JAY. Avec portrait et fac-simile. — *Paris, P.-A. Moutardier,* 1826, 2 vol. in-8.

802. — Discours de M. Benjamin CONSTANT à la chambre des députés. — *Paris, Ambroise Dupont* et *Pinard, impr.,* 1827, 2 vol. in-8.

(Portrait et fac-simile au T. II.)

* Discours et opinions de CHATEAUBRIAND. — (V. *n°* 67, *Œuvres*, T. XXIII.)

* Discours politiques du baron de STASSART. — (V. *n°* 391, *Œuvres de* STASSART.)

* Discussion complète de l'adresse dans les deux chambres en 1841. — (V. Histoire, n° 1025.)

E. — Eloquence judiciaire.

(V. *la division* Nomologie.)

F. — Eloquence académique et discours présentés aux académies.

803. — Recueil des harangues prononcées par messieurs de l'Académie Française, dans leurs réceptions et en d'autres occasions, depuis l'établissement de l'Académie jusqu'à présent. Seconde édition, revue et augmentée. Tome second, 1683-1694. — *Paris, Jean-Baptiste Coignard, impr.*, 1735, in-12.

* Discours de Ducis (composé par Thomas) et de l'abbé de Radonvilliers à la réception de Ducis. — Discours de Boisgelin et de Roquelaure à la réception de Boisgelin. — (V. *n°* 451.)

* (V. aussi, dans leurs Œuvres, les discours académiques de l'abbé Fleury; de Fontenelle, T. III, VIII; de Maupertuis, T. III; de Montesquieu; de Jean Racine; de l'abbé Séguy; de Stassart; de Thomas.)

* Recueil de plusieurs pièces de poésie et d'éloquence présentées à l'Académie Française pour les prix des années 1699 et 1723. — (V. *n°* 446, 447.)

* Recueil de plusieurs pièces de poésie et d'éloquence présentées à l'Académie des Jeux Floraux pour les prix des années 1720, 1721 et 1728. — (V. *n°* 448.)

804. — In-8, contenant :

1° — Discours qui a remporté le prix à l'Académie de Dijon, en l'année 1750, sur cette question proposée par la même Académie : Si le rétablissement des sciences et des arts a contribué à épurer les mœurs. Par un citoyen de Genève (J.-J. Rousseau). — *Genève, Barillot et fils* (s. d.).

2° — Discours, etc.... Nouvelle édition, accompagnée de la réfutation de ce discours, par les apostilles critiques de l'un des académiciens examinateurs, qui a refusé de donner son suffrage à cette pièce. (Par LE CAT.) — *Londres, Edouard Kelmarneck*, 1751.

(Le faux-titre porte : « Réfutation du discours du citoyen de Genève, etc. ».)

3° — Réponse au discours qui a remporté le prix de l'Académie de Dijon sur cette question... Par un citoyen de Genève. (Par le roi STANISLAS et le P. DE MENOUX, jésuite.) — (S. l. n. n.), 1751, 34 pages.

4° — Observations de Jean-Jacques ROUSSEAU de Genève sur la réponse qui a été faite à son discours. — (S. l. n. n.), 1751, 62 pages.

5° — Discours sur les avantages des sciences et des arts, prononcé dans l'assemblée publique de l'Académie des Sciences et Belles-Lettres de Lyon le 22 juin 1751. (Par BORDE.) Avec la Réponse de Jean-J. ROUSSEAU,... — *Genève, Barillot et fils*, 1752.

805. — Les prix de vertu fondés par M. de Montyon. Discours prononcés à l'Académie Française par MM. DARU, LAYA, DE LA PLACE, DE SÉGUR, l'évêque d'Hermopolis, DE SÈZE, DE CESSAC, PICARD, LEMERCIER, CUVIER, PARSEVAL-GRANDMAISON, LEBRUN, BRIFAUT, DE JOUY, VILLEMAIN, TISSOT, NODIER, DE SALVANDY, ETIENNE, MOLÉ, FLOURENS, SCRIBE, DUPIN, VIENNET, DE TOCQUEVILLE, ST-MARC GIRARDIN, DE SAINTE-AULAIRE, VITET, DE NOAILLES, DE BARANTE; réunis et publiés avec une Notice sur M. de Montyon par MM. Frédéric LOCK et J. COULY D'ARAGON. T. I : 1819-38. — T. II : 1839-56. — *Paris, Garnier frères*, 1858, 2 vol. in-18 anglais.

806. — Prix de vertu fondé par M. de Montyon. — Discours prononcé par M. LEBRUN, directeur de l'Académie Française, dans la séance publique du 9 août 1831, sur les prix de vertu décernés dans cette séance; suivi d'un Livret contenant les récits des actions vertueuses qui ont obtenu des médailles dans cette même séance. — *Paris, impr. de Firmin Didot frères*, 1831, in-18.

807. — Prix de vertu fondé par M. de Montyon. —

Discours prononcé par M. le baron DE BARANTE, directeur de l'Académie Française, dans la séance publique du 28 août 1856, sur les prix de vertu. — *Paris, librairie de Firmin Didot frères*, 1856, in-18.

* Discours prononcés par les citoyens CROUZET et HAUCHECORNE, à la distribution des prix du Prytanée de St-Cyr, le 2 fructidor an XI. — (V. *n°* 450.)

808. — Discours (sur l'éducation) prononcé à la distribution solennelle des prix du collége royal de Henri IV, le 13 août 1846, par M. THEIL, professeur divisionnaire de seconde,... — *Paris, typographie de Firmin Didot frères*, 1846, in-12 de 22 pages.

* Discours (contre la liberté littéraire) prononcé à la distribution des prix du collége royal de Limoges, le 29 août 1834, par M. JOUEN,... — (V. HISTOIRE, *n°* 1221.)

G. — Oraisons funèbres, Panégyriques, Eloges historiques.

* Dictionnaire portatif des prédicateurs français dont les sermons, prônes, homélies, panégyriques et oraisons funèbres sont imprimés. (Par A. ALBERT et J.-Fr. DE COURT.) — (V. *la division* RÉLIGION.)

---

* (V. d'abord les oraisons funèbres comprises aux recueils 795, 796 et *n°* 797 : 1°, 2°, 3°, 4°, 5°, 6°, 7° et 22°.)

809. — (Recueil factice in-4, contenant :)

1° — Oraison funèbre de ... Henry de La Tour d'Auvergne, vicomte de Turenne,... prononcée à Paris, dans l'église des Carmélites du faubourg St-Jacques, où son cœur est inhumé, le 30 octobre 1675, par Mre Jules MASCARON, évêque et vicomte de Tulle,... — *Paris, veuve de Jean Dupuis*, 1676, 55 pages.

2° — La pompe funèbre faite pour la reine dans l'église de l'abbaye de Saint-Denis. — (A la fin :) *Paris, le 10 septembre* 1683, 8 pages.

3° — Les vertus chrétiennes et les vertus militaires en deuil. Dessin de l'appareil funèbre dressé, par ordre du roi, dans l'église de Notre-Dame de Paris, le neuvième septembre 1675, pour la cérémonie des obsèques de... monseigneur Henry de La Tour d'Auvergne, vicomte de Turenne,... — *Paris, Estienne Michallet,* 1675, 28 pages.

4° — Henrici Valesii oratio in obitum Jacobi Sirmondi, societ. Jesu presbyteri. — *Parisiis, apud Sebastianum Cramoisy et Gabrielem Cramoisy,* 1651, 22 pages.

5° — Elogium divi Augustini. Umbra ejusdem. Tumulus novæ doctrinæ. Epitaphium. Antitheses Cornelii Jansenii et divi Augustini. Authore P. L. — *Parisiis, apud Florentinum Lambert,* 1652, les 32 premières pages.

6° — Panegyricus pro sancita a Ludovico XIII, instituta a cardinali duce Richelæo christiana ad animas expeditione dictus Pali in ludovicæo collegio societatis Jesu, 7 kalend. decembris 1641. A Claudio Gadeville,... — *Pali, apud Joannem Delphinum,* 1642, 42 pages.

7° — Récit de ce qui s'est passé à Limoges durant la célébrité de la canonisation de saint François de Borgia, quatrième duc de Gandie et troisième général de la compagnie de Jésus, au mois de juillet 1672. — *Limoges, Martial Barbou* (s. d.), 24 pages.

8° — Oraison funèbre du sérénissime roi de Portugal Jean IV du nom, prononcée aux obsèques faites, par l'ordre du roi, dans l'église de Notre-Dame de Paris, le 14 du mois d'avril de l'an 1657... Par Mre Antoine Godeau, évêque de Vence. — *Paris, Pierre Le Petit,* 1657, 40 pages.

9° — Oraison funèbre de messire Hardouin de Péréfixe de Beaumont, archevêque de Paris ... prononcée dans l'église de Sorbonne, le 4e jour de février 1671, par monsieur Gaudin,... — *Paris, Sébastien Mabre-Cramoisy,* 1671, 54 pages.

10° — Panegyricus Ludovico XIV,... pro gemino pacis et conjugii fœdere dictus Lutetiæ Parisiorum in collegio Claromontano a Petro Dozennio,... — *Parisiis, apud Sebastianum Cramoisy,* 1670, 43 pages.

11° — Genius divinus, seu Panegyricus Ludovico XIV, collegii Sedanensis societatis Jesu fundatori munificentissimo, ad solemnia ejusdem collegii primordia. Dictus Sedani a R. P. Martino de LIONCOURT,... — *Parisiis, apud Franciscum Muguet*, 1664, 34 pages.

12° — Panegyricus augustissimo Delphino dictus Lutetiæ Parisiorum in collegio Claromontano kal. octob. anno M. DC. LXII. a Petro BOUCHER,... — *Parisiis, apud Sebastianum Cramoisy*, 1662, 38 pages.

13° — L'Espagne en fête sur la nouvelle de l'heureux mariage de mademoiselle Marie-Louise d'Orléans, fille de Monsieur, frère unique du roi, avec le roi Charles second, fait à Fontainebleau le dernier jour du mois d'août l'an 1679. (En trois relations séparées.) — *Paris, Estienne Michalet*, 1679.

810. — (Recueil factice in-4, contenant :)

1° — Panégyrique de sainte Thérèse, par l'abbé DE LA CHAMBRE. — (A la fin :) *Paris*, 1678, 61 pages.

(Le frontispice et les quatre premières pages manquent.)

2° — Panégyrique de saint Charles Borromée,... (par le même). Prononcé en l'église de Saint-Jacques-de-la-Boucherie. — *Paris, impr. de veuve Edme Martin*, 1670, 49 pages.

3° — Panégyrique de la bienheureuse Rose de Sainte-Marie, de Lima du Pérou... (Par le même.) — *Paris, impr. d'Edme Martin*, 1669, 43 pages.

4° — Oraison funèbre de messire Pierre Séguier, chancelier de France,... prononcée à ses obsèques... par M. l'abbé DE LA CHAMBRE,... — *Paris, Pierre Le Petit, impr.*, 1672, 39 pages.

5° — Oraison funèbre de... Henry de La Tour d'Auvergne, vicomte de Turenne,... prononcée en la présence de monseigneur l'évêque de Limoges... le dixième septembre 1675 par M. DE PÉRIÈRE, docteur en théologie, chanoine de Saint-Martial de Limoges. — *Limoges, chez François Charbounier-Pachi, impr.*, 1675, 44 pages.

6° — Oraison funèbre de madame Julie-Lucine d'Angennes de Rambouillet, duchesse de Montausier,... prononcée... le 2 janvier 1672 par monsieur FLÉCHIER. — *Paris, Sébastien Mabre-Cramoisy, impr.*, 1672, 56 pages.

7° — Oraison funèbre de... Julie-Lucine d'Angennes,

duchesse de Montausier, prononcée... le 2e jour de décembre 1671 par le P. Périère,... — *Angoulême, Matthieu Pelard, impr.* (s. d.), 29 pages.

8° — Oraison funèbre de feu messire Yrieix de Choulli, chevalier, seigneur de Permangle... gouverneur de la ville et cité de Limoges, prononcée dans l'église de Champagnac, le 14 du mois de mars 1679, par le père Boniface Peyron,... prieur du couvent des Augustins de Limoges. — *Limoges, Martial Bargeas, impr.*, 1679, 40 pages.

811. — Recueil factice in-4, contenant :

1° — Oraison funèbre de feue très-haute et très-puissante princesse madame Eléonore de Bergh, duchesse de Bouillon, prononcée... par M. Jacques Biroat,... — *Paris, Edme Couterot*, 1663, 66 pages.

2° — Oraison funèbre de feu... Dominique Seguier, évêque de Meaux,... prononcée... le 10 de juin 1659, par M. Jacques Biroat,... — *Paris, Edme Couterot*, 1659, 56 pages.

3° — Oraison funèbre de feu messire Abel Servien, marquis de Sablé et de Bois-Dauphin,... Prononcée... le 24 du mois de mars 1659, par M. Jacques Biroat. — *Paris, Edme Couterot*, 1659, 56 pages.

* Panégyriques des saints, par Biroat. — (V. *la division* Religion.)

812. — In-4, contenant :

1° — Oraison funèbre de... Anne d'Autriche,... faite et présentée à Leurs Majestés. (Par F.-N. Lefèvre d'Ormesson.) — *Paris, Edme Martin*, 1667.

2° — Panégyrique de saint Louis. Au roi. (Par le même.) — (S. l. n. d.), 89 pages.

3° — Avis charitable à la noblesse chrétienne sur son peu de respect, de piété et de modestie dans les églises. — (S. l.), 1663, 19 pages.

4° — Avis charitable aux dames chrétiennes qui, dans les églises, s'approchent inconsidérément du pied des autels. — (S. l.), 1663, 16 pages.

813. — Œuvres mêlées de messire Jean-Louis DE FROMENTIÈRES, évêque d'Aire,... sur plusieurs oraisons funèbres et d'autres matières morales. — *Paris, Jean Couterot*, 1695, in-8.

814. — Recueil d'oraisons funèbres prononcées par messire Antoine ANSELME,... — *Paris, Louis Josse*, 1701, in-12.

815. — Recueil des oraisons funèbres prononcées par messire Jacques-Bénigne BOSSUET, évêque de Meaux. Nouvelle édition, augmentée de l'Eloge historique de l'auteur (par Joseph SAURIN), et du Catalogue de ses ouvrages. — *Paris, Jean Desaint*, 1743, in-12.

* (V. aussi *Œuvres, n°* 62, T. VIII, et *n°* 63, T. IX.)

* Oraison funèbre de... Mgr Louis, dauphin... Par DE LOMÉNIE DE BRIENNE,... — (V. HISTOIRE, *n°* 871.)

* Oraison funèbre de S. M. Louis XVIII, par l'abbé TEXIER-OLIVIER, chanoine honoraire de Limoges. — (V. HISTOIRE, *n°* 1013.)

* Panégyrique de la régence de Madame Royale Marie-Jeanne-Baptiste de Savoie, par l'abbé de SAINT-RÉAL. — (V. ci-dessus *n°* 116, T. I.)

816. — In-8, contenant :

1° — Eloge de René Descartes, par l'auteur de Camédris (Mlle MAZARELLI). — *Paris, veuve Duchesne*, 1765.

2° — Eloge de René Descartes, par THOMAS. — (Sans frontispice.)

3° — Eloge de Louis, dauphin de France, par M. THOMAS. — (S. l. n. d.).

4° — Discours prononcés dans l'Académie Française (par THOMAS et le prince DE ROHAN) à la réception de M. Thomas. — (S. l. n. d.)

* Eloges historiques, par d'ALEMBERT. — (V. ci-dessus n° 60, T. I.)

*(V. aussi : n° 69, *OEuvres de* CONDORCET, T. II et III, et HISTOIRE, n° 1723; — N° 372, *OEuvres de* LA HARPE, T. III, IV; — N° 392 à 395, *OEuvres de* THOMAS; — N° 398, *Discours et mélanges littéraires*, par VILLEMAIN.)

* Les éloges et vies des reines, princesses, dames et damoiselles illustres... Par F. Hilarion DE COSTE. — (V. HISTOIRE, n° 1776.)

* Eloge de Michel de L'Hopital,... par l'abbé RÉMY. — (V. n° 127-1°.)

* Eloge historique de Michel de L'Hospital,... (Par DE GUIBERT.) — (V. HISTOIRE, *Supplément.*)

* Eloge de Michel Montagne,... par M. l'abbé TALBERT... — (V. *ibidem.*)

* Eloge de Marc-Antoine Muret,... par l'abbé VITRAC. — Eloge de Jean Dorat, par le même. — (V. HISTOIRE, nos 1194-1195.)

* Eloges de Baluze et de Grégoire XI par le même. — (V. *ibidem, Supplément*).

* Eloge du comte-duc d'Olivarès, par VOITURE. — (V. n° 399, *OEuvres.*)

* Eloge funèbre de Louis XV, par VOLTAIRE. — (V. n° 99, T. XLVII.)

* Eloge de Turgot... par M. Firmin TALANDIER. — (V. HISTOIRE, n° 1204.)

* Eloge de M. d'Alembert... par CONDORCET. — (V. *ibid.*, n° 1742.)

* Eloge biographique de Maurice-Quentin de La Tour, peintre du roi Louis XV,... par Ernest DRÉOLLE DE NODON,... — (V. *ibid.*, *n*° 1769.)

* Eloge de M. de Guibert, par la baronne DE STAEL-HOLSTEIN. — (V. *n*° 94, *Œuvres posthumes*.)

* Eloge de Pierre-Victurnien Vergniaud,... par M. Gédéon GENTY DE LABORDERIE. — (V. HISTOIRE, *n*° 1199.)

* Eloge historique de François Rozier,... par Arsène THIÉBAUT DE BERNEAUD. — (V. *ibid.*, *n*° 1743.)

817. — Procès-verbal de rentrée de la cour de cassation. — Discours de M. DUPIN, procureur général. — Eloge de Lamoignon-Malesherbes. — Audience du 8 novembre 1841. Extrait des registres de la cour de cassation. (Sans frontispice.) — (A la fin :) *Paris, impr. de Cosson*, in-8, 80 pages.

* Eloge funèbre des généraux Kléber et Desaix, par GARAT. — (V. *n*° 127-3°.)

* Eloge de M. Joseph-Hyacinthe de Gaston,... par M. BALLET,... — (V. HISTOIRE, *n*° 1208.)

* Eloge de Louis XVIII,... par L.-M. PATRIS-DEBREUIL,... — (V. *ibid.*, *n*^{os} 1008 et 1009.)

* Eloge historique de S. A. R. Charles-Ferdinand d'Artois, duc de Berry,... par ALISSAN DE CHAZET... — (V. *ibid.*, *n*° 1011.)

* Eloge historique de Mgr Marie-Jean-Philippe du Bourg, évêque de Limoges. (Par M. l'abbé BERTHELOT, supérieur du grand séminaire de Limoges.) — (V. *ibid.*, *n*° 1209.)

* Eloge de Scipion de Dreux, marquis de Brézé, prononcé à la chambre des pairs, le 19 mars 1846, par M. le duc DE NOAILLES... — (V. *ibid.*, *n*° 1027.)

§ 6. — Orateurs étrangers.

818. — Delle orationi volgarmente scritte da molti hvomini illvstri de tempi nostri parte prima(-seconda)... Raccolte, rivedvte et corrette da M. Francesco Sansovino... — *In Venetia*, M D LXXV, in-4.

(Cl. Tolomei, Alb. Lollio, Della Casa, Anna, reina, Sebastian Giustiniano, Ben. Varchi, Parth. Ferrino, Remigio Fiorentino, Pietro Angelio, Francesco Robortello, Giulio Camillo, Girolamo Faleto, Corn. Francipane, Christof. Landino, Gian-Giorgio Trissino, Franc. Grisonio, Bart. Cavalcanti, P. Bembo, Macone, Carlo quinto, imp., Ant. Perinotto, Card. Polo, Ant. Bendinelli, Lorenzo Capellono; Giov. Guidiccioni, Giov. Bat. Pigna, M. Bartol. Spathaphora. M. Luigi Groto, Franc. Quero, Domin. Falconetto, Giulio Zoria, Marc'Antonio Theotio, e molti incerti autori.)

819. — Le orationi italiane e latine del famoso oratore Luigi Grotto, cieco d'Hadria, recitate da lui con grandissimo applauso a regi, prencipi e gran personaggi... Aggiuntevi due Ammaestramenti utilissimi a chiunque desidera farsi perfetto dicitore. Con le Tavole delle orationi et delle cose più memorabili. — *In Venetia*, M. DC. XVI., *appresso Giacomo Sarzina*, in-8.

---

820. — Recueil de discours prononcés au parlement d'Angleterre par J.-C. Fox et W. Pitt, traduit de l'anglais et publié par MM. H. de J..... (de Janvry),... et L.-P. de Jussieu,... Avec portraits. — *Paris, Le Normant* et *Magimel, Ancelin et Pochard*, 1819-20, 12 vol. in-8.

IIIE CLASSE.

POÉSIE.

(V. pour la poésie dramatique la *classe* THÉATRE.)

INTRODUCTION.

* Origine de la poésie, par CONDILLAC. — (V. *n°* 68, *OEuvres*, T. I.)

* Πῶς δεῖ τὸν νεὸν ποιημάτων ἀκούειν. — Quomodo adolescens poetas audire debeat. — (V. *n°* 25, *Opera* PLUTARCHI.)

* Comment il faut que les ieunes gens lisent les poetes et facent levr profit des poesies. (Trad. d'AMYOT.) — (V. *n°* 26.)

* Défense de la poésie, par M. l'abbé MASSIEU. — (V. *n°* 163, *Mém. de l'Acad. des Inscript.*, T. II, p. 164.)

* Réflexions sur la poésie, par M. RACINE,... — *Paris, Desaint et Saillant*, 1747, 2 vol. in-12. — (V. *n°* 383.)

* Sur l'essence de la poésie, par RACINE. — (V. *n°* 163, *Mém. de l'Acad. des Inscript.*, T. VI, p. 245.) — Sur l'imitation des mœurs dans la poésie. — (V. *ibid*, T. XIII, p. 348.) — De la poésie naturelle ou de la langue poétique. — De la poésie artificielle ou de la versification. — Du style poétique ou du langage figuré. — Du respect que les poètes doivent à la religion, par le même. — (V. *ibid.*, T. XV.)

CHAPITRE Ier. — *Poétique.*

§ 1er — Traités généraux.

* ΑΡΙΣΤΟΤΕΛΟΥΣ περὶ ποιητικῆς. — (V. *nos* 22-24, ARISTOTELIS *Opera.*)

821. — Francisci ROBORTELLI Vtinensis in librum ARISTOTELIS de arte poetica explicationes. Qui ab eodem Authore ex manuscriptis libris, multis in locis emendatus fuit, ut iam difficillimus, ac obscurissimus liber à nullo ante declaratus facilè ab omnibus possit intelligi. — *Florentiae In Officina Laurentii Torrentini*, M D XLVIII., in-fol.

(A la suite :)

— Francisci ROBORTELLI Vtinensis paraphrasis in librvm HORATII, qvi vvlgo de arte poetica ad Pisones inscribitvr. Eivsdem explicationes de satyra de epigrammate de comoedia de salibvs de elegia. Quæ omnia addita ab authore fuerunt, ut nihil quod ad poeticam spectaret desiderari posset... — (A la fin :) *Excudebat Laurentius Torrentinus, Florentiæ*, M. D. XLVIII., in-fol.

822. — Réflexions sur la poétique de ce temps et sur les ouvrages des poètes anciens et modernes. Seconde édition, revue et augmentée. (Par le P. RAPIN.) — *Paris, F. Muguet*, 1675, in-12.

(Cet ouvrage parut d'abord en 1674 sous le titre de : « Réflexions sur la poétique d'Aristote et sur les poètes anciens et modernes ». Mais il y avait tant de fautes graves dans cette 1re édition, que le P. Rapin se hata d'en publier une seconde, avec le titre ci-dessus. — V. l'avertissement qui suit l'Epitre dédicatoire.)

(A la suite :)

— Réflexions sur la philosophie ancienne et moderne, et sur l'usage qu'on en doit faire pour la religion. (Par le P. RAPIN.) — *Paris, François Muguet* et *Claude Barbin*, 1676, in-12.

* Mémoires sur la poétique d'Aristote. — De l'Epopée comparée avec la tragédie et l'histoire. Par l'abbé BATTEUX. —

Analyse de la poétique d'Aristote, par le même. — (V. *n°* 163, *Mém. de l'Acad. des Inscript.*, T. XXXIX, XLI.)

* Horatii de arte poetica. — (V. ci-dessous Horatii *Opera.*)

* Les sentiments du jeune Pline sur la poésie... Par M. de Fourcroy,... — (V. *n°* 367.)

* M. Hieronymi Vidæ,... Poeticorum libri III. — (V. ci-dessous *Opera.*)

* Art poétique de Boileau. — (V. *n°s* 352-355, *Œuvres.*)

* Traité de la langue poétique, par Thomas. — (V. *n°* 394, *Œuvres posthumes*, T. II.)

§ 2. — Traités des différentes sortes de poèmes.

* Discours sur la fable épique, par l'abbé Vatry. — Réponse à un mémoire qui a pour titre : « Dissertation où l'on examine s'il est nécessaire que la fable du poème épique ait rapport à une vérité de morale », par le même. — Dissertations sur le poème épique, par M. de La Barre. — (V. *n°* 163, *Mém. de l'Acad. des Inscript.*, T. IX.)

* Discours sur l'élégie et sur les poètes élégiaques, par M. l'abbé Souchay. — (V. *ibid.*, T. VII, XVI.)

* Discours sur l'origine et le caractère de l'épithalame, par le même. — (V. *ibid.*, T. IX.)

* Dissertation sur les hymnes des anciens, par le même. — (V. *ibid.*, T. XII et XVI.)

* Mémoire sur l'élégie grecque et latine, par M. l'abbé Fraguier. — (V. *ibid.*, T. VI.)

* Dissertation sur l'églogue, par le même. — (V. *ibid.*, T. II.)

* Discours sur la nature de l'églogue, par FONTENELLE. — (V. n° 74, *Œuvres*, T. IV.)

CHAPITRE II. — *Poètes.*

§ 1er. — Recueils de poésies en différentes langues.

823. — Recueil de poésies sur le trépas de... Henri le Grand,... (et sur l'avènement de Louis XIII), par Guillaume DUPEYRAT. — *Paris, Robert Estienne*, 1611, in-4.

(Le frontispice manque. — Les poètes compris dans ce recueil sont, indépendamment de DUPEYRAT, désignés au frontispice : Anne DE ROHAN, HABERT, BOUTEROUE, DESONAN, CHANTECLERC, HURAULT DE L'HOSPITAL, PASCHASIUS, Ant. LOISEL, N. LE DIGNE S. de Condes, DU BOIS DE PINCÉ, DU MEYNE, Séb. HARDY, FARDOIL, NERVÈZE, J. PRÉVOST du Dorat, Ant. MORNAC, BILLARD DE COURGENAY, D.-F. CHAMPFLOUR, N. BOURBON, DE BÉNEVENT, J. GORDON, Octave MENIN, G. CRITTON, Jean VERGER, Th. MARCILE, N. RICHELET, DU JOUR, J. TOURNET, Janus VALLA, J. BONEFON, M. DURUSOLAS, AITON, Jac. DE LA VALLÉE, LE BLANC, Th. DEMPSTER, Gasp. DE BRYENNE, L. BOURBON, E. MOLINIER, D. DU MONSTIER, R. ESTIENNE, Es. CURTIUS, Lud. LIGIER, J. MOREL, Rich. ESTIENNE, don Faust ZANNESSI, Scipion AGNELLI, Cosme ROGGIERI, GILDEMESA, J. LE SECQ, FIGUEROA, Fr. GUYET, P. BONIFANTIUS, etc. — Jean Prévost, l'un des auteurs ci-dessus, naquit au Dorat (Hte-Vienne), et mourut à Paris le 31 mars 1622. Le catalogue de ses ouvrages a été donné dans la 9e édition du *Dictionnaire universel* de Chaudon. — (V. *Annales de la Hte-Vienne*, 27 avril 1813.)

824. — In-4, contenant :

1° — Le Parnasse royal, où les immortelles actions du très-chrétien et très-victorieux monarque Louis XIII sont publiées par les plus célèbres esprits de ce temps. — *Paris, Sébastien Cramoisy*, 1635.

(Ce recueil, publié, ainsi que le suivant, par BOIS-ROBERT, comprend des poésies de : GODEAU, GOURNAY, DE L'ESTOILLE, PORCHÈRES D'ARBAUD, BOIS-ROBERT, MAYNARD, MALHERBE, COLLETET, ACHILLINI.)

2° — Palmæ regiæ invictissimo Ludovico XIII, regi christianissimo, a præcipuis nostri ævi poetis in trophæum erectæ. — *Parisiis, apud Sebastianum Cramoisy*, 1634.

(Comprenant : Baptista LAURO, BERTELOT, BOURBON, DELIDEL, DONI, FAVEREAU, GRAMMONT, GIRARD, HABERT, HEROUARD, JOURNÉE, ISNARD, DE MACHAULT, MARBEUF, MÆRATIUS, DU MAY, PÉTAU, PONTANUS, ROCHEMAILLET, LE ROUX, SIRMOND, TARIN, THÉRON, THOMAS, VAVASSEUR, etc.)

825. — (Recueil factice in-8, contenant :)

1° — Lamentations de Jérémie, odes dédiées à la reine de Pologne, électrice de Saxe, par M. D'ARNAUD,... Nouvelle édition. — *Paris, veuve Lottin* (et autres), 1757.

2° — Mon odyssée, ou Le journal de mon retour de Saintonge, poème à Chloé. (Par ROBBÉ DE BEAUVESET.) — *La Haye* (*Paris*), 1760.

(Figures.)

3° — Le terze rime piacevoli di M. Giovanni DELLA CASA, con una scelta delle migliori rime burlesche del BERNI, MAURO, DOLCE, ed altri autori incerti. — *In Benevento*, 1727.

4° — Elvire, poème, par monsieur D'ARNAUD,... — *A Amsterdam*, 1753, *chez Pierre Mortier*.

5° — La mort du maréchal comte de Saxe, poème, par M. D'ARNAUD,... Nouvelle édition. — *Anvers*, et *Paris*, *Laurent Prault*, 1759.

§ 2. — Poésie orientale.

* Remarques sur Virgile et sur Homère, et sur le style poétique de l'Ecriture sainte... (Par l'abbé FAYDIT.) — (V. *n°* 323.

* Discours sur la poésie et en particulier sur celle des anciens Hébreux, par l'abbé FLEURY. — (V. *n°* 73, *Œuvres*.)

* Dissertation sur l'art poétique et sur les vers des anciens Hébreux, par M. FOURMONT. — (V. *n°* 163, *Mém. de l'Acad. des Inscript.*, T. IV.

* (V. *n°* 107, dans la *Revue des Deux Mondes*, les articles de M. J.-J. AMPÈRE sur le *Livre des rois* de Firdousi (année 1839, T. III), sur le *Bhagavata Purana* (année 1840, T. IV), et sur le *Ramayana* (année 1847, T. III).

826. — ... Le parterre de fleurs du Cheïkh-Moslih-Eddin SADI de Chiraz. Edition autographique publiée par Mr. N. Semelet, exécutée par les presses de M. J. Cluis, lithographe, place du Châtelet. — *Paris*, 1828, in-4.

(Texte arabe seulement.)

827. — Rig-Véda, ou Livre des hymnes, traduit du sanscrit par M. LANGLOIS,... — *Paris, Firmin Didot frères*, 1848-51, 4 vol. in-8.

§ 3. — Poésie grecque.

A. — Traités sur la poésie grecque.

* De la poésie grecque en Grèce, par AMPÈRE. — (V. *n°* 107, *Revue des Deux Mondes*, 15 juin et 1er juillet 1844.)

* Mémoires sur les chansons de l'ancienne Grèce, par M. DE LA NAUZE. — (V. *n°* 163, *Mém. de l'Acad. des Inscript.*, T. IX.)

B. — Collections et extraits de poètes grecs.

828. — PINDARI Olympia, Pythia, Nemea, Isthmia. Cæterorvm octo Lyricorum carmina, ALCAEI, SAPPHVS, STESICHORI, IBYCI, ANACREONTIS, BACCHYLIDIS, SIMONIDIS, ALCMANIS, Nonnulla etiam aliorum. Editio IIII. Græcolatina, H. STEPH. recognitione, quorundam interpretationis locorum, et accessione lyricorum carminum locupletata. — *Excudebat Paulus Stephanus, anno* M. DC., 2 parties en 1 vol. in-24.

(La 1re partie contient les poésies de Pindare; la 2e, qui comprend les autres poètes grecs, a son frontispice et une pagination particulière.)

829. — THÉOCRITE, BION, MOSCHUS, ANACRÉON et autres, appelés vulgairement Petits poètes, publiés par M. l'abbé Gail,... faisant partie de la collection des livres grecs classiques, imprimés par ordre du gouvernement. — *Paris, P.-Fr. Didot, impr.*, 1788, in-12.

(Tout grec. — Ces autres *petits poètes* sont : THÉOGNIS, Sentences; PHOCYLIDE; PYTHAGORE, Vers d'or; CALLIMAQUE, Epigrammes, Hymnes. — Le volume contient encore diverses épigrammes de l'*Anthologie*.)

830. — Pœtæ bucolici et didactici. — THEOCRITUS, BION, MOSCHUS, recognovit et præfatione critica instruxit C. Fr. Ameis. NICANDER, OPPIANUS, Marcellus SIDETA de piscibus, Poeta de herbis, recognovit F. S. Lehrs. Præfatus est K. Lehrs.

Phile iambi de proprietate animalium, ex codicibus emendarunt F. S. Lehrs et Fr. Dübner. Græce et latine, cum scholiis et indice locupletissimo. — *Parisiis, editore Ambrosio Firmin Didot*, 1846, grand in-8.

(Bibliothèque grecque-latine de Firmin Didot.)

831. —

ΗΣΙΟΔΟΥ ποιήματα.	Hesiodi carmina.
ΑΠΟΛΛΩΝΙΟΥ Ἀργοναυτικά.	Apollonii Argonautica.
ΜΟΥΣΑΙΟΥ τὰ καθ' Ἡρὼ καὶ Λέανδρον.	Musæi carmen de Herone et Leandro.
ΚΟΛΟΥΘΟΥ ἁρπαγὴ Ἑλένης.	Coluthi raptus Helenæ.
ΚΟΙΝΤΟΥ τὰ μεθ' Ὅμηρον.	Quinti posthomerica.
ΤΡΥΦΙΟΔΩΡΟΥ ἅλωσις Ἰλίου.	Tryphiodori excidium Ilii.
ΤΖΕΤΖΟΥ προομηρικά, κ. τ. λ.	Tzetzæ antehomerica, etc.

Græce et latine cum indicibus nominum et rerum edidit F. S. Lehrs. — Asii, Pisandri, Panyasidis, Chœrili, Antimachi fragmenta cum commentariis aliorum et suis adjecit Fridericus Dübner. — *Parisiis, editore Ambrosio Firmin Didot*, **1841, grand in-8.**

(Bibliothèque grecque-latine de Firmin Didot.)

* Γνωμολογία. Gnomologia. Index eorum quæ in hoc volumine, quam Gnomologiam, Moraliū sententiarꝫ collectanea merito appelles, cōprehēdunt. Hieronymi Aleandri, qui librum recognouit, Epistola. Theognidis poetæ vetustissimi Elegiaco carmine sententiæ. Pythagoræ Carmina aurea. Epigrammata duo in Phocylidem, cum eiusdem sanctissimis heroico carmine præceptis. Carmina Sibyllæ Erythrææ nomen Iesu dei filii in primis literis pre se ferentia. Diuersorum animalium differentia vocis. Catonis, quē pro pueris appellat vulgus, hexametro versu sentētiæ in græcum e latino conuersę. Variorꝫ poetarꝫ sententię ordine Alphabetico... Epigramma in septem sapientes. Eorūdem pręclara dicta. Sententiæ in inuidiam. Illustrium quorūdam virorum... sententiæ nunꝙ antea impressę. Addita sunt fini rudimenta quędam gręca, cū Dñica Angelica et aliis quibusdam piis orationibus... — *Apud Matthæum Bolsecum* (*bibliopolam parisiensem*, 1512), in-4. — (V. *n*° 497-2°.)

* Même ouvrage. — (V. ci-dessous *n*° 847, Theognidis,... *Sententiæ*.)

832. Florilegivm diversorvm epigrammatvm in septem libros (collect PLANUDE). Solerti nuper repurgatum cura. M. D. XXXI. — Ἀνθολογία διαφόρων ἐπιγραμμάτων... Nunc exit castigatius, q̃ aliàs unq̃, pristinis elustratum erroribus, multisq; adauctum adiectis Epigrammat. — (*Parisiis*), 1531, *Vænundatur Badio*, petit in-8.

(Tout grec.)

833. — Τὰ ἐκ τῶν παλαιῶν καὶ πάντων σοφῶν κωμικῶν ν', Γνωμικὰ σωζόμενα... Vetustissimorum et sapientiss. comicorum quinquaginta, quorum opera integra non extant, Sententiae, quæ supersunt : Græcè et Latinè collectæ, et secundũ literas Græcorũ in certos locos dispositæ. Accesservnt, Vniuscuiusque Poetæ uita, quanta fieri potuit diligentia conscripta : et PLATONII fragmentum, de differentijs Comœdiarum... Per Iacobvm HERTELIVM Curiensem... — *Basileae* (1560), petit in-8.

834. — Ἀνθολογία διαφόρων ἐπιγραμμάτων παλαιῶν, εἰς ἑπτὰ βιβλία διῃρημένη. — Florilegium diuersorum epigrammatum veterum, in septem libros diuisum, Magno epigrammatũ numero et duobus indicibus auctũ... — *Anno* M. D. LXVI *Excudebat Henricus Stephanus*, petit in-fol.

(Bel exemplaire d'une belle édition. — On lit au r° du 1er feuillet de garde la note manuscrite suivante : « Ex Simeonis Bosii J. C. libris ». — Du Boys (Siméon), savant littérateur et magistrat intègre, naquit à Limoges en 1536, et mourut en 1581. — V. Du Boys, *Biogr. des hommes illustres du Limousin.*)

835. — Epigrammatvm graecorvm annotationibvs Ioannis Brodæi Tvronensis, nec non Vincentii Obsopoei, et Græcis in pleraque epigrammata scholiis illustratorum libri VII. Accesserunt Henrici Stephani in quosdam Anthologiæ epigrammatum locos Annotationes. Additi sunt indices tres, pernecessarij. — *Francofvrti, Apud Andreæ Wecheli heredes Claudium Marnium et Iohannem Aubrium*, M. DC., in-fol.

(Edition fort estimée des savants à cause des notes. — V. DE BURE, *Bibliogr. instruct.*, Belles-Lettres, T. I, p. 203.)

* Selecta epigrammata e græcorum florilegio et a Josepho Iusto SCALIGERO,... Latinè versa. — (V. n° 55, SCALIGERI *Opuscula*.)

C. — Poètes grecs.

* Recherches sur la vie et les écrits d'Homère, traduites de l'anglais de BLACKWELL, par J.-N. QUATREMÈRE DE ROISSY. — (V. HISTOIRE, n° 1698.)

* Parallèle d'Homère et de Platon, par l'abbé MASSIEU. — (V. n° 163, *Mém. de l'Acad. des Inscript.*, T. II.)

* Des causes de la corruption du goût, par Mme DACIER. — (V. n° 298.)

* Dissertation sur Homère considéré comme poète tragique, par DE CHABANON. — (V. n° 163, *Mém. de l'Acad. des Inscript.*, T. XXX.)

836. — HOMERI qvæ extant omnia Ilias, Odyssea, Batracomyomachia, Hymni, Poematia aliquot cum Latina versione omnium quæ circumferuntur emendatissim. aliquot locis iam castigatiore. Perpetuis item iustisque in Iliada simul et Odysseam Io. SPONDANI Mauleonensis commentariis. PINDARI quinetiam Thebani Epitome Iliados Latinis versib. et DARETIS Phrygij de bello Troiano libri, à Corn. NEPOTE eleganter latino versi carmine. Indices Homeri textus et Commentariorum locupletissimi. — *Coloniæ Allobrog. Sumptibus Caldorianæ Societatis*, M. DC. VI., in-fol.

837. — ΟΜΗΡΟΥ Ποιήματα καὶ τὰ τοῦ Κύκλου λείψανα. — Homeri Carmina et Cycli epici reliquiæ. Græce et latine, cum indice nominum et rerum. Editio iteratis curis correcta (a G. Dindorfio et Dübnero). — *Parisiis, editore Ambrosio Firmin Didot*, 1856, grand in-8.

(Bibliothèque grecque-latine de Firmin Didot)

838. — L'Iliade d'HOMÈRE, traduite en français, avec des remarques, par madame (Anne Le Febvre) DACIER. Nouvelle édition, revue, corrigée et augmentée. Avec quelques Réflexions sur la Préface anglaise de M. Pope. — *Paris, du* *fonds de messieurs Rigaud et Anisson, chez G. Martin* (et autres), 1756, 4 vol. in-12.

(Figures.)

839. — L'Iliade, traduction nouvelle. (Par LE BRUN.) — *Paris, Ruault*, 1776, 2 vol. in-12.

840. — L'Iliade d'HOMÈRE, traduction nouvelle, précédée de Réflexions sur Homère, et suivie de Remarques, par M. BITAUBÉ,... — *Paris, Prault* (et autres), 1780, 3 vol. in-8.

(Buste d'Homère.)

841. — Iliade d'HOMÈRE, traduite en français par DUGAS MONTBEL,... Précédée de l'Histoire des poésies homériques. Quatrième édition. — *Paris, Firmin Didot frères*, 1856, in-18 anglais.

* Introductio ad linguam græcam, complectens Iliadis homericæ quatuor priores libros græco-latinos... Auctore P. Bonaventura GIRAUDEAU,... — *Rupellæ*, 1752, in-12. — (V. *n*° 510.)

* Dissertation sur Homère et traduction en vers français du Ier livre de l'Iliade et du Discours d'Andromaque à Hector (livre VI). — (V. *Poésies françaises* de RÉGNIER DES MARAIS, T. II.)

* Fragment du XVIe livre de l'Iliade, traduit en vers français par VILLAR. — Le désespoir d'Achille après la mort de Patrocle, fragment du XVIIIe livre de l'Iliade, traduit en vers français (par le même). — (V. *n*° 164-*C*, *Mém. de l'Inst., Littér. et Beaux-Arts*, T. II et IV.)

* Mémoire sur la description du bûcher d'Achille par Homère. Par M. QUATREMÈRE DE QUINCY. — (V. *n*° 165, *Mém. de l'Inst., Classe de littérature*, T. IV, page 102.)

842. — Ὀδύσσεια, Βατραχομυομαχία, ὕμνοι. λβ. Η τῶν αὐτῶν πολύπλοκος ἀνάγνωσις. — *Anno* M. D. XXV. (A la fin :) Εν Ἀργεντο-

ῥάτῳ, παρὰ Βολφίῳ, etc.). — (Odyssea, Batrachomyomachia, Hymni XXXII. Variæ lectiones. Cum vita Homeri HERODOTO, PLUTARCHO, DIONE, auctorib. Græce, ex editione Leoniceni. — *Argentorati, apud Wolfium Cephaleum*, 1525), in-8.

(Edition rare.)

843. — L'Odyssée d'HOMÈRE, traduite en français avec des remarques, par madame DACIER. Nouvelle édition, revue, corrigée et augmentée. — *Paris, du fonds de messieurs Rigaud et Anisson, chez G. Martin* (et autres), 1756, 4 vol. in-12.

844. — Odyssée et poésies homériques, traduites en français par DUGAS MONTBEL,... Troisième édition. — *Paris, Firmin Didot frères*, 1856, in-18 anglais.

* Observations critiques sur l'Hymne à Cérès, attribué à Homère, et publié par M. Ruhnkenius. Par M. DUPUY. — (V. *n°* 163, *Mém. de l'Acad. des Inscriptions,* T. XLVI.)

845. — HESIODI Ascraei poetae vetvstissimi ac sapientissimi opera, quæ quidem extant, omnia Græcè, cum interpretatione latina è regione, ut conferri à græcæ linguæ studiosis citra negotium possint. Adiectis etiam ijsdem latino carmine elegantis. uersis, et Genealogię deorum à PYLADE Brixiano uiro doctis. descriptæ Libris V. Item IOANNIS GRAMMATICI cognomento TZETZIS, uiri longe doctissimi, Scholia Græca in eadem omnia Hesiodi opera, nunc primum quàm emendatissime ex manuscripto exemplari in publicum edita, Cum rerum et uerborum in ijsdem memorabilium locupletiss. Indice... — *Basileae* (s. l. n. d., mais vers 1542), petit in-8.

* (V. aussi *n°* 831.)

* ORPHEI poetæ vetustissimi Initia, seu Hymni sacri versibus antiquis Latine expressi. — (V. *n°* 55, SCALIGERI *Opuscula.*)

* SAPPHVS. — (V. *n°* 828.)

* (V. aussi, pour la traduction de Mme DACIER, ci-après n° 848.)

846. — A fragment of an ode of SAPPHO from Longinus: also an ode of Sappho from Dionysius Halicarn. edited by the honourable Francis Henry Egerton, etc., etc., etc. — (A la fin:) *Paris, 1815, J.-M. Eberhart, impr.*, in-8, de 26 pages.

(En double exemplaire.)

847. — ΘΕΟΓΝΙΔΟΣ Μεγαρέως Σικελιώτου γνῶμαι ἐλεγειακαί. THEOGNIDIS Megarensis Sicvli Sententiae Elegiacae. (Græcè.) — *Parisiis, apvd Iohannem Lodoicvm Tiletanvm*, M. D. XXXVII., in-4.

(On trouve à la suite la *Gnomologie* décrite au n° 497-2° et page 232.)

* (V. aussi n° 829.)

* ANACREONTIS Carmina. — (V. n° 828.)

848. — Les poésies d'ANACRÉON et de SAPHO, traduites en français... par madame DACIER. Nouvelle édition, augmentée de notes latines de Mr Le Fèvre, et (précédée) de la traduction en vers français de M. DE LA FOSSE. — *Amsterdam, veuve de Paul Marret*, 1716, in-12.

(La traduction française en regard du texte grec.)

* PINDARI Olympia, etc. — (V. n° 828.)

* Odes olympiques de PINDARE (1re, 2e, 4e, 5e, 12e, 14e), traduites en français avec des Remarques, par l'abbé MASSIEU. — Odes isthmiques (1re et 2e), traduites par le même. — (V. *Mém. de l'Acad. des Inscript.*, T. VI (pour la 1re et la 2e ode olymp. et pour la 1re et la 2e ode isthm.); T. X (pour la 4e et la 5e olymp.); T. IV (pour la 12e et la 14e olymp.)

* Discours sur Pindare et sur la poésie lyrique, et trad. avec des remarques de la septième olympique, et des huit premières pythiques, par DE CHABANON. — (V. *ibid.*, T. XXXII, XXXV, XXXVII.)

* Mémoires sur les odes de Pindare et trad. de la 4e isthmienne, de la 8e néméenne, de l'ode pour Dinias, de la 4e néméenne. Analyse et traduction de la 7e olympique, par M. Vauvilliers. — (V. *ibid.*, T. XLVI.)

* Réflexions sur Pindare, suivies de la traduction de la première Ode olympique, par Bitaubé. — (V. *n*o 164-*C*, *Mém. de l'Inst.*, *Littér. et Beaux-Arts*, T. IV.)

849. — ΛΥΚΟΦΡΟΝΟΣ τοῦ Χαλκιδέως Ἀλέξανδρα. Lycophronis Chalcidensis Alexandra, siue Cassandra, Cum versione Latina Gvlielmi Canteri. Eiusdem Canteri in eamdem Annotationes, quibus loca difficiliora partim e Scholiis Græcis, partim ex aliis scriptoribus explicantur. — *Apud Hieronymum Commelinum, anno* clↄ Iↄ xcvi (1596), petit in-8.

* Théocrite (tout grec). — (V. *n*o 829.)

* Theocritus (græce et latine). — (V. *n*o 830.)

850. — Idylles de Théocrite, traduites en français par Julien Geoffroi,... Accompagnées du texte grec, et revues par J. Planche,... — *Paris*, *Brunot-Labbe*, 1823, in-12.

* Quatrième Idylle de Théocrite, traduite en français avec des Remarques, et Discours sur les bergers de Théocrite par M. Hardion. — (V. *n*o 163, *Mém. de l'Acad. des Inscript.*, T. IV.)

* Recherches sur les fêtes carnéennes, sur les Thesmophories, sur les différentes fêtes instituées chez les Grecs, pour servir à l'intelligence de quelques hymnes de Callimaque, par (Laporte) du Theil. — (V. *ibid.*, T. XXXIX.)

851. — De arte Callimachi poetæ thesim proponebat Facultati Litterarum parisiensi Eug. Thionville, Scholæ Normalis olim alumnus (nunc artis rhetoricæ professor in collegio Lemovicensi.) — *Parisiis*, *apud Augustum Durand* (*Lemovici*, *e typis fratrum Chapoulaud*), 1855, in-8.

* ΑΡΑΤΟΥ Σολέως φαινόμενα. Ciceronis in Arati Phaenomena

interpretatio, quæ multo et amplior est et emendatior quàm vulgata. Accesservnt his VERGELII, Germanici CÆSARIS, et Rufi AVIENI carmina, iis respondentia Arati, quæ à Cicerone conuersa interciderunt. Haec avtem latina omnia graecis ex altera parte respondent Ioachimi PERIONIJ opera, cuius obseruationes simul eduntur. — *Parisiis, apud Ioannem Lodoicum Tiletanum*, M. D. XL., in-4. — (V. *n*° 312.)

852. — ΑΡΑΤΟΥ Σολέως φαινόμενα καὶ διοσημεῖα. ΘΕΩΝΟΣ σχόλια. ΛΕΟΝΤΙΟΥ Μηχανικοῦ περὶ ἀρατείας σφαίρας. (ARATI phænomena et diosemeia. THEONIS scholia. LEONTII Mecanici de Arati Sphæra.) — *Parisiis*, M. D. LIX. *Apud Guil. Morelium.*

— ARATI Solensis phænomena, et prognostica. Interpretibus, M. Tullio CICERONE, Rufo Festo AVIENO, Germanico CÆSARE, vna cum eius commentarijs. C. Ivlii HYGINI Astronomicon. Omnia partim è vetustis codicibus, partim è locorum collatione emendata et emendatorum ratio exposita. — *Parisiis*, M. D. LIX. *Apud Guil. Morelium.* — Les 2 parties en 1 vol. in-4.

* ARATI Phænomena et prognostica, interprete Avieno. — (V. *n*° 35, *Biblioth. Lemaire, Poetæ latini minores*, T. V.)

* ARATI Φαινομενῶν fragmentvm, Germanico CÆSARE interprete. ARATI Solensis apparentia (græce et latine). — (V. HYGINI *Fabulæ.*)

* APOLLONII Rhodii Argonauticorum libri IV (græce et latine). — (V. *n*° 831.)

853. — ΝΙΚΑΝΔΡΟΥ θηριακά. NICANDRI Theriaca (græce et latine) Interprete Io. GORRÆO Parisiensi (cum ejusdem annotat.)... — *Parisiis*, M. D. LVII. *Apud Guil. Morelium.*

— ΝΙΚΑΝΔΡΟΥ ἀλεξιφάρμακα. NICANDRI Alexipharmaca (græce et latine) Io. GORRÆO Parisiensi medico interprete. Eivsdem interpretis in Alexipharmaca Præfatio, omnem de venenis disputationem summatim complectens, et Annotationes... — *Parisiis*, M. D. LVII. *Apud Guil. Morelium.*

— Σχόλια ἀνωνύμου τινος συγγραφέως, παλαιά τε καὶ χρήσιμα εἰς τὰ τοῦ Νικάνδρου Θηριακά. Σχόλια διαφόρων συγγραφέων εἰς Ἀλεξιφάρμακα. In Nicandri Theriaca scholia auctoris incerti, et vetusta et utilia. In eivsdem Alexipharmaca diuersorum auctorum Scholia... — *Parisiis*, M. D. LVII. *Apud Guil. Morelium.* — Le tout en 1 vol. in-4.

854. — ΝΙΚΑΝΔΡΟΥ Ἀλεξιφάρμακα (ut supra). — *Parisiis*, M. D. LVII. — Σχολια ανωνυμου τινος συγγραφεως (ut supra). — *Parisiis*, M. D. LVII., in-4.

(A la suite :)

— ΔΗΜΟΣΘΕΝΟΥΣ Ὀλυνθιακὸς λόγος Α (–Γ, καὶ κατὰ Φιλίππου λόγοι Α-Δ), etc. — *Parisiis, apud Guil. Morelium*, M. D. LVII., in-4. — (V. page 202, ligne 12 et suiv.)

* NICANDER (græce et latine). — (V. *n*° 830.)

855. — ΟΠΠΙΑΝΟΥ Ἀναζαρβέως Ἁλιευτικῶν βιβλία Ε. Κυνηγετικῶν βιβλία Δ. OPPIANI Anazarbei De Piscatu libri V. De Venatione libri IIII (græce)... — *Parisiis*, M. D. LV. *Apud Adr. Turnebum*, in-4.

(Edition rare et précieuse.)

* OPPIANUS (græce et latine.) — (V. *n*° 830.)

* OPPIANI de venatione libri IIII ita conversi ab Adr. TVRNEBO, vt singvla verba singvlis respondeant. — (V. *n*° 342, TURNEBI *Opera.*)

* Marc. SIDETA (græce et latine). — (V. *n*° 830.)

* ΣΥΝΗΣΙΟΥ ἐπισκόπου ὕμνοι (græce et latine). — (V. SYNESII *Opera.*)

856. — Les Dionysiaques ou Les voyages, les amours et les conquêtes de Bacchus aux Indes. Traduites du grec de NONNVS Panopolitain (par BOITET.) — *Paris, Robert Fouet*, 1625, in-8.

(Les exemplaires de cette traduction sont rares. — Brunet.)

* COLUTHI raptus Helenæ (græce et latine). — (V. *n*° 831.)

857. — ΚΟΙΝΤΟΥ Καλάβρου παραλειπομένων Ὁμήρου, βιβλία

τέσσαρες καὶ δέκα. QVINTI Calabri derelictorvm ab Homero libri qvatvordecim (græce). — *Aldvs.* — (*Venetiis, circa* 1504), petit in-8.

(A la suite :)

— ΤΡΥΦΙΟΔΩΡΟΥ Αἰγυπτίου γραμματικοῦ, καὶ ἐποποιοῦ Ἰλίου ἅλωσις (græce).

— ΚΟΛΟΥΤΟΥ Θηβαίου λικοπολίτου ἐποποιοῦ, Ἑλένης ἁρπαγή (græce).

* QUINTI Posthomerica (græce et latine). — (V. *n*° 831.)

* MUSÆI carmen de Herone et Leandro (græce et latine). — (V. *n*° 831.)

* Les amours de Léandre et d'Héro. — *Paris, veuve Ant. Cellier,* 1681, in-12. — (V. *n*° 656.)

* Les amours d'Héro et Léandre, poème élégiaque traduit de MUSÉE le Grammairien par MOLLEVAUT. — (V. ci-après : *Elégies de* MOLLEVAUT.)

858. — Sibyllina Oracvla de graeco in latinvm conversa, et in eadem annotationes. Sebastiano CASTALIONE interprete... — *Basileae.* (A la fin :) *Ex officina Ioannis Oporini,* 1546, in-12.

* Sibyllinorvm oraculorvm libri octo de Sibyllis et Sibyllinis libris authorum testimonia. — (V. *Max. Biblioth. veter. patrum*, T. II, et *ejusd. apparat.*)

859. — Ἑξαήμερον ἤ τοι, Κοσμουργία, Γεωργίου τοῦ ΠΙΣΙΔΟΥ διακόνου καὶ χαρτοφύλακος τῆς μεγάλης τοῦ Θεοῦ Ἐκκλησίας. Τοῦ αὐτοῦ Ἰαμβεῖα εἰς τὸν μάταιον βίον. — Opvs sex diervm, sev, mvndi opificivm : Georgii PISIDÆ, Diaconi et Referendarij Constantinopolitanæ Ecclesiæ, Poëma. Eiusdem Senarij de Vanitate vitæ. Omnia nunc primùm Græcè in lucem edita, et Latinis versibus eiusdem generis expressa, per Fed. MORELLUM Federici F., cum fragmentis ex Suida et aliis. — *Lvtetiæ, Apud Fed. Morellum,* M. D. LXXXIV, in-4.

* Georgii PISIDÆ,... poemata, edita... per Fed. MORELLUM... (latine tantum). — (V. *Max. biblioth. veter. patrum,* T. XII.)

860. — ΑΠΟΛΙΝΑΡΙΟΥ μετάφρασις τοῦ ψαλτῆρος κατὰ στίχων ἡρωϊκῶν. APOLINARIJ interpretatio Psalmorum, versibus Heroicis. Ex bibliotheca regia. — *Parisiis,* M. D. LII. *Apud Adr. Turnebum,* petit in-8.

* EUDOXIÆ imperatricis de Christo homerocentones. — (V. *Max. biblioth. veter. patrum,* T. VI.)

* JOANNIS GEOMETRÆ Hymni quinque in Virginem Deiparam. — Ejusdem Paradisus... Interpr. F. MORELLO. — (V. *Max. biblioth. veter. patrum*, T. XXVII, page 471.)

* THEODORI Studitæ Iambi (græce et latine). — (V. SIRMONDI *Opera*, T. V.)

* J. TZETZÆ antehomerica, homerica, posthomerica (græce et latine). — (V. *n*° 831.)

861. — Τοῦ σοφωτάτου ΦΙΛΗ στίχοι ἰαμβικοὶ περὶ ζώων ἰδιοτήτος, μετὰ προθήκης Ἰωαχείμου τοῦ ΚΑΜΕΡΑΡΙΑΔΟΥ. PHILE sapientissimi versvs iambici, de Animalium proprietate, cvm avctario Ioachimi CAMERARII. Exposita nvnc primvm eodem metro versvvm Latinorvm à Gregorio BERSMANO Annæbergensi. — *Lipsiae.* (A la fin :) *imprimebat Andreas Schneider typis Voegelianis. Anno* M. D. LXXV., in-4.

* (V. aussi *n*° 830.)

* Poème allégorique de MELITÉNIOTE (texte grec), publié d'après un manuscrit de la Bibliothèque Impériale, par M. Miller. — (V. *n*° 240, *Notices et extraits*, T. XIX, 2e partie.)

* Angeli POLITIANI epigrammata græca, cum interpretatione TUSANI. — (V. *n*° 51, Ang. POLITIANI *Opera.*)

* Poesies grecques de Marc-Ant. Muret. — (V. *n°* 343, *Opera*, T. I.)

* Commirii poemata græca. — (V. *n°* 984, *Opera.*)

---

862. — Chants populaires de la Grèce moderne, recueillis et publiés, avec une traduction française, des éclaircissements et des notes, par C. Fauriel. — *Paris, Firmin Didot père et fils*, 1824, 2 vol. in-8.

863. — Chants du peuple en Grèce, par M. de Marcellus,... — *Paris, Jacques Lecoffre et Cie*, 1851, 2 vol. in-8.

§ 4. — Poésie latine.

A. — Introduction.

* Recherches sur l'improvisation poétique chez les Romains, par Raoul-Rochette. — (V. *n°* 166-*A*, *Mém. de l'Acad. des Inscript.*, T. V.)

* De l'églogue latine, par M. Patin. — (V. *n°* 107, *Revue des Deux Mondes*, 1838, T. III.)

* Etudes de mœurs et de critique sur les poètes latins de la décadence, par D. Nisard. — (V. *n°* 326.)

B. — Traités de la poésie latine.

* Terentiani Mavri,... De literis, syllabis, pedibvs et metris,... Nicolao Brissæo Montiuillario commentatore et emendatore. — (V. *n°* 956.)

* (V. aussi *n°* 872, *Corpus poetar.*)

864. — Petri Pontani Cæci Brugensis Ars versificatoria : simul et accentuaria Octo partialibus succincte dirempta libris ad studiosam palemonii laboris iuuentam, editione secunda, ab eodem nuper recognita... — *Parisiis. In vico Sancti Iacobi...* 1527, in-4.

865. — Prosodia Henrici SMETII Alostani med. D. promptissima, quæ syllabarum positione et diphthongis carentium quantitates, sola veterum poetarum auctoritate, adductis exemplis demonstrat. Ab auctore reformata innumerisque locis emendata, et quarta sui parte adaucta. Editio postrema, emendatior. Cum Appendice aliquot vocum ab ecclesiasticis poetis aliter usurpatarum. — *Lemovicis, apud viduam Ant. Barbou et Martialem Barbou*, 1653, in-8.

(En tête : « Methodus cognoscendarum syllabarum ex Georgii FABRICII de re poetica lib. I ».)

* Compendivm Ioannis DESPAUTERIJ de Syllabarvm qvantitate per Ioannem PELLISSONEM excerptum. Appendix eiusdem PELLISSONIS de accentibus. — *Parisiis, Ex Typogr. Thomæ Richardi*, 1558, in-4 de 12 feuillets. — (V. *n*° 444-10°.)

866. — Ars metrica, id est Ars condendorum eleganter versuum, ab uno e societate Jesu (Laurentio DE CELLIÈRES). Editio novissima... — *Lugduni, apud viduam Molin* (etc.), 1700, in-12.

867. — La quantité du petit Behourt, ou du nouveau Despautère. — In-8.

(Le frontispice manque.)

* Quantité latine, façon de retourner et de faire les vers, par MERCIER. — (V. *n*° 489.)

* (V. aussi *n*° 550 : *Méthode de Port-Royal*; *n*° 552: *Méthode de* CHOUPINEAU, etc.)

868. — Epitheta Joannis RAVISII TEXTORIS Nivernensis: quibus accesserunt de prosodia libri IIII, quos Epithetorum præposuimus operi. Item de carminibus ad veterum imitationem artificiose componendis præcepta, collecta a Georgio SABINO. Opus sane absolutissimum... — *Rothomagi, apud Richardum Allemanum*, 1623, in-8.

* Epithetorvm farrago, à Joanne CASTELIO. — (V. n° 410, *Sententiæ* BELLENGARDI.)

869. — Jacobi VANIERII, e societate Jesu, dictionarium poeticum. Secunda editio, recognita atque emendata. — *Lugduni, apud fratres Bruyset*, 1722, in-4.

870. — Gradus ad Parnassum, sive novus synonymorum, epithetorum, phrasium poeticarum ac versuum thesaurus... Ab uno e societate Jesu (Paulo ALER). Editio novissima, præcedentibus longe auctior et emendatior. — *Parisiis, apud Joannem Barbou*, 1734, in-8.

C. — Collections et extraits de poètes latins anciens.

871. — Chorus poetarum classicorum duplex; sacrorum et profanorum lustratus illustratus. Adjectis poetis octodecim cum sacris tum profanis, MANILIO, COLUMELLA, BOETIO, SERENO SAMMONICO, RHEMMIO, Mario VICTORE, S. PAULINO, SEDULIO, ARATORE, PROSPERO Aquitanico, ENNODIO, Idylliis CYPRIANI, LACTANTII, HILARII, DRACONTII, fragmentisque SENECÆ et PETRONII. Auctus Musæo rhetorico et poetico in omnes poetas, Kalendario item pontificio et rustico Romanorum cum notis, in Fastos Ovid. et membranulis aliquot. Accessit postremum Index ritualis, moralis, philologicus, ad omnes disciplinas aptissimus. — *Lugduni, apud Ludovicum Muguet*, 1616, 2 parties en 1 vol. in-4.

(Cette collection, expurgée, et dédiée à la jeunesse chrétienne, contient outre les auteurs désignés au frontispice : PLAUTE, TÉRENCE, LUCRÈCE, CATULLE, VIRGILE, HORACE, TIBULLE, PROPERCE, OVIDE, SENÈQUE, PERSE, LUCAIN, STACE, SILIUS-ITALICUS, VALERIUS-FLACCUS, JUVÉNAL, MARTIAL, Q. SERENUS, RUFUS, FESTUS, CALPHURNIUS Siculus, M. Aurelius OLYMPIUS, Cl. CLAUDIEN, AUSONE, SIDOINE-APOLLINAIRE, et les poètes sacrés : JUVENCUS, Aurel. PRUDENCE, ALCIMUS, AVITUS, VENANTIUS HONORIUS FORTUNAT.)

872. — Corpus omnium veterum poetarum latinorum, secundum seriem temporum in quinque libros distributum. Quo continentur, non eorum tantum poetarum opera quæ integra exstant, verum etiam eorum quorum fragmenta tantum supersunt. Præfixa est insuper brevis unicuique poetarum vita. Postrema editio, priore multo accuratior. — *Genevæ, sumptibus Jacobi Crispini*, 1627, in-4.

(Collection qui comprend, outre les auteurs désignés au n° précédent, quelques autres poètes qui seront indiqués en leur lieu. — Il manque les pages 897-992 et 995-1006, contenant une partie des œuvres d'Ovide.)

873. — Connaissance des poètes (latins) les plus célèbres, ou Moyen facile de prendre une teinture des humanités, contenant la vie de chaque poète, le sentiment des savants sur le mérite de chaque auteur, les morceaux les plus estimés, avec la traduction et des remarques historiques. En faveur des personnes qui n'ont fait que de légères études. (Par ALLETZ.) — *Paris, Didot* (et autres), 1752, 2 vol. in-12.

(T. I : PHÈDRE, TÉRENCE, OVIDE. — T. II : VIRGILE, HORACE, JUVÉNAL.)

* Poetæ latini minores... notis veteribus ac novis illustravit N.-E. Lemaire. — (V. *n°* 35, *Biblioth. Lemaire.*)

D. — Poètes latins anciens.

874. — Q. ENNII poetae vetvstissimi qvae svpersvnt fragmenta ab Hieronymo Colvmna conqvisita disposita et explicata ad Ioannem filivm. — *Neapoli, Ex Typographia Horatij Saluiani*, CIƆ. IƆ. XC. (1590), in-4.

(1re édition.)

* (V. aussi *n°* 872, *Corpus poetar.*, et *n°* 35, *Poetæ latini minores*, T. I.)

* C. LUCILII opera quæ exstant. — (V. *n°* 872, *Corpus poetar.*)

875. — In Carum LUCRETIUM poetam Commentarii a Ioanne Baptista Pio editi : codice Lucretiano diligēter emendato : nodis omnibus et difficultatibus apertis : obiter ex diuersis auctoribus tum græcis, tum latinis, multa leges enucleata : quæ superior ætas aut tacuit aut ignorauit. Pellege : lętaberis. Additus est Index literarius. — *Ve(æ)nunda(n)tur ab Ascensio et Ioanne Paruo.* (A la fin :) *In chalcographia Asce(n)siana ad IIII idvs Avgvsti* M. DXIIII., in-fol.

(A la suite : « Retractationes Baptiste Pii in Commentarios suos Plauti et aliorum ».)

* (V. aussi *nos* 871, 872, *Chorus* et *Corpus poetar.*)

876. — LUCRÈCE, De la nature des choses; avec des remarques sur les endroits les plus difficiles. Traduction nouvelle (avec le texte, par le baron DES COUTURES). — *Paris, Thomas Guillain*, 1685, 2 vol. in-12.

(En double exemplaire.)

* LUCRÈCE, De la nature des choses, poème traduit en prose par DE PONGERVILLE, avec une Notice littéraire et bibliographique (et un Exposé du système d'Epicure) par AJASSON DE GRANDSAGNE. — (V. *n°* 36, *Biblioth. Panckoucke.*)

877. — CATVLLVS et in evm commentarivs M. Antonii Mvreti. Ab eodem correcti, et scholiis illustrati. TIBVLLVS, et PROPERTIVS. — *Lvgdvni, apvd Gvlielmvm Rovillivm*, M. D. LIX., 3 parties en 1 vol. petit in-8.

(Chacune de ces parties a son frontispice et sa pagination séparée.)

878. — CATVLLI, TIBVLLI, PROPERTI, nova editio. Iosephvs Scaliger Ivl. Caesaris F. recensuit. Eivsdem in eosdem Castigationum Liber. Ad Cl. Pvteanvm,... — *Antverpiae, apvd Aegidivm Radaevm*, M. D. LXXXII., 3 parties en 1 vol. petit in-8.

(La seconde partie a pour faux-titre : « M. Antonii MVRETI commentarivs in Catvllvm. Eiusdem Scholia in Tibvllvm, et Propertivm. — M. DIICII ». — Le faux-titre de la troisième partie porte : « Iosephi SCALIGERI,... Castigationes in Catvllvm, Tibvllvm, Propertivm. — M. D. IIGII. ». — Chacune de ces parties a une pagination séparée.)

879. — Ioannis Passeratii professoris et interpretis regii, commentarii in C. Val. CATVLLVM, Albivm TIBVLLVM et Sex. Avr. PROPERTIVM cvm tribvs accvratissimis rerum, verborum, autorum et emendationum indicibus. — *Parisiis (apud Cl. Morellum)*, M. DCVIII., 2 parties en 1 vol. in-fol.

880. — CATVLLVS et in evm commentarivs M. Antonii Mvreti. — *Aldvs.* — *Venetiis, apvd Pavlvm Manvtivm, Aldi filivm*, M. D. LIIII., petit in-8.

(A la suite :)

— Iulii Cæsaris SCALIGERI liber de comicis dimensionibvs. — *Apvd Seb. Gryphivm Lvgdvni*, 1539.

* (V. aussi *n°s* 871, 872, *Chorus* et *Corpus poetar.*)

* C. Valerius CATULLUS, ex editione Frid.-Guil. Doeringii, cui suas et aliorum adnotationes adjecit Josephus Naudet. — (V. *n*° 35, *Biblioth. Lemaire.*)

* Poésies de C.-V. CATULLE. Traduction nouvelle par Ch. HÉGUIN DE GUERLE,... — (V. *n*° 36, *Biblioth. Panckoucke.*)

881. — Poésies de CATULLE. Traduction (en vers, accompagnée du texte) de C.-L. MOLLEVAUT. — *Paris, Arthus Bertrand*, 1816, in-18.

* Mémoire sur Catulle, par l'abbé ARNAULD. — (V. *n*° 163, *Mém. de l'Acad. des Inscript.*, T. XLIX.)

* TIBULLUS. — (V. *n*os 871, 872, *Chorus* et *Corpus poetar.*)

* Albi TIBULLI quæ supersunt omnia opera varietate lectionum, novis commentariis, excursibus, imitationibus gallicis (auct. LA HARPE, LEBRUN, LOYSON, ANDRIEUX), vita auctoris et indice absolutissimo instruxit Philip.-Amat. DE GOLBÉRY,... — (V. *n*° 35, *Biblioth. Lemaire.*)

* Elégies de A. TIBULLE. Traduction nouvelle par M. VALATOUR. — (V. *n*° 36, *Biblioth. Panckoucke.*)

882. — Elégies de TIBULLE. Traduction (en vers, accompagnée de texte) de C.-L. MOLLEVAUT. Cinquième édition. — *Paris, Arthus Bertrand*, 1816, in-18.

* PROPERTIUS. — (V. *n*os 871, 872, *Chorus* et *Corpus poetar.*)

883. — Traduction nouvelle des élégies de Sextus Aurelius PROPERCE, chevalier romain. (Par PLAISANT LA HOUSSAYE.) — *Amsterdam* et *Paris, Jombert fils*, 1787, in-8.

(Le frontispice manque. — Le texte est en regard de la traduction.)

* Elégies de PROPERCE, traduction nouvelle par J. GENOUILLE,... — (V. *n*° 36, *Biblioth. Panckoucke.*)

884. — Elégies de PROPERCE. Traduction (en vers, accompagnée du texte) de C. L. MOLLEVAUT. — *Paris, Arthus Bertrand*, 1816, in-18.

* Notice raisonnée des éditions de Virgile par M. HEYNE, avec des notes et des additions par M. BARBIER,... — (V. *n*° 35, *Biblioth. Lemaire*, VIRGILII *Opera*, T. VII.)

885. — (VIRGILII Maronis opera, cum commentariis M. Servii Honorati, et opusculis. — *Venetiis*, 1484.) In-fol.

(Sans titre ni pagination. — Le vol. commence par ces mots : « Maronis vita ». Suivent les œuvres de Virgile avec les commentaires perpétuels de Servius Maurus Honoratus, et quelques opuscules, sans commentaires, parmi lesquels les « Priapeia ». — On lit à la fin : « *Impressu(m) Venetiis per Toma(m) de alexa(n)dria* M. cccc. lxxxiiii. die. xxiiii. *decе(m)bris* ».)

886. — VERGILIUS cum cõmentariis quinq̧ uidelicet Seruii Landini Ant. Mancinelli Donati Domitii. — (A la fin :) *Impressum Venetiis per Bartolomeum de Za(n)is (Zannis) de Portesio. Sub anno Domini.* 1495. *die Octauo Augusti.*, in-fol.

(Répétition de l'édition de Venise de 1491. — V. HEYNE, *de Virgilii editionibus; Bibl. Lemaire*, *Virgilii Operum* T. VII.)

887. — Opera Vergiliana. Opera Vergiliana cvm decem cõmẽtis docte et familiariter exposita : docte q̄dem Bucolica : et Georgica a Seruio, Donato, Mancinello et Probo nuper addito : cum adnotationibus Beroaldinis. Aeneis vero ab iisdẽ pter Mancinellũ et Probũ et ab Augustino Datho in ei principio : Opusculorũ pterea q̄dã ab Domitio Calderino. Familiariter vero oĩa tam opa q̧ opuscula ab Iodoco, Badio Ascẽsio. Opuscula aũt(em) ante Aeneida hac posita sunt serie, Culex, Diræ, Aethna, Cyris, Moretum, Hortulus et Elegia, De obitu Mecœnatis, Epigrãmata, Vir bonus, De ludo, De liuore, De venere et vino, De littera Pythagoræ, Coppa et rosa, Est et non, Aetates aĩaliũ (animalium), Aerũnæ et labores Herculis, De musarũ ĩuẽtis, De cãtu syrenũ, et de die festo, De Fortuna, de Orpheo, De seipso, de speculo et fonte... Omnia... et Aeneis : q̧ tertiusdecimus a Mapheo VEGIO liber : expolitissimis figuris et Imaginibus illustrata... Adiectas nuperrime cõperies castigatiões, et varietates Vergilianæ lectionis : ex veterum codicum collatione per diligentissimũ virum Ioannẽ Pieriũ Valerianum non minus accurate, q̧ docte excerptas. Permulta etiã scitu dignissima, q̄ vel

in enarratioīb' Christophori Lādini, vel in Adnotatiōibus disertissimi viri Philippi Beroaldi fusius habent(ur), per doctissimū virū Iodocū Badium Ascensium... apposita reperies... — (S. l.) M. D. XXVIII. — (A la fin :) *Excusa Lugd. Anno... Millesimo quingentesimo vigesimo septimo.*, in-fol.

(V. sur cette édition, HEYNE, *loc. citat.*)

888. — P. VIRGILII Maronis Opera. Mauri Seruii Honorati grammatici in eadem commentarii, ex antiquīs exemplaribus suæ integritati restituti. Index eorum quæ à Seruio explicantur, ita copiosus vt vel Dictionarii instar esse possit. Castigationes et varietates Virgilianae lectionis, per Ioannem Pierium Valerianum. — *Parisiis. Ex officina Roberti Stephani*, M. D. XXXII., 2 parties en 1 vol. in-fol.

(Les *Corrections* de Valeriano Bolzani forment la seconde partie, et portent au frontispice la date de 1529.)

889. — P. VIRGILIVS Maro, Et in eum Commentationes, et Paralipomena Germani Valentis Gvellii, PP. Eiusdem Virgilij Appendix, cum Josephi Scaligeri Commentariis et castigationibus. — *Antverpiæ, Ex officina Christophori Plantini*, M. D. LXXV., in-fol.

890. — Symbolarum libri XVII quibus P. V. M. Buc. Ge. et Aen. ex probatiss. auctoribus declarantur, comparantur, illustrantur per Jacobum PONTANUM S. J. — *Augustæ Vindelicorum, ex officina Jo. Prætorii*, 1599, 1 tome en 2 vol. in-fol.

(Le frontispice manque. — A la fin de l'ouvrage se trouve une paraphrase latine sur les livres I, II, III et X, XI, XII de l'Enéïde.)

891. — Pvb. VERGILII Maronis opera, Scholiis doctissimis marginalibus illustrata. Additi sunt Christophori LANDINI Florentini Allegoriarum in Vergilium libri duo, cum verborum et rerum Indice. — *Aureliæ Allobrogum, Apud Petrum de la Rouiere*, cIɔ Iɔc v., très-petit in-8.

892. — P. VIRGILII Maronis opera omnia : Bucolica, Georgica, Æneis ; Ciris et Culex ; Cum commentario Frid. Taubmanni, curante et edente Christiano Taubmanno Frid. F. Additi sunt indices necessarii. — (*Vittebergæ*), *Apud Zachariam Schvrervm*, 1618, in-4.

893. — Pub. VIRGILII Maronis Bucolicorum eclogæ X, Georgicorum libri IIII, Æneidos libri XII. Et in ea, Mauri Servii Honorati Grammatici commentarii, ex antiquiss. exemplaribus longe meliores et auctiores : Ex bibliotheca Petri Danielis J. C. Accessit Fabii PLANCIADIS FULGENTII liber de continentia virgiliana, auctior a Mss. Cod. Item Junii Philargyrii commentariolus in Bucolica et Georgica Virgilii. Cum certissimo ac copiosissimo indice. — *Genevæ. Apud Petrum et Jacobum Chouët*, 1636, in-4.

894. — Pub. VIRGILII Maronis opera, studio Th. Pulmanni correcta. — *Amsterd. Typis Blaviorum*, 1637, in-16.

895. — Publii VIRGILII Maronis opera. — *Parisiis, e typographia regia*, 1641, in-fol.

896. — P. VIRGILII Maronis opera interpretatione et notis illustravit Carolus Ruæus soc. Jesu, jussu christianissimi regis, ad usum serenissimi Delphini. — *Parisiis, apud Simonem Benard*, 1675, in-4.

* P. VIRGILIUS Maro qualem omni parte illustratum tertio publicavit Chr.-Gottl. Heyne, cui Servium pariter integrum et variorum notas cum suis subjunxit N. E. Lemaire. — (V. *n*° 35, *Biblioth. Lemaire.*)

897. — Les poésies de VIRGILE, avec des notes critiques et historiques. Nouvelle édition, revue, corrigée et augmentée. Par le P. F. CATROU, de la compagnie de Jésus... — *Paris, frères Barbou*, 1729, 4 vol. in-12.

(Figures. — Traduction accompagnée du texte.)

898. — Les œuvres de VIRGILE traduites en français, le texte vis-à-vis la traduction, avec des remarques. Par M. l'abbé DESFONTAINES. Nouvelle édition. — *Paris, Babuty*, 1770, 4 vol. in-12.

(Le T. IV est terminé par : « La vie de Virgile, par M. DRYDEN, traduite de l'anglais ».)

* Œuvres complètes de VIRGILE, traduction nouvelle par

MM. VILNAVE, CHARPENTIER et AMAR. — (Géographie, par M. Valentin PARISOT ; Flore, par M. FÉE.) — (V. n° 36, *Biblioth. Panckoucke.*)

899. — P. VIRGILII Maronis Bucolica et Georgica, argumentis, explicationibus, notis illustrata, auctore Jo. Ludovico de LA CERDA Toletano,... Editio cum accurata, tum locupletata, et Indicibus necessariis insignita. — *Lugduni, sumptibus Horatii Cardon,* 1619, in-fol.

900. — Les Bucoliques de VIRGILE, littéralement traduites en vers français, trope par trope, image par image, forme par forme, harmonie par harmonie, symétrie par symétrie, etc., avec des études sur le texte latin et sur l'art de traduire, par J.-B.-F. BOURIAUD aîné, ancien professeur aux écoles centrales, aux lycées et aux colléges royaux, bachelier ès-lettres, licencié ès-sciences, officier de l'université, principal du collége de St-Junien [Haute-Vienne]. — *A Rochechouart, chez Barret frères, impr.,* 1836, in-18.

(En double exemplaire. — J.-B.-François Bouriaud, né à Limoges en 1771, professeur de mathématiques à l'école centrale de Tulle et, plus tard, au lycée impérial de Limoges, chargé de la direction du collége de St-Junien en 1817, mort dans cette ville en 1843.)

* P. VIRGILII Maronis Georgicon libri IIII, ad Mecoenatem, Philippi Melanchthonis illustrati scholiis. — *Parisiis, Apud Thomam Richardum,* 1557, in-4. — (V. n° 444-7°.)

(Le 1er livre seulement.)

901. — Les Géorgiques de VIRGILE, traduction nouvelle en vers français, avec des notes, par M. DELILLE,... Cinquième édition, revue et corrigée. — *Paris, Claude Bleuet,* 1770, in-12.

(Traduction accompagnée du texte.)

902. — Même ouvrage. — *Paris, Bleuet père,* 1809, in-12.

903. — P. VIRGILII Maronis priores sex libri Æneidos argumentis, explicationibus, notis illustrati, auctore Joanne Ludovico DE LA CERDA Toletano,... Editio quæ non ante

lucem vidit, cum indicibus necessariis. — *Lugduni, sumptibus Horatii Cardon*, 1612, in-fol. — P. VIRGILII Maronis posteriores sex libri... — *Lugduni*, 1617, in-fol.

904. — L'Enéide, traduite en vers par M. J. Hyacinthe GASTON... — *De l'impr. de Munier. Paris, Le Normant, an* XI. 1803-1806, 2 vol. in-8.

(Joseph-Hyacinthe Gaston, ancien capitaine de cavalerie, ancien chevalier de Malte, proviseur au lycée de Limoges, mort le 14 décembre 1808, à l'âge de 40 ans.)

905. — L'Enéide de VIRGILE, traduite en vers, avec le texte en regard, par C.-L. MOLLEVAUT,... — *Paris, Lelong*, 1822, 4 vol. in-18.

906. — L'Eneide di VIRGILIO del commendatore Annibal CARO. — *In Parigi, presso la vedova Quillau*, 1760, 2 vol. in-8.

(Portraits et gravures. — Traduction en vers italiens, sans le texte.)

* Le premier livre de l'Enéide, par SAINTE-BEUVE. — (V. *n°* 113, *Revue Contemporaine*, T. XXVIII (1856).

907. — Le moucheron poème de VIRGILE, traduit en vers français, enrichi du texte latin du cardinal BEMBO, et de son Dialogue à Hercule Strozzi; suivi des imitations poétiques de PARMINDO, SPENCER et VOSS, accompagnées des commentaires de Jos. Scaliger, Burmann et Heyne, avec le *Culex probabiliter restitutus* de ce dernier, et des notes du traducteur-éditeur. Par M. le comte DE VALORI,... — *Paris, Michaud, impr.*, 1817, in-18.

* Lælii CAPILUPI centones ex Virgilio. — (V. *Capiluporum Carmina.*)

* Corn. GALLUS. — (V. ci-dessus n° 872, *Corpus poetar.*)

* Asinii Cornelii GALLI elegia et epigrammata cvm animadversionibvs. — (V. *n°* 55, SCALIGERI *Opuscula.*)

* (V. aussi *n°* 35, *Biblioth. Lemaire : Poetæ latini minores*, T. II.)

* Poésies de Cornelius GALLUS. Traduction nouvelle par M. Jules GENOUILLE. — (V. nº 36, *Biblioth. Panckoucke*, à la suite de CATULLE.)

908. — Opera Q. HORATIJ Flacci Poetę amœnissimi cum quatuor commentarijs. Acronis. Porphirionis. Anto: Mancinelli. Iodoci Badij Ascensij accurate repositis. Cumq; adnotationibus Matthęi Bonfinis : et Aldi Manutij Romani a Philologo recognitis : suisq; locis ĩsertis et ad finẽ ex integro restitutis. Pręmisso amplissimo in vniuersum opus indice. — *Venundantur Parrisijs apud Petrum Gaudoul*, 1528, in-fol.

* Q. HORATII Flacci Venusini poëtæ lyrici poemata... Scholiis breuibus, iisque doctissimis illustrata. — *Parisiis, e typogr. Thomæ Richardi*, 1558, in-4. — (V. nº 444-6º.)

(Les deux premiers livres des Odes seulement.)

909. — Q. HORATIVS Flaccvs, Ex fide, atque auctoritate decem librorum manuscriptorum, opera Dionys. Lambini Monstroliensis emendatus : ab eodemq; commentarijs copiosissimis illustratus, nunc primùm in lucem editus. — *Lvgdvni, apvd Ioann. Tornæsivm*, M. D. LXI., 2 parties en 1 vol. in-4.

(La seconde partie porte au frontispice : « Q. HORATII Flacci Sermonvm libri qvattvor, sev, Satyrarvm Libri duo. Epistolarvm Libri duo », etc. — Première édition de l'Horace de Lambin.)

910. — Q. HORATIVS Flaccvs, ex fide, atqve avctoritate complvrivm librorvm manvscriptorvm, opera Dionysii Lambini Monstroliensis,... cum diuersis exemplaribus antiquis cõparatus et emendatus, atque Commentariis copiosissimis explicatus : et ab eodem paulò antequàm è vita decederet recognitus, atque mendis omnibus perpurgatus, et Commentariis hac editione plus tertia parte auctis dilucidiùs explicatus. Accesservnt etiam in hac editione præter breues annotationes in omnes Horatij Odas ad faciliorem contextus Intelligentiam, Henrici Stephani Diatribæ operum Horatij Ordinem exponentes. — *Lvtetiæ, Apud Bartholomæum Macæum*, cIↄ Iↄ LXXXVII (1587), 2 parties en 1 vol. in-fol.

(Le frontispice de la seconde partie porte : « Q. HORATII,... sermonvm, sev Satyrarvm, sev Eclogarvm libri dvo : Epistolarvm libri totidem... — *Lvtetiæ* .. cIↄ Iↄ LXXVIII. »)

* (V. aussi nºˢ 871, 872, *Chorus* et *Corpus poetar.*)

911. — Quinti Horatii Flacci poemata, scholiis sive annotationibus, quæ brevis commentarii vice esse possunt, a Johanne Bond illustrata. Editio tertia recognita, et a multis mendis repurgata : Nunc denuo in Germania in lucem edita. — *Genevæ, typis Jacobi Stoer,* 1637, in-12.

912. — Q. Horatius Flaccus cum commentariis selectissimis variorum, et scholiis integris Johannis Bond. Accedunt indices locupletissimi tum auctorum, tum rerum. Accurante Corn. Schrevelio. — *Lugd. Batavorum, apud Franciscum Hackium,* 1653, in-8.

913. — Quinti Horatii Flacci poemata, scholiis sive annotationibus, quæ brevis commentariis vice esse possunt, a Joanne Bond. Editio septima recognita, et a multis mendis repurgata. — *Tolosæ, apud Joannem Pech,* 1680, in-12.

914. — Quinti Horatii Flacci poemata, scholiis sive annotationibus, instar commentarii, illustrata a Joanne Bond. Editio nova. — *Aurelianis, typis Couret de Villeneuve,* 1767, in-12.

915. — Quinti Horatii Flacci opera. — *Londini, apud Gul. Sandby,* 1749, 2 vol. petit in-8.

(Belle édition illustrée de médaillons, mais ne donnant que le texte pur.)

* Quintus Horatius Flaccus cum variis lectionibus, argumentis, notis veteribus ac novis, quibus accedit index recens... curante et emendante N.-E. Lemaire. — (V. *n*° 35, *Biblioth. Lemaire.*)

(T. Ier seulement.)

* Œuvres complètes d'Horace — (V. *n*° 36, *Biblioth. Panckoucke.*)

(Traduction française avec le texte.)

* (V. aussi *n*° 873, *Connaissance des poètes*, T. II.)

916. — Les chefs-d'œuvre d'Horace, nouvellement traduits en français, avec le latin à côté, et des notes pour l'intelligence du texte; précédés de la Vie d'Horace extraite de l'italien d'Algarotti par MM. ***. — *Lyon, Bruyset frères*, 1787, 2 tomes en 1 vol. petit in-12.

917. — HORACE. Odes, satires. épîtres, Art poétique, traduits par P.-L. LEZAUD. — *Paris, F. Didot frères, fils et Cie*, 1859, in-18 anglais.

(Texte en regard de la traduction. — M. Léon Lezaud est né, à Limoges, le 18 juillet 1811. Indépendamment de l'ouvrage ci-dessus, M. Lezaud a publié chez Jules Renouard : 1° *Silvio Pellico, Mes prisons*, 1 vol. in-18; 2° *Platon, Aristote, Exposé substantiel de leur doctrine morale et politique*, 1 vol. in-18; et chez Firmin Didot : 1° *Cicéron, Morale et politique* (texte latin au bas des pages), 1 vol. in-8; 2° *Résumés philosophiques*, 1 vol. in-18; 3° *Cicéron, Dialogues sur l'éloquence*, etc., 1 vol. in-18.)

918. — Traduction en vers de quelques odes d'HORACE, avec le texte en regard, par le baron DOYEN,... — *Troyes, Bouquot*, 1853, in-8.

* Dissertation critique sur l'art poétique d'Horace. (Par And. DACIER et le marquis DE SÉVIGNÉ fils.) — (V. *Lettres de Mme de Sévigné*, 1818, T. X.)

919. — Nouveaux éclaircissements sur les œuvres d'Horace. Avec la réponse à la critique de M. MASSON, ministre réfugié en Angleterre. Par M. DACIER, garde des livres du cabinet du roi. — *Paris, Pierre Cot*, 1708, in-12.

* Découverte de la maison de campagne d'Horace, ouvrage utile pour l'intelligence de cet auteur... Par M. l'abbé CAPMARTIN DE CHAUPY. — (V. HISTOIRE, n° 1847.)

* Sur les satiriques latins. 1er mémoire (le seul qui ait paru dans les *Mém. de l'Acad.*). Par M. DUSAULX. Horace. — (V. n° 163, *Mém. de l'Acad. des Inscript.*, T. XLIII.)

* Horace considéré comme fabuliste, par GAILLARD. — (V. *ibid.*, T. XLIX.)

* Publii SYRI fragmenta. — (V. n° 872, *Corpus poetar.*)

* (V. aussi n° 934, PHÆDRI *Fabulæ*. — *Barbou*, 1754.)

* Sentences de Publius Syrus, traduction nouvelle par M. Jules Chenu. — (V. nº 36, *Biblioth. Panckoucke*, à la suite des *Elégies de* Tibulle.)

* Lucilii Junioris Ætna. — Cornelii Severi fragmenta. — (V. ci-dessus nº 35, *Biblioth. Lemaire : Poetæ latini minores*, T. III, et nºs 871, 872, *Chorus* et *Corpus poetar.*)

* Notitia literaria de P. Ovidio Nasone, ex Jo. Alb. Fabricii bibliotheca latina a Jo. Aug. Ernesti auctius edita. — Index editionum... auctior Fabriciano... Accesserunt additiones nonnullæ, auctore ant. Alexand. Barbier,... — (V. nº 35, *Biblioth. Lemaire : Ovide*, T. VIII.)

920. — P. Ovidii Nasonis Metamorphoseωs libri qvindecim, cvm commentariis Raphaelis Regii. Adiectis etiam Annotationibus Iacobi Micylli nunc primum in lucem editis. Cvm Locupletissimo præterea in hæc omnia indice. — *Basileae, per Ioan. Hervagivm*, M. D. XLIII. — P. Ovidii Nasonis poetae svlmonensis opera qvae vocantvr amatoria, cvm doctorvm virorvm Commentarijs partim hucusq; etiam alibi editis, partim iam primùm adiectis... His accesservnt Iacobi Micylli annotationes longè doctissimæ... Eivsdem Iacobi Micylli locorvm aliquot ex Ouidiana Metamorphosi Retractatio. Cum locuplete rerum et uerborum... Indice. — *Basileae, per Ioannem Heruagium*, 1549, les deux parties dans le même vol. in-fol.

(Ces deux parties forment les T. I et II de l'édition micyllienne, dont le T. III va être décrit. L'interprétation de Micyllus et de Raph. Regio est simplement grammaticale.)

921. — P. Ovidii Nasonis poetae svlmonensis Fastorvm libri VI. Tristivm V. De ponto IIII. In Ibin. Cvm commentariis doctiss. virorvm, Ant. Constantij Fanensis, Pauli Marsi, Barth. Merulæ, Domitij Calderini, Zarotti : multo quàm hactenus usquam, et elegantius et emendatius excusis. His accesservnt enarrationes Viti Amerpachij, Iacobi Micylli et Philippi Melanchthonis Annotationes, longè doctissimæ... Cum... Indice. — *Basileae, per Ioannem Heruagium*, 1550, in-fol.

(T. III de l'édition micyllienne.)

922. — P. Ovidii Nasonis,... opera qvae vocantvr amatoria... — *Basileae*, 1549. — P. Ovidii Nasonis Metamorphoseωs libri qvindecim... — *Basileae*, 1543, les deux parties dans le même vol. in-fol.

(Même ouvrage que le *n*° 920 : seulement dans ce volume l'ordre des deux parties a été, comme on le voit, interverti à la reliure.)

923. — Publii Ovidii Nasonis operum tomus I (II et III)... Editio novissima, cæteris longe emendatior. — *Amstelodami, apud Joannem Janssonium*, 1662, 3 tomes en 1 vol. in-16.

924. — P. Ovidii Nasonis Heroidvm epistolae, Amorum libri III. De arte amandi libri III. De remedio amoris libri II. Aliaque huius generis (De medicamine faciei, Nux, Somnium, epigrammata, Halieuticon fragmentum, Pulex, Sabini epistolæ, carmen ad Pisonem)... Omnia ex accuratis. Andreæ Naugerii castigatione. Guidonis Morilloni argumenta in Epistolas. — *Antuerpiae, ex officina Christophori Plantini*, 1666. — P. Ovidii Nasonis Fastorvm libri VI, Tristivm libri V, de Ponto libri IV. Cl. Ptolemæi inerrantivm stellarvm significationes, per Nicolaum Leonicum è græco translatæ. — *Antuerpiae, ex officina Christophori Plantini*, clɔ. Iɔ. LXVI. (sans frontispice), deux parties en 1 vol. in-16.

(Il manque, pour compléter cet exemplaire des œuvres, le volume dans lequel se trouvent les *Métamorphoses*.)

* (V. aussi *n*os 871, 872, *Chorus* et *Corpus poetar.*)

* Publius Ovidius Naso ex recensione heinsio-burmanniana, cum selectis veterum ac recentiorum notis, quibus suas addidit Johan. Aug. Amar,... — (V. *n*° 35, *Biblioth. Lemaire*.)

* Ovide. Œuvres complètes. Traduction nouvelle par MM. Th. Burette, Chappuyzi, J.-P. Charpentier, Gros, Héguin de Guerle, Mangeart, Vernadé. — (V. *n*° 36, *Biblioth. Panckoucke*.)

* Les héroïdes d'Ovide, traduites par M. l'abbé Vitrac, ancien principal du collége royal de Limoges, mort en 1805

curé de St-Michel-des-Lions. [*Nota.* La 14e héroïde est perdue.] — (V. *la division* MANUSCRITS.)

925. — Nouvelle traduction des épîtres d'OVIDE, en vers français. (Par l'abbé BARRIN.) — *Bruxelles, Georges de Backer*, 1736. — Nouvelle traduction des Elégies amoureuses d'OVIDE, en vers français (par le même). Première (et seconde) partie. — *Bruxelles, Georges de Backer*, 1736, le tout en 1 vol. in-12.

(La 1re partie du volume ne contient que six épîtres, les seules traduites par l'abbé Barrin.)

926. — P. OUIDII Nasonis fastorum libri diligenti emendatione parisius impressi aptissimisq; figuris ornati cõmentatoribus Antonio Constantino Fanensi : Paulo Marso piscinate viris clarissimis additis quibusdã versibus qui deerant in aliis codicibus : insuper græcis characteribus vbi deerant in aliis impressionibus appositis rebus notabilibus quibusdam in margine vna cum tabula inordine alphabeti : quo nullo in alio codice impressa reperies. — (S. l. n. d.), in-4.

(Cet ouvrage, où la date de l'impression ne se trouve pas indiquée, et dont malheureusement les derniers feuillets ont été enlevés à partir du f° 261, porte cependant au frontispice la marque typographique de Giles de Gourmont, libraire et imprimeur à Paris de 1507 à 1553. Le frontispice présente alternativement une ligne de caractères rouges et une ligne de caractères noirs.)

927. — Le premier livre des Fastes d'OVIDE, traduction nouvelle, avec des notes critiques et historiques. (Par LEZEAU.) — *Paris, J. Barbou*, 1714, in-12

(L'abbé Lezeau avait entrepris de traduire les six livres des Fastes, et il paraît qu'il était capable d'y réussir; mais il n'a donné que la traduction du 1er livre. Le traducteur y a joint d'amples notes critiques et historiques, qui sont ce qu'il y a de plus estimable dans son ouvrage. La vie d'Ovide qui est à la tête est trop superficielle, et l'auteur y adopte trop facilement les idées de Ciofanius et de quelques autres, qui se sont trompés sur le compte d'Ovide. — V. GOUJET, *Vie d'Ovide.*)

* P. OVIDII Nasonis Metamorphoseon Liber secvndvs, cvi doctissima Lactantij accesserunt argumenta, cum annotationibus Longolij longè vtilissimis. — *Parisiis, Ex Typographia Thomæ Richardi*, 1558, in-4 de 18 feuillets. — (V. *n°* 443-4°.)

928. — Publii OVIDII Nasonis Metamorphoses, paucioribus

demptis, diligentius expurgatæ, cum interpretatione ac notis. — *Rotomagi, typis Jacobi-Josephi Le Boullenger*, 1701, in-12.

929. — P. Ovidii Nasonis Metamorphoseon libri XV, cum notis gallicis et Appendice gallico de diis et heroibus poeticis, ad usum scholarum. — *Parisiis, apud J. Barbou*, 1771, in-12.

(Édition revue sur celle de Jouvency. — V. Barbier.)

930. — Les Métamorphoses d'Ovide, traduites en prose française, et de nouveau soigneusement revues, corrigées en infinis endroits et enrichies de figures à chacune fable. Avec XV discours contenant l'explication morale et historique; de plus, outre le Jugement de Pâris, augmentées de la Métamorphose des abeilles, traduite de Virgile, de quelques épîtres d'Ovide, et autres divers traités. (Par Nicolas Renouard.) — 1651. *Paris, Augustin Courbé*, in-fol.

931. — Les Métamorphoses d'Ovide, traduites en français par Mr Du-Ryer,... Avec des explications à la fin de chaque fable, augmentées en cette dernière édition du Jugement de Pâris et de la Métamorphose des abeilles. Enrichies de figures en taille-douce. — *Amsterdam, David Mortier*, 1718, 2 vol. in-12.

(T. I et III.)

932. — Métamorphoses d'Ovide, traduites en français, avec des remarques et des explications historiques, par M. l'abbé Banier,... Nouvelle édition, augmentée de la Vie d'Ovide, et enrichie de figures en taille-douce. — *Paris, aux dépens de la compagnie*, 1757, 3 vol. in-12.

933. — Les Métamorphoses d'Ovide, en vers français, avec des notes (un Discours préliminaire et le texte), par M. de Saint-Ange. — *Paris, Valleyre l'aîné*, 1783, in-8.

(Le T. Ier seulement, contenant le Ier, le IIe et le IIIe livres. Chacun de ces livres forme un cahier ou une livraison ayant son frontispice spécial, mais la pagination continue d'une livraison à l'autre. Le frontispice de la 2e porte la date de 1781. Cette édition ne se trouve portée, au moins avec cette dernière date, dans aucun des bibliographes que nous avons pu consulter. L'auteur de l'index bibliographique qui se trouve au T. VIII de l'Ovide de Lemaire mentionne un livre Ier de cette traduction en 1778, et les livres I, II, III en 1785. Quérard, qui semble s'être guidé sur cette notice, donne à peu près les mêmes indications; il ajoute que les livres IV–VI parurent chez Moutard de 1787 à 1783, et que les trois premiers livres (probablement ceux de notre exemplaire) avaient paru de 1778 à 1783).

* Observations sur les Métamorphoses d'Ovide, par Gaillard. — (V. n° 163, *Mém. de l'Acad. des Inscript.*, T. XLIX.)

* P. Ovidii Nasonis elegia de Nvce, cvm commentario Des. Erasmi Roterodami. — (V. n° 54, Erasmi *Opera*, T. I.)

* Marci Manilii,... Astronomicon... libri V. — (V. n° 871, *Chorus poetar.*, et n° 35, *Biblioth. Lemaire : Poetæ lat. minores*, T. VI.)

934. — Phædri, Augusti liberti, fabulæ. Ad manuscriptos codices et optimam quamque editionem emendavit Steph.-And. Philippe. Accesserunt notæ ad calcem. — *Lutetiæ Parisiorum, typis Josephi Barbou*, 1754, in-12.

(De la belle collection Barbou. On trouve, à la suite des fables de Phèdre, et faisant corps avec l'ouvrage : 1° « Flavii Aviani Fabulæ »; 2° « L. Annæi Senecæ ac P. Syri Mimi Sententiæ » (*cum notis* Jani Gruteri.)

* Phædri fabularum æsopiarum libri quinque... Accedunt Romuli fabularum æsopiarum libri quatuor, quibus novas Phædri fabellas cum notulis variorum et suis subjunxit Joann.-Bapt. Gail,... — (V. n° 35, *Biblioth. Lemaire.*)

* Fables de Phèdre, traduction nouvelle par M. Ernest Panckoucke. — (V. n° 36, *Biblioth. Panckoucke.*)

935. — Fables de Phèdre, affranchi de l'empereur Auguste, traduction fidèle et littérale en vers français, avec le texte en regard, par M. Bouriaud aîné, ancien professeur aux écoles centrales et aux lycées, principal du collége de Saint-Junien [Haute-Vienne], officier de l'université. Seconde édition, offerte à S. A. R. Mgr le duc de Bordeaux. — *Paris, Hachette*, et *Limoges, M. Ardant*, 1830, in-12.

(En double exemplaire.)

* Observations sur les fables récemment publiées à Naples, et attribuées à Phèdre, par M. VANDERBOURG. — (V. *n°* 166-*A*, *Mém. de l'Institut, Inscript. et Belles-Lettres,* T. VIII (1817).

936. — M. Annei LUCANI Cordubensis pharsalia diligentissime per G. Versellanum recognita. Cum commentariis. Ioannis Sulpitii Verulani,... Philippi Beroaldi Bononieñ... Iodoci Badii Ascensii... Cumq; ad castigationem adnotatis Ab Anto. Sabellico. Iacobo Bononieñ. Philippo Beroaldo. Baptista pio. Et quibusdam aliis. — *Ve(æ)nundatur ab ipso Ascensio et Ioanne paruo.* (A la fin :) *Anno* M. D. XIIII., in-fol.

937. — LUCANUS cum tribus commentis. M. Annei LUCANI Cordubensis pharsalia (etc., ut supra). Item Addite sunt cuiuslibet libri capite cõgruẽtes historie totius rei subiecte demonstratiue : hactenus non inserte. Cũ additionibus recẽter adiũctis. — (S. l. n. d.; marque typographique de Simon Vincent. — A la fin :)... *Impressis Lugduni per honestu(m) viru(m) Ioanne(m) Marion. Anno*... M. CCCCCXIX (1519)..., in-4.

* (V. aussi *n°s* 871, 872, *Chorus* et *Corpus poetar.*)

938. — M. Annæi LUCANI Cordubensis Pharsalia, sive belli civilis libri decem; cum scholiaste, hucusque inedito, et notis integris Henrici Glareani, Jacobi Micylli, Joachimi Camerarii, Hugonis Grotii, etc., et excerptis Omniboni Vincentini, Joannis Sulpitii Verulani, Jodoci Badii Ascensii, Lamberti Hortensii, Gregorii Bersmanni, Theodori Pulmanni, aliorumque; necnon Thomæ Maji supplementis, et Apologia Jacobi Palmerii Grentemesnilii, Mosantii Briosii, ac Gr. Bersmanni, et ineditis Francisci Gujeti, aliorumque observationibus. Curante Francisco Oudendorpio, qui suas etiam adnotationes et copiosos indices adjecit. — *Lugduni Batavorum, apud Samuelem Luchtmans,* 1728, in-4.

(Le 1er vol. seulement, contenant les livres I–VI. Il manque le 2^e vol., formant la 2^e partie du tome unique.)

* M. Annæi LUCANI Pharsalia, cum varietate lectionum, argumentis et selectis variorum adnotationibus, quibus suas addidit Petrus-Augustus Lemaire. (Tomus primus.) — (V. *n°* 35, *Biblioth. Lemaire.*)

* Pharsale de M.-A. LUCAIN, traduction nouvelle; livres I, II, III, par M. Ph. CHASLES; livres IV, V, par M. GRESLOU; (livres VI-X, par M. J.-J. COURTAUD-DIVERNERESSE. — (V. n° 36, *Biblioth. Panckoucke.*)

939. — La Pharsale de LUCAIN, ou Les guerres civiles de César et de Pompée en vers français, par M. DE BRÉBEUF. — *Imprimé à Rouen par L. Maurry, pour Antoine de Sommaville*, 1657, in-12.

(Le frontispice manque.)

* La Pharsale, chant Ier, traduction libre et abrégée (en vers) par le citoyen LEGOUVÉ. — (V. n° 164-C, *Mém. de l'Institut, Littérat. et Beaux-Arts*, T. IV.)

* Traduction libre et abrégée (en vers, avec le texte en regard) du premier et du septième livre de la Pharsale, par LA HARPE. — (V. n° 372, *Œuvres*, T. II.)

* SILII ITALICI Punica bella. — (V. n°s 871, 872, *Chorus* et *Corpus poetar.*)

* Caius SILIUS ITALICUS. Punicorum libri septemdecim ad optimas editiones collati, cum varietate lectionum, perpetuis commentariis, præfationibus, argumentis et indicibus, curante N.-E. Lemaire. — (V. n° 35, *Biblioth. Lemaire.*)

* SILIUS ITALICUS. Les Puniques, traduction nouvelle par M. E.-F. CORPET et M. N.-A. DUBOIS (et M. E. GRESLOU),... — (V. n° 36, *Biblioth. Panckoucke.*)

940. — Le PÉTRONE en vers, traduction nouvelle par M. L. D. B. (M. l'abbé de Baugerais, Michel DE MAROLLES). — *Paris, Claude Barbin*, 1667, in-12.

(Texte en regard. Traduction en mauvais vers français des vers latins disséminés dans le *Satyricon.*)

* VALERII FLACCI Argonautica. — (V. n°s 871, 872, *Chorus* et *Corpus poetar.*)

* VALERII FLACCI Setini Balbi Argonauticon libros octo, veteri

novaque lectionum varietate, commentariis, excursibus, testimoniis, Argonautarum catalogo, indice nominum, rerum et verborum universo, instructos ac diligenter recensitos edidit N. E. Lemaire. — (V. n° 35, *Biblioth. Lemaire.*)

* Valerius Flaccus. L'Argonautique, ou Conquête de la toison d'or, poème traduit pour la première fois en prose, par J.-J.-A. Caussin de Perceval. — (V. n° 36, *Biblioth. Panckoucke.*)

941. — D. Ivnii Ivnenalis satyrarvm libri V. Ex duobus Manuscriptis Exemplaribus, et vetustiss. manuscripto Commentario plus quàm ducentis locis correcti. Præterea A. Flacci Persi Satyrarum liber vnvs. Cum Analysi et doctissimis Commentariis, partim nunc primùm, partim de integro editis Eilhardi Lvbini. In fine accessit rerum et verborum Index vtilissimus. — *Hanoviæ, Typis Wechelianis, apud Claudium Marnium et Hæredes Ioannis Aubrij*, M. DCIII., in-4.

942. — In-4, contenant :

1° — Junii Juvenalis satyræ sexdecim, cum veteris scholiastæ et Joan. Britannici commentariis, quibus accesserunt P. Pithœi, Cœlii Secundi Curionis, et Theodori Pulmanni notæ et variæ lectiones. Additus est index geminus rerum et verborum omnium absolutissimus. — *Lutetiæ, apud Claudium Morellum*, 1613.

2° — Auli Persii Flacci satyræ, cum antiquissimis commentariis qui Cornuto tribuuntur, collatis cum veteribus membranis et auctis. Eliæ Vineti præfatio et annotationes in easdem. Joa. Britannici eruditissima interpretatio. P. Beroaldi oratio habita in enarratione Persii. Angeli Politiani V. C. Prælectio in eundem. P. Pithoei J. C. var. lect. et notæ ad vet. glossas. Theodori Marcilii,... emendationes et commentarius. Accesserunt indices rerum et verborum quæ in satyris et commentariis. — *Lutetiæ, apud Claudium Morellum*, 1613.

(Les commentaires ont une pagination particulière.)

943. — * Decii Junii Juvenalis (et A. Persii Flacci) satyræ, cum notis ac perpetua interpretatione Josephi Juvencii, e societate Jesu. — *Parisiis, apud viduam Simonis Benard*, 1700, 2 parties en 1 vol. in-12.

(Les satires de Perse ont une pagination particulière.)

944. — Decii JUVENALIS et A. PERSII Flacci satyræ. Notis novissimis ac perpetua interpretatione illustravit Josephus Juvencius, societatis Jesu. Cum Appendice de diis et heroibus poeticis, ad poetarum intelligentiam necessaria. Nova editio, prioribus longe auctior et emendatior. — *Parisiis, apud J. Barbou*, 1739, in-12.

(Dans cette édition, la pagination continue d'un auteur à l'autre; mais l'*Appendix* a une pagination séparée.)

945. — Traduction des satires de PERSE et de JUVÉNAL, par le révérend père TARTERON, de la compagnie de Jésus. Nouvelle édition, augmentée d'arguments à chaque satire. — *Paris, par la compagnie des libraires*, 1737, in-12.

(Le texte en regard de la traduction.)

* A. PERSII Flacci satyræ. — (V. *n*° 872, *Corpus poetar.*)

946. — Antonij Foquelini Veromandvi, in Avli PERSII Flacci satyras commentarius, ad Petrum Ramum,... — *Parisiis, Apud Andream Wechelum*, 1555, in-4.

* A. PERSII Flacci Satyræ sex, cvm doctissimi cvivsdam viri commentariis, nunquam antehac in lucem editis. — *Parisiis, Ex Typographia Thomæ Richardi*, 1558, in-4 de 27 feuillets. — (V. *n*° 144-8°.)

947. — Auli PERSII Flacci satyræ, omni obscœnitate expurgatæ, cum annotationibus (cur. Juventio). — *Turonibus, apud Philibertum Masson*, 1686, in-12.

* A. PERSIUS Flaccus, cum interpretatione latina, lectionum varietate adnotationibusque novis. Item LUCILII fragmenta, satira SULPICIÆ... Curante A. Perreau. — (V. *n*° 35, *Biblioth. Lemaire.*)

* Satires de PERSE, suivies d'un fragment de TURNUS et de la satire de SULPICIA, traduction nouvelle par A. PERREAU. — (V. *n*° 36, *Biblioth. Panckoucke.*)

948. — Traduction nouvelle des satires de PERSE en vers

français, avec des Remarques sur les passages les plus difficiles, par monsieur DESILVECANE ,... — *Lyon , François Barbier, impr.*, 1693 , in-12.

(Le texte en regard de la traduction.)

* JUVENALIS satyræ. — (V. nos 871, 872 , *Chorus* et *Corpus poetar.*)

* D. Junii JUVENALIS sexdecim satiræ, ad codices parisinos recensitæ, cum interpretatione latina, lectionum varietate, notis rupertianis, excursibus et indice absoluto, quibus plurima subjunxit N.-E. Lemaire. — (V. no 35 , *Biblioth. Lemaire.*)

949. — Satires de JUVÉNAL, traduites par M. DUSAULX ,... — *Paris , impr. de M. Lambert*, 1770 , in-8.

(Le texte en regard de la traduction en prose.)

950. — Satires de JUVÉNAL, traduites par J. DUSAULX , nouvelle édition, revue et corrigée par Jules Pierrot,... — *Paris, C.-L.-F. Panckoucke*, 1825-26, 2 vol. in-8.

(Ouvrage détaché de la bibliothèque Panckoucke. Voyez aussi cette bibliothèque, no 36.)

951. — P. STATII Papinii opera qvæ extant, Io. Bernartivs ad libros veteres recensuit et Scholiis illustrauit. — *Lvgdvni, apvd Ioan. Pillehotte*, M. D. XCVIII., in-12.

(Les notes et les scolies de Bernartius, rejetées à la fin du texte, ont leur frontispice et une pagination séparée.)

* STATII opera. — (V. nos 871, 872 , *Chorus* et *Corpus poetar.*)

952. — Publii Papinii STATII opera , cum observationibus ac cum commentariis tam veterum quam recentiorum interpretum. Emericus Cruceus recensuit et novo commentario Statii Sylvas illustravit , cum indicibus locupletissimis. — *Parisiis, sumptibus Thomæ Blaise*, 1618, 2 parties en 1 vol. in-4.

(Le poëme des Silves forme la seconde partie du volume, qui porte le frontispice suivant : « Publii Papinii Statii Sylvæ, variorum expositionibus illustratæ. Opus Emer. Crucei cura recognitum et recentis commentarii accessione auctum.. — *Parisiis*, 1618. — Le commentaire d'Emeric de Lacroix, rejeté à la fin de cette partie, a aussi son frontispice, ainsi conçu : « Emerici Crucei in Publii Papinii Statii Sylvas commentarius. Accessit Somnium Philoceltæ; ejusdem (Crucei) poematium... — *Parisiis*,... 1618. — Le Songe de Philocelte est un poème en l'honneur d'Henri IV.)

* Libri quinque Sylvarum P. Papinii Statii (Thebaidos libri duodecim, etc.), cum varietate lectionum et selectis Marklandi aliorumque notis, quibus suas addiderunt J.-A. Amar et N.-E. Lemaire. — (V. n° 35, *Biblioth. Lemaire.*)

* Œuvres complètes de Stace, traduites, les livres I et II des Silves, par M. Rinn,... Les livres III, IV (V des Silves et I-IV de la Thébaïde), par M. Achaintre,... (et les livres V-XII de la Thébaïde, ainsi que l'Achilléide, par M. L. Boutteville). — (V. n° 36, *Biblioth. Panckoucke.*)

953. — Marci Valerij Martialis Epigrammata Libri. xiiii. Vna cum Commentarijs Domitij Chalderini et Georgij Merule : et cum figuris suis locis appositis : Necnon ornatissima tabula per alphabetum nuper addita nunquam amplius impressa... — (A la fin :) *Impressum Venetiis per Georgium de Rusconibus, Mediolan(um), Anno d(omi)no* m. d. xiiii., in-fol.

954. — M. V. Martialis epigrammaton libri xiiij. summa diligentia castigati. — *Parisiis Apud Simonem Colinæum*, 1539, petit in-8.

955. — Matthæi Raderi, de societate Jesu, ad M. Valerii Martialis epigrammaton libros omnes, plenis commentariis, novo studio confectis, explicatos, emendatos, illustratos, rerumque et verborum, lemmatum item, et communium locorum variis et copiosis indicibus auctos, curæ secundæ. — *Anno 1611. Ingolstadii, ex typographeio Adami Sartorii*, in-fol.

* Martialis epigrammata. — (V. nos 871, 872, *Chorus et Corpus poetar.*)

* M. V. Martialis epigrammata, ad codices parisinos accurate recensita, variis lectionibus, notis veteribus et novis, græca interdum versione, notitia literaria et indice locuple-

tissimo illustraverunt quinque parisiensis academiæ professores. — (V. *n°* 35, *Biblioth. Lemaire.*)

* Epigrammes de M.-Val. MARTIAL, traduction nouvelle par MM. V. VERGER, N.-A. DUBOIS, J. MANGEART. — (V. *n°* 36, *Biblioth. Panckoucke.*)

* Epigrammes choisies de MARTIAL, trad. en vers français avec le latin en regard... Par BOURIAUD aîné. — (V. ci-après : *Télémaque*, trad. en vers français par le même.)

956. — TERENTIANI MAVRI,... de literis, syllabis, pedibvs et metris, tractatus insignis, suspiciendus antiquitate etiam reuerenda, Nicolao Brissæo Montiuillario commentatore et emendatore. — *Parisiis Apud Simonem Colinæum,* 1531, in-4.

* CHATO (*sic*) cū glosa et moralisatione. — (A la fin :) *Expliciunt glosule Cathonis valde vtiles volentibus instrui in bonorum morum acceptat(i)one. maloꝝ fuga. Optime correcte Impresse. Anno salutis.* M. CCCC. XCVI. *p(er) Henricum Quentell in Colonia*, in-4 goth. de 47 feuillets non paginés. — (V. *la division* PHILOSOPHIE.)

* CATONIS... hexametro versu sentētiæ in græcum e latino conuersę. — (V. *n°* 497-2°.)

* Aurel. NEMESIANI eclogæ. — CALPURNII Siculi eclogæ. — (V. ci-après *n°* 1001, PONTANI *Amores.*)

* Pvblii Optatiani PORPHYRII Panegyricvs dictvs Constantino Avgvsto... — *Augustæ Vindelicorum,* M DVC (1595), in-fol. — (V. *n°* 58, *Opera* BECANI.)

957. — AVSONII Bvrdigalensis, viri consvlaris, omnia, qvæ adhvc in veteribvs bibliothecis inveniri potvervnt, opera, ad haec, SYMMACHI, et PONTIJ PAULINI litteræ ad Ausonium scriptæ : tum CICERONIS, SULPICIÆ, aliorumque quorundam veterum carmina nonnulla, Cuncta ad varia, vetera nouáque exemplaria, emendata, commentariisque illustrata per Eliam Vinetvm Santonem. Indices praefationi tres svbivncti, Scriptorum hîc contentorum, rerum et verborum. — *Burdigalæ, Apud Simonem Millangium* (1575 ou 1580), 2 parties en 1 vol. in-4.

(Simon Millanges, ainsi qu'on peut le voir au v° du frontispice, était

Limousin. Il florissait à Bordeaux de 1574 à 1619, d'après M. Silvestre, *Marq. typogr.*, page 262. Il imprima les œuvres d'Ausone sous les auspices du sénat bordelais. Voici ce que nous lisons à son sujet dans le *Dictionnaire de bibliologie* de Peignot, T. I, p. 453 : « Cet imprimeur de Bordeaux naquit à Limoges dans le XVIe siècle. Il fut, dit-on, recteur ou professeur au collége de Bordeaux jusqu'à l'instant où les jésuites entrèrent dans ce collége; alors il se livra entièrement à l'imprimerie. Il monta ses presses en 1572... Ses éditions approchèrent beaucoup de celles des Etiennes ». Notre volume, commencé à imprimer en 1575, comme l'indique la date donnée au v° du frontispice, ne fut terminé qu'en 1580. — V. la mention qui se trouve à la fin de l'ouvrage.)

958. — D. magni AVSONII Bvrdigalensis,... Opera in meliorem ordinem digesta. Recognita sunt à Iosepho Scaligero,... et infinitis locis emendata. Eiusdem Iosephi Scaligeri Ausonianarum lectionũ libri duo, ad Eliam Vinetum Santonem : in quibus Castigationum rationes redduntur, et difficiliores loci Ausoniani explicantur. — *Lvgdvni, apvd Ant. Gryphivm,* M. D. LXXV., in-16.

(Les leçons de Scaliger ont leur frontispice et une pagination séparée.)

* (V. aussi *n*os 871, 872, *Chorus* et *Corpus poetar.*, et *n*° 35, *Biblioth. Lemaire : Poetæ latini minores*, passim.)

959. — Cl. CLAVDIANI Proserpinae raptvs cvm Iani Parrhasii commentariis ab eo castigatis et avctis accessione mvltarvm rervm cognitv dignarvm. — *Venundantur a Pontio probo Bibliopola...* (A la fin :) *Impressum Parisius per Antonium Bonnemere... Anno Domini.* M. CCCCC. XI. (1511), in-fol.

* CLAUDIANI opera. — (V. *n*os 871, 872, *Chorus* et *Corpus poetar.*)

* Claudii CLAUDIANI opera omnia... recensuit N.-L. Artaud,... — (V. *n*° 35, *Biblioth. Lemaire.*)

* Œuvres complètes de CLAUDIEN, traduction nouvelle par MM. HÉGUIN DE GUERLE,... et Alph. TROGNON. — (V. *n*° 36, *Biblioth. Panckoucke.*)

960. — Le ravissement de Proserpine de Cl. CLAUDIAN, traduit en prose française, avec un quatrième livre; ensemble la Mythologie, ou explication naturelle de la fable, par G. A.

(ADILBERT), avocat en parlement. — *Toulouse, chez Dominique et Pierre Bosc*, 1621, in-12.

(Traduction sans le texte.)

* Flavii AVIANI fabulæ. — (V. *n°* 934, PHÆDRI *Fabulæ*.)

* AVIANI fabulæ. — (V *n°s* 871, 872, *Chorus* et *Corpus poetar.*)

* Rufi Festi AVIENI geographica; Arati phænomena, et aliorum epigrammata, interprete AVIENO. — (V. *n°* 35, *Biblioth. Lemaire : Poetæ latini minores*, T. V-VI.)

* PRISCIANI periegesis. — (V. *ibid.*)

* Claudii Rutillii NUMATIANI de reditu suo itinerarium. — (V. *ibid.*)

E. — Poètes latins chrétiens.

* L'épopée chrétienne jusqu'à Klopstock, par SAINT-MARC GIRARDIN. — (V. *n°* 107, *Revue des Deux Mondes*, 1er mai et 15 août 1849, 1er avril 1850.)

* Chorus... poetarum sacrorum veterum (JUVENCUS, DAMASE, Marius VICTOR, PRUDENCE, S. PAULIN, Pontius PAULINUS, SEDULIUS, PROSPER, Alcimus AVITUS, ENNODIUS, ARATOR, VENANTIUS, TERTULLIEN, CYPRIEN, LACTANCE, HILAIRE, DRACONTIUS, auxquels il faut ajouter SIDOINE et BOÈCE, que l'éditeur a cru devoir placer à la fin des poètes profanes dans le même volume). — (V. *n°* 871, *Chorus poetar.*)

* DAMASUS, JUVENCUS, Aurelius PRUDENTIUS, Pontius PAULINUS, VENANTIUS HONORIUS FORTUNATUS, SIDONIUS APOLLINARIS. — (V. *n°* 872, *Corpus poetar.*)

V. aussi *division* RELIGION dans les collections suivantes :

* Maxima bibliotheca veterum patrum :

T. III : Incerti auctoris Phœnix, de Passione Domini, page 670. —

T. IV : JUVENCI, historia evangelica, page 55; Marii VICTORINI Afri de fratribus Macchabæis, page 297. — T. V : APOLLINARII, Metaphrasis psalmorum Davidis, page 547; Aurelii PRUDENTII Clementis carmina et hymni, page 990. — T. VI : Divi PAULINI poemata, page 252; Beati PAULINI Petricordii de vita S. Martini, page 297; Ejusd. de nepotulo suo, de orantibus, page 322; SEVERI Rhetoris carmen bucolicum; Cælii SEDULII opus paschale, Christi vita, page 459; SIDONII APOLLINARIS carmina, page 1129. — T. VII : Metrum HILARII Arelatensis in Genesim, page 1229. — T. VIII : S. PROSPERI Aquitanici carmina, page 86; Claudii Marii VICTORIS supra Genesim commentarii, page 417; DREPANII Flori carmina, page 667; S. ORIENTII, sive ORENCII commonitorium, page 875. — T. IX : ENNODII carmina, page 416; RUSTICI HELPIDII carmina, page 462; Beati AVITI poemata de mosaicæ historiæ gestis, page 603; DRACONTII Hexameron, page 725. — T. X : ARATORIS historiæ apostolicæ lib. II, page 125; MARTINI Dumiensis quædam carmina, page 382; Venantii Honorii Clementiani FORTUNATI carmina, page 528. — T. XII : Beati EUGENII, episcopi Toletani, opuscula, page 344; Petri APOLLONII COLLATII excidii hierosolymitani lib. IV, page 750. — T. XIII : S. ALTHELMI carmina, page 3; S. BONIFACII carmina, page 95. — T. XIV : THEODULPHI episcopi carminum libri VI, page 28; AGOBARDI carmina, page 328; ENGELMODI versus, page 353. — T. XV : SERVATI LUPI hymni, page 59; WALAFRIDI STRABONIS poemata, page 203. — T. XVI, SALOMONIS, episcopi, carmina, page 1300; VALDRAMI sive BALTRAMI carmina, page 1304. — T. XVIII : FULBERTI prosæ et versiculi, page 48. — T. XXIII : Anonymi rythmus de laude virginitatis, page 165. — T XXIV : PETRI Blesensis carmina, page 1270. — T. XXVI : MAPHEI VEGII Laudensis poemata heroica, page 759. — T. XXVII : Carmina S. DAMASI papæ cum notis Martii Milesii, page 81; S. ANSELMI meditationes, page 444; Epigrammata seu hymni sacri illustrium virorum antiquorum patrum monasterii S. Galli, page 507.

* MARTÈNE, Thesaurus novus anecdotorum :

T. III : Gesta Tancredi in expeditione Jerosolymitana, auctore RADULPHO Cadomensi, page 107; Historia gestorum viæ nostri temporis Hierosolymitanæ, auctore GILONE Parisiensi, page 211; Ernestus, seu carmen de varia Ernesti, Bavariæ ducis, fortuna, auctore ODONE, page 307; Vita Beati Franconis, page 1333; Vita sancti Romani, archiepiscopi Rothomagi, page 1653. — T. V : S. ORIENTII commonitorium, page 17; Venerabilis BEDÆ libellus precum, page 383; Opuscula quædam poetica FLORI, Lugdunensis ecclesiæ diaconi, page 595.

* DACHERY Spicilegium :

T. II : Wandalberti Diaconi martyrologium, page 38.

* MARTENE, Amplissima collectio :

T IV : ANGELI de Curribus Sabinis, de excidio civitatis Leodiensis libri sex, p. 1379. — T. V : Versus de viris illustribus diœcesis Tarvanensis qui in sacra fuere expeditione, page 539; Lamentum lacrimabile super his qui in expeditione Jerosolymitana... interierunt, page 540. — T. VI : Sententia BRUNELLI de ordinibus religiosis, page 1; Gesta septem abbatum Beccensium, metrice a PETRO DIVENSI conscripta, page 93; DOMINICI JOHANNIS ordin. prædicat. De basilicis Florentinis divæ genitrici consecratis, page 590; Versus de Carolo Magno et aliis, page 841; Miracula S. Anselmi, Cantuarensis archiepiscopi, page 983; Versus de virtutibus sancti Stephani, page 1130; Rythmus de nece Caroli Boni, Flandriæ comitis, page 1133. — T. IX : S. Cypriani carmen de resurrectione mortuorum, page 1; Juvenci presbyteri liber in Genesim, page 14; Cœlii Sedulii,... carmen de verbi incarnatione, page 125; Rythmus Magistri Petri Abaillart de S. Trinitate, page 1091.

* Canisii Thesaurus monumentorum ecclesiasticorum :

T. I : S. Althelmi,... libri duo, carmine descripti, primus de laude virginum, alter de octo principalibus vitiis, page 709; Monosticon carmen B. Columbani; ejusdem epistola, page 775. — T. II : Acta S. Cuthberti,... a venerabili Beda heroico carmine conscripta, page 1; Flacci Albini seu Alcuini de vita S. Willibrordi lib. secundus; ejusdem elegia de S. Wilgiso, page 457; Carmina incerti auctoris de Carolo Magno et Leonis, pontificis maximi, ad eumdem Carolum adventu, page 472. — T. II, 2e partie : Carmina Theodulphi et aliorum, page 59; Walafridi Strabonis poemata, page 183. — T. II, 3e partie : Epigrammata seu hymni sacri illustrium virorum, antiquorum patrum monasterii S. Galli, page 185; Carmina Salomonis episcopi ad Dadonem episcopum, p. 235. — T. III : Panegyricus Wiponis carmine scriptus ad Henricum III, imper., page 161. — T. III, 2e partie : Metelli Tegerseensis Quirinalia, page 113.

* D. Pitra, Spicilegium Solesmense :

T. I : Commodiani,... carmen apologeticum adversus Judæos et gentes, pag. 20; Hilarii,... carmen de Evangelio, pag. 166; Q. V. Aquil. Juvenci,... metrum in Exodum et in Leviticum, Numeros et Deuteronomium selecta fragmenta, pag. 173.

* (V. enfin les *Œuvres des pères de l'Eglise, division* Religion.)

961. — Avrelii Prvdentii Clementis viri consvlaris opera, a Victore Giselino correcta et annotationibus illustrata... — *Parisiis, Apud Hieronymum de Marnef*, 1562, in-16.

* D. Prosperi Epigrammata, de Providentia, de ingratis. — (V. D. Prosperi *Opera.*)

962. — Poème de S. Prosper contre les ingrats, traduit en vers et en prose (par Le Maistre de Sacy). Nouvelle édition, en laquelle on a ajouté l'excellente lettre du même Saint à Ruffin; avec un abrégé de toute sa doctrine touchant la grâce et le libre arbitre, tiré de ses autres ouvrages : le tout en

latin et en français. — *Paris, Guillaume Desprez* et *Jean Dessessartz*, 1726, in-12.

(D'après l'auteur de la *Bibliothèque Janséniste*, page 168, le nom de Sacy, ajouté à celui de Le Maistre, ne serait que l'anagramme d'*Isac*, nom de baptême de l'auteur.)

* SIDONII APOLLINARIS et ENNODII carmina. — (V. SIRMONDI *Opera*, T. I.)

---

* Alcimi AVITI, B. EUGENII, DRACONTII, B. MARTINI, S. COLUMBANI, THEODULFI episcopi, carmina. — (V. *ibid.*, T. II.)

* GOFFRIDI, abbatis Vindocinensis, carmina. — (V. *ibid.*, T. III.)

F. — Poètes latins modernes français de nation.

* (V. *Histoire littéraire de la France*, passim.)

* (Recueil de vers latins composés par les PP. Jacques VANIÈRE, Franç. TARILLON, Franç. CHAMPION, Cl. HERVEY DE MONTAIGU, SANADON, Ch. PORÉE, Is. BERRUYER, J. DE JOUVENCY, et quelques élèves du collége des jésuites de Louis le Grand, de 1701 à 1717). — (V. nº 445-1º-16º.)

963. — Musas rhetorices, seu carminum libros quinque a selectis olim rhetorices alumnis elaboratos, typis denuo mandavit J. A. AMAR,... — *Parisiis, apud Aug. Delalain*, 1809, in-12.

* (V. *la division* HISTOIRE pour les poèmes d'ERMOLD LE NOIR, d'ABBON, d'ADALBÉRON, de GUILLAUME LE BRETON.)

964. — Nicolai BORBONII Vandoperani nvgae. — *Parisiis, Apud Michaelem Vascosanum*, M. D. XXXIII., petit in-8.

* Adriani TURNEBI poemata. — (V. nº 342, TURNEBI *Opera*.)

* M. Ant. MURETI poemata. — (V. nº 343, T. I, et nº 790.)

965. — Poésies de Marc-Antoine MURET, mises en vers français par M. P. MORET,... — *Paris, Christophe Journel*, 1682, in-12.

* Stephani PASQUIERII epigrammata. — (V. *n*° 82, *Œuvres*, T. I.)

* Josephi Jvsti SCALIGERI,... poemata (latina et græca). — (V. *n*° 55, SCALIGERI *opuscula*.)

* Geographiæ Poeticæ... libri quatuor... Lamberti DANÆI opus... — *Lugduni*, 1580, in-8. — (V. HISTOIRE, *n*° 40.)

* Poésies latines sur la mort d'Henri IV. — (V. ci-dessus *n*° 823.)

966. — Lvdovico XIII, Galliarum et Navarræ regi christianissimo feliciter inaugurato, Sacra rhemensia, nomine collegii pictavensis societatis Jesu, Franciscus GARASSUS Engolismensis, ex eadem societate, D. D. D. — *Pictavis, ex officina Antonii Mesnerii*, M. DC. XI., in-4.

(Dans le même volume, après les notes sur le poème ci-dessus, notes qui ont une pagination séparée, se trouve l'ouvrage suivant :)

— Elegiarum de tristi morte Henrici Magni, ad Ludovicum filium, Galliæ et Navarræ regem christianissimum, ejusdem Francisci GARASSI,... liber singularis. — *Augustoriti Pictonum, ex officina Antonii Mesnerii*, CIↃ. CI. C. XI.

(En double exemplaire.)

* Palmæ regiæ invictissimo Ludovico XIII. — (V. *n*° 824.)

967. — Franciados seu annalium francicorum, quos aura benigniore Pindus afflavit, tomus primus, Merovingiorum dynastiam, et tercentum eoque amplius annorum gesta complectens. Autore R. P. Petro JOSSET, e societate Jesu.. — *Rupellæ, apud Stephanum du Rosne*, M. DC. XXXIX., in-fol.

968. —

Rhetorice, Placidâ quam Pieris irrigat vndâ,
Grandia Facundæ reserans Præcepta Loquelæ :

Hæc etiam Logicæ præludia docta sagacis,
Strictaqve Grammaticæ compendia digerit Artis.

Authore P. Petro Iosset è Societate Iesv. — *Lemovicis, apud Antonivm Barbov,* 1650, petit in-12 de 414 pages, non compris 5 feuillets liminaires et l'Index.

(Nous avons vainement consulté au sujet de cet auteur et de ses ouvrages les biographies et les catalogues imprimés de diverses bibliothèques publiques ou particulières. La bibliothèque des écrivains de la société de Jésus, de Ribadeneira, continuée jusqu'en l'année 1642 par Philippe Alegambe, n'en fait même pas mention. Cependant, comme on vient de le voir au n° précédent, le père Josset avait fait paraître *la Franciade* trois ans auparavant. Comment se fait-il qu'un homme auteur de plus de 30,000 vers latins qui ne sont pas sans mérite ait été oublié non-seulement de la postérité, mais encore de ses contemporains, et, qui plus est, de ses confrères? Toutefois *la Franciade* se trouve indiquée, non dans le catalogue de la Bibliothèque impériale, mais dans la *Bibliothèque historique* du P. Lelong, T. II, n° 15638, *Rupellæ*, 1640, in-4. Dans cette édition l'auteur se dit Bordelais. A la fin de cette première partie de son poème, le père Josset prend soin d'avertir le lecteur qu'il l'a composée sur la flotte chargée, en 1638, d'attaquer l'Espagne, et commandée par l'amiral-archevêque Henry d'Escoubleau de Sourdis. Cependant nous ne voyons pas figurer son nom dans les *Etats statistiques de la marine de France depuis* 1631 *jusqu'en* 1639 joints à la *Correspondance de d'Escoubleau de Sourdis*, éditée par Eugène Sue. Quant à la *Rhétorique*, mentionnée ci-dessus, on remarquera que le titre même est en vers. Le fécond rhéteur, qui, à ce qu'il semble, ne savait parler que le langage des dieux, composa ce second poëme pour les élèves du collége des jésuites de Limoges, où il était professeur, ainsi qu'on peut le voir dans le *permis d'imprimer* accordé à Antoine Barbou. — Comme cet ouvrage est peu connu, nous avons cru devoir conserver scrupuleusement l'orthographe du titre.)

969. — Antonii Millieī Lugdunensis, e societate Jesu, Moyses viator : seu imago militantis Ecclesiæ mosaicis peregrinantis Synagogæ typis adumbrata. Nunc primum in lucem editur. — *Lugduni, sumptib. Gabrielis Boissat,* 1636, 2 parties en 1 vol. in-8.

(La seconde partie porte au frontispice : « ... Pars itineris posterior. — *Lugduni, sumptibus Jacobi et Petri Prost*, 1639.)

970. — Francisci Vavassoris, e soc. Jesu, multiplex et varia poesis, antea sparsim edita, nunc in unum collecta. Accesserunt ejusdem nondum editæ observationes de vi et usu verborum quorumdam latinorum. — *Parisiis, apud viduam Claudii Thiboust et Petrum Esclassan,* 1683, in-8.

971. — In-12, contenant :

1° — Lusus poetici allegorici, sive elegiæ oblectandis animis et moribus informandis accommodatæ, in tres libros, aut decurias tributæ. Auctore P. Petro Justo SAUTEL,... — *Parisiis, apud fratres Barbou*, 1725.

2° — Gabrielis MADELENETI carmina. Nova editio auctior. — *Parisiis, sumptibus fratrum Barbou*, 1725.

* Joannis Ludovici Guezii BALZACII carminum libri tres. — (V. *n°* 344.)

972. — Antonii GARISSOLII Adolphidos, sive de bello germanico, quod incomparabilis heros Gustavus Adolphus Magnus, Suecorum, Gothorum Vandalorumque rex, pro Germaniæ procerum et statuum libertate gessit, libri duodecim. Ad serenissimam Sueciæ reginam Christinam Augustam. — *Montalbani, apud Philippum Braconerium*, 1649, in-4.

973. — Renati RAPINI, societ. Jesu, carminum tomus primus (-secundus). — *Parisiis excudebat Sebast. Mabre-Cramoisy*, 1681, in-12.

974. — Renati RAPINI, societatis Jesu, eclogæ cum Dissertatione de carmine pastorali. — *Parisiis, apud Sebastianum Cramoisy*, 1659, in-4.

975. — Petri MAMBRUNI, societ. Jesu, eclogæ, et de cultura animi lib. IV. — *Fixæ Andecavorum, ex officina Gervasii Laboe*, 1661, in-16.

* Poèmes latins de FLEURY. — (V. *n°* 73, *Œuvres*.)

976. — Leonardi FRIZON, e societ. Jesu, opera poetica, libri XXIV. Tomus posterior. — *Parisiis, apud Simonem Benard*, 1675, in-8.

(Le T. Ier manque.)

977. — Leonardi FRIZON, e societate Jesu, lectorum poematum editio nova, e variis carminibus, antea ineditis aut seorsum excusis, concinnata. — *Lugduni, sumpt. Bartholomæi Riviere*, 1666, in-12.

978. — Caroli RUÆI, e societate Jesu, carminum libri quatuor. Editio quinta. — *Lutetiæ Parisiorum, apud viduam Simonis Benard*, 1688, in-12.

* Hadriani VALESII poemata. — (V. nº 437, *Valesiana*.)

979. — Joannis Baptistæ SANTOLII Victorini operum omnium editio secunda, in qua reliqua opera nondum conjunctim edita reperiuntur. — *Parisiis, apud Dionysium Thierry*, 1698, 2 parties en 1 vol. in-8.

(Quelques pièces de vers français.)

980. — Joannis Baptistæ SANTOLII Victorini operum omnium editio tertia, in qua reliqua opera nondum conjunctim edita reperiuntur. — *Parisiis, apud fratres Barbou*, 1729, 3 vol. in-12.

(Portrait de Santeul.)

981. — Hymni sacri et novi, autore SANTOLIO Victorino. Editio novissima, in qua hymni omnes quos autor usque ad mortem concinuerat reperiuntur. — *Parisiis, apud Dionysium Thierry*, 1698, in-12.

982. — Traduction en vers français des hymnes de monsieur DE SANTEUL, chanoine régulier de S. Victor, par M. l'abbé SAURIN, de l'Académie royale de Nîmes. Troisième édition, revue, corrigée et augmentée de plusieurs hymnes nouvelles, mises selon l'ordre du bréviaire, avec la musique. — *Paris, Vᵉ Daniel Hortemels*, 1699, in-12.

983. — Clarissimo viro domino D. Jacobo Fusciano Cauvel, meritissimo in curia parlamenti advocato, in regia sede balliatus Mondiderini regio procuratori designato, majori ejusdem urbis recens nominato, ingredienti collegium ut lustraret. (Signé à la fin L. DE BAILLY. — *Réimprimé à 50 exemplaires. — Paris, Didot*, 1857), in-4 de 8 pages.

(Recueil de cinq pièces de vers latins, odes, épigrammes, etc., adressé, en 1690, à Jacques-Fuscien Cauvel de Beauvillé, par Louis de Bailly, principal du collége de Montdidier. — V. DE BEAUVILLÉ, *Hist. de Montdidier*, T. III, page 205.)

984. — Joannis Commirii, e societate Jesu, carmina. Editio novissima, longe auctior et emendatior. — *Lutetiæ Parisiorum, apud J. Barbou*, 1714-15, 2 vol. in-12.

(A la fin du T. II se trouvent quelques poésies françaises du P. Commire.)

985. — Joannis Antonii du Cerceau, e societate Jesu, carmina. — *Parisiis, apud Joannem Boudot*, 1705, in-12.

(Deux exemplaires.)

986. — Natalis Stephani Sanadonis, e societate Jesu, carminum libri quatuor. — *Lutetiæ Parisiorum, apud Johannem Barbou*, 1715, in-12.

(A la suite : « Appendix, sive liber adventitius, continens : 1° Carmina gallica latinis carminibus ab auctore reddita ; 2° Carmina ex latino auctoris in alium sermonem conversa ».)

* Poésies latines de Danchet. — (V. son *Théâtre*, T. IV.)

987. — Perillustris viri Nic. Boileau Despréaux opera, e gallicis numeris in latinos translata a D. Godeau, antiquo rectore Universitatis studii parisiensis. Accessere ad calcem quæ reperiri potuerunt poematum tanti auctoris in latinos modos redditorum ab illustrioribus ejusdem academiæ viris, Rollino scilicet, Grenano, Bizoto, Vaesbergio, aliisque. — *Parisiis, sumptibus Bartholomæi Alix*, 1737, in-12.

* Motus animi. De arte vitraria. Epistolæ mortuorum, etc. (Par le P. Brumoy.) — (V. ci-dessus *n°* 346, *Recueil de divers ouvrages en prose et en vers.*)

988. — Anti-Lucretius, sive de Deo et Natura, libri novem. Eminentissimi S. R. E. cardinalis Melchioris de Polignac opus posthumum ; illustrissimi abbatis Caroli d'Orléans de Rothelin cura et studio editioni mandatum. — *Parisiis, apud Desaint et Saillant*, 1747, 2 vol. in-8.

(Portrait du cardinal de Polignac.)

989. — Même ouvrage. — *Parisiis, apud Petrum-Ægidium Le Mercier*, 1749, 2 tomes en 1 vol. in-12.

990. — Même ouvrage. — *Parisiis, apud Desaint et Saillant*, 1754, 2 vol. in-12.

991. — L'Anti-Lucrèce, poème sur la religion naturelle, composé par M. le cardinal DE POLIGNAC, traduit par M. DE BOUGAINVILLE,... — *Paris, Saillant*, 1767, 2 vol. in-12.

(Trad. sans le texte.)

* Caroli COFFIN opera poetica. — (V. *n°* 347, *OEuvres de* COFFIN, T. II.)

* Pièce de vers latins *Ad juvenes*. — Traduction latine du *Maître chat* ou *Le chat botté*, conte de Perrault, par ANDRIEUX. — (V. *n°* 348, *OEuvres*, T. IV.)

992. — Lusus poetici, auctore Joanne Claudio GRANCHER, collegii brivensis gymnasiarcho. — *Parisiis, ex typographia Firmini Didot*, 1819, in-8 de 43 pages.

(En double exemplaire. — J.-C. Grancher, nommé recteur de l'académie de Limoges en octobre 1828, passa en la même qualité à l'académie de Cahors le 16 avril 1830. L'*Hermes romanus* et l'*Apis romana* ont parlé avec éloge de plusieurs pièces de ce recueil. — (V. QUÉRARD.)

G. — Poètes latins modernes italiens et espagnols de nation.

* De conservanda bona valetvdine, opvscvlvm scholæ Salernitanæ... Cum Arnoldi Nouicomensis,... Enarrationibus... recognitis et auctis, per Ioannem CURIONEM... — *Antverpiæ*, 1557, in-12. — (V. *la division* MÉDECINE.)

* Le régime de santé de l'école de Salerne (par JEAN DE MILAN et Arnaud DE VILLENEUVE), traduit et commenté par maître Michel LE LONG,... Seconde édition... — *Paris*, 1637, in-8. — (V. *ibid.*)

* L'art de conserver et de rétablir sa santé, ou Préceptes d'hygiène de l'école de Salerne, traduction nouvelle (en vers français) avec le texte en regard et des remarques critiques, suivie de L'école de Paris, ou Traité d'hygiène moderne, en vers français, par J.-B. DEMOMMEROT,... — *Paris, Ledoyen et Thivet*, 1841, in-8. — (V. *ibid.*)

* Francisci PETRARCHÆ bucolicum carmen per duodecim æglogas distinctum. — (V. nos 47, 48, *Opera* PETRARCHÆ.)

* Joannis Francisci PICI MIRANDULÆ,... heroicum carmen de mysteriis Dominicę crucis, nuper in Germaniam delapsis... — (V. no 52, *Opera* PICI MIRANDULÆ.)

* Angeli Politiani poemata. — (V. no 51, Angeli POLITIANI *Opera*.)

993. — (Opera F. Baptistæ MANTUANI (Baptistæ SPAGNIOLI), cum commentariis Murrhonis, Brantii et Ascensii. — *Parisiis*, 1513), 2 vol. in-fol.

(Sans frontispice. On lit au f° 168 du T. II : « Finis... Ex ædibus Ascensianis ad Nonas Iunias, M. D. XIII. » On trouve à la suite :)

1° — Reuerēdi fratris Baptistę MA(N)TUANI Carmelitę Theologi : de Patiētia aurei libri tres cum indicibus Et vocabulorum difficiliorum explanatiuncula. — Eiusdem de Vita Beata libellus optimus : Cum Augustini Dathi de eadem commentatione. — *Ve(æ)nundantur Parrhisijs vbi ce(æ)tera eiusdem opera.* Seorsum autem hæc sunt impressa ꝙ sint oratione soluta : sed secūdo Tomo : eoꝙ moralia rite apponenda. (S. d.)

2° — Joannis Corrunni Carnutensis Enarrationes non illepidę in Fra. Baptistę Mant. Car. Theolo. exhortationem ad potentatus Christianos. — *Veneunt in e(æ)dibus Francisci regnault...* (S. d.).

* Petri CRINITI poemata. — (V. no 341.)

994. — Ioannis Ioviani PONTANI amorum libri II. De amore coniugali III. Tumulorum II, qui in superiore aliorum poëmaton editione desyderabantur. Lyrici I. Eridanorum II. Eclogæ duæ Coryle, et Quinquennius superioribus quatuor additæ. CALPURNIJ Siculi Eclogæ VII. Aurelii NEMESIANI Eclogæ IIII. Explicatio locorum omnium abstrusorum Pontani authore Petro Summontio uiro doctissimo. Index rerum, quæ in his Pontani lusibus contineantur. — *Aldus* (s. d.). — (A la fin :) *Venetiis in Aedibvs Aldi, et Andreae soceri, mense febrvario,* M. D. XVIII., petit in-8.

995. — Marci Hieronymi VIDÆ cremonensis, Albæ episeopi, opera... — *Lvgdvni, apvd Ant. Gryphivm*, M. D. LXXVIII., in-16.

* Joannis Pierii Val. (Valeriani) Bellvnensis Poemata. — (V. Histoire, nº 1851, Valeriani *Hieroglyphica.*)

996. — Capiluporum (Hippolyti, Lælii, Camilli, Alphonsi, Julii) carmina (et centones; ex edit. Josephi Castalionis). — (A la fin :) *Romae, Ex Typographia Hæredum Io. Lilioti*. CIↃ IↃ XC (1590), in-4.

(A défaut de frontispice, nous donnons le faux-titre ci-dessus.)

997. — Maphæi S. R. E. Card. Barberini, nunc Urbani Papæ VIII, poemata. — *Parisiis, e typographia regia*, 1642, in-fol.

(A la suite : « Poesie toscane del Cardinale Maffeo Barberino, hoggi Papa Urbano ottavo. — *In Parigi, nella Stamperia reale*, 1642. ». — La pagination continue d'une partie à l'autre.)

998. — Philomathi (Fabii Chigi, postea Alexandri VII papæ) musæ juveniles. Editio novissima, prioribus auctior et emendatior. — 1656. *Parisiis, e typographia regia*, in-fol.

* Mendocæ de Floribus poeticis. — (V. nº 322, *Viridarium.*)

II. — Poètes latins modernes allemands, polonais, flamands, hollandais, danois, anglais.

999. — Deliciæ poetarum germanorum hujus superiorisque ævi illustrium. Pars V. Collectore A. F. G. G. (Antuerpiano filio Guil. Gruteri, id est Jano Grutero). — *Francofurti excudebat Nicolaus Hoffmannus*, 1612, petit in-12.

(Cette cinquième partie comprend : Pierre Paganus, Jean Paludius, Jean Pedioneus, David Peifer, Michel Piccart, Jean Pincier, Joseph du Pin, Simon-Ulric Pistor, Volrad Plessen, Jean-Isaac Pontanus, Henri Porsius, Jean Posthius, Bern. Pretorius, Martin Pretorius, Henri Ranzow, Georges Rémi, Elie Reusner, Nicolas Reusner, Nicolas Rhediger, Laurent Rhodomann, Nicolas Rhodomann, Jean-Conrad Rhumelius, Daniel Rintfleisch, Conrad Rittershusius, Gabriel Rollenhagius, Samuel Rosenbomius, Nicolas Rudinger, Georges Sabinus, Jean Sapidus, Jean Sascerides, Sébastien Scheffer, Christ. Scheilenbergius, Matthieu Schickeradius, Ulric Schober, Hartman Schopper.)

1000. — Stultifera Nauis. Narragonice profectionis nunq̃ satis laudata Nauis : p̄ Sebastianū Brant : uernaculo uulgariq̄ sermone et rhythmo... nup̄ fabricata : Atq̄ iam pridē Per Iacobum Locher cognomēto Philomusum : Sueuū : in latinū traducta eloquiū : Et p̄ Sebastianū Brant : denuo seduloq̄ reuisa... — (A la fin :) *Finis Narragonice(æ) nauis.. in laudatissima urbe Parisiensi : nup(er) opera... Gofridi de marnef. Anno...* m. cccc. xcviii (1498), in-4.

(Caract. goth. Gravures en bois remarquables. — Cette édition est, au dire de Brunet, la plus belle et la plus recherchée.)

* Rvdimentorvm cosmographicorum Ioan. Honteri Coronensis libri III. cum tabellis Geographicis elegantissimis... — *Tigvri, apvd Froschouerum Iuniorem,* m. d. lxiiii., in-8. — (V. Histoire, n° 40-2°.)

1001. — Jacobi Pontani de societate Iesv Floridorvm libri octo. Editio quarta, diligenter emendata ; et aliquot locis non paucis versibus aucta. Accessit item Hymnorvm liber singvlaris in ordines Cælestium. — *Ingolstadii. Ex Typographia Adami Sartorii,* m. dcii., petit in-8.

1002. — Matthiæ Casimiri Sarbievii, e societate Jesu, carmina. Nova editio, prioribus longe auctior et emendatior. — *Parisiis, typis J. Barbou,* 1759, in-12.

(De la belle collection Barbou. — Le livre d'épigrammes qui se trouve à la fin a une pagination séparée.)

* Erasmi Carmina. — (V. n° 54, *Opera,* T. I.)

1003. — Pia, hilaria variaque carmina R. P. Angelini Gazæi Atrebacis, e societate Jesu. Altera editio auctior. — *Angustoriti* (sic) *Pictonum, apud Antonium Mesnier,* 1621, in-12.

1004. — Joannis Secundi Hagiensis opera, nunc primum in lucem edita... — *Trajecti Batavorum,* 1641, petit in-8.

1005. — Gasparis Barlæi Antuerpiani poematum pars II, elegiarum et miscellaneorum carminum. — *Amstelodami, apud Joannem Blaeu,* 1646, petit in-12.

(La 1re partie manque.)

1006. — Sidronii Hosschii, e societate Jesu, elegiarum libri sex. Item Guilielmi Becani, ex eadem societate, idyllia et elegiæ. Præmittitur Sidronii Hosschii vita, una cum illustrissimorum virorum poematibus in ejus obitum scriptis, jussu eminentissimi principis Fabii Chisii, S. R. E. cardinalis, qui fuit Alexander VII. Pont. Max. — *Lugduni, sumpt. Anissoniorum, Joan. Posuel et Claudii Rigaud*, 1688, in-12.

1007. — Même ouvrage. — Nova editio, auctior et emendatior. — *Parisiis, sumptibus fratrum Barbou*, 1723, in-12.

1008. — Jacobi Wallii, e secietate Jesu, poematum libri novem. Editio nova, cui accedit posthuma ad elegias appendix. — *Lugduni, sumptibus Anissoniorum, Joan. Posuel et Claud. Rigaud*, 1688, in-12.

I. — Poètes macaroniques.

1009. — Opus Merlini Cocaii (Theophili Folengi) poetæ mantuani macaronicorum, totum in pristinam formam per me magistrum Acquarium Lodolam optime redactum, in his infra notatis titulis divisum : Zanitonella, quæ de amore Tonelli erga Zaninam tractat... Phantasiæ Macaronicon... Moschææ facetus liber... Libellus epistolarum et epigrammatum... — *Venetiis, apud Bevilacquam*, 1613, in-12.

1010. — Histoire macaronique de Merlin Coccaie (Théoph. Folengo), prototype de Rabelais, avec l'horrible bataille des mouches et des fourmis. — (*Paris*), 1734, 2 vol. in-12.

§ 5. — Poésie française.

A. — Bibliographie. — Histoire. — Considérations sur la poésie.

* Bibliothèque française, par l'abbé Goujet. Poètes français. — (V. *n*° 220, T. IX-XVIII.)

* Almanach des muses. — (V. ci-après *n*° 1022.)

* De l'origine de nostre Poësie françoise, par Estienne

PASQUIER. — (V. HISTOIRE n° 571, *Les recherches de la France*, livre VII.)

* La poésie homérique et l'ancienne poésie française, par LITTRÉ. — (V. n° 107, *Revue des Deux Mondes*, 1er juillet 1847.)

* De la poésie épique dans la société féodale, par le même. — (V. *ibid.*, 1er juillet 1854.)

* De la poésie des races celtiques, par E. RENAN. — (V. *ibid.*, 1er février 1854.)

B. — Traités sur la poétique française.

1011. — La poétique de Jules DE LA MESNARDIÈRE. — *Paris, Antoine de Sommaville*, 1640, in-4.

(Ce traité n'est que le commencement d'un beaucoup plus grand commandé par Richelieu, et que la mort du cardinal empêcha l'auteur de continuer. Ce premier volume ne traite que de l'*élégie* et de la *tragédie*. L'auteur y donne des préceptes qu'il tire des écrits des anciens, et des exemples dont quelques-uns sont de lui. — (V. MICHAUD, *Biogr. univ.*) — Dans le même volume :)

— La pratique du théâtre, œuvre très-nécessaire à tous ceux qui veulent s'appliquer à la composition des poèmes dramatiques, qui font profession de les réciter en public, ou qui prennent plaisir d'en voir les représentations. (Par François HEDELIN, abbé D'AUBIGNAC.) — *Paris, Antoine de Sommaville*, 1657, in-4.

(L'ouvrage se termine par « l'Examen de l'*Ajax* de Sophocle », le « Jugement de la tragédie intitulée *Penthée* », et un « Projet pour le rétablissement du théâtre français ».)

* Poétique prise dans ses sources, par RÉMOND DE SAINT-MARD. — (V. n° 385, *Œuvres*, T. IV, V.)

* Nouvelle histoire poétique, et deux traités abrégés, l'un de la poésie, l'autre de l'éloquence, composés pour l'usage de Mesdames. (Par Jacques HARDION.) — *Paris, J. Guérin*, 1751, 3 vol. in-12. — (V. *la division* MYTHOLOGIE.)

1012. — Traité de la poésie française, par le P. MOURGUES, jésuite. Nouvelle édition, revue, corrigée et augmentée; avec plusieurs observations sur chaque espèce de poésie. — *Paris, Joseph Barbou*, 1755, in-12.

* Connaissance des beautés et des défauts de la poésie et de l'éloquence dans la langue française (par ordre alphabétique). — (V. n° 99, *Œuvres de* Voltaire, T. XLVIII.)

1013. — Poétique de M. de Voltaire, ou Observations recueillies de ses ouvrages, concernant la versification française, les différents genres de poésie et de style poétique; le poème épique, l'art dramatique, la tragédie, la comédie, l'opéra, les petits poèmes, et les poètes les plus célèbres anciens et modernes. (Par Lacombe.) — *Genève* et *Paris, Lacombe*, 1766, 2 parties en 1 vol. in-8.

1014. — Poétique française, par M. Marmontel. — *Paris, Lesclapart*, 1763, 2 vol. in-8.

(Jean-François Marmontel, né, à Bort en Limousin, le 11 juillet 1723, mort le 31 décembre 1799. *La Poétique française* a été refondue dans les *Eléments de littérature*. — Le T. II a 2 parties.)

1015. — Poétique française à l'usage des dames; avec des exemples. (Par Gaillard.) — *Paris, Barois*, 1749, 2 vol. in-12.

1016. — Les ornements de la mémoire, ou Les traits brillants des poètes français les plus célèbres, avec des dissertations sur chaque genre de style, pour perfectionner l'éducation de la jeunesse, tant de l'un que de l'autre sexe. (Par Alletz.) Nouvelle édition. — *Rouen, Labbey*, 1788, in-12.

* Abrégé des règles de la versification française, par Restaut. — (V. n°s 603, 604, *Principes de la gramm.*)

* De la versification française. (V. n° 605, *Grammaire raisonnée de* Panckoucke.)

* Du mécanisme des vers français, de la poésie en général, des avantages et désavantages de la versification latine et française, par Roullé. — (V. n° 606.)

* Prosodie française de l'abbé d'Olivet. — (V. n° 630, *Remarques.*)

* Dictionnaire servant de bibliothèque universelle (et pouvant aussi servir de dictionnaire de rimes), par Boyer. — (V. n° 647.)

1017. — Dictionnaire de rimes, par P. Richelet, où se trouvent : 1° les mots et le genre des mots ; 2° un traité complet de la versification et les règles des différents ouvrages en vers. Nouvelle édition, revue, corrigée, augmentée et mise dans un nouvel ordre par M. Berthelin,... — *Paris, Savoye*, 1781, in-8.

C. — Collections et extraits.

1018. — Recueil des plus belles pièces des poètes français, depuis Villon jusqu'à Benserade (avec l'abrégé de leurs vies, par Fontenelle). — *Paris, par la compagnie des libraires*, 1752, 6 vol. in-12.

(Ce recueil, attribué à Mme d'Aulnoy, à Fr. Barbin, mais plus généralement à Fontenelle, contient : T. I : Villon ; Clément Marot, Saint-Gelais, du Bellay, Ronsard, Baif, Jodelle et Belleau. — T. II : Regnier, Desportes, du Bartas, Passerat, Bertaud, du Perron, Malherbe et Racan. — T. III : Mainard, Gombauld, Lingendes, Malleville, Motin, L'Estoille, Théophile, Bois-Robert, Saint-Amant et Brébeuf. — T. IV : Maître Adam, Tristan-Lhermite, le P. Le Moine, Godeau, Desmarets, Chapelain, Lalane, Patrix, la comtesse de La Suze, Gilbert, d'Alibray, Habert et Marigny. — T. V : d'Aceilly, Mme de Villedieu, La Sablière, Montreuil, Charleval, Saint-Pavin, Voiture et Scarron. — T. VI : Sarrazin, Chapelle et Benserade.)

1019. — Recueil des plus belles épigrammes des poètes français, depuis Marot jusqu'à présent ; avec des notes historiques et critiques, et un Traité de la vraie et de la fausse beauté dans les ouvrages d'esprit ; traduit du latin de Mrs de Port-Royal. (Publié par Brugière de Barante.) — *Paris, Nicolas Le Clerc*, 1698, in-12.

(Le T. II seulement, contenant les Epigrammes et autres poésies de Racan, y compris Les Bergeries.)

1020. — Petits poètes français depuis Malherbe jusqu'à nos jours, avec des Notices biographiques et littéraires sur chacun d'eux, par M. Prosper POITEVIN. — *Paris, Auguste Desrez*, 1838-39, 2 vol. grand in-8.

(Collection du Panthéon littéraire. — Le T. I contient : RACAN, SEGRAIS, Mme DESHOULIÈRES, CHAULIEU, LA FARE, SÉNECÉ, VERGIER, HOUDARD DE LAMOTTE, PIRON, Louis RACINE, LE FRANC DE POMPIGNAN, GRESSET, BERNARD, LEMIERRE, DE BERNIS, SAINT-LAMBERT, MARMONTEL, LE BRUN, MALFILATRE, COLARDEAU. — Le T. II comprend : DUCIS, DORAT, LA HARPE, LÉONARD, DE BONNARD, IMBERT, GILBERT, BERTIN, PARNY, FLORIAN, M.-J. CHENIER, LEGOUVÉ, LUCE DE LANCIVAL, MILLEVOYE, A. CHENIER.)

* Recueil de pièces galantes en prose et en vers de madame la comtesse DE LA SUZE et de monsieur PÉLISSON. — (V. *n°* 449.)

1021. — Le nouveau trésor du Parnasse, ou Elite de poésies fugitives. (Par BLIN DE SAINMORE et LUNEAU DE BOISJERMAIN.) — *Liége, Bassompierre*, et *Paris, les libraires associés*, 1772, 6 vol. in-18.

1022. — Almanach des muses (par SAUTREAU DE MARSY et MATHON DE LA COUR), 2e édition. — *Paris, Delalain*, 1769 et suiv., 15 vol. petit in-12.

(Années 1765 à 1778 et 1782. — A la fin de chaque volume se trouve la Notice bibliographique de tous les ouvrages de poésie parus l'année précédente.)

* Recueil de plusieurs pièces d'éloquence et de poésie présentées à l'Académie française pour les prix des années 1699 et 1723. — (V. *nos* 446, 447.)

* Recueil de plusieurs pièces de poésie et d'éloquence présentées à l'Académie des jeux floraux pour les prix des années 1720, 1721 et 1728. — (V. *n°* 448.)

1023. — Felletin. Poésies d'un collége chrétien de 1836 à 1853, recueillies par l'abbé H. DELOR. — *Paris, Ch. Douniol*, et *Limoges, Leblanc* (1854), in-18 anglais.

(M. Jean-Baptiste-Hippolyte Delor, curé de St-Pierre à Limoges, est né, dans cette ville, le 14 août 1810.)

1024. — Marguerites poétiques, tirées des plus fameux poëtes français, tant anciens que modernes, et réduites en forme de lieux communs et selon l'ordre alphabétique; nouvellement recueillies et mises en lumière par Esprit Aubert, avec un indice très-ample de chaque matière. — *A Lyon, par Barthélemy Ancelin*, 1613, in-4.

1025. — Encyclopédie poétique, ou Recueil complet de chefs-d'œuvre de poésie sur tous les sujets possibles, depuis Marot, Malherbe, etc., jusqu'à nos jours, présentés dans l'ordre alphabétique; dédiée à M. de Voltaire,... par M. de Gaigne. — *Paris, l'auteur*, 1778-83, 2 vol. in-8.

(Le T. I (ABANDON-AMOUR) et le T. X (MALPROPRE-MOUTONS). — L'ouvrage a 18 vol. Tout le reste manque.)

1026. — Recueil d'énigmes et de quelques logogriphes. Par M. l'abbé Berthelin. — *Paris, Antoine Boudet*, 1746, in-12.

1027. — Recueil d'épitaphes sérieuses, badines, satiriques et burlesques, de la plupart de ceux qui, dans tous les temps, ont acquis quelque célébrité par leurs vertus, ou qui se sont rendus fameux soit par leurs vices, soit par leurs ridicules. Le tout enrichi de notes et d'anecdotes historiques, critiques et intéressantes, tirées des meilleurs ouvrages, ou imprimés, ou manuscrits, tant anciens que modernes. Ouvrage moins triste qu'on ne pense, par M. D. L. P. — *Bruxelles*, 1782, 3 vol. in-12.

D. — Recueils de poésies françaises composées à l'occasion d'évènements politiques.

* Recueil de poésies sur la mort d'Henri IV et sur l'avènement de Louis XIII, par du Peyrat. — (V. n° 823.)

* Le Parnasse royal, où les immortelles actions de... Louis XIII sont publiées... (Par Bois-Robert.) — (V. n° 824.)

* Le trésor des épitaphes pour et contre le cardinal (de Richelieu). — (S. d.) — Le dernier triomphe de Louis le Juste... Stances. — (S. d.) — Lettre à M. le cardinal (Mazarin), burlesque. (Signée Nicolas Le Dru, l'abbé de Laffemas d'après le P. Lelong.) — 1649. — Le burlesque remercîment des imprimeurs et colporteurs aux auteurs de ce temps. —

1649. — Le trou fait à la nuit par Mazarin, [burlesque]... — 1651. — Le Magnificat de la reine sur la détention des princes. — 1650. — Les larmes mazarines. — 1651. — Le soufflet de la Fortune donné au prince de Condé. — 1650. — Le courrier burlesque de la guerre de Paris (par SAINT-JULIEN). — 1650. — La menace que fait le prince de Condé de sortir du bois de Vincennes. — 1650. — Au prince du sang surnommé la Cuirasse. — (S. d.) — Plaintes de la France à ses peuples sur l'emprisonnement des princes, contre Mazarin. — 1651. — Soupirs français sur la paix italienne. — 1649. — (V. HISTOIRE, *n*° 752-6°, 8°, 10°, 18°, 22°, 27°, 42°, 44°, 45°, 48°, 53°, 72°.)

* Les étrennes burlesques de M. SCARON, envoyées à Mazarin. — 1652. — Ode à nosseigneurs de la cour de parlement de Paris sur l'arrêt d'union donné le ... 1648 et quelques autres pièces en suite. — 1649. — Remontrance burlesque au parlement. — 1649. — (V. *ibid.*, *n*° 753-14°, 21°, 41°.)

* Très-humble remontrance d'un gentilhomme bourguignon à monseigneur le prince de Condé, avec la réponse de l'Echo de Charenton aux plaintes de la France. — 1649. — (V. *ibid.*, *n*° 754-5°.)

* Diverses pièces concernant la bataille de Fontenoy. — (V *ibid.*, *n*° 857.)

1028. — Recueil in-12, contenant :

1° — La vie du père Tellier, jésuite, son origine, ses progrès, sa chute, et la déroute de sa société. (En prose.) — *La Haye, Fristch*, 1716.

(Suivi de « La dispute entre le père de La Chaise et Belzébut au sujet de la connétablie des enfers, vacante par la retraite d'Astaroth ».)

2° — (Sans titre). Histoire véritable. — 1731. — Lucifer dédommagé. — Mandement du dieu Momus au sujet des miracles de monsieur de Paris. — Etat de la France en 1731. — Catéchisme en vers selon la morale pratique des jésuites, avec une Ode et deux Prophéties où l'on peut voir les sources du molinisme, et la chute prochaine de ses puissants protecteurs.

(Recueil de pièces en vers dont le frontispice manque. La pagination continue d'une pièce à l'autre jusqu'à la page 47e et dernière.)

3° — Onguent à la brûlure. (Par Barbier d'Aucourt.)

(Sans frontispice. — Cette pièce est suivie d'une « Lettre sur l'onguent à la brûlure » ; d'une « Lettre sur la signature du formulaire » et de vers sur le même sujet ; le tout est terminé par la pièce ci-dessous, qui, quoique faisant suite à l'ouvrage d'après la pagination, porte cependant un frontispice particulier :)

4° — Le Calvaire profané, ou Le mont Valérien usurpé par les jacobins réformés du faubourg S.-Honoré à Paris, adressé à eux-mêmes. (Par Duval.) — (S. l.), 1670.

* (Recueil de diverses pièces de vers composées par les élèves de la classe de rhétorique du Prytanée de St-Cyr à l'occasion de la distribution des prix du 2 fructidor an XI : Chant guerrier, traduit du grec de Tyrtée, par A.-B.-F. Hauchecorne. — L'émulation, par M.-F.-H. Labigne jeune. — Epître aux élèves partis avec des brevets pour se rendre aux armées, par J.-N. Pierret. — Apostrophe à l'Angleterre, par G. Tourret. — Mme de Maintenon à St-Cyr, par A. Lajart. — Mes adieux au Prytanée, par B. Antier.) — (V. *n°* 450.)

1029. — L'hymen et la naissance, ou Poésies en l'honneur de leurs majestés impériales et royales (recueillies par Ant.-Vinc. Arnault). — *Paris, Firmin Didot*, 1812, in-8.

(En double exemplaire. — Cet ouvrage contient : La vision du vieillard dans la nuit du 12 décembre 1791, par M. E. Aignan. — Cantates, par M. Arnault,... musique de Méhul,... — Le jour nuptial, ode, par M. d'Avrigny. — Les fêtes de l'Hymen, par M. Baour-Lormian. — Chant nuptial. — La journée de l'Hymen, par M Brifaut. — Requête des rosières de Salency à l'impératrice... par M. Campenon. — Vers présentés à S. M. l'impératrice, le jour de son arrivée à Compiègne, par vingt-quatre jeunes demoiselles de cette ville... par M. Creusé de Lesser. — Ode à Napoléon le Grand, par M. Delrieu. — Napoléon le Grand, ode, par M. J. Esménard. — Le choix d'Alcide, par M. Etienne — Ode à l'Hymen, par Népomucène-Louis Lemercier, mise en musique par Chérubini. — Fragment d'un XIIIe livre de l'Enéide, par M. Michaud. — Herman et Thusnelda, scène lyrique, par M. Millevoye. — Dithyrambe en l'honneur du mariage de S. M. l'empereur Napoléon avec l'archiduchesse Marie-Louise, par F.-A. Parceval. — Scène héroïque... (sur le même sujet), par Mme la comtesse de Salm. — Les adieux de Vienne à l'impératrice Marie-Louise, par P.-F. Tissot. — La fête nuptiale, par M. Treneuil,... — La ierogamia di Creta ; inno del cavaliere Vincenzo Monti.

Recueil de poésies pour la naissance du roi de Rome. — *Paris*, 1812 : Cantate, par M. E. Aignan. — Le chant d'Ossian, paroles de M. Arnault,... musique de M. Méhul,... — Chant, paroles de M. Arnault,... musique de M. Méhul... — Cantate, paroles de M. Arnault,... musique de MM. Méhul, Chérubini et Catel... — La naissance du roi de Rome, ode, par M. d'Avrigny. — Ode sur la naissance du roi de Rome, par M. Baour-Lormian. — Ode (sur le même sujet), par M. Brifaut. — Dithyrambe (sur le même sujet), par

M. Casimir Delavigne. — La naissance du roi de Rome, hymne, par Mme A.-B. Dufrenoy. — L'oracle du Janicule... par J. Esménard. — Stances sur la naissance du roi de Rome, par M. Michaud. — Le chant de Virgile... par M. Millevoye. — Chant héroïque... par M. Parceval,... — La naissance du roi de Rome, ode, par M. A. Soumet. — Chant dithyrambique... par M. P.-F. Tissot. — Ode... par M. Treneuil,... — Discours au roi de Rome, par M. Vigée. — Carmen in proximum et auspicatissimum Augustæ prægnantis partum scribebat N.-E. Lemaire.... — Nascendo il primo figlio a Napoleone il Grande, per il signor A. Buttura. — L'anniversaire de la naissance du roi de Rome, par M. Baour-Lormian. — (Même sujet), par M. Millevoye.)

1030. — Couronne poétique du général Foy, publiée par J.-D. Magalon. — *Paris, Chaumerot jeune*, 1826, in-8.

(Portrait. — Recueil par Viennet, Delph. Gay, E.-C. Piton, Chapuis, P. Colau, Touzet, Ch. Pauffin, J.-J. P***, J. Baudouin, Th. Février, Edouard S***, Lamerlière, Michaux Clovis, Albert-Montemont, Amédée Duquesnel, Evariste Boulay-Paty, le chevalier Th. P***, Claudius Billiet, Alex. Dumas, Silvy, C. Riv...., A. C. de Maisonneuve, de Labarre, E. B., Victor Nadal, P. B***, Aug. Richomme, C. V. Parant, A.-J. Ch. de la Corrèze, Mme Claire Parroisse, L.....x, Emmanuel Chételat, Léon Boitel, M. Ruhier, Seurre-Bousquet, Henriette Martin, J. de La Montagne, Caroline F***, Emile Debreaux, Adolphe Leprévost, L. M. Huré, J.-F. Loviat fils, Théophile, S. Garrigou, F. L., Ch. Pixel, J.-L. Mourgue, F. Giordan, V. F., Aimé Mallevergue, E. Lambert, J.-L. Robin-Scévole, J.-H. Redarez, Victor Gairaud, A. Taissier, A. Julien, F. Dugué, Lelièvre-Dauvais, Laumond, Isidore Valleix, P. Lourde de Martignac, J.-A. Foulquier, Patorny, Mme V. de L....., L....n, Perchelet, Amédée de Tissot, J. Commerson, Alexis M., P. Lacroix, L. Belmontet, L. Brault, A. Rouet, Duprez d'Arras, Elisabeth Celnart, F.-P. Lubis, E.-A. Béjin, J.-A. Lambert, Gustave de Lartigue, Droizette, Augustine Dudon, Mme Amable Tastu, Olivier Le Gall, A. P.-B., André Silvestre, Jansmin ou plutôt Jasmin, Jules Lefèvre, J.-J. Kossbuehl, F. M. Itacsom (Moscati ?)

1031. — La Poésie à Napoléon III, votes des poètes français recueillis et publiés par J. Lesguillon, avec les portraits de l'empereur et de la reine Hortense, d'après Gabriel Lefébure. — *Paris, l'éditeur,* 1853, grand in-8.

(Par Hermance Lesguillon, Mélanie Waldor, Méry, Belmontet, Fabien Pillet, Anaïs Ségalas, Arsène Houssaye, Emile Deschamps, Bignan, Alfred des Essarts, Maria Delcambre, Prosper Blanchemain, Ch. Lafont, la comtesse Régnauld de Saint-Jean-d'Angély, Alf. de Martonne, Eusèbe Castaigne, Galoppe d'Onquaire, Achille Lafon, d'Epagny, Jules de Saint-Félix, Juliette Lormeau, Siméon Pécontal, Léon Halevy, Barthélémy, Baour-Lormian, A. Lomon, Elise Moreau, Bernard Lopez, Tiberi, Bathild Bouniol, Florimond Levol, Alb.-Montémont, Rambert, Gabrielle Soumet, Bauduin-Wiers, G. Rossi-Gallieno, P. Juillerat, Léon Beauvallet, Laroque-Ruelle, Arthus Fleury, J. Lagarde, P. Banès, Magu, Hauteville, comte Denis de Thezan, H. Lericbe, Edouard Turquety, Montillot, Philoxène Boyer, Gautier Chabans, Achille Jubinal, Eugène de Monglave, Emile Corne, Paul Lacroix, F. Mazères, J. Gourmez, Berthomieu, Gagne, Jaime, Louise Boyeldieu d'Auvigny, H. de Saint-Georges, Louis Brunetti, Eug. Anguenot, L. Richaud, J. Pautet du Rozier, Louis Tremblay, Rachel G. Blondel, Liquier, Gab. Monavon, Esprit Privat, le comte L. de Trogoff, Alf. de Meilheurat, Joséphine Hesse von Hessenthal, H. Brée, H. Feuilleret, le cap. Guichard, Emile Wander-Burch, Giganon, Maurice Simonnet, Léon de Bernis, G. Rosenfeld, Herminie Pardinel, Villain de Saint-Hilaire, Digard de Lousta, le comte Eus.-F. de Salles, J. Turquet, Eug. Woestyn, Gaston de Chaumont, Hip. Raynal, El.-Ed. de Generès, Aug. Giraud, Gervais Robin, Vve Roussy, Virginie Balmain Domenget, le chevalier Domenget, Surle, Peru, baronne Pauline Huber, Alexandre Deplanck, Emiliani Pelvey, Ferd. Canu, Audic de Penhoet, Pretreaux, Aug. Olmade, Lilla Pichard, Aug. Doudement, Sainturat. Rabbi Sauphar, Plocq de Bertier, Burel Daguin, Marius Cantu, Alph. Le Flaguais, Eugénie Genest, Aug. Thévenot, Abd-el-Kader, Ad. Dumas.)

E. — Poésies du moyen-âge.

1032. — La langue et la littérature romanes, par M. L. Dessalles, archiviste de la Dordogne et membre de plusieurs sociétés savantes. Mémoire couronné par l'Académie impériale... de Bordeaux. — *Bordeaux, typ. de G. Gounouilhou*, 1858, in-8 de 93 pages.

(Mémoire en réponse à cette question : « Quelle a été l'influence de la croisade contre les Albigeois sur la langue et la littérature romanes en général, et plus particulièrement dans le midi de la France? ».)

* (V., pour l'histoire des troubadours, *n°* 117, *Histoire littéraire de la France*, T. XVII-XXIII.)

1033. — Histoire littéraire des troubadours, contenant leurs vies, les extraits de leurs pièces, et plusieurs particularités sur les mœurs, les usages et l'histoire du douzième et du treizième siècles. (Par La Curne de Ste-Palaye, mise en ordre et publiée par l'abbé Millot.) — *Paris, Durand neveu*, 1774, 3 vol. in-12.

1034. — Histoire de la poésie provençale, cours fait à la faculté des lettres de Paris par M. Fauriel. — *Paris, Jules Labitte*, 1846, 3 vol. in-8.

* De la littérature provençale. (Histoire de la littérature provençale de M. Fauriel.) Par A. Fortoul. — (V. *n°* 107, *Revue des Deux Mondes*, juin 1846.)

1035. — Choix des poésies originales des troubadours, par

M. Raynouard,... — *Paris, impr. de Firmin Didot*, 1816-21, 6 vol. in-8.

(T. I : Preuves historiques de l'ancienneté de la langue romane; Recherches sur l'origine et la formation de cette langue ; Eléments de sa grammaire avant l'an 1000; Grammaire de la langue des troubadours. — T. II : Dissertations sur les troubadours, sur les cours d'amour, etc.; Monuments de la langue romane jusqu'à ces poëtes ; Recherches sur les divers genres de leurs ouvrages. — T. III : Pièces amoureuses tirées des poésies de soixante troubadours depuis 1090 jusque vers 1260. — T. IV : Tensons, complaintes historiques, pièces sur les croisades, sirventes historiques, sirventes divers, pièces morales et religieuses. — T. V : Biographies des troubadours et Appendice à leurs poésies imprimées dans les volumes précédents. — T. VI : Grammaire comparée des langues de l'Europe latine dans leurs rapports avec la langue des troubadours.)

* Poésies romanes. — (V. n° 598, *Lexique roman*, T. I.)

1036. — Monuments de la littérature romane depuis le quatorzième siècle, publiés par M. Gatien-Arnoult,... — *Paris, Silvestre*, et *Toulouse, Bon et Privat* (s. d.), 4 vol. grand in-8.

(Cette collection est divisée en deux publications, dont la 1re comprend 3 vol, et la 2e, 1 vol. Les couvertures imprimées de la 1re portent : « Las flors del gay saber, estier dichas *Las leys d'amors*. — Les fleurs du gai savoir, autrement dites *Les lois d'amour* ». La couverture de la 2e : « Las joyas del gay saber. — Les joies du gay savoir, recueil de poésies en langue romane couronnées par le consistoire de la gaie science de Toulouse depuis 1324 jusques en l'an 1498, avec la traduction littérale et des notes ».)

* Histoire de la croisade contre les hérétiques albigeois, écrite en vers provençaux par un poëte contemporain, traduite et publiée par M. C. Fauriel,... — *Paris*, 1837, in-4. — (V. Histoire, n° 565-*G*.)

* (V. aussi n° 598, *Lexique roman*, T. I.)

* Romances espagnoles et limousines sur Blanche de Bourbon. — (V. Histoire, n° 562-*B*.)

---

* Mémoire sur les fabliaux, par le comte de Caylus. — (V. n° 163, *Mém. de l'Acad. des Inscript.*, T. XX., page 352.)

1057. — Fabliaux, ou Contes du XIIe et du XIIIe siècle,

traduits ou extraits d'après divers manuscrits du temps; avec des notes historiques et critiques, et les imitations qui ont été faites de ces contes depuis leur origine jusqu'à nos jours. (Par Le Grand d'Aussy.) — *Paris, Eugène Onfroy,* 1779-81, 4 vol. in-8.

(Le T. IV a pour titre : « Contes dévots, fables et romans anciens, pour servir de suite aux Fabliaux, par M. LE GRAND. — *Paris, l'auteur,* 1781. » — Les fables sont celles de MARIE de France. — L'unique roman qui termine le volume est « *Partenopex*, comte de Blois ».)

1038. — Nouveau recueil de contes, dits, fabliaux et autres pièces inédites des XIIIe, XIVe et XVe siècles, pour faire suite aux collections de Legrand d'Aussy, Barbazan et Méon, mis au jour pour la première fois par Achille Jubinal d'après les manuscrits de la bibliothèque du roi. — *Paris, Edouard Pannier,* 1839, et *Challamel*, 1842, 2 vol. in-8.

1039. — Introduction à la Chanson de Roland (par TUROLD), suivie du manuscrit de Valenciennes, par F. GÉNIN,... — *Paris, impr. nat.,* 1850, in-8.

1040. — Lettre à M. Paulin Paris, membre de l'Institut (en réponse à sa critique de l'ouvrage précédent, par GÉNIN). — *Paris, Firmin Didot frères,* 1851, in-8 de 40 pages.

1041. — Lettre à un ami sur l'article de M. Paulin Paris (même sujet), inséré dans la bibliothèque de l'école des Chartes [T. II, p. 297, 1851]. (Par GÉNIN.) — *Paris, Firmin Didot frères,* 1851, in-8 de 51 pages.

* La chanson de Roland, par L. VITET. — (V. *n°* 107, *Revue des Deux Mondes,* 1er juin 1852.)

* Chronique des ducs de Normandie, par BENOIT, trouvère anglo-normand du XIIe siècle, publiée pour la première fois d'après un manuscrit du musée britannique, par Francisque Michel. — *Paris,* 1837-54, 3 vol. in-4. — (V. HISTOIRE, *n°* 565-*E*.)

(Au T. III se trouvent quatre appendices : 1° « Chanson attribuée à Benoît »; — 2° « Vie de S. Thomas, archevêque de Canterbury »; — 3° « De Monacho in flumine periclitato, meritis beate Marie ad vitam revocato »; — 4° « Chronique de JORDAN FANTOSME ».)

1042. — Poésies de MARIE de France, poète anglo-normand du XIIIe siècle, ou Recueil de lais, fables et autres productions de cette femme célèbre; publiées d'après les manuscrits de France et d'Angleterre, avec une Notice sur la vie et les ouvrages de Marie; la traduction de ses lais en regard du texte, avec des notes, des commentaires, des observations sur les usages et coutumes des Français et des Anglais dans les XIIe et XIIIe siècles, par B. de Roquefort,... — *Paris, Marescq*, 1832, 2 vol. in-8.

(Figures.)

1043. — Œuvres complètes de RUTEBEUF, trouvère du XIIIe siècle, recueillies et mises au jour pour la première fois par Achille Jubinal,... — *Paris, Edouard Pannier*, 1839, 2 vol. in-8.

* De la poésie du moyen-âge. — Le roman de la Rose, par J.-J. AMPÈRE. — (V. n° 107, *Revue des Deux Mondes*, 15 août 1843.)

* La satire en France au moyen-âge, par J. DEMOGEOT. — (V. *ibid.*, 1er juin 1846.)

* Chronique de Bertrand du Guesclin, par CUVELIER, trouvère du XIVe siècle, publiée pour la première fois par E. Charrière. — *Paris*, 1839, 2 vol. in-4. — (V. HISTOIRE, n° 565-*J*.)

1044. — L'advocacie Notre-Dame, ou La Vierge Marie plaidant contre le diable, poëme du XIVe siècle en langue franco-normande, attribué à JEAN DE JUSTICE, chantre et chanoine de Bayeux, fondateur du collége de justice à Paris en 1353. Extrait d'un manuscrit de la bibliothèque d'Evreux, par Alph. Chassant,... — *Paris, Auguste Aubry*, 1855, in-12 de 72 pages.

* Gesta Britonum in Italia sub Gregorio papa undecimo, gallico idiomate metrice scripta a Guilelmo DE LA PERENE, qui presens aderat. (Histoire des guerres d'Italie par les Bretons sous le pontificat de Grégoire XI, écrite en vers français par Guil. DE LA PÉRÈNE.) — (V. *Thesaurus novus anecdotorum*, T. III, p. 1457.)

* Les œuvres de maître Alain CHARTIER. — (V. n° 66.)

1045. — Poésies de CHARLES D'ORLÉANS, publiées avec l'autorisation de M. le ministre de l'instruction publique, d'après les manuscrits des bibliothèques du roi et de l'Arsenal, par Marie Guichard. — *Paris, Charles Gosselin*, 1842, in-18 anglais.

* Poésies du roi RENÉ. — (V. n° 83, *Œuvres.*)

F. — **Poètes français de Villon à Malherbe** (1).

1046. — Recueil de poésies françaises des XVe et XVIe siècles, morales, facétieuses, historiques, réunies et annotées par M. Anatole de Montaiglon,... — *Paris, P. Jannet*, 1855-18..., 6 vol. in-16.

(T. I-VI. — Bibliothèque elzévirienne.)

1047. — Œuvres complètes de François VILLON. Nouvelle édition, revue, corrigée et mise en ordre, avec des notes historiques et littéraires, par P.-L. Jacob, bibliophile. — *Paris, P. Jannet*, 1854, in-16.

(Bibliothèque elzévirienne.)

* (V. aussi n° 1018, T. I.)

1048. — Œuvres de MAROT, valet de chambre du roi. — *Genève*, 1781, 2 vol. petit in-12.

* (V. aussi n° 1018, T. I.)

* Les deux épîtres de l'Amant vert, par Jean LEMAIRE de Belges. — (V. HISTOIRE, n° 579.)

* Poésies de SAINT-GELAIS, de Joachim DU BELLAY, de JODELLE, de BELLEAU. — (V. n° 1018, T. I.)

(1) Suivant le système adopté par l'abbé Goujet dans sa *Bibliothèque française*, nous avons cru devoir ranger les poëtes français compris dans cette division et dans la suivante d'après l'ordre chronologique de leur mort. Pour les poëtes contemporains, c'est l'ordre chronologique de première édition que nous avons suivi.

* Anciens poètes français. — Joachim du Bellay, par SAINTE-BEUVE. — (V. n° 107, *Revue des Deux Mondes*, 15 octobre 1840.)

* Vingt et neuf sonnets d'Estienne DE LA BOETIE. — (V. *Œuvres et Essais de Montaigne*, nos 78, 79.)

1049. — Les œuvres de Pierre DE RONSARD, augmentées et illustrées de commentaires par Nic. Richelet. — *Paris, Nicolas Buon*, 1623, 2 vol. in-fol.

1050. — Œuvres complètes de RONSARD. Nouvelle édition, publiée sur les textes les plus anciens, avec les variantes et des notes, par M. Prosper Blanchemain. — *Paris, P. Jannet*, 1857-18..., 3 vol. in-16.

(T. I-III. En publicat. — Biblioth. elzévirienne.)

* (V. aussi n° 1018, T. I.)

1051. — Oevvres inedites de P. DE RONSARD gentil-homme Vandomois recveillies et pvbliees par Prosper Blanchemain. — *Paris, Auguste Aubry*, 1855, petit in-8.

(Portrait. — Le faux-titre porte : « Le trésor des pieces rares ou inédites ».)

* Poésies de BAIF. — (V. n° 1018, T. I.)

1052. — La sepmaine, ov Creation dv monde de G. DE SALVSTE Seignevr DV BARTAS, Diuisee en considerations, et illustree des Commentaires de Pantaleon THEVENIN Lorrain... — *A Paris, Chez Hierosme de Marnef, et la veufue de Guillaume Cauellat*, M. D. LXXXV., in-4.

(Signature de Jean Decordes. — A la suite :)

— Les Oevvres de G. DE SALVSTE, seignevr DV BARTAS. Reveves et avgmentees par l'avthevr, et diuisees en trois parties... — *A Paris, Pour Michel Gadoulleau*, M. D. LXXX.

— La seconde semaine de G. DE SALVSTE seignevr DV BARTAS. Reueüe par l'Autheur... — *A Paris, A l'Oliuier de P. l'Huillier*. (A la fin :) M. D. LXXXIIII.

* (V. aussi *n*° 1018, T. II.)

* Anciens poètes français. — Du Bartas, par SAINTE-BEUVE. — (V. *n*° 107, *Revue des Deux Mondes*, 15 février 1842.)

* Poésies de PASSERAT, de DES PORTES. — (V. *n*° 1018, T. II.)

* Anciens poètes français. — Philippe Desportes, par SAINTE-BEUVE. — (V. *n*° 107, *Revue des Deux Mondes*, 15 mars 1842.)

1053. — Recveil des oevvres poetiqves de I. BERTAVT, abbé d'Avnay, et premier Aumosnier de la Royne. Seconde edition. Augmentee de plus de la moitié outre la precedente Impression. — *A Paris, Chez Abel L'Angelier*, M. DC. V., 2 parties en 1 vol. in-8.

* (V. aussi *n*° 1018, T. II.)

* Anciens poètes français. — Jean Bertaut, par SAINTE-BEUVE. — (V. *n*° 107, *Revue des Deux Mondes*, 15 mai 1841.)

* Poésies de LINGENDES. — (V. *n*° 1018, T. III.)

* Poésies de DU PERRON. — (V. *ibid.*, T. II.)

1054. — Poésies de Jacques Dorat, archidiacre de Reims, né à Limoges en 1566, et mort, dans la même ville, le 9 janvier 1626; recueillies et publiées par Auguste DuBoys, pharmacien à Limoges. — *Limoges, impr. Ardillier fils*, 1851, in-8 de 52 pages.

* Œvvres du sieur THÉOPHILE (VIAUD). — (V. *n*° 396 et *n*° 1018, T. III.)

1055. — Discovrs novveav svr la mode. — *A Paris, Chez Pierre Ramier*, M. DC. XIII., in-8 de 32 pages.

(Extrait du Bulletin de la Société Archéologique de la Charente. — On lit au frontispice : « L'édition originale de cette pièce anonyme...

citée dans un petit nombre de catalogues, était devenue presque introuvable : nous la reproduisons... dans son ancienne orthographe... Nous la faisons suivre de quelques Notes historiques, grammaticales et littéraires... Eusèbe Castaigne, bibliothécaire de la ville d'Angoulême ».)

G. — Poètes français de Malherbe jusqu'à nos jours.

* Poésies de François de Malherbe. — (V. *n°* 375, *Œuvres*, et *n°* 1018, T. II.)

* Poésies d'Habert, de Mainard, de Malleville, de d'Alibray, de Lalane, de Bois-Robert, de Gombauld, de Marigny, de Saint-Pavin, du P. Le Moine, de Patrix, de Godeau, de la comtesse de La Suze, de Chapelain, de Desmarets (Jean), de Gilbert, de La Sablière, de Mme de Villedieu, de Benserade, de Montreuil, de Charleval. — (V. *n°* 1018.)

* Poésies de Voiture. — (V. *nos* 399, 400, *Œuvres*, et *n°* 1018, T. V.)

* Poésies de Sarasin. — (V. *n°* 92, *Œuvres*, et *n°* 1018, T. VI.)

1056. — Poésies galantes et héroïques du sieur Tristan l'Hermite, contenant : Ses amours; Sa lyre; Les plaintes d'Acante; La maison d'Astrée; La belle gueuse; L'aveugle amoureux; Les terreurs nocturnes; Diverses chansons; La comédie des fleurs; L'amour travesti; La belle ingrate; Epître burlesque; La servitude; La belle gorge, et autres pièces curieuses sur différents sujets. Enrichies de figures. — *Paris, Jean-Baptiste Loyson,* 1662, in-4.

(François Tristan L'Hermite, né, en 1601, au château de Souliers, commune de Janaillat, canton de Pontarion, arrondissement de Bourganeuf (Creuse), reçu à l'Académie Française en 1649, mort le 7 septembre 1655. On a de lui, outre le recueil ci-dessus, cinq tragédies, une tragi-comédie, une pastorale et une comédie, des *Lettres mêlées*, des *Plaidoyers historiques*, *Le page disgracié*, roman, dans lequel il fait connaître les divers événements dont sa vie fut agitée, etc. — V. Joullietton, *Hist. de la Marche*, T. II, page 105.)

* (V. aussi *n°* 1018, T. IV.)

* Poésies de Scarron. — (V. *nos* 387, 388, *Œuvres*, et *n°* 1018, T. V.)

1057. — Les œuvres du sieur DE SAINT-AMANT. — *Paris, Toussainct Quinet*, 1642, 3 parties en 1 vol. in-4.

(A la suite :)

— Epître héroï-comique. A monseigneur le duc d'Orléans, lorsque son altesse royale était au siége de Gravelines. (Par le même.) — *Paris, Toussainct Quinet,* 1644, in-4 de 24 pages.

— Caprice. (Par le même.) — (S. l. n. d.), in-4 de 6 pages.

— La Rome ridicule, caprice. (Par le même.) — (S. l. n. n.), 1643, in-12 de 53 pages.

* (V. aussi *n°* 1018, T. III.)

1058. — Œuvres de maître ADAM BILLAUT, menuisier de Nevers; édition soigneusement revue d'après celle originale de 1644, ornée du portrait de l'auteur, gravé par Bovinet, augmentée de quelques notes, et précédée d'une notice historique sur cet homme extraordinaire, par N.-L. PISSOT. — *Paris, Hubert et Cie,* 1806, in-12.

* (V. aussi *n°* 1018, T. IV.)

* Poésies de M. DE MONCONYS. — (V. HISTOIRE, *n°* 100.)

* Poésies de DE CAILLY (ou D'ACEILLY). — (V. *n°* 449 et *n°* 1018, T. V.)

* Poésies de RACAN. — (V. *n^os^* 1018-1020.)

* Poésies de CHAPELLE. — (V. *n^os^* 449, 1018.)

1059. — Œuvres de madame et de mademoiselle DESHOULIÈRES. — Nouvelle édition, augmentée de leur Eloge historique (par DE CHAMBORS), et de plusieurs pièces qui n'avaient pas encore été imprimées. — *Paris, chez les libraires associés,* 1764, 2 vol. in-12.

(Portrait. — Le T. II est de 1754.)

* (V. aussi *n°* 1020, T. I.)

* Œuvres de LA FONTAINE. — (V. *n°* 371.)

* Poésies françaises de SANTEUL. — (V. nos 979, 980.)

* Poésies de Jean RACINE. — (V. no 381, *Œuvres*, T. III.)

1060. — Poésies diverses, par L. D. S. E. Q. V. Seconde édition, revue, corrigée et augmentée. — *Paris, Jean Anel,* 1700, in-4.

(On peut avec quelque raison soupçonner l'auteur de ces poésies d'être Limousin ou d'avoir habité Limoges, car dans plusieurs des pièces du recueil il est fait mention de personnages de cette ville ou de petits événements qui y sont arrivés. N'ayant pas été assez heureux pour découvrir le nom de l'auteur, caché derrière les initiales du frontispice, nous nous bornons à signaler l'ouvrage aux investigations des bibliophiles. Ajoutons que, page 298, l'auteur renvoie à un autre de ses ouvrages, également anonyme, et intitulé « Sonnets chrétiens ». — V. ci-après no 1095.)

* Poésies de SEGRAIS. — (V. no 1020.)

* Voyage de BACHAUMONT et de CHAPELLE, et Poésies diverses de CHAPELLE. — (V. no 449, et no 1018, T. VI. — V. aussi *Bibliothèque de campagne*, T. XVI.)

* Poésies françaises du P. COMMIRE. — (V. no 984.)

* Poésies de SAINT-EVREMONT. — (V. no 85, *Œuvres.*)

1061. — Œuvres de Mr PAVILLON, de l'Académie Française. — *La Haye, Henri du Sauzet,* 1715, in-12.

(Ce volume comprend, outre les poésies, le discours prononcé par l'auteur lors de sa réception à l'Académie Française, et la réponse que lui fit CHARPENTIER.)

* Poésies de BOILEAU-DESPRÉAUX. — (V. nos 352-355, *Œuvres.*)

1062. — Poésies françaises de M. l'abbé RÉGNIER-DESMARAIS, secrétaire perpétuel de l'Académie Française. Nouvelle édition, augmentée de plusieurs pièces qui ne se trouvent pas dans celle de Paris. — *La Haye, Henri du Sauzet,* 1716, 2 vol. in-12.

(On trouve en tête des Mémoires sur la vie de l'auteur, rédigés par lui-même.)

* Poésies d'Antoine HAMILTON. — (V. no 368, *Œuvres.*)

* Poésies de CHAULIEU, de LA FARE. — (V. n° 1020, T. I.)

1063. — Poésies diverses, contenant des contes choisis, bons mots, traits d'histoire et de morale, madrigaux, épigrammes et sonnets, par M. BARATON. — *Paris, Grégoire Dupuis*, 1705, in-12.

* Contes, nouvelles et poésies diverses de VERGIER. — (V. ci-après n° 1126, et n° 1020, T. I.)

* Œuvres de M. RIVIÈRE DU FRESNY. — (V. n° 364.)

* Poésies diverses de BARON. — (V. son *Théâtre*, T. II.)

1064. — Recueil de poésies diverses. (Par le P. DU CERCEAU.) Nouvelle édition, revue, corrigée et beaucoup augmentée. — *Paris, Jacques Estienne*, 1720, in-8. *

1065. — Poésies diverses du père DU CERCEAU. — *Amsterdam, par la compagnie*, 1753, in-12.

1066. — Poésies du père DU CERCEAU. Nouvelle édition. — *Paris, Eugène Onfroy*, 1785, 2 vol. in-12.

* Poésies d'HOUDARD DE LAMOTTE. — (V. n° 1020, T. I.)

1067. — Les Titans, ou L'ambition punie (poème épique par le baron DE WALEFF). — *Liége, Jean-Philippe Gramme*, 1725. — Les deux jumeaux (par le même). — (S. l. n. d.), 2 tomes en 1 vol. in-8.

(A la suite :)

— Le vice puni, ou Cartouche, poème. (Par GRANDVAL.) — *Anvers, Nicolas Grandveau*, 1725, in-8.

* Œuvres de PALAPRAT. — (V. n° 378.)

* Poésies de M. *** (l'abbé SÉGUY). — (V. n° 390.)

* Poésies de SÉNECÉ. — (V. n° 1020, T. I.)

* Poésies de J.-B. ROUSSEAU. — (V. *n°* 386, *Œuvres.*)

* Poésies de Philippe POISSON. — (V. *n°* 380, *Œuvres.*)

* Poésies de DANCHET. — (V. son *Théâtre*, T. IV.)

* Poésies de FONTENELLE. — (V. *n°* 74, *Œuvres.*)

1068. — Poésies pastorales, avec un Traité sur la nature de l'églogue, et une Digression sur les anciens et les modernes. (Suivies de poésies diverses.) Par monsieur DE FONTENELLE,... Troisième édition... — *Paris, Michel Brunet*, 1708, in-12.

* Poésies de RÉMOND DE SAINT-MARD. — (V. *n°* 385, *Œuvres.*)

* Poésies de DESMAHIS. — (V. *n°* 361, *Œuvres.*)

* Poésies de Louis RACINE, de LEGOUVÉ, de MALFILATRE. — (V. *n°* 1020.)

* Poésies d'Alexis PIRON. — (V. *n°* 379, *Œuvres*, et *n°* 1020, T. I.)

1069. — L'art d'aimer et poésies diverses de M. BERNARD, secrétaire général des dragons. — *Paris, Lacombe*, 1775, petit in-8.

* (V. aussi *n°* 1020, T. I.)

* Poésies de l'abbé DE VOISENON. — (V. *n°* 95, T. III.)

* Poésies de COLARDEAU, de GRESSET. — (V. *n°* 1020, T. I.)

* Poésies de VOLTAIRE. — (V. *Œuvres*, *n°* 98 et *n°* 99, T. X-XV.)

* Poésies de J.-J. ROUSSEAU. — (V. *n°* 84, *Œuvres*, T. XV.)

* Œuvres diverses de Cl.-Joseph DORAT. — (V. n° 363, et n° 1020, T. II.)

1070. — Bagatelles anonymes, recueillies par un amateur (Cl.-J. DORAT). — *Genève*, 1766, in-8.

(La bibliothèque ne possède, de ce recueil, qui forme 2 vol. in-8, que jusqu'à la page 30 du T. Ier.)

1071. — Mes nouveaux torts, ou Nouveau mélange de poésies, pour servir de suite aux Fantaisies. (Par DORAT.) — *Amsterdam* et *Paris, Delalain*, 1775, in-8.

1072. — Epître à l'ombre d'un ami, suivie de deux odes et de quelques idées sur Corneille. (Par DORAT.) — *Paris, Delalain*, 1777, in-8 de 45 pages.

(Gravures. — Le faux-titre porte : « Mélanges par M. Dorat ». Celle brochure est le premier cahier de ces *Mélanges*.)

* Poésies de GILBERT. — (V. n° 1820, T. II.)

* Pièces fugitives, par M. DE JULIEN DE VINEZAC. — (V. n° 370, *Les époux malheureux*.)

* Amusements variés, par D'OFFREVILLE. — (V. n° 377.)

1073. — Le luxe, poème en six chants, orné de gravures, avec des notes historiques et critiques, suivi de poésies diverses. (Par CHEVALIER dit DU COUDRAY.) — *Paris, Monory*, 1773, in-8.

(Gravures.)

* Poésies de DIDEROT. — (V. n° 71, *Œuvres*, T. IV.)

* Poésies de BERNARD, de BONNARD, de LE FRANC DE POMPIGNAN. — (V. n° 1020.)

* Poésies de THOMAS. — (V. nos 393-395, *Œuvres*.)

1074. — Œuvres du philosophe de Sans-Souci (FRÉ-

DÉRIC II). Seconde édition, augmentée. — *Potzdam*, 1760, in-12.

* Poésies de BERTIN, d'IMBERT. — (V. *n°* 1020, T. II.)

* Poésies de CAZOTTE. (V. *n°* 356, *Œuvres*, T. VII.)

* Poésies de LÉONARD, de LEMIÈRE. — (V. *n°* 1020.)

1075. — Poésies d'André CHÉNIER, précédées d'une Notice par M. H. DE LATOUCHE. Nouvelle édition, ornée d'un beau portrait d'André Chénier. — *Paris, Charpentier*, 1852, in-18 anglais.

* (V. aussi *n°* 1020, T. II.)

* Poésies de FLORIAN. — (V. *n°* 1020, T. II, et *n°* 366, *Œuvres*.)

* Poésies du cardinal DE BERNIS. — (V. *n°* 351, *Œuvres*, et *n°* 1020, T. I.)

* Poésie de MARMONTEL. — (V. *n°* 1020, T. I.)

1076. — Mes instants, ou Recueil de poésies fugitives, par Martial DOURNEAU, ancien membre de plusieurs académies, du musée de Paris, et curé à St-D*** (St-Dizier en Champagne). — *Limoges, de l'imprimerie de L. Barbou, l'an* V, in-12.

(Martial Dourneau, né à Limoges le 15 juin 1738, mort à l'hospice de cette ville le 22 octobre 1797.)

* Poésies de BEAUMARCHAIS. — (V. *n°* 350, *Œuvres*.)

* Poésies de LA HARPE. — (V. *n°* 372, *Œuvres*, T. II, et *n°* 1020, T. II.)

* Poésies de SAINT-LAMBERT. — (V. *n°* 1020, T. I.)

* OEuvres diverses de M. D'ARNAULD. — (V. *n°* 349.)

* Recueil factice de poésies d'ARNAUD DE BACULARD. — (V. *n*° 825.)

* Poésies de COLLIN D'HARLEVILLE. — (V. *n*° 359, *Œuvres*, T. IV. — V. aussi *n*° 164-*C*, *Mém. de l'Instit. : Littérat. et Beaux-Arts*, T. II : L'homme et sa conscience ; T. IV : Dialogue sur la comédie ; Melpomène et Thalie, poème allégorique.)

* Poésies de LEBRUN, de LUCE DE LANCIVAL. — (V. *n*° 1020.)

1077. — Poésies de M.-J. CHÉNIER, précédées d'une Notice, et accompagnées de notes par M. Ch. LABITTE,... — *Paris, Charpentier,* 1844, in-18 anglais.

* (V. aussi *n*° 1020, T. II.)

* Poésies de LEGOUVÉ. — (V. *n*° 1020, T. II.)

* La sépulture, poème par LEGOUVÉ. — (V. *n*° 164-*C*. *Mém. de l'Instit. : Littérat. et Beaux-Arts*, T. III.)

* Poésies de PARNY, de MILLEVOYE. — (V. *n*° 1020, T. II.)

* Poésies du DUCIS. — (V. *n*° 1020, T. II. — V. aussi *n*° 164-*C*, *Mém. de l'Instit. : Littérat. et Beaux-Arts*, T. I : Epître contre le célibat ; T. IV : Epître à Vien.)

* Poésies diverses de Mme DE STAEL-HOLSTEIN. — (V. *n*° 93, *Œuvres posthumes*.)

* Le progrès des arts dans la république, poème, précédé d'un Discours sur le même sujet ; suivi d'un autre poème intitulé : « Dieu et les Saints » ; de quelques vers sur les victoires de Buonaparté ; des Doléances du pape, et de nouveaux hymnes civiques, par M. P. D. CUBIÈRES (DE PALMEZEAUX). — *Paris, impr. de Bertrand-Quinquet, an* V, brochure in-8. — (V. *n*° 127-2e.)

1078. — Le calendrier républicain, poème lu à l'assemblée publique du Lycée des Arts le 10 frimaire an III ; avec la traduction en italien mise à côté du texte ; précédé d'une lettre du citoyen LALANDE ; suivi de trente-six hymnes civiques pour les trente-six décadis de l'année; d'une ode au Vengeur, accompagnée d'une lettre du citoyen SAINT-ANGE, et de plusieurs autres poèmes, par CUBIÈRES (DE PALMEZEAUX),... — *Paris, J.-G. Mérigot* et *J.-B Chemin, an septième* in-8.

* Poésies de l'abbé MOUCHE (LANTIER). — (V. *n°* 373.)

* Poésies diverses de François-Guillaume-Jean-Stanislas ANDRIEUX. — (V. *n°* 348, *Œuvres*, T. III. — V. aussi *n°* 164-*C, Mém. de l'Instit. : Littérat. et Beaux-Arts*, T. I : Le procès du sénat de Capoue; L'hôpital des fous, conte persan; Le meunier sans souci; T. IV : L'olivier, le figuier, la vigne et le buisson, fable; Socrate et Glaucon, dialogue; Dialogue entre deux journalistes.)

* Poésies de Casimir DELAVIGNE. — (V. ci-après : *Œuvres.*)

1079. — Trois Messéniennes. Elégies sur les malheurs de la France. Deux Messéniennes sur la vie et la mort de Jeanne d'Arc. Quatrième édition, augmentée d'une Epître à MM. de l'Académie Française. Par M. Casimir DELAVIGNE. — *Paris, Ladvocat*, 1820. — Nouvelles Messéniennes, par M. Casimir DELAVIGNE. — *Paris, Ladvocat*, 1822. — Messénienne sur lord Byron, par M. Casimir DELAVIGNE. 4e édition. — *Paris, Ladvocat*, 1824. — Trois Messéniennes nouvelles, par M. Casimir DELAVIGNE. — *Paris, Ladvocat*, 1824. Le tout en 1 vol. in-8.

* Poésies de CHATEAUBRIAND. — (V. *n°* 67, *Œuvres.*)

* Poésies de Philippe DUPLESSIS. — (V. *Œuvres posthumes*, T. V, ci-après : *Théâtre italien.*)

* Poésies du baron de STASSART. — (V. *n°* 391, *Œuvres.*)

* Poésies de Victor HUGO. — (V. *n°* 369, *Œuvres.*)

1080. — Iambes et poèmes, par Auguste BARBIER. Septième édition, revue et corrigée. — *Paris, Paul Masgana*, 1852, in-18 anglais.

1081. — Souvenirs poétiques de L.-T. SEMET (bibliothécaire de Lille). — *Lille, Bronner-Bauwens, impr.*, 1833.

— Jeanne d'Arc, poème en dix chants par L.-T. SEMET. Seconde édition, corrigée. — *Lille, Bronner-Bauwens*, 1832. — Guillaume de Nassau... poème en dix chants par L.-T. SEMET. — *Lille, Bronner-Bauwens*, 1832. Le tout en 1 vol. petit in-12.

1082. — Poésies complètes de Théophile GAUTIER : Albertus ; La comédie de la mort ; Poésies diverses ; Poésies nouvelles. — *Paris, Charpentier*, 1845, in-18 anglais.

1083. — Poésies complètes de SAINTE-BEUVE ; édition revue et augmentée. Joseph Delorme ; Les consolations ; Pensées d'août. — *Paris, Charpentier*, 1845, in-18 anglais.

1084. — Les poèmes de la mer, par J. AUTRAN. — *Paris, Michel Lévy frères*, 1852, in-8.

(Le faux-titre porte : « OEuvres de J. Autran ».)

1085. — Essais poétiques par Martial PALAND. — *Paris, Garnier frères* (et autres), 1854, in-18 anglais.

(M. Martial Paland est né à Limoges le 27 octobre 1822.)

1086. — Amour et philosophie, poésies par Mme Claire BRUNNE (Mme MARBOUTY née PÉTINIAUD). — *Paris, L. Hachette et Cie*, 1855, in-18 anglais.

1087. — Varia, poésies par Jules CANONGE. Nouvelle édition, choisie, augmentée et complètement remaniée, contenant : Seria : Rêver ; Chanter ; Penser ; Croire ; — Miscua : Aimer et sourire. — *Paris, Paulin*, 1857, in-32.

1088. — Mes loisirs, ou Choix d'anecdotes, contes, romances, chansons, logogryphes et charades, par le comte F. DE BERMONDET DE CROMIÈRES,... — *Limoges (impr. de H. Ducourtieux et Cie)*, 1858, in-18 anglais.

(M. le comte Alexandre-Frédéric de Cromières est né, le 24 juillet 1787, au château de Cromières, commune de Cussac (Haute-Vienne).)

1089. — Poésies guerrières, par Louis BELMONTET,... — *Paris, impr. imp.*, 1858, in-8.

(Suivies de quelques pièces en prose : Le maréchal Saint-Arnaud ; Le maréchal Bugeaud ; Rapport et discours au Corps législatif ; Banquet du 15 août 1855 ; Baptême du prince impérial ; Les paysans ; Une croix d'honneur ; Banquet du 20 mars 1856.)

II. — Poëmes et poésies classées d'après leurs genres.

1° — *Poésies sacrée, religieuse, morale.*

1090. — La Vie de Moïse representee par Figures. — *A Lion, par Jan de Tournes*, 1560, in-4.

(Au-dessous de chaque figure se trouve un quatrain servant d'explication.)

1091. — L'Imitation de Jésus-Christ, traduite et paraphrasée en vers français par P. CORNEILLE. — *Paris, André Soubron*, 1656, in-4.

1092. — L'Imitation de Jésus-Christ, traduite et paraphrasée en vers français par Pierre CORNEILLE,... Edition nouvelle retouchée par l'auteur avant sa mort. — *Paris, Charles Osmont*, 1715, in-12.

(Figures.)

1093. — De la mort, et des misères de la vie, poésies morales, par le révérend père Charles LE BRETON, de la compagnie de Jésus. Seconde édition. — *Paris, François Muguet, impr.*, 1663, in-8.

1094. — Livre de la sagesse, traduit en vers français, avec l'Epître dédicatoire, contenant le parallèle et l'éloge historique de la vie du roi. (Par DU VERNEY, avocat.) — *Paris, Guillaume Cavelier* (et autres), 1696, in-12.

(Le latin est en regard de la traduction.)

1095. — Sonnets chrétiens sur divers passages de l'Ecriture sainte et des pères, et sur plusieurs autres matières de piété. — *Paris, François Langlois*, 1697, in-12.

(Par l'auteur des *Poésies diverses* mentionnées au *n°* 1060.)

1096. — Poésies sacrées de monsieur L* F**** (LE FRANC), divisées en quatre livres, et ornées de figures en taille-douce. — *Paris, Chaubert*, 1751, in-8.

1097. — Poésies sacrées et philosophiques, tirées des livres saints, par M. LE FRANC DE POMPIGNAN. Nouvelle édition, considérablement augmentée, et enrichie de gravures. — *Paris, impr. de Prault*, 1763, grand in-4.

(A la suite :)

— Examen des « Poésies sacrées ». (Par le marquis DE MIRABEAU.) — 190 pages.

(Cette dernière partie a une pagination séparée. Cet Examen fut publié en 1755.)

* Lamentations de Jérémie, par D'ARNAUD. — *Paris*, 1757, in-8. — (V. *n°* 825.)

1098. — Le jeune poète chrétien, ou Les préludes de Joseph LAROCHE. — *Limoges, Martial Ardant, impr.*, 1829, in-12 de 84 pages.

1099. — Le Théophraste en vers, ou Les vérités sur les mœurs du siècle, par monsieur TEISSIER. — *Paris, Augustin Brunet*, 1702, in-12.

2° — *Poèmes épiques, héroïques, mythologiques, historiques.*

1100. — Moïse sauvé, idylle héroïque du sieur DE SAINT-AMANT... — *Paris, Augustin Courbé*, 1653, in-4.

(Sans frontispice.)

1101. — La Pucelle, ou La France délivrée, poème héroïque, par M. CHAPELAIN. — *Paris, Augustin Courbé*, 1656, in-fol.

(Portrait et gravures.)

1102. — Clovis, ou La France chrétienne, poème héroïque, par J. DESMARESTS. — *A Leyde, par les Elzevirs*, 1657, in-12.

* La Henriade, par VOLTAIRE. — (V. *n°* 98, *Œuvres*, 1741, T. I.)

1103. — Commentaire sur la Henriade, par feu Mr DE LA BEAUMELLE, revu et corrigé par Mr F*** (Fréron). — *Berlin*, et *Paris*, *Lejay*, 1775, 2 vol. in-8.

1104. — De la philosophie de la Henriade, ou Supplément nécessaire aux divers jugements qui en ont été portés, surtout à celui de M. de La Harpe, par M. T*** (TABARAUD), ancien supérieur de l'Oratoire. — *Paris*, *Onfroi* et *Brajeu*, *an* XIII-1805, in-8.

(Deux exemplaires. — Tabaraud (Mathieu-Mathurin), écrivain janséniste, prêtre et théologien, naquit à Limoges en 1744. Successivement professeur d'humanités à Nantes, puis de théologie à Arles et à Lyon, supérieur des colléges de Pézenas (en 1783) et de La Rochelle (en 1787), supérieur de la maison de l'Oratoire de Limoges au commencement de la révolution, il passa en Angleterre en 1791, et ne rentra en France qu'à la faveur du concordat, en 1801. Il fut censeur de la librairie en 1811, et censeur honoraire en 1814, et mourut à Limoges le 9 janvier 1832. — V. QUÉRARD. — Outre l'opuscule ci-dessus, qui contient d'excellentes choses, Tabaraud a écrit un grand nombre d'ouvrages, dont une partie, possédée par la bibliothèque de Limoges, a été indiquée au catalogue d'HISTOIRE, *n*° 1148.)

* Premier chant d'un poème intitulé : La veillée du Parnasse, par LEBRUN. — (V. *n*° 164-*C*, *Mém. de l'Instit. : Littérat. et Beaux-Arts*, T. I, page 218.)

* Le vieillard d'Ancenis, poème sur la mort du général Hoche, par le citoyen CHÉNIER. — (V. *ibid.*, T. III, page 30.)

1105. — L'Egyptiade, poème héroïque en douze chants, par M. l'abbé AILLAUD, professeur de rhétorique au collége de Montauban. — *Paris*, *Lenormant* et *Pelicier*, 1813, in-8.

1106. — Poème sur les derniers moments du captif de Ste-Hélène, par F. COUDAMY, professeur autorisé par l'académie de Limoges. — *Limoges*, *F. Chapoulaud*, *impr.*, 1824, in-12 de 19 pages.)

(F. Coudamy est né en 1794 au Dorat (Hte-Vienne).

1107. — Le monument de Molière, poème par madame Louise COLET [couronné par l'Académie Française]; précédé de l'Histoire du monument élevé à Molière, par M. Aimé MARTIN [avec une vue du monument], et suivi de la liste des souscripteurs. — *Paris*, *Paulin*, 1843, grand in-8 de 46 pages.

* La gloire de Turgot, par Martial PALAND. — (V. HISTOIRE, n° 1206.)

3° — *Poésie didactique et descriptive.*

1108. — Poème sur la Grâce (par RACINE fils). — *Paris*, 1722, in-8.

(A la suite :)

— I (et II) lettre à M. R*** (Racine) sur son poème de la Grâce. — (*Paris*, 1723.)

— Examen du poème sur la Grâce de M. R***. — *Bruxelles*, 1723.

(D'après Barbier, la première de ces lettres est du P. BRUMOY; la seconde, du P. ROUILLÉ; la dernière pièce est du P. HONGNANT.)

1109. — La Religion, poème (par RACINE fils). — *Paris*, *Jean-Baptiste Coignard*, et *Jean Desaint*, 1742, in-8.

(A la suite : « Jugement de M. ROUSSEAU sur le poème de la Religion »; « Epître de M. ROUSSEAU à M. Racine »; « Réponse à l'épître de M. Rousseau contre les esprits forts »; « Conseils à M. Racine sur son poème de la Religion, par un amateur des belles-lettres (VOLTAIRE) »; in-8 de 14 pages. — (Cette dernière pièce a une pagination séparée.)

1110. — L'art d'aimer, nouveau poème en six chants, par monsieur ***** (BERNARD); édition fidèle et complète, enrichie de figures. — *Londres, aux dépens de la compagnie*, 1766, in-8.

* Les Géorgiques de VIRGILE, traduites en vers, par DELILLE. — (V. *n*os 901, 902.)

1111. — Les jardins, poème par Jacques DELILLE, nouvelle édition, considérablement augmentée. — *Paris, Levrault frères, an* IX-1801, in-18.

1112. — L'homme des champs, ou Les Géorgiques françaises, par Jacques DELILLE. — *Strasbourg, impr. de Levrault*, *an* VIII-1800, in-18.

1113. — La peinture, poème en trois chants, par M. LE MIERRE. — *Paris, Le Jay* (1769), in-8.

(Gravures.)

1114. — Les mois, poème en douze chants, par M. ROUCHER. — *Paris, impr. de Quillau*, 1779, 4 vol. petit in-12.

* Le calendrier républicain... Par CUBIÈRES. — (V. *n°* 1078.)

1115. — La vie champêtre, en vers libres et simples comme elle (par Jacq.-Jos. JUGE DE SAINT-MARTIN). — *Limoges, Martial Ardant* (s. d.), in-4 de 32 pages.

(Jacques-Joseph Juge de Saint-Martin, né à Limoges le 16 septembre 1743, conseiller au présidial de Limoges avant la révolution de 89; depuis, membre de la Société Linéenne et de la Société royale et centrale d'Agriculture de Paris, professeur d'histoire naturelle à l'école centrale de la Haute-Vienne, et enfin président honoraire de la Société d'Agriculture de Limoges, mort le 29 janvier 1824. Il contribua puissamment au développement et aux progrès de l'agriculture dans le Limousin. Indépendamment de l'opuscule ci-dessus et des ouvrages déjà classés au catalogue d'HISTOIRE, *n°s* 1153, 1154, 1229, la bibliothèque de Limoges possède : 1° Traité de la culture du chêne; 2° Théorie de la pensée, qui seront décrits en leur lieu. — L'Eloge de M. de Saint-Martin a été prononcé à la Société d'Agriculture de Limoges par M. F. Alluand. — (V. HISTOIRE, *n°* 1201.)

1116. — L'art de dîner en ville, à l'usage des gens de lettres, poème en IV chants (par COLNET). — *Paris, Colnet, et Delaunay*, 1810, in-18.

4° — *Poésie élégiaque.*

1117. — Elégies de C.-L. MOLLEVAUT. — *Paris, Arthus Bertrand*, 1816, in-18.

5° — *Fables, contes et nouvelles en vers, idylles.*

* ESOPE en trois langues, ou Concordance de ses fables avec celles de PHÈDRE, FAERNE, DESBILLONS, LEBEAU, DE LA FONTAINE, RICHER, et autres célèbres fabulistes français. — (V. ci-après.)

* Fables, par Marie de France. — (V. *n°* 1042, et *n°* 1037, T. IV.)

1118. — Fables choisies, mises en vers par monsieur DE LA FONTAINE, avec un nouveau commentaire par M. Coste. — *Paris, Durand*, 1757, 2 parties en 1 vol. in-12.

1119. — Même ouvrage. — *Paris, Prault fils aîné*, 1757, 2 vol. in-12.

1120. — Fables de J. LA FONTAINE, avec des notes de tous les commentateurs. — *Paris, Firmin Didot*, 1853, in-8.

(Le faux-titre porte : « Chefs-d'œuvre littéraires du XVIIe siècle, collationnés sur les éditions originales, et publiés par Lefèvre ». Le volume est terminé par une « Table poétique des fables de La Fontaine ».)

* (V. aussi *n°* 371, *Œuvres*.)

1121. — Fables nouvelles, dédiées au roi, par M. DE LA MOTTE,... Avec un Discours sur la fable. Troisième édition. — *Paris, Grégoire Dupuis*, 1719, in-12.

1122. — Fables nouvelles, et autres pièces en vers par M. D. D. L. P. D. C. (DREUX DU RADIER); avec un examen critique des principaux fabulistes anciens et modernes. — *Paris, F.-G. Mérigot*, 1744, in-12.

1123. — Fables nouvelles, par M^r^ P*** (PESSELIER). — *Paris, Prault père*, 1748, petit in-8.

1124. — Fables nouvelles, divisées en six livres (liv. I-VI), et dédiées à monseigneur le duc de Bourgogne, par M. GROZELIER,... — *Paris, Desaint et Saillant*, 1760, in-12.

— Fables nouvelles, divisées en six livres (liv. VII-XII), et dédiées à monseigneur le dauphin, par M. GROZELIER,... — *Paris*, et *Dijon, La Garde*, 1768, in-12.

* Fables de FLORIAN. — *Paris, Lepetit, an* III, in-18. — (V. *n°* 366, *Œuvres*.)

* Les jardiniers prévoyants ; — Le badaud et son horloger,

fables, par LEMONNIER. — (V. nº 164-C, *Mém. de l'Instit. : Littérat. et Beaux-Arts*, T. I.)

* Le rossignol et le coucou; — Le chien et la levrette, fables, par MONVEL père. — (V. *ibid.*)

* La sirène et le passant, fable par SÉLIS. — (V. *ibid.*, T. II.)

1125. — Fables par le baron DE STASSART,... Septième édition, augmentée d'un huitième livre. — *Paris, Paulin*, 1847, in-18 anglais.

* (V. aussi nº 391, *Œuvres.*)

---

* Contes et nouvelles de LA FONTAINE. — (V. nº 371, *Œuvres.*)

1126. — Contes et nouvelles du sieur VERGIER et de quelques auteurs anonymes. — Poésies diverses du sieur VERGIER. — *Paris, Urbain Coustelier*, 1727, 2 vol. in-12.

* Contes de VOLTAIRE. — (V. nº 99, *Œuvres*, T. XIV.)

1127. — Contes de Guillaume VADÉ. (Par VOLTAIRE.) — (S. l.), 1764, in-8.

(Ce volume contient, outre les contes en vers, quelques morceaux de critique en prose.)

* Ce qui plaît aux dames, conte, par Mr DE VOLTAIRE, en 1764. — (Titre manuscrit. — V. ci-après *Théâtre français*, nº 1272, recueil *G.*)

1128. — L'Emiriade, ou L'amour vengé, poème en quatre chants, suivi du Poète, par MAZABRAUD [de Solignac]. — *Paris, E. Dentu*, 1852, grand in-12 de 48 pages.

---

* Idylles de madame DESHOULIÈRES. — (V. nº 1059.)

6° — *Poésie lyrique.*

(Odes, ballades, cantiques, noëls et chansons.)

1129. — Sur le mariage de monsieur de La Villette, avocat en parlement, et de mademoiselle Cauvel de Bonviller, ode. (Par Capperonnier.) — (S. l. n. d. — A la fin :) *Paris, Didot,* 1857, in-4 de 8 pages.

(Cette ode fut composée en 1695. — V. *Histoire de Montdidier,* par de Beauvillé, T. III, page 186.)

* Les Philippiques, ou L'histoire fidèle de Philippe, duc d'Orléans, régent de France, divisée en six odes, avec les notes historiques-instructives-critiques, par M. de La Grange-Chancel (copiées sur deux manuscrits dont le plus fidèle et le plus complet appartient à la bibliothèque du roi.) — (V. *la division* Manuscrits.)

* Odes et cantates de J.-B. Rousseau.—(V. *n°* 386, *Œuvres,* T. I.)

1130. — Odes républicaines au peuple français, composées en brumaire, l'an II, par le citoyen Le Brun ; précédées de l'Odé patriotique sur les évènements de l'année 1792 ; imprimées par ordre du comité d'instruction publique. — *Paris, de l'imprimerie nationale des lois, an* III, in-8 de 50 pages.

* L'enthousiasme, ode, par Le Brun. — (V. *n°* 164-*C, Mém. de l'Instit. : Littérat. et Beaux-Arts,* T. I.)

* Odes d'un philanthrope républicain contre la monarchie et contre l'anarchie. (Par le même.) — Ode. (Par le même, destinée à terminer le volume de ses odes.) — (V. *ibid.,* T. II.)

* Le dernier hymne d'Ossian, par Chénier. — (V. *ibid.*)

1131. — L'industrie ou Les arts, ode publiée à l'occasion de la fête du 1er vendémiaire an VII, par P. Chaussard. — *Paris, impr. de P. Didot l'aîné, an* VII, in-4 de 20 pages.

* Hymnes civiques. — Ode au Vengeur.... par CUBIÈRES. — (V. n° 1078.)

1152. — Odes et ballades, par Victor HUGO,... — *Paris, Charpentier*, 1841, in-18 anglais.

1153. — Le dernier roi, chants lyriques, par Martial AUDOIN, avocat. — *Limoges, impr. nation. de H. Ducourtieux*, 1848, in-8 de 16 pages.

(M. Martial Audoin est né à Limoges le 8 octobre 1818.)

1154. — A. M. B. C. O. M. Martin Lapeyre. — Joseph GAILLARD. — (A la fin:) *Limoges, impr. de Ducourtieux*, 1857, in-8 de 8 pages.

(Recueil : 1° Salut, drapeau français; 2° A monsieur le général Corbin .., à l'occasion de l'entrée triomphale (à Limoges) du 28e de ligne; 3° A S. M. l'empereur Napoléon III, à l'occasion du voyage en France de S. A. I. le grand-duc Constantin.)

1155. — Ode lue à la pose de la première pierre de l'hôtel de ville d'Angoulême, le 15 août 1858, par J.-F. Eusèbe CASTAIGNE, bibliothécaire de la ville. — *Angoulême, impr. de J. Lefraise et Cie*, 1858, in-8 de 15 pages.

1156. — Les psaumes de David, mis en rime françaisc par Clément MAROT et Théodore DE BÈZE; édition fort correcte... avec la musique tout au long. — *A Leyde, chez Abraham Gogat*, 1669, in-8.

* Traduction en vers français des hymnes de monsieur DE SANTEUL,... Par M. l'abbé SAURIN,... — (V. n° 982.)

1157. — Stances chrétiennes sur divers passages de l'Ecriture sainte et des pères. Cinquième édition, revue, corrigée et augmentée considérablement de plusieurs autres ouvrages en prose et en vers, par Mr l'abbé TESTU,... — *Paris, Nicolas Le Clerc*, 1703, in-12.

(Les ouvrages en prose contenus dans cette édition sont : 1° « Maximes chrétiennes »; 2° « Lettres à M..... sur divers points de religion ». — Le volume se termine par des « Stances détachées sur différents sujets ».)

1138. — Nouvelles poésies morales sur les plus beaux airs de la musique française et italienne, avec la basse. — Fables choisies, dans le goût de M. de La Fontaine, sur des vaudevilles et petits airs aisés à chanter, avec leur basse et une basse en musette. — *Paris, Ph.-N. Lottin*, 1737, 8 recueils en 1 vol. in-4 oblong.

(D'après Barbier, qui n'indique que 7 recueils au lieu de 8, c'est Frédéric Desessart qui a été le directeur de cet ouvrage. Les poésies sont de divers auteurs; les fables sont du P. Valette, doctrinaire.)

1139. — Cantiques religieux et moraux, ou La morale en chansons, à l'usage des enfants des deux sexes; ouvrage spécialement destiné aux élèves qui suivent les exercices du cours d'éducation physique et gymnastique dirigé par M. Amoros. — *Paris, Colas* (et autres), 1818, in-16.

— Musique des cantiques religieux et moraux à l'usage des enfants des deux sexes... — *Paris*, 1818, in-16 de 48 pages.

1140. — Anthologie française, ou Chansons choisies, depuis le 13e siècle jusqu'à présent (recueillies par Monnet). — (*Paris, Barbou*), 1765, 3 vol. in-8.

(Ce recueil est précédé d'un : « Mémoire historique sur la chanson en général, et en particulier sur la chanson française, par M. Meusnier de Querlon ».)

1141. — Chansons joyeuses, mises au jour par un aneonyme, onissime (Collé). Nouvelle édition, considérablement augmentée, et avec de grands changements qu'il faudrait encore changer. — *A Paris, à Londres et à Ispahan seulement, de l'impr. de l'académie de Troyes*. vxl. ccd. m. (*sic*). — (*Paris, Barbou*, 1765), in-8.

(Faisant suite au recueil précédent. L'étiquette porte : Anthologie française, T. IV.)

1142. — Recueil de romances historiques, tendres et burlesques, tant anciennes que modernes, avec les airs notés. Par M. D. L*** (de Lusse). — (*Paris, Barbou*), 1767, in-8.

(Ce volume ne porte d'indication de tomaison ni au frontispice ni à la fin. Cependant Barbier donne 2 vol. à l'ouvrage.)

1143. — Brunettes, ou Petits airs tendres, avec les doubles et la basse continue; mêlées de chansons à danser;

recueillies et mises en ordre par le sieur BALLARD,... Nouvelle édition. — *Paris, au Mont-Parnasse*, 1730, 3 vol. in-12.

(Avec la musique. — Le frontispice du T. II porte la date de 1719; celui du T. III, la date de 1726.)

1144. — Nouvelles parodies bachiques, mêlées de vaudevilles ou rondes de table, recueillies et mises en ordre par Christophe BALLARD,... — *Paris, rue Saint-Jean-de-Beauvais*, 1700, 2 vol. in-12.

(Avec la musique.)

1145. — Tendresses bachiques, ou Duos et trios mêlés de petits airs, tendres et à boire, des meilleurs auteurs; avec une capilotade, ou alphabet de chansons à deux parties; recueillies et mises en ordre par Christophe BALLARD,... T. I. — *Paris, rue Saint-Jean-de-Beauvais*, 1712, in-12.

(Avec la musique.)

1146. — Amusements des dames, ou Nouveau recueil de chansons choisies. — *La Haye, aux dépens de la compagnie*, 1756, in-12.

1147. — Recueil de chansons choisies. (Par le Mis DE COULANGES). Divisé en deux parties. — *Paris, Simon Benard*, 1694, in-12.

(Première édition. — Barbier, qui n'a eu sous les yeux que l'édition de 1698, se borne, en la citant, à dire que ce recueil est *attribué* au marquis de Coulanges, et Quérard, au contraire, tout en affirmant que l'ouvrage est bien du marquis de Coulanges, donne l'édition de 1698 comme la première. Il y a inexactitude de part et d'autre. Le volume que possède la bibliothèque est bien de 1694, et il est *positivement* du cousin-germain de Mme de Sévigné. On n'a, pour s'en convaincre, qu'à parcourir la préface du recueil et le recueil lui-même, où l'auteur se désigne souvent, et se nomme même quelquefois; on n'a surtout qu'à comparer cette préface avec ce que dit Mme de Coulanges dans une lettre adressée à Mme de Sévigné sous la date du 19 novembre 1694. (V. *Lettres de Mme de Sévigné*, 1818, T X, page 32.) Si nous nous permettons de relever cette petite erreur de date, c'est qu'elle se trouve reproduite dans la plupart des biographies.)

1148. — Les à-propos de société, ou Chansons de M. L*** (LAUJON). — (*Paris*), 1770, T. II, in-8.

(Gravures. — Il manque les T. I et III. — Ces chansons sont accompagnées de la musique.)

1149. — La tentation de S. Antoine, ornée de figures et de musique. (Par SEDAINE.) — *Londres*, 1781. — Le pot-pourri de Loth, orné de figures et de musique. — *Londres*, 1781. Les deux pièces en 1 vol. in-8.

(Le pot-pourri de Loth est attribué à Pierre LALLEMAN par Barbier, et à SEDAINE par Quérard)

1150. — Œuvres choisies de A. ROMAGNESI. 100 mélodies favorites, avec accompagnement de piano. — *Paris, l'auteur* (s. d.), in-4.

(Les paroles sont de divers auteurs.)

1151. — Œuvres complètes de P.-J. DE BÉRANGER. Nouvelle édition, revue par l'auteur, contenant cinquante-trois gravures sur acier d'après Charlet, A. de Lemud, Johannot, Grenier, Jacques, Pauquet, Penguilly, de Rudder, Raffet, Sandoz, les dix chansons nouvelles, et le *fac-simile* d'une lettre de Béranger. — *Paris, Perrottin*, 1851, 2 vol. in-8.

1152. — Chansons nouvelles de MAZABRAUD [de Solignac]. — *Paris, Bernardin Bechet*, 1857, 2 vol. in-32.

(1er et 2e recueils.)

7° — *Epîtres, satires, épigrammes, madrigaux.*

* Epître d'un père à son fils sur la naissance d'un petit-fils... Par M. DE CHAMFORT. — *Paris, Regnard*, 1764, in-8 de 15 pages. — (V. ci-après : *Théâtre français*, n° 1272, recueil *G*.)

1153. — Epître à Voltaire, par M. DE CHÉNIER,... Cinquième édition. — *Paris, impr. de Didot jeune*, 1806, in-8 de 22 pages.

1154. — Charles VALETTE. — Le vieux Paris et le docteur Véron. — *Se vend chez les principaux libraires de France*, 1856. (A la fin :) *Limoges, impr. de Ducourtieux et Cie*, in-12 de 21 pages.

(M. Ch. Valette est né à Limoges le 11 mai 1834.)

8. — *Poésies gaillardes et burlesques.*

* La Rome ridicule. (Par SAINT-AMANT.) — (V. *n°* 1057, *Œuvres.*)

1155. — Le Virgile travesti en vers burlesques de Mr SCARRON... — *Lyon, Claude La Rivière*, 1664, in-12.

1156. — La pucelle d'Orléans, poème, divisé en vingt chants, avec des notes. (Par VOLTAIRE.) Nouvelle édition, corrigée, augmentée et collationnée sur le manuscrit de l'auteur. — (S. l. n. n.), 1762, in-8.

(Figures.)

1157. — La pucelle d'Orléans, poème en vingt et un chants, par VOLTAIRE. — *Paris, Th. Dabo*, 1819, in-18.

* La Dunciade, ou La guerre des sots, poème. (Par PALISSOT.) — *A Chelsea* (*Paris*), 1764, in-8. — (V. ci-après *n°* 1272-*G*.)

I. — Poésies bretonnes.

1158. — Poèmes des bardes bretons du VIe siècle, traduits pour la première fois, avec le texte en regard, revu sur les plus anciens manuscrits, par Th. HERSART DE LA VILLEMARQUÉ. — *Paris, Jules Renouard*, et *Rennes, Vannier*, 1850, in-8.

J. — Poésies patoises.

1159. — Lou galoubé dé Jacintou MOREL, ou Pouésious prouvençalous d'aquel outour, reculidous per seis amis. — *En Avignoun, dé l'imprimayé dé Bonnet fils*, 1828, in-12.

1159 *bis* (1). — Contes en vers prouvençaux, imprimas

(1) Au moment de mettre sous presse, nous recevons un certain nombre d'ouvrages patois que nous croyons devoir intercaler à leur place, après les nos 1159, 1160, 1161, 1162, 1165 et 1168.

per la premiero fes en avous 1806. — (S. l. n. d.), in-16 de 16 pages.

1159 *ter*. — Mirèio, pouèmo prouvençau de Frédéri Mistral [avec la traduction littérale en regard]. — *Avignon, J. Roumanille*, 1859, in-8.

* La nouvelle poésie provençale. MM. Roumanille, Aubanel et Mistral, par M. Saint-René Taillandier. — (V. *n°* 107, *Revue des Deux Mondes*, 15 octobre 1859.)

1160. — Poésies languedociennes et françaises d'Auger Gaillard dit Lou Roudié de Rabastens, publiées par M. Gustave de Clausade. — *Albi, chez S. Rodière*, 1843, in-8.

1160 *bis*. — Le tableu de la bido del parfet crestia en bersses, que represento l'exercici de la fe... Ount an ajustat un Dictiounari gascou, esplicat en francez per l'esclarcissomen des mots les plus difficiles de nostro lengo. Fait per le P. A. N. C. (le P. Amilha), rég. de l'ordre de S. Aug. (dans l'église cathédrale de Pamiers). Courrigeat et augmentat de qualquos peços de M. l'abesque de Miropeis et d'autros persounos d'impourtanço. — *A Toulouzo, chez Antoino Birosso*, 1759, in-8.

(Les approbations pour la première édition portent la date de 1672, et donnent le nom de l'auteur.)

1161. — Las obros de Pierre Goudelin, augmentados noubelomen de forço pessos, ambé le Dictiounari sur la lengo moundino; ount és més per ajustié sa Bido, Remarcos de l'antiquitat de la lengo de Toulouso, le Trinfle moundi, soun Oumbro; d'ambun Mauadet de berses de Gautié é d'aütres pouetos de Toulouso. — *A Toulouso, chez J.-A. Caunes*, 1811, in-12.

1161 *bis*. — Odes d'Anacréon, traduites en vers languedociens par M. Aubanel,... Nouvelle édition, revue et corrigée. — *A Nîmes, chez Gaude fils*, 1814, in-12.

1161 *ter.* — Las Pimpanélos, par Lucien MENGAUD. — *Toulouse, typographie Bertrand et A. Dieulafoy*, 1841, petit in-8.

1162. — Récul d'uvras patoizas dé M. FABRE, prîou curat dé Cellanova. Tomè prémié. — *A Mounpéyé, aco J.-G. Tournel*, 1821, in-12.

— Récul d'uvras patoisas dé M. FAVRE, prîou curat dé Cellanova. Tomé ségound. X[e] éditioun. — *A Mounpéyé, aco dé X. Jullien, imprimur*, 1826, in-12.

1162 *bis.* — Lou siéché de Cadaroussa, pouèma patois, séguit d'aou Sermoun dé moussu Sistré, et d'aou Trésor dé Substantioun. Segounda éditioun, courrichada et aougméntada. — *A Mountpéye, dé l'imprimarié d'Augusta Ricard* (s. d.), in-8.

1162 *ter.* — Lou siégé de Cadaroussa, pouëme patois en très cans ; per défunt FABRE, priou de Cellanova. Editioun augmentada d'aou Sermoun de moussu Sistré et de prouverbés languedociens. — *Alais, J. Martin*, 1850, in-32.

1163. — Œuvres patoises complètes de C. PEYROT, ancien prieur de Pradinas. Quatrième édition... On y a joint quelques pièces françaises du même auteur. — *Millau, V. Carrère jeune*, 1823, in-8.

(Portrait de l'auteur.)

1164. — Géorgiques omnibus, poème héroï-bucolique en quatre chants, composé, vers 1777, à Millau, par M. PEYROT, ancien prieur de Pradinas, et traduit du patois rouergat, avec des notes explicatives, par M. BOURIAUD aîné, ancien professeur aux écoles centrales, principal du collége de St-Junien [Hte-Vienne], officier de l'université. — *Paris, L. Hachette* (*Limoges, impr. d'Ardillier*), 1832, in-18.

(Deux exemplaires.)

1165. — Las papillotos de JASMIN, coiffur, de las académios d'Agen et de Bourdèou, etc... — *Agen, imprimerio de Prosper Noubel*, 1843-51, 3 vol. in-8.

(Figures. — T. I (1825-1843), dedial à M. de Sainte-Beuve. — T. II (1835-1842). — T. III [français-gascon], dédié à M. Sylvain Dumon (poésies de 1843 à 1851.)

* Jasmin et la poésie populaire méridionale, par Ch. de Mazade. — (V. *n*° 107, *Revue des Deux Mondes*, 1er janvier 1854.)

1165 *bis*. — Fablos causidos de Jean La Fountaino, tremudados en berses gascouns, é dediados a soun altesso rouyalo Mou lou duc d'Angoulémo, per un Bourdelés, M. Bergeyret lou nebout... — *A Paris, chéz L.-G. Michaud, imprimur d'au rey, é à Bourdéus, chéz la Bto Bergeyret*, 1816, in-12.

1166. — Martelout, lous rats dé cavo é lous commis dé l'octroi dé lo villo dé Périgueux, en l'onnâdo 1814; poémé en potois périgourdi, coumposa per J.-Bto Morteyrol, qu'èro olors sécrétari en chef dé lo sous-préfecturo de Périgueux. — *Périgueux, imprimorio Dupount, ruo Taillofer*, 1847, in-8 de 15 pages.

---

* Quelques fables choisies de La Fontaine, mises en vers patois limousin... Par J. Foucaud,... avec le texte français à côté. — *Limoges, J.-B. Bargeas*, 1809, 2 vol. in-12. — (V. Histoire, *n*° 1180.)

* Recueil de poésies patoises et françaises de F. Richard,... et Choix de pièces patoises de divers auteurs limousins (Mathieu Morel; l'abbé Roby, *Parabole de l'Enfant prodigue*). — *Limoges, F. Chapoulaud*, 2 vol. in-12. — (V. *ibid.*, *n*° 1181.)

* Recueil de poésies patoises et françaises de M. l'abbé Ribière,... — *Limoges, Blondel*, 1841, in-12. — (V. *ibid.*, *n*° 1182.)

1167. — Six chansons populaires de l'Angoumois, recueillies et annotées par J.-F. Eusèbe Castaigne, bibliothécaire de la ville d'Angoulême. — *Angoulême, impr. de J. Lefraise et Cie, 1856*, in-8 de 12 pages.

(Avec la musique.)

1168. — Noei borguignon de Gui Barôzai. Cinqueime edicion, reveue et augmentée de lai nôte de l'ar de chécun dé Noei, etc. (Par Bernard de La Monnoye.) — *An Bregogne*, 1738, in-12.

(A la fin : « Eloge funèbre de monsieur de La Monnoye,... poëme latin par le R. P. Oudin,... mis en vers français par M. Richard de Rufey,... ».)

1168 *bis*. — Noei borguignon de Gui Barôzai, suivis de quelques poésies du même genre et d'un abrégé du Glossaire alphabétique. Quatorzième édition. — *Chatillon-sur-Seine, Charles Cornillac*, 1825, in-12.

1168 *ter*. — Dialogues paysans, sur les affaires présentes du chapitre de l'église d'Orléans, entre deux vignerons, docteurs de la paroisse des Aides près Orléans. — (S. l. n. n.), 1755, in-8 de 44 pages.

1168 *quater*. — Les passe-temps lorrains, ou Récréations villageoises, recueil de poésies, contes, nouvelles, fables, chansons, idylles, etc., en patois, par Jaclot, de Saulny. — *Metz, Lorette*, 1854, in-12.

§ 7. — Poésie italienne.

1169. — Les poètes franciscains en Italie au treizième siècle, par A.-F. Ozanam. Avec un choix de petites fleurs de saint François, traduites de l'italien. — *Paris, Jacques Lecoffre et Cie*, 1852, in-8.

* Choix de poésies italiennes, traduites en français... Par M. Palomba,... — (V. n° 661, T. III.)

* La Divine Comédie avant Dante, par Ch. Labitte. — (V. n° 107, *Revue des Deux Mondes*, 1842, T. III.)

* Biographes et traducteurs du Dante. (Par le même.) — V. *ibid.*, 1841, T. IV.)

* Dante Alighieri et la littérature dantesque en Europe au XIXe siècle, à propos d'un livre du roi de Saxe, par M. Saint-René Taillandier. — (V. *ibid.*, 1er décembre 1856.)

* Poésies complètes de Dante Alighieri, pub. par Séb. Rhéal. — (V. n° 101, *Œuvres*)

1170. — La Comédie de Dante Aligeri. De l'Enfer, par Grangier. — *Paris, veuve Drobet*, 1596, in-12.

(Traduction en vers français, sans le texte. — A défaut de frontispice, le titre ci-dessus a été pris au privilége. M. Artaud, dans son *Catalogue des éditions du Dante*, prétend que celle-ci est très-rare. Il manque pour compléter l'ouvrage *Le Paradis* et *Le Purgatoire*.)

1171. — Le Paradis, poème du Dante, traduit de l'italien; précédé d'une Introduction, de la Vie du poète; suivi de Notes explicatives pour chaque chant, et d'un Catalogue de 80 éditions de la Divine Comédie de cet auteur, par un membre de la Société Colombaire de Florence, de la Société royale de Gottingue et de l'Académie de Cortone (par Artaud). — *Paris, Treuttel et Würtz*, 1811, in-8.

1172. — L'Enfer, poème du Dante, traduit de l'italien... (Par Artaud.) — *Paris, J. Smith*, 1812, in-8.

1173. — Le Purgatoire, poème du Dante, traduit de l'italien... (Par Artaud.) — *Paris, J.-J. Blaise* et *Pichard*, 1813, in-8.

(Les trois volumes ci-dessus, quoique non tomés, forment le même ouvrage.)

1174. — Triomphi di Meser Francesco Petrarcha con la loro optima spositione. — (A la fin :) *I Triumphi... con li optimi et eruditissimi comentarii de... Meser Bernardo illicinio... finiscono in Venegia impressi nel anno* M. D. XIX... —

Li sonetti canzone trivmphi del PETRARCHA con li soi commenti non senza grandissima evigilantia et svmma diligentia correpti (*sic*) et in la loro primaria integrita et origine restitvti noviter in littera cvrsiva stvdiosissimamente impressi. — (A la fin :) *Finiscono e Sonetti et Canzoni... con li soi co(m)menti stampadi per Gregorio de Grigorij in Venesia del mese de Maggio*, M. D. XIX. — Les 2 parties en 1 vol. in-4.

* Tomvs IIII. Francisci PETRARCHÆ Florentini V. C. Operum, in quo quæ ab authore Vernacula sua, id est, Lingua Hetrusca scripta extant... — I sonetti e le canzoni et i triomphi, di Messer Francesco PETRARCHA,... — (V. n° 48, *Opera*.)

1175. — Il PETRARCHA con l'espositione di M. Gio. Andrea Gesvaldo. Nvovamente ristampato, e con somma diligenza corretto, et ornato di figvre. Con Doi Tauole, una de' Sonetti e Canzoni, et l'altra di tutte le cose degne di Memoria, che in essa Espositione si contengono. — *In Venetia, Appresso Alessandro Griffio*, M D LXXXI, in-4.

1176. — Poésies de PÉTRARQUE, traduction complète, par le comte F.-L. DE GRAMONT. Sonnets. Canzones. Triomphes. — *Paris, Paul Masgana*, 1842, in-18 anglais.

(Bibliothèque Charpentier.)

1177. — Cent cinquante sonnets et huit morceaux complémentaires, traduits des sonnets de PÉTRARQUE. Texte en regard. — *Paris, Firmin Didot frères*, 1847, in-18 anglais.

(En double exemplaire. — Une note imprimée, collée au verso du feuillet de garde, porte : « Par Mme E. D.-M. ».)

1178. — Orlando innamorato, composto dal signor Matteo-Maria BOJARDO, conte di Scandiano, e riffatto da M. Francesco BERNI, diviso in due tomi. — *In Venezia*, 1740, *presso Giuseppe Bortoli*, 2 vol. in-12.

1179. — Extrait de Roland l'amoureux, de Mattheo-Maria BOYARDO, comte de Scandiano, par M. le comte DE TRESSAN. — *Paris, Pissot*, 1780, in-12.

(Traduction abrégée sans le texte.)

1180. — Orlando fvrioso, di M. Lodovico ARIOSTO, ornato di varie figure, con cinque canti d'un nuouo libro, et altre stanze del medesimo, nuouamente aggiunti : con belle Allegorie : et nel fine, vna breue espositione de gli oscuri vocabuli : Con la Tauola di tutto quello che nell' opera si contiene. — *In Lione, Appresso Bastiano di Bartholomeo Honarati*, M. D. LVI., in-4.

(A la fin : « Le sposizione di tvtti i vocaboli et lvoghi difficili che nel libro si trovano... Raccolte da M. Lodouico DOLCE. — *In Lione*, M. D. LVI ».)

1181. — Orlando fvrioso di M. Lodovico ARIOSTO, tvtto ricorretto, et di nvove figvre adornato. Al quale di nuouo sono aggiunte le annotationi, gli auuertimenti et le Dichiarationi di Girolamo Ruscelli, la Vita del Autore descrita dal signor Giouambattista PIGNA, Gli scontri de' Luoghi mutati dall' autore doppo la sua prima impressione; aggiuntavi in questa seconda impressione la Dichiaratione di tutte le istorie et fauole toccate nel presente libro, fatta da M. Nicolo Eugenico, il vocabolario di tutte le parole oscure, et altre cose utili et necessarie. — *In Venetia, appresso Vincenzo Valgrisi, nella bottega d'Erasmo*, M. D. LVIII., in-4.

(Figures en bois. — A défaut de frontispice, le titre ci-dessus a été reproduit d'après Melzi, *Bibliografia dei romanzi e poemi cavallereschi italiani*, 2da *ediz.*, 1838, in-8. C'est la 80e des 240 éditions énumérées par ce bibliographe, et la seconde des éditions in-4 de Valgrizi.)

1182. — Orlando furioso di Ludovico ARIOSTO. — *In Parigi*, 1746, *appresso Prault*, 4 vol. petit in-12.

1183. — Le divin ARIOSTE, ou Roland le furieux, traduit nouvellement en français par F. DE ROSSET. Ensemble la suite de cette histoire continuée jusques à la mort du paladin Roland, conforme à l'intention de l'auteur. Le tout enrichi de figures, et dédié à la grande Marie de Médicis,... — *Paris, An. de Sommaville* (au faux-titre : M. DC. XLIV), in-4.

(La suite de Roland a une pagination séparée.)

1184. — Roland furieux, poème héroïque de l'ARIOSTE. Nouvelle traduction, par M. le comte DE TRESSAN. — *Paris, Pissot*, 1780, 4 vol. in-12.

(On joint ordinairement à ces quatre volumes l'*Extrait de Roland l'amoureux*, porté au n° 1179.)

* Poésies diverses de MACCHIAVEL. — (V. nº 102, *Œuvres*, T. II.)

* Le terze rime piacevoli di M. Giovanni DELLA CASA, con una scelta delle migliori rime burlesche del BERNI, MAURO, DOLCE, ed altri autori incerti. — *In Benevento*, 1727, in-8. — (V. nº 825-3º.)

1185. — L'Italia liberata da' Goti, di Giangiorgio TRISSINO. Parte terza, riveduta e corretta per l'abbate Antonini. — 1729. — (A la fin : *Della Stamperia di Gian Francesco Knapen*), in-8.

(Il manque les T. I, II.)

1186. — Il Goffredo, overo Gierusalemme liberata, poema heroico del signor TORQVATO TASSO; Con l'Allegoria vniuersale dell' istesso. Et con gli Argomenti à ciascun Canto, del Sig. Horatio Ariosti. Aggiunteui l'Annotationi à ciascun Canto d'incerto Auttore. Et alcune Stanze in lode del Poeta. — *In Venetia, Presso Giouan Battista Ciotti*, 1595, petit in-12.

1187. — La Hiervsalem dv Sr TORQVATO TASSO, rendve françoise par B. D. V. B. (Blaise de VIGENÈRE, bourbonnais). — *Paris, Abel L'Angelier*, M. D. XCV., in-4.

(Sans le texte.)

1188. — Jérusalem délivrée, poème héroïque du TASSE, nouvellement traduit en français. (Par J.-B. DE MIRABAUD.) — *Paris, François Barois*, 1724, 2 vol. in-12.

* Jérusalem délivrée du TASSE. Traduction interlinéaire et française, par LUNEAU DE BOISGERMAIN. — (V. nº 663, *Cours de langue italienne*.)

1189. — Il rosario della Madonna poema eroico del sig. Capoleone GHELFVCCI Da Citta di Castello... — *In Genova, Appresso Givseppe Pavoni*, MDCII., in-4.

1190. — La Secchia rapita, poema eroicomico di Alessandro

TASSONI. — *In Parigi, appresso Lorenzo Prault e Pietro Durand*, 1766, 2 vol. in-8.

(Gravures. — Ce poème est précédé d'une Vie de l'auteur en italien, par MURATORI, et des Réflexions de Pierre Perrault sur la *Sechia rapita*, également en italien.)

1191. — Le sceau enlevé, poème imité du TASSONI par Auguste CREUZÉ DE LESSERT. Seconde édition, corrigée et augmentée de deux chants. — *Paris, Moller et Dentu, an* VI-1798, 2 tomes en 1 vol. in-18.

* Poesie toscane del cardinale Maffeo BARBERINO, hoggi papa URBANO ottavo. — (V. *n*° 997.)

1192. — Ricciardetto di Nicolo CARTEROMACO (Nicolas FORTIGUERRA). — *Londra, e se trova Parigi, presso Prault*, 1767, 3 vol. petit in-12.

(Portrait de l'auteur.)

1193. — L'incendio del tempio di S. Antonio di Padova, canti VI di Vincenzo ROTA,... — *Roma*, 1749, in-8.

1194. — I flagelli di D. Gile divenuto poeta contro i seguaci del vizio; e in ultimo a i flagellati, e non corretti sarà aperto l'eterno spedale degl' incurabili. Opera dell' abbate Stefano Zucchino STEFANI di Lucignano,... — *In Venezia*, 1754. *Nella stamperia Remondini*, in-8.

1195. — I fasti elvetici, poema consacrato al talamo delle Loro Reali Altezze Carlo Filippo di Francia, Conte di Artois,... e Maria Teresa di Savoja, dall' abbate Giannantonio PEDRINI P. A. — (S. l. n. d. — 1773), in-8 de 78 pages.

* Poésies diverses et hymnes sacrées de MANZONI, trad. par Ant. DE LATOUR. — (V. *n*° 402.)

§ 8. — Poésie espagnole et portugaise.

1196. — Romancero général, ou Recueil des chants populaires de l'Espagne. Romances historiques, chevaleresques et moresques. Traduction complète avec une introduction et des notes, par M. DAMAS HINARD,... — *Paris, Adolphe Delahays*, 1844, 2 vol. in-18 anglais.

1197. — Poème du Cid, texte espagnol, accompagné d'une traduction française, de notes, d'un Vocabulaire et d'une Introduction par DAMAS HINARD. — *Paris, imprimerie impériale*, 1858, in-4.

1198. — Les Lusiades, ou Les Portugais, poème de CAMOENS, en dix chants. Traduction nouvelle avec des notes, par J.-Bte-Jh MILLIÉ. — *Paris, Firmin Didot père et fils*, 1825, 2 vol. in-8.

§ 9. — Poésie allemande, flamande, danoise, suédoise, etc.

1199. — Les Niebelungen, poème traduit de l'allemand par Mme MOREAU DE LA MELTIÈRE, publié par Francis Riaux,... — *Paris, Joubert*, 1839, 2 vol. in-8.

* Fables en vers de LESSING. — (V. *n°* 403, *Œuvres*, et *n°* 679.)

1200. — La mort d'Abel, poème en cinq chants, traduit de l'allemand de M. GESSNER par M. HUBER (et par TURGOT). Nouvelle édition, revue et corrigée. — *Amsterdam, J.-H. Schneider*, 1770, petit in-12.

1201. — Poésies de GOETHE, traduites pour la première fois par le baron Henri BLAZE,... Avec une préface du traducteur. — *Paris, Charpentier*, 1843, in-18 anglais.

1202. — Choix des poésies du roi Louis de Bavière, traduites en vers français; dédié au prince royal de Bavière, par P. VILLIERS,... — *Limoges, impr. de F. Chapoulaud*, 1830, in-4 de 88 pages.

1203. — Chants populaires du Nord. — Islande. Danemark. Suède. Norwége. Ferœ. Finlande. — Traduits en français, et précédés d'une Introduction, par X. MARMIER. — *Paris, Charpentier*, 1842, in-18 anglais.

* V. dans la *Revue des Deux Mondes* les articles de M. MARMIER sur Schiller (1er octobre 1840); La poésie finlandaise (1er octobre 1842).

* Poésie polonaise contemporaine. — Le rêve de Cesarea. — La nuit de Noël. — La comédie infernale. — (V. *n*o 107, *Revue des Deux Mondes*, 1846.)

§ 10. — Poésie anglaise et écossaise.

1204. — Mélanges de poésie anglaise, contenant l'Essai sur la poésie de Jean SHEFFIELD, duc de Buckingham et de Normanby; Le temple de la Renommée d'Alexandre POPE; Henry et Emma, imité de la Belle brune de CHAUCER, par Matthieu PRIOR. Traduit de l'anglais (par Mme D'ARCONVILLE). — (S. l. n. n.), 1764, in-8.

1205. — Le paradis perdu de MILTON, traduction nouvelle par M. DE CHATEAUBRIAND. — *Paris, Charles Gosselin et Furne*, 1836, 2 vol. in-8.

(Avec le texte.)

1206. — Le triomphe de Jésus-Christ dans le désert, poème sacré; traduction libre en vers français du Paradis reconquis de MILTON (par LANCELIN); ouvrage utile pour l'instruction et l'éducation de la jeunesse. — *Paris, J.-Fr. Bastien*, 1774, petit in-12.

1207. — Solomon de Mundi vanitate, liber secundus, cui titulus inscribitur Voluptas, poema Matthæi PRIOR latine traductum ; cui adjicitur Alexandri convivium, DRYDENI in S. Cæciliam ode, lingua eadem donata a Georgio BALLY,... — *Cantabrigiæ, typis academicis excudebat J. Bentham*, 1743, in-4.

(Avec les textes.)

1208. — Les principes de la morale et du goût, traduits (en vers) de l'anglais de M. POPE, par M. l'abbé DU RESNEL. Nouvelle édition, augmentée de la Boucle de cheveux enlevée, poème héroï-comique, mis en vers. (Par l'abbé DESFONTAINES.) — *Londres*, 1750, petit in-12.

(Le faux-titre porte : « OEuvres de M. Pope, traduites en vers français. Quelques personnes attribuent à Mme DE CAYLUS la traduction de *La boucle de cheveux enlevée*.)

* La boucle de cheveux enlevée, poème héroï-comique (trad. en prose de l'anglais de POPE). — (V. *Bibliothèque de campagne*, T. XIII.)

1209. — La boucle de cheveux enlevée, poème héroï-comique, composé en anglais par M. POPE, et traduit en vers français par M M*** (MARMONTEL). — *Paris, Jacques Clousier*, 1746, in-8.

* Fragments de poésie lyrique de MACPHERSON (trad. de l'anglais par TURGOT). — (V. nº 120, *Variétés littéraires*, T. I.)

1210. — Les nuits d'YOUNG, traduites de l'anglais par M. LE TOURNEUR. — *Paris, Lejay*, 1769, 2 vol. in-8.

(Figures.)

* Poésies complètes de lord BYRON. — (V. nº 406, *OEuvres*.)

1211. — Poésies complètes de Robert BURNS, traduites de

l'écossais, par M. Léon DE WAILLY, avec une Introduction du même. — *Paris, Adolphe Delahays*, 1843, in-18 anglais.

§ 11. — Poésie basque.

* Proverbes basques recueillis par Arnauld OIHENART, suivis des poésies basques du même auteur... Seconde édition... par Francisque Michel. — (V. *n°* 416.)

IVe CLASSE.

THÉATRE.

Chapitre Ier. — *Histoire générale des théâtres. — Traités sur l'art dramatique et sur l'art du comédien.*

1212. — Histoire universelle des théâtres de toutes les nations depuis Thespis jusqu'à nos jours, par une société de gens de lettres. — *Paris, chez les auteurs* et *Ve Duchesne*, 1779-80, 9 vol. in-8.

(Gravures. — Cet ouvrage est de l'abbé Coupé, MM. Testu, Desfontaines et Le Fuel de Méricourt, d'après Barbier, qui compte 13 vol. Il manque les T. IV, V, IX et XIII.)

* Curiosités dramatiques... Par M. Hippolyte Lucas. — (V. *n*° 303.)

* Histoire des marionnettes, par Ch. Magnin. — (V. *n*° 107, *Revue des Deux Mondes*, 15 juin, 1er août et 15 septembre 1850, 1er juin 1851 et 15 mars 1852.)

1213. — Discours sur la comédie, ou Traité historique et dogmatique des jeux de théâtre et des autres divertissements comiques soufferts ou condamnés depuis le premier siècle de l'Eglise jusqu'à présent. Avec un Discours sur les pièces de théâtre tirées de l'Ecriture sainte. Seconde édition, augmentée de plus de la moitié. Par le R. P. Pierre Le Brun, prêtre de l'Oratoire. — *Paris, veuve Delaulne*, 1731, in-12.

1214. — Lettre de M. Des P. de B* (Desprez de Boissy), avocat en parlement, à M. le chevalier de *** sur les spectacles... Seconde édition, revue et augmentée par l'auteur. — *Paris, Ve Lottin et J.-H. Butard*, 1758. — Lettre de M. le chevalier de *** (Desprez de Boissy) à M. de C*** (Campigueulles), garde du corps du roi,... au sujet de la lettre de M. Des P. de B* (DESPREZ DE BOISSY), avocat en parlement, sur les spectacles. — *Berlin*, et *Paris*, *veuve Lottin et Butard*, 1759 (1758). Le tout en 1 vol. petit in-8.

1215. — Lettres sur les spectacles; avec une Histoire des ouvrages pour et contre les théâtres, par M. DESPREZ DE BOISSY. Cinquième édition, revue, corrigée et augmentée par l'auteur. — *Paris*, *Butard*, *Boudet* (et autres), 1774, 2 vol. in-12.

(Le T. II est tout entier consacré à l'*Histoire des ouvrages pour et contre les théâtres*.)

1216. — Lettres sur les spectacles; avec une Histoire des ouvrages pour et contre les théâtres, par M. DESPREZ DE BOISSY. Sixième édition, revue, corrigée et augmentée par l'auteur. — *Paris*, *Boudet* (et autres), 1777, 2 vol. in-12.

(Le faux-titre du T. II porte : « Histoire des ouvrages pour et contre les théâtres publics, par M. DESPREZ DE BOISSY ».)

* Lettre sur les spectacles, par J.-J. ROUSSEAU. — (V. n° 84, *Œuvres*, T. XI.)

* La pratique du théâtre, œuvre très-nécessaire à tous ceux qui veulent s'appliquer à la composition des poèmes dramatiques, qui font profession de les réciter en public, ou qui prennent plaisir d'en voir les représentations. (Par l'abbé HÉDELIN D'AUBIGNAC.) — *Paris*, *Antoine de Sommaville*, 1657, in-4. — (Relié avec le n° 1011.)

1217. — Même ouvrage, même édition (sans frontispice). — In-4.

* Mémoires sur la poétique d'Aristote. De la nature et des fins de la tragédie et de la comédie. Par M. l'abbé BATTEUX. — (V. n° 163, *Mém. de l'Acad. des Inscript.*, T. XXXIX.)

* Trois discours de P. CORNEILLE : 1° Sur le poème dramatique; 2° Sur la tragédie; 3° Sur les trois unités. — (V. *Théâtre de P. Corneille*, 1776, T. X.)

* Dissertation où l'on examine s'il est nécessaire qu'une tragédie soit en cinq actes. — Dissertation où l'on traite des avantages que la tragédie ancienne retirait de ses chœurs. — Dissertation sur la récitation des tragédies anciennes. Par l'abbé Vatry. — (V. nº 163, *Mém. de l'Acad. des Inscript.*, T. VIII.)

* Discours sur l'origine et le caractère de la parodie, par l'abbé Sallier. — (V. *ibid.*, T. VII.)

* De la déclamation théâtrale des anciens, par L. Racine. — (V. *ibid.*, T. XXI.)

* De la poésie dramatique, par Diderot. — (V. nº 74, *Œuvres*, 1718-19, T. IV, et ci-après, à la suite du *Fils naturel.*)

1218. — Observations sur l'art du comédien et sur d'autres objets concernant cette profession en général ; avec quelques extraits de différents auteurs et des remarques analogues au même sujet : ouvrage destiné à de jeunes acteurs et actrices, par M. d'Hannetaire,... Nouvelle édition, revue, corrigée et augmentée de beaucoup d'anecdotes et de plusieurs notes ou observations nouvelles. — *Paris, veuve Duchesne et Costard*, 1775, in-8.

(On voit que, quoi qu'en dise Quérard, cette édition n'est pas anonyme.)

Chapitre II. — *Théâtre.*

§ 1er. — Théâtre oriental.

1219. — Théâtre chinois, ou Choix de pièces de théâtre composées sous les empereurs mongols, traduites pour la première fois sur le texte original, précédées d'une introduction, et accompagnées de notes, par M. Bazin aîné,... — *Paris, impr. roy.*, 1838, in-8.

* Théâtre chinois. — (V. nº 303, *Curiosités dramatiques*, par Hte Lucas.)

§ 2. — Théâtre grec.

* Le drame hiératique et le drame populaire en Grèce. — Le drame aristocratique. — De la mise en scène, comité de lecture, censure dramatique. — Les acteurs. — Affiches, annonces, billets de spectacle. Par Ch. MAGNIN. — (V. n° 107, *Revue des Deux Mondes*, 15 mars, 1er avril 1838, 1er septembre 1839, 15 avril, 1er novembre 1840 et 15 mai 1842.)

* Le théâtre chez les Grecs, par BINAUD. — (V. *ibid.*, 15 juillet 1842, 15 août 1843, 15 décembre 1853 et 15 juin 1855.)

* Remarques sur le nombre de pièces qu'on représentait dans un même jour sur le théâtre d'Athènes, par l'abbé BARTHÉLEMY. — (V. n° 163, *Mém. de l'Acad. des Inscript.*, T. XXXIX.)

* Recherches sur l'origine et les progrès de la tragédie et de la comédie grecques et sur la vieille comédie, par l'abbé VATRY. — (V. *ibid.*, T. XV, XVI, XXI.)

* Mémoire sur les tragiques grecs, par LE BEAU cadet. — (V. *ibid.*, T. XXXV.)

* Mémoire sur l'objet de la tragédie chez les Grecs, par DE ROCHEFORT. — (V. *ibid.*, T. XXXIX.)

* Considérations sur les trois poètes tragiques de la Grèce. Mémoire sur Aristophane, par Pierre-Charles LÉVESQUE. — (V. n° 164-C, *Mém. de l'Instit. : Littérat. et Beaux-Arts*, T. I.)

* Le drame satirique chez les Grecs, par PATIN. — (V. n° 107, *Revue des Deux Mondes*, 1er août 1843.)

* De la critique moderne et de la comédie antique. Ménandre, par M. Guizot. Par Ch. DE RÉMUSAT. — (V. *ibid.*, 15 novembre 1855.)

1220. — ΑΙΣΧΥΛΟΣ *καὶ* ΣΟΦΟΚΛΗΣ. ÆSCHYLI et SOPHOCLIS tragœdiæ et fragmenta. Græce et latine, cum indicibus. — *Parisiis, editore Ambrosio Firmin Didot*, 1846, grand in-8.

(Bibliothèque grecque-latine de F. Didot.)

1221. — Fragmenta EURIPIDIS iterum edidit, perditorum tragicorum omnium nunc primum collegit Fr. Guil. Wagner,... Accedunt indices locupletissimi. Christus patiens, EZECHIELI et christianorum poetarum reliquiæ dramaticæ. Ex codicibus emendavit et annotatione critica instruxit Fr. Dübner. — *Parisiis, editore Ambrosio Firmin Didot*, 1846, grand in-8.

(Bibliothèque grecque-latine de F. Didot.)

1222. — La Grèce tragique, chefs-d'œuvre d'ESCHYLE, de SOPHOCLE et d'EURIPIDE, traduits en vers, accompagnés de notices, de remarques et de rapprochements littéraires, par Léon HALÉVY. — Prométhée enchaîné, tragédie d'Eschyle; Electre, tragédie de Sophocle; Les Phéniciennes, tragédie d'Euripide; Hippolyte, tragédie d'Euripide. Seconde édition. — *Paris, Dauvin et Fontaine*, 1849, in-8.

— La Grèce tragique... Deuxième série. Ion, tragédie d'EURIPIDE. — *Paris, Hachette et Cie*, 1858, in-8.

— La Grèce tragique. Essai de compositions au trait gravées à l'eau-forte, par Antoine ETEX, statuaire et peintre, sur la traduction de Léon Halévy. — (*Paris*, 1856), in-4 oblong.

1223. — ΑΡΙΣΤΟΦΑΝΟΥΣ *κωμῳδίαι ἐννέα. Πλοῦτος. Βάτραχοι. Ἀχαρνεῖς. Ὄρνιθες. Ἐκκλησιάζουσαι. Νεφέλαι. Ἱππεῖς. Σφῆκες. Εἰρήνη.* ARISTOPHANIS comoediae novem. Plutus. Ranæ. Acharnes. Aues. Contionantes. Nebulæ. Equites. Vespæ. Pax. — (A la fin :) *Impressum Flore(n)tiæ opera et sumptu Philippi Iuntæ. Anno à natiuitate.* D. XV. *supra mille* (1515)..., in-8.

(À la suite :)

— *Ἐν τῇδε μικρᾷ βίβλῳ ταδένεστιν* (*sic*) *Ἀ ριζοφάνοις* (*sic*) *Θεσμοφοριάζουσαι.* T *οῦ* (*sic*) *αὐτοῦ Λυσιστράτη.* In hoc parvo libro hæc insvnt. A ristophanis (*sic*) Cereris sacra celebrantes. E iusdem (*sic*) Lysistrate. — (A la fin :) *His summa manus imposita est, quinto kl. Februarii*, M. D. XV...

(Tout grec. — Les exemplaires de cette édition, au dire de Brunet, sont très-rares.)

1224. — ΑΡΙΣΤΟΦΑΝΟΥΣ *κωμῳδίαι ἕνδεκα, ὧν αἱ μὲν ἐννέα μετὰ σχολίων παλαιῶν, καὶ νεωτέρων, πάνυ ὠφελίμων. Αἱ δὲ δύο, μετὰ σχολίων νεωτέρων...* (etc.) ARISTOPHANIS comoediae vndecim, cvm scholiis antiqvis, Quæ studio et opera Nobilis viri Odoardi Biseti Carlæi sunt quamplurimis locis accuratè emendata, et perpetuis nouis Scholiis illustrata. Ad quæ etiam accesserunt eiusdem in duas posteriores noui Commentarij : operâ... Doctissimi viri D. Æmylij Francisci Porti Cretensis filij... — *Avreliæ Allobrogvm, svmptibvs Caldorianæ societatis,* M. DC. VII., in-fol.

(Edition grecque-latine.)

1225. — ΑΡΙΣΤΟΦΑΝΟΥΣ *κωμῳδίαι καὶ κωμῳδιῶν ἀποσπασμάτια.* ARISTOPHANIS comœdiæ et deperditarum fragmenta, ex nova recensione Guilelmi Dindorf. Accedunt MENANDRI et PHILEMONIS fragmenta auctiora et emendatiora. Græce et latine, cum indicibus. — *Parisiis. editore Ambrosio Firmin Didot,* 1854, grand in-8.

(Bibliothèque grecque-latine de F. Didot.)

1226. — ΑΡΙΣΤΟΦΑΝΟΥΣ Πλοῦτος, Plvtvs. Νεφέλαι, Nebvlae. Βάτραχοι, Ranae. — *Parisiis. Per Conradvm Neobarivm,* M. D. XL., petit in-4.

(Tout grec.)

* La comédie à Athènes; Aristophane et Socrate, par E. DU MÉRIL. — (V. n° 107, *Revue des Deux Mondes*, 1er juillet 1846.)

* Mémoire sur le Plutus d'Aristophane et sur les caractères assignés par les Grecs à la comédie moyenne. — Mémoire sur le vrai dessein d'Aristophane dans la comédie intitulée : Ἐκκλησιάζουσαι, *Concionatrices.* Par LE BEAU le cadet. — (V. n° 163, *Mém. de l'Acad. des Inscript.*, T. XXX.)

* Mémoire sur le chœur des Grenouilles d'Aristophane et sur le chœur du Cyclope d'Euripide, par M. ROSSIGNOL. — (V. n° 166-*A*, *Mém. de l'Instit. : Acad. des Inscript.*, T. XXI.)

* Mémoires sur Ménandre et sur l'art qui régnait dans ses

comédies, par DE ROCHEFORT. — (V. n° 163, *Mém. de l'Acad. des Inscript.*, T. XLVI.)

* ÆSCHYLI tragœdiæ et fragmenta (græce et latine). — (V. n° 1220.)

1227. — Théâtre d'ESCHYLE, nouvelle traduction en vers, par Francis ROBIN,... — *Paris, L. Hachette* et *J. Delalain*, 1846, grand in-18.

1228. — Septem Thebana Tragœdia ÆSCHYLEA. Stylo ad veteres tragicos Latinos accedente quàm proximè fieri potuit à Q. Septimio FLORENTE CHRISTIANO. — *Lvtetiæ, Apud Federicum Morellum*, M. D. LXXXV. — ΑΙΣΧΥΛΟΥ τραγῳδία ἑπτὰ ἐπὶ Θήβαις. ÆSCHYLI tragædia Septem-Thebana. — *Lvtetiæ, Apud Federicum Morellum*, M. D. LXXXV. Les 2 parties en 1 vol. in-4.

(Edition assez rare, d'après Brunet.)

* Eclaircissements sur la tragédie d'Agamemnon par Eschyle, par l'abbé SALLIER. — (V. n° 163, *Mém. de l'Acad. des Inscript.*, T. VIII, page 224.)

1229. — ΣΟΦΟΚΛΕΟΥΣ τραγῳδίαι ἑπτά. SOPHOCLIS tragœdiæ septem... — (A la fin :) Ἐτυπώθη ἐν λευκετίᾳ τῶν παρησίων παρὰ Σίμωνι τῷ Κολιναίῳ... ἔτει... ὀγδόῳ καὶ εἰκοστῷ πρὸς τοῖς χιλίοις καὶ πεντακοσίοις. (*Parisiis, apud Simonem Colinæum*, 1528), in-8.

(Tout grec.)

1230. — ΣΟΦΟΚΛΕΟΥΣ τραγῳδίαι ἑπτὰ μετὰ σχολίων παλαιῶν καὶ πάνυ ὠφελίμων. SOPHOCLIS tragoediae septem, cvm interpretationibus uetustis et ualde utilibus... — *Anno* XLIIII. — (A la fin :) *Francofvrti, ex officina Petri Brvbachii, anno* M. D. XLIIII., in-4.

(Tout grec.)

* SOPHOCLIS tragœdiæ et fragmenta (græce et latine). — (V. n° 1220.)

* Discours sur la tragédie de Sophocle intitulée « Œdipe Roi », par M. BOIVIN. — Remarques sur la tragédie de Sophocle

intitulée « OEdipe à Colonne », par M. l'abbé Sallier. — (V. n° 163, *Mém. de l'Acad. des Inscript.*, T. VI.)

* Dissertation sur l'OEdipe de Sophocle, par M. Dupuy. — (V. *ibid.*, T. XXVIII, page 123.)

* Observations sur l'OEdipe de Sophocle, par M. l'abbé Batteux. — (V. *ibid.*, T. XLII, page 473.)

* Dissertation sur la tragédie de Rhésus, par M. Hardion. — (V. *ibid.*, T. X, page 323.)

1231. — ΕΥΡΙΠΙΔΟΥ τραγῳδίαι ὅσα σώζονται. Evripidis tragoediæ quæ extant. Cum Latina Gulielmi Canteri interpretatione. Σχόλια τῶν πάνυ δοκίμων εἰς ἑπτὰ τραγῳδίας τοῦ ΕΥΡΙΠΙΔΟΥ... Scholia doctorum virorum in septem Evripidis tragœdias, ex antiquis exemplaribus ab Arsenio Monenbasiæ archiepiscopo collecta. Accesserunt doctæ Iohànnis Brodæi, Gvlielmi Canteri, Gasparis Stiblini, Æmilii Porti, in Evripidem Annotationes. Cum indicibus necessariis. — *Excvdebat Pavlvs Stephanvs. Anno* M DC II, 2 vol. in-4.

1232. — ΕΥΡΙΠΙΔΗΣ. Euripidis fabulæ. Recognovit, latine vertit, in duodecim fabulas annotationem criticam scripsit, omnium ordinem chronologicum indagavit Theobaldus Fix. Inest varietas codicum parisinorum 2817 et 2887 accurate excerpta. — *Parisiis, editore Ambrosio Firmin Didot*, 1855, grand in-8.

(Bibliothèque grecque-latine de Firmin Didot.)

1233. — Σχόλια τῶν πάνυ δοκίμων εἰς ἑπτὰ τραγῳδίας τοῦ ΕΥΡΙΠΙΔΟΥ, συλλεγέντα ἐκ διαφόρων παλαιῶν βίβλων καὶ συναρμολογηθέντα παρὰ ἀρσενίου ἀρχιεπισκόπου μονεμβασίας. Scholia in septem Evripidis Tragœdias ex antiquis exemplaribus ab Arsenio archiepo monēbasię collecta, et nunc primũ in lucem edita... — M. D. XXXIIII. (A la fin :) *Venetijs in officina Lucæ antonij Iuntæ*, petit in-8.

(Volume rare.)

1234. — ΕΥΡΙΠΙΔΟΥ τραγῳδίαι τέλειαι ΔΙΙΙΙΙ. Ἀποσπασμάτια, καὶ ἐπιστολαί. Cioe tragedie di Euripide intere XIX. Frammenti ed epistole, greco-italiane in versi, illustrate di Annotazioni al testo greco, ed alla traduzione : con la Vita di Euripide : con un Trattato sopra la utilità ed il pregio delle tragedie del medesimo, e con la storica Narrazione di ciascuna tragedia. Opera del P. CARMELI,... — *In Padova, 1743-54. Nella Stamperia del Seminario. Appresso Gio : Manfrè.* 15 parties en 7 vol. in-8.

(Il manque les 5 dernières parties.)

1255. — ΕΥΡΙΠΙΔΟΥ Ἱππόλυτος στεφανηφόρος cum scholiis, versione latina, variis lectionibus, Valckenarî notis integris, ac selectis aliorum VV. DD. Quibus suas adjunxit Fran^s Hen. Egerton. — *Oxonii, 1796. E typographeo Clarendoniano,* grand in-4.

(Les annotations ont une pagination séparée.)

1256. — Sébastien RHÉAL [de Césena]. Hippolyte Porte-Couronne, drame antique avec chœurs, traduit d'EURIPIDE pour la scène française. Autorisé pour la représentation. Préliminaire historique : Les pièces grecques et le théâtre au XIXe siècle. — *Paris, E. Dentu,* 1858, in-12.

* Remarques critiques sur le texte et sur quelques traductions de l'Hippolyte, tragédie d'Euripide, par M. DUPUY. — (V. n° 163, *Mém. de l'Acad. des Inscript.,* T. XLI, page 433.)

* Discours sur la Médée d'Euripide. — Dissertation sur l'Andromaque. — Observations critiques et historiques sur le chœur de l'Andromaque d'Euripide. Par M. HARDION. — (V. *ibid.,* T. VIII, page 243.)

§ 3. — Théâtre latin, ancien et moderne.

* Mémoire sur l'origine des jeux scéniques chez les Romains, et sur les lois qui les établirent et en réglèrent la discipline, par M. BERNARDI. — (V. n° 166-*A, Mém. de l'Instit. : Acad. des Inscript.,* T. VIII, page 250.)

* Mémoire sur les jeux scéniques des Romains. — Mémoire sur l'art de partager l'action théâtrale, et sur celui de noter la déclamation qu'on prétend avoir été en usage chez les Romains. Par DUCLOS. — (V. n° 163, *Mém. de l'Acad. des inscript.,* T. XVII, XXI.)

1237. — Etudes sur le théâtre latin, par Maurice MEYER,... — *Paris, Dezobry, E. Magdeleine et Cie*, 1847, in-8.

* Iulii Cæsaris SCALIGERI liber de comicis dimensionibvs. — *Apvd Seb. Gryphivm Lvgdvni*, 1539, in-8 de 56 pages. — (Relié avec le n° 880.)

---

* PLAUTUS, TERENTIUS, SENECA et alii veteres poetæ scenici. — (V. nos 871, 872, *Chorus* et *Corpus poetarum latinorum*.)

1238. — M. Accivs PLAVTVS ex fide, atqve avctoritate complvrivm librorvm manv scriptorvm opera Dionys. Lambini Monstroliensis emendatus : ab eodemque commentariis explicatus, et nunc primum in lucem editus. Adiecta sunt Plautina loca ex antiquis grammaticis collecta : et ex commentario antiquarum lectionum Iusti Lipsij multorum Plauti locorum illustrationes et emendationes. Additi quoque sunt duo indices... — *Lvtetiæ, Apud Ioannem Macæum*, M. D. LXXVII., in-fol.

1239. — M. Accius PLAUTUS... Dionys. Lambini,... Nunc denuo plurimis quæ in præcedentibus editionibus irrepserant mendis repurgatus, multisque in locis in gratiam antiquariorum illustratus. Additi sunt quoque duo Indices... — *Genevæ, apud Petrum et Jacobum Chouët*, 1622, in-4.

1240. — M. Accl PLAUTI comœdiæ, ex recognitione Jani Gruteri, qui bona fide contulit cum Mss. Palatinis. Accedunt Commentarii Fridrici Taubmanni auctiores; item Indices rerum et verborum necessarii. — *Apud Zachariam Schvrerum*, 1621, in-4.

1241. — Marci Accii PLAUTI comœdiæ quæ supersunt. — *Parisiis, typis J. Barbou*, 1759, 3 vol. in-12.

(Gravures. — On trouve à la fin un catalogue des principales éditions de Plaute.)

* M. Accii PLAUTI comœdiæ, cum selectis variorum notis et novis commentariis, curante J. Naudet,... (Le tome premier

seulement.) — (V. nº 35, *Bibliothèque Lemaire.* — Dans ce vol. M. Naudet a placé les *Sosies* et les *Captifs*, comédies de Rotrou.)

1242. — Le second (troisième, quatrième) tome des comédies de Plaute, avec des remarques en latin et en français, par M. D. M. A. D. V. (Michel de Marolles, abbé de Villeloin). — *Paris, Pierre L'Amy,* 1658, 3 vol. in-8.

(Le T. I manque. — Le frontispice français ci-dessus est précédé d'un frontispice latin ainsi conçu : « M. Acci Plauti Comœdiarum tomus II (III, IV) Ex recognitione Francisci Guieti Andini, opera et studio Michaelis de Marolles, etc. ».)

* Théâtre de Plaute, traduction nouvelle accompagnée de notes par J. Naudet,... — (V. nº 36, *Biblioth. Panckoucke.*)

1243. — Comédie de Plaute (l'Amphitryon), traduite en français, avec des remarques et un Examen, selon les règles du théâtre, par mademoiselle Le Fèvre (depuis Mme Dacier). — *Paris, Denys Thierry* et *Claude Barbin*, 1683, in-12.

(Il manque les T. II et III contenant l'*Epidicus* et le *Rudens.*)

1244. — Pub. Terentii Aphri comœdiae sex, post omnes omnium editiones summa denuo vigilantia recognitæ. — *Pictavii, ex officina Bouchetorum fratrum* (s. d.), in-8.

1245. — Publii Terentii Cartaginiensis Afri comœdiæ sex, post optimas editiones emendatæ. Accedunt Ælii Donati Commentarius integer, selectæ variorum notæ, variantes lectiones, Indices locupletissimi. — *Lugd. Batavorum, apud Franciscum Hackium,* 1644, in-8.

1246. — Publii Terentii Afri comœdiæ sex, ex editione Westerhoviana recensita ad fidem duodecim amplius msstorum codicum et pluscularum optimæ notæ editionum. — *Glasguæ, cura et impensis Roberti Foulis,* 1742, in-8.

* Adelphi Terentii. — (V. nº 443.)

* Publii Terentii Afri comœdiæ... quas... illustravit N. E. Lemaire. — (V. nº 35, *Bibliothèque Lemaire.*)

1247. — Petri Menenii Lvgdvnensis Commentaria in P. Terentii Andriam et Eunuchum... Quibus accessit libellus de fabularum origine et earum differentia, de ludorum generibus ac tibiarum, quibus modis fiebant, quæ non sunt hactenus à quoquam vel amplius vel magis perspicuè tractata... — *Lvgdvni, apvd Ioan. Tornaesivm*, et *Gvl. Gazeivm*, M. D. LII., in-8.

1248. — Comédies de Térence, nouvellement traduites avec le latin à côté, par monsieur de Martignac (Etienne Algay). — *Paris, veuve de Claude Thiboust et Pierre Esclassan*, 1686, in-12.

(Ce volume ne contient que l'*Eunuque*, l'*Heautontimorumenos* et l'*Hecyre*.)

* Les comédies de P. Térence, traduction nouvelle par M. J.-A. Amar. — (V. n° 36, *Bibliothèque Panckoucke*.)

* L'Andrienne, comédie (trad. en vers par M. Michel Boyron dit Baron). — (V. ci-après : *Théâtre français*.)

1249. — Publii Terentii comœdiæ expurgatæ. Interpretatione ac notis illustravit Josephus Juvencius S. J. Editio prioribus auctior et emendatior. — *Rotomagi, apud Richardum et Nicolaum Lallemant*, 1719, in-12.

1250. — P. Terentij Afri comici, Andria : omni interpretationis genere, in adolescentulorum gratiam facilior effecta... Addita est constructionis ratio, tum vulgaris, tum etiam Latina : Item scholia... Adiectus est Index Latinarum et Gallicarum dictionum... — *Parisiis. Apud Franciscum Stephanum*, 1547, in-8.

1251. — Il Terentio latino, comentato in lingva toscana, e ridotto a la sva vera latinità, Da Giouanni Fabrini da Fighine Fiorentino. In qval comento espone parola per parola Latina in Toscano... Nel fine è aggivnto la interpretatione de la lingua volgare, e latina... Soncisi vltimamente aggivnte dal medesimo Auttore l'osseruationi da esprimere tutte le parole, e concetti volgari latinamente secondo l'uso di Terentio... — *In Venetia, Appresso gli Heredi di Marchiò Sessa*, M. D. LXXX., in-4.

1252. — L. Annei SENECE(Æ) Tragoediæ pristinæ integritati restitutæ : per exactissimi iudicii viros post Auantium et Philologum. D. Erasmum Roterodamum. Gerardum Vercellanum. Aegidium Maserium cum metrorū pręsertim tragicorum ratione ad calcem operis posita. Explanatę diligentissime tribus Commentariis. G. Bernardino Marmita Parmensi. Daniele Gaietano Cremonensi. Iodoco Badio Ascensio. — *Ve(æ)nu(n)da(n)tur ab eode(m) Asce(n)sio.* — (A la fin :) M. DXIIII., in-fol.

1253. — Martini Antonii DELRII,... Syntagma tragædiæ latinæ, in tres partes distinctum... — *Lutetiæ Parisiorum, sumptibus Petri Billaine*, 1620. 3 parties en 1 vol. in-4.

(On lit au v° du frontispice : « Parte prima continentur : Προλεγομενῶν libri III; scilicet : De Tragœdia lib. I; De L. Annæi Seneca vita et scriptis lib. I; De Versibus tragicis, maxime Senecæ, lib. I; Fragmenta veterum tragicorum; Opinationes in eadem. — Parte secunda : L. Annæi SENECÆ tragœdiæ novem; Incerti auctoris, Octavia; Adversaria in has tragœdias, olim excusa, sed nunc emendata. — Parte tertia : Commentarius novus in easdem; etc., Indices totius syntagmatis ».)

1254. — L. et M. Annæi SENECÆ tragœdiæ, cum notis Th. Farnabii. — *Amsterdami, apud Johannem Janssonium* (s. d.), in-12.

* L. A. SENECÆ,... Hercules furens. — *Parisiis, ex Typographia Thomæ Richardi*, 1560, in-4. — (V. *n°* 444-9°.)

* L. Annæi SENECÆ pars tertia sive opera tragica... commentariis illustravit J. Pierrot. — (V. *n°* 35, *Bibliothèque Lemaire*.)

* Tragédies de L.-A. SÉNÈQUE, traduction nouvelle par M. E. GRESLOU. — (V. *n°* 36, *Bibliothèque Panckoucke*.)

* Théâtre de Hrosvitha. — (V. *n°* 303, *Curiosités dramatiques*. — V. aussi, dans la *Revue des Deux Mondes* du 15 novembre 1839, un article de M. Ch. MAGNIN.)

1255. — Terentius christianus, seu Comœdiæ sacræ terentiano stylo a Corn. Schonœo Goudano conscriptæ; ad usum studiosæ juventutis. Nova editio juxta editiones Antuerpiensem et Hornensem. — *Parisiis, apud P.-M. Nyon juniorem*, 1779, in-8.

* Pompeius, tragœdia. — (V. *n°* 998, Philomathi *Musæ juveniles*.)

* Caroli Ruæi,... Lysimachus, tragœdia; Cyrus, tragœdia. — (V. *n°* 978.)

* Filius prodigus. — (V. *n°* 985, J.-A. Ducerceau *Carmina*.)

1256. — Caroli Porée,... tragœdiæ editæ opera P. Cl. Griffet,... — *Lutetiæ Parisiorum, apud Marcum Bordelet*, 1745, in-12.

1257. — Caroli Porée,... fabulæ dramaticæ... — *Lutetiæ Parisiorum, apud Marcum Bordelet*, 1749, in-12.

* Sanctus Ludovicus in vinculis, tragœdia. — (V. *n°* 345, *Œuvres diverses* du P. du Baudory.)

§ 4. — Théâtre français.

A. — Bibliographie. — Histoire du théâtre français.

1258. — Bibliothèque des théâtres, contenant le catalogue alphabétique des pièces dramatiques, opéras, parodies et opéras comiques, et le temps de leurs représentations; avec des anecdotes sur la plupart des pièces contenues en ce recueil, et sur la vie des auteurs, musiciens et acteurs. (Par Maupoint.) — *Paris, Laurent-François Prault*, 1733, in-8.

1259. — Recherches sur les théâtres de France depuis l'année onze cent soixante-un jusques à présent, par M. de

BEAUCHAMPS. — *Paris, Prault père*, 1735, 3 parties en 1 vol. in-4.

1260. — Histoire du théâtre français depuis son origine jusqu'à présent; avec la Vie des plus célèbres poètes dramatiques, des extraits exacts et un catalogue raisonné de leurs pièces, accompagné de notes historiques et critiques. (Par les frères PARFAICT.) — *Amsterdam, aux dépens de la compagnie*, 1735-36, et *Paris, P.-G. Le Mercier* et *Saillant*, 1745-49, 15 vol. in-12.

(Les deux premiers volumes seuls sont de l'édition d'Amsterdam.)

1261. — Tablettes dramatiques, contenant l'Abrégé de l'histoire du théâtre français, l'établissement des théâtres à Paris, un Dictionnaire des pièces, et l'Abrégé de l'histoire des auteurs et des acteurs... Par M. le chevalier DE MOUHY. — *Paris, Sébastien Jorry*, 1752, in-12.

* Vie de M. Corneille, avec l'histoire du théâtre français jusqu'à lui, par FONTENELLE. — (V. *n°* 74. *Œuvres de* FONTENELLE, T. III.)

1262. — Bibliothèque du théâtre français depuis son origine, contenant un Extrait de tous les ouvrages composés pour ce théâtre, depuis les mystères jusqu'aux pièces de Pierre Corneille; une Liste chronologique de celles composées depuis cette dernière époque jusqu'à présent, avec deux Tables alphabétiques, l'une des auteurs, et l'autre des pièces. (Par le duc DE LA VALLIÈRE, ou plutôt par MARIN.) — *Dresde, Michel Groell* (*Paris, Bauche*), 1768, 3 vol. petit in-8.

* Mémoires de Mlle CLAIRON, de LEKAIN, de PRÉVILLE, de DAZINCOURT, de MOLÉ, de GARRICK, de GOLDONI, avec avant-propos et notices par M. F[s] Barrière. — (V. HISTOIRE, *n°* 1709.)

1263. — De la Comédie-Française depuis 1830, ou Résumé des évènements survenus à ce théâtre depuis cette époque jusqu'en 1844, pour servir de complément à toutes les histoires du Théâtre-Français; augmenté du texte officiel du décret de Moscou, et du discours prononcé par M. Samson, doyen des sociétaires, pour l'inauguration du monument de Molière. Par Eugène LAUGIER. — *Paris, Tresse*, 1844, grand in-18.

* Etudes sur le théâtre moderne, par Ch. MAGNIN. — (V. la table de la *Revue des Deux Mondes*.)

* Critique dramatique, par Gustave PLANCHE. — (V. *ibid.*)

1264. — Congrès scientifique de France. XXIVe session, tenue à Grenoble. — De la décadence de l'art dramatique, par A.-R. DE LIESVILLE. — *Paris, Taride*, 1858, in-18 anglais de 35 pages.

B. — Recueil de pièces.

1265. — Théâtre français au moyen âge, publié (et traduit) d'après les manuscrits de la bibliothèque du roi par MM. L.-J.-N. MONMERQUÉ et Francisque MICHEL. [XIe-XIVe siècles.] — *Paris Auguste Desrez*, 1840, grand in-8.

(Collection du *Panthéon littéraire*. — Ce vol. contient : Les vierges sages et les vierges folles; La résurrection du Sauveur; Jeux, par Adam DE LA HALLE; Le miracle de Théophile; Jeu de S. Nicolas, par Jean BODEL; De Pierre de la Broche, qui dispute à Fortune par devant Reson; Un miracle de Nostre-Dame d'Amis et d'Amille; Un miracle de S. Ignace; Un miracle de S. Valentin, et plusieurs miracles de Nostre-Dame.)

1266. — Mystères inédits du quinzième siècle, publiés pour la première fois, avec l'autorisation de M. le ministre de l'instruction publique, par Achille Jubinal, d'après le Mss unique de la bibliothèque Ste-Geneviève. — *Paris, Téchener*, 1837, 2 vol. in-8.

(T. Ier : Le mystère de saint Etienne; La conversion de saint Paul; La conversion de saint Denis; La conversion de saint Pierre et de saint Paul; Le martyre de saint Denis et de ses compagnons; Les miracles de sainte Geneviève; La vie de saint Fiacre. — T. II : La nativité de Jhésucrist; Le geu des trois rois; La passion de Notre Seigneur ; La résurrection de Notre Seigneur.)

1267. — Nouveau recueil de plusieurs comédies françaises, qui ont été jouées sur le théâtre italien de l'hôtel de Bourgogne. — *Rotterdam, Abraham Wolfgank*, 1720, in-12.

(Ce vol. contient : L'Union des deux opéras (par DUFRESNY) ; La Naissance d'Amadis (par Régnard); La Fontaine de Sapience (par de B***); La Fausse coquette (par B***); Attendez-moi sous l'orme (par Dufresny); Le Retour de la foire de Bezons (par Ev. Ghérardi); Pasquin et Marforio (par Dufresny et Dominique, suivant la *Biblioth. des théâtres* de Maupoint); Les Fées, ou Contes de ma mère l'Oie (par les mêmes auteurs.)

1268. — Pièces dramatiques choisies et restituées par monsieur *** (J.-B. Rousseau). — *Amsterdam, François Changuion*, 1734, in-12.

(Ce volume est le sixième d'une édition des OEuvres de J.-B. Rousseau, publiée en 1734. Les pièces *restituées* sont : Le Cid de Corneille; D. Japhet d'Arménie de Scarron; La Mariane de Tristan et Le Florentin de La Fontaine, que Rousseau attribuait à Champmeslé. — Barbier.)

1269. — Théâtre français, ou Recueil des meilleures pièces de théâtre. — *Paris, P. Gandouin* (et autres), 1737, 12 vol. in-12.

(Le T. XI est de *Paris, Pierre Ribou*, 1735. — Voici, par ordre alphabétique, les pièces contenues dans ce recueil :)

Absalon, tragédie, par Duché. — T. IV.
Adraste, tragédie, par Ferrier. — T. IX.
Agamemnon, tragédie, par Boyer. — T. IV.
Alcionée, tragédie, par du Ryer. — T. III.
Amour (l') tyrannique, tragi-comédie, par M. de Scudéry. — T. VII.
Anne de Bretagne, tragédie, par Ferrier. — T. IX.
Antigone, tragédie, par d'Assezan. — T. IX.
Apparences (les) trompeuses, comédie, par de Boisrobert. — T. VI.
Aspasie, comédie, par Desmarest. — T. VII.

Basile et Quitterie, tragi-comédie, par Gaultier. — T. XII.
Brutus, tragédie, par Mlle Bernard. — T. V.

Carrosses (les) d'Orléans, comédie, par de La Chapelle. — T. X.
Cassandre, comtesse de Barcelone, tragi-comédie, par de Boisrobert. — T. VI.
Caton d'Utique, tragédie, par Deschamps. — T. XI.
Cléopâtre, tragédie, par de La Chapelle. — T. X.
Cosroès, tragédie, par Rotrou. — T. II.
Crispin rival de son maître, comédie, par Lesage. — T. XI.

Dames (les) vengées, comédie, par de Visé. — T. VIII.
Danaïdes (les), tragédie, par Gombauld. — T. VI.
Débora, tragédie, par Duché. — T. IV.
Devineresse (la), comédie, par de Visé et T. Corneille. — T. VIII.
Divorce (le) de l'Amour et de la Raison, suite du Nouveau Monde (par l'abbé Pellegrin). — T. XII.

Don Bernard de Cabrère, tragédie, par ROTROU. — T. I.
Dragone (la), ou Merlin dragon, comédie, par DESMARRES. — T. VIII.

Electre, tragédie, par DE LONGEPIERRE. — T. X.
Esprit (l') follet, comédie, par D'OUVILLE. — T. VII.
Esther, tragédie, par DU RYER. — T. III.

Folle (la) gageure, comédie, par DE BOISROBERT. — T. VI.

Géta, tragédie, par PÉCHANTRÉ. — T. V.

Hercule mourant, tragédie, par ROTROU. — T. I.
Hypermnestre, tragédie, par DE RIUPEIROUS. — T. XI.

Intrigues (les) de la loterie, comédie, par DE VISÉ. — T. IX.
Iphigénie, tragédie, par LE CLERC. — T. IX.

Jephté, tragédie, par BOYER. — T. IV.
Jonathas, tragédie, par DUCHÉ. — T. IV.
Judith, tragédie, par BOYER. — T. IV.

Laodamie, tragédie, par Mlle BERNARD. — T. V.
Laure persécutée, tragédie, par ROTROU. — T. I.

Mahomet second, tragédie, par DE CHATEAUBRUN. — T. XI.
Mariane (la), tragédie, par TRISTAN L'HERMITE (remise au théâtre par J.-B. Rousseau). — T. II.
Marius, tragédie, par DE CAUX. — T. XI.
Médée, tragédie, par DE LONGEPIERRE. — T. X.
Mère (la) coquette, comédie, par DE VISÉ. — T. VIII.
Momus fabuliste, comédie, par FUZELIER. — T. XII.
Mort (la) de Chrispe, tragédie, par TRISTAN L'HERMITE. — T. II.
Mort (la) de Néron, tragédie, par PÉCHANTRÉ. — T. V.
Mustapha et Zéangir, tragédie, par BELIN. — T. IX.

Nouveau monde (le), comédie, par M*** (l'abbé PELLEGRIN). — T. XII.

Panthée, tragédie, par TRISTAN L'HERMITE. — T. II.
Pénélope, tragédie, par l'abbé GENEST. — T. V.
Philoclée et Teléphonte, tragi-comédie. (Par Gab. GILBERT.) — T. VII.

Saül, tragédie, par DU RYER. — T. III.
Scévole, tragédie, par DU RYER. — T. III.
Solyman, tragédie, par MAYRET. — T. II.
Sophonisbe (la), tragédie, par MAYRET. — T. II.

Teléphonte, tragédie, par DE LA CHAPELLE. — T. X.
Thémistocle, tragédie, par DU RYER. — T. III.

Trois (les) Orontes, comédie, par DE BOISROBERT. — T. VI.

Trois (les) spectacles, ou Polixène, tragédie; L'avare amoureux, comédie; Pan et Doris, pastorale héroïque. (Par Jean D'AIGUEBÈRE.) — T. XII.

Turcaret, comédie, par LE SAGE. — T. XI.

Venceslas, tragi-comédie, par ROTROU. — T. I.

Véritable (le) St-Genest, tragédie, par ROTROU. — T. I.

Visionnaires (les), comédie, par DESMAREST. — T. VII.

Zaïde, tragédie, par DE LA CHAPELLE. — T. X.

Zélonide, tragédie, par l'abbé GENEST. — T. V.

1270. — Nouveau théâtre français et italien, ou Recueil de pièces de différents auteurs, représentées, depuis quelques années, par les comédiens français et italiens ordinaires du roi. Nouvelle édition. — *Paris, veuve Duchesne*, 1765, 8 vol. in-8.

(Recueil contenant :)

Aben-Saïd, empereur des Mogols, tragédie, par monsieur l'abbé LE BLANC. Seconde édition. — *Paris, Prault fils*, 1743. — T. II.

Alexandre, tragédie nouvelle en 5 actes, par M. DE FÉN..... (FÉNELON). — *Paris, Prault fils*, 1754. — T. VI.

Algérien (l'), ou Les muses comédiennes, comédie-ballet en 3 actes et en vers, précédée d'un Prologue... par M. DE CAHUSAC. — *Paris, Prault fils*, 1744. — T. V.

Aménophis, tragédie. (Par SAURIN.) — *Paris, Prault fils*, 1758. — T. VII.

Amitié (l') rivale, comédie en vers et en 5 actes, par M. FAGAN... — *Paris, Chaubert*, 1736. — T. I.

Année (l') merveilleuse, comédie en 1 acte et en vers, avec un Divertissement, par M. ROUSSEAU. — *Paris, Cailleau*, 1748. — T. VIII.

Antoine et Cléopâtre, tragédie en 5 actes, par BOISTEL. — (Sans frontispice.) — T. III.

Aphos, comédie en 1 acte et en vers. (Par BARAGUÉ.) — *Paris, Prault fils*, 1748. — T. V.

Bacha (le) de Smyrne, comédie en 1 acte et en prose... par M*** (PETIT). — *Paris, Cailleau*, 1748. — T. VIII.

Bajazet premier, tragédie en 5 actes, par le chevalier PACARONI. — (Sans frontispice.) — T. III.

Basile et Quitterie, tragi-comédie, par GAULTIER. — (Sans frontispice.) — T. I. — (V. aussi *n°* 1269, T. XII.)

Benjamin, ou La reconnaissance de Joseph, tragédie chrétienne en 3 actes et en vers... (Par Pierre ARTUS, jésuite.) — *Paris, Cailleau*, 1749. — T. V.

Bienfait (le) rendu, ou le Négociant, comédie en 5 actes et en vers. (Par DAMPIERRE.) — *Paris, Duchesne*, 1763. — T. VII.

Callisthène, tragédie, par M. Piron. — *Paris, Prault fils*, 1738. — T. I.

Cassius et Victorinus, martyrs, tragédie chrétienne tirée de Grégoire de Tours, par monsieur de La Grange-Chancel. — *Paris, veuve de Pierre Ribou*, 1733. — T. I.

Childéric, tragédie... Par monsieur de Morand. — *Paris, Prault fils*, 1737. — T. II.

Comte (le) de Warwick, tragédie, par M. de La Harpe... — *Paris, Duchesne*, 1764. — T. V.

Courses (les) de Tempé, pastorale, par M. Piron. — *Paris, Le Breton*, 1734. — T. II.

Dédit (le) inutile, ou les Vieillards intéressés, comédie en 1 acte en vers, par M. G. de Merville. — *Paris, Prault père*, 1742. — T. VIII.

Deucalion et Pirrha, comédie en 1 acte, par de Saint-Foix. — (Sans frontispice). — T. IV.

Deuil (le) anglais, comédie en vers en 3 actes, par M. Rochon. — *Paris, impr. de veuve Charles-Maurice d'Houry*, 1757. — T. VIII.

Dieux (les) travestis, ou L'exil d'Apollon, comédie en 1 acte et en vers, avec un Divertissement, par M. G. de Merville... — *Paris, Prault père*, 1742. — T. VIII.

Double (la) extravagance, comédie en 3 actes et en vers, par M. Bret... — *Paris, Delaguette*, 1750. — T. VI.

Ecole (l') amoureuse, comédie en 1 acte et en vers... (Par Bret.) — *Paris, Prault fils*, 1748. — T. V.

Ecole (l') de la raison, comédie en 1 acte, par de La Fosse. — (Sans frontispice.) — T. VIII.

Epoux (les) réunis, comédie en 3 actes, par Guyot de Merville. — (Sans frontispice.) — T. III.

Fat (le) puni, comédie en 1 acte, par Ferriol de Pont de Veile. — (Sans frontispice.) — T. IV.

Femmes (les), comédie-ballet en 1 acte, par M. Mailhol... — *Paris, Duchesne*, 1753. — T. VI.

Fille (la) d'Aristide, comédie en 5 actes. (Par Mme de Graffigny.)... — *Paris, N.-B. Duchesne*, 1759. — T. VI.

Grâces (les), comédie en 1 acte, par M. de Saint-Foix... — (Sans frontispice.) — T. V.

Hommes (les), comédie-ballet en 1 acte. (Par de Saint-Foix.)... — *Paris, Duchesne*, 1753. — T. VI.

Ile (l') déserte, comédie en 1 acte et en vers, par M. C. (Collet). — *Paris, N.-B. Duchesne*, 1758. — T. VI.

Ile (l') sauvage, comédie en 3 actes, avec un Divertissement. (Par de Saint-Foix.)... — *Paris, Prault fils*, 1743. — T. VIII.

Impertinent (l'), comédie en 1 acte et en vers, par M. Desmahis... — *Paris, Prault fils*, 1751. — T. VI.

Impromptus (les) de l'amour, comédie en 1 acte et en vers, par Guyot de Merville. — (Sans frontispice.) — T. IV.

Joconde, comédie en 1 acte et en prose. (Par FAGAN.) — *Paris*, *Prault fils*, 1741. — T. IV.

Julie, ou L'heureuse épreuve, comédie en 1 acte et en prose (par DE SAINT-FOIX)... — *Paris*, *Prault fils*, 1746. — T. V.

Magnifique (le), comédie en 2 actes, avec un Divertissement, par monsieur *** (DE LA MOTHE). — *Paris*, 1750. — T. VI.

Mahomet second, tragédie en 5 actes, par LANOUE. — (Sans frontispice.) — T. III.

Mariane, tragédie, par le sieur TRISTAN L'HERMITE. Nouvelle édition... — *Paris*, *François Flahaut*, 1724. — T. I. — (V. aussi n° 1269.)

Marié (le) sans le savoir, comédie en 1 acte, par FAGAN. — (Sans frontispice.) — T. II.

Marie Stuart, tragédie. (Par F. TRONCHIN de Genève.) — (Sans frontispice.) — T. II.

Mascarades (les) amoureuses, comédie en 1 acte, par GUYOT DE MERVILLE. (Sans frontispice.) — T. VIII.

Miroir (le), comédie en 1 acte et en vers... Par M*** (PETIT). — *Paris*, *Cailleau*, 1747. — T. VIII.

Mœurs (les) du temps, comédie en 1 acte et en prose. (Par SAURIN.)... — *Paris*, *Duchesne*, 1764. — T. VII.

Mort (la) d'Abel, drame en 3 actes et en vers, imité du poëme de M. Gessner, et suivi du Vœu de Jephté, poëme, par M. l'abbé AUBERT. — *Paris*, *Duchesne*, 1765. — T. VIII.

Mort (la) de Socrate, tragédie en trois actes et en vers, par M. DE SAUVIGNY... Nouvelle édition. — *Paris*, *Duchesne*, 1763. — T. VII.

Oracle (l'), comédie en 1 acte, par DE SAINT-FOIX. — (Sans frontispice.) — T. IV.

Siége (le) de Calais, tragédie... Par M. DE BELLOY... — *Paris*, *Duchesne*, 1665. — T. VII.

Silvie, tragédie en prose en 1 acte. — *Paris*, *Prault fils*, 1742. — T. IV.

Somnambule (le), comédie... (Par le comte DE PONT DE VESLE, SALLÉ et le comte DE CAYLUS) Nouvelle édition. — (*Paris*, 1739.) — T. III.

Téglis, tragédie en 5 actes, par MORAND. — (Sans frontispice.) — T. II.

Thélamire, tragédie. (Par le Mis DE THIBOUVILLE, ou par Mlle Denise LE BRUN ?) — *Paris*, *Le Breton*, 1739. — T. III.

Tibère, tragédie. (Par le président DUPUIS.) — *Paris*, *Flahaut*, 1727. — T. I.

Timoléon, tragédie en 5 actes et en vers, par M. DE LA HARPE. — *Paris*, *Duchesne*, 1764. — T. VII.

Zénéide, comédie en 1 acte et en vers, avec un Divertissement, par monsieur DE CAHUSAC,... — *Paris*, *Prault fils*, 1744. — T. IV.

* Le nouveau théâtre italien. — (V. pour les pièces françaises contenues dans ce recueil, n° 1336, T. IV-VIII.)

1271. — Le théâtre italien de GHERARDI, ou Le recueil général de toutes les comédies et scènes françaises jouées par les comédiens italiens du roi pendant tout le temps qu'ils ont été au service ; enrichi d'estampes en taille-douce à la tête de chaque comédie, à la fin de laquelle tous les airs qu'on y a chantés se trouvent gravés-notés avec leur basse-continue chiffrée. Edition nouvelle, revue avec beaucoup d'exactitude. — *Paris, Pierre Witte*, 1717, 6 vol. in-12.

(Ce recueil contient :)

Adieux (les) des officiers, ou Vénus justifiée, comédie en 1 acte, par DU F*** (DUFRESNY ?) — T. IV.

Arlequin chevalier du soleil, comédie en 3 actes, par D*** (DE FATOUVILLE). — T. I.

Arlequin défenseur du beau sexe, comédie en 3 actes, par DE B***. — T. V.

Arlequin empereur dans la lune, comédie en 3 actes, par D*** (DE FATOUVILLE). — T. I.

Arlequin homme à bonne fortune, comédie en 3 actes, par REGNARD. — T. II.

Arlequin Jason, ou La toison d'or comique, comédie en 3 actes, par D*** (DE FATOUVILLE). — T. I.

Arlequin lingère du palais, comédie en 3 actes, par D*** (DE FATOUVILLE). T. I.

Arlequin Mercure galant, comédie en 3 actes, par D*** (DE FATOUVILLE). — T. I.

Arlequin misanthrope, comédie en 3 actes, par DE B***. — T. VI.

Arlequin Phaéton, comédie en 3 actes, par DE PALAPRAT. — T. III.

Arlequin Protée, comédie en 3 actes, par D*** (DE FATOUVILLE). — T. I.

Attendez-moi sous l'orme, par DU F*** (DUFRESNY). — T. V.

(Cette pièce ne doit pas être confondue avec la comédie de Regnard portant le même titre.)

Aventures (les) des Champs-Elysées, comédie en 3 actes, par de L. C. D. V. — T. IV.

Baguette (la) de Vulcain, comédie en 1 acte, par REGNARD et DU F. (DUFRESNY). — T. IV.

Bains (les) de la porte S.-Bernard, comédie en 3 actes, par DE BOISFRAN. — T. VI.

Banqueroutier (le), comédie en 3 actes, par D***.

Bel-esprit (le), comédie en 3 actes, par L. A. P. — T. V.

Cause (la) des femmes, comédie en 3 actes, par DELOSME DE MONCHENAI. — T. II.

Chinois (les), comédie en 5 actes, par REGNARD et DU F. (DUFRESNY). — T. IV.

Colombine avocat pour et contre, comédie en 3 actes, par D*** (DE FATOUVILLE). — T. I.

Colombine femme vengée, comédie en 3 actes, par M. D*** (DE FATOUVILLE). — T. II.

Coquette (la), ou L'académie des dames, comédie en 3 actes, par REGNARD. — T. III.

Critique (la) de « L'homme à bonne fortune », comédie en 1 acte, par REGNARD. — T. II

Critique (la) de « La cause des femmes », par DELOSME DE MONCHENAI, comédie en 1 acte. — T. II.

Départ des comédiens, comédie en 1 acte, par DU F** (DUFRESNY). — T. V.

Descente (la) de Mezzetin aux enfers, comédie en 3 actes, par REGNARD. — T. II.

Deux (les) arlequins, comédie en 3 actes, par LE NOBLE. — T. III.

Divorce (le), comédie en 3 actes, par REGNARD. — T. II.

Esope, comédie en 5 actes, par LE NOBLE. — T. III.

Fausse (la) coquette, comédie en 3 actes, par B***. — T. V.

Fées (les), ou Les contes de ma mère l'Oye, comédie en 1 acte, par DU F** et B*** (DUFRESNY et DOMINIQUE, suivant la bibliothéque des théâtres de Maupoint). — T. VI.

Fille (la) de bon sens, comédie en 3 actes, par DE PALAPRAT. — T. IV.

Fille (la) savante, comédie, par D***. — T. III.

Filles (les) errantes, comédie en 3 actes, par REGNARD. — T. III.

Foire (la) de St-Germain, comédie en 3 actes, par REGNARD et DU F** (DUFRESNY). — T. VI.

Fontaine (la) de sapience, comédie en 1 acte, par DE B****. — T. V.

Isabelle médecin, comédie en 3 actes, par D*** (DE FATOUVILLE). — T. I.

Mal-Assortis (les), comédie en 2 actes, par DU F** (DUFRESNY). — T. IV.

Marchand (le) dupé, comédie en 3 actes, par D***. — T. II.

Matrone (la) d'Ephèse, ou Arlequin Grapignan, comédie en 3 actes, par D*** (DE FATOUVILLE). — T. I.

Mezzetin grand-sophy de Perse, comédie en 3 actes, par DELOSME DE MONCHENAI. — T. II.

Momies (les) d'Egypte, comédie en 1 acte, par REGNARD et DU F** (DUFRESNY). — T. VI.

Naissance (la) d'Amadis, comédie en 1 acte, par REGNARD. — T. V.

Opéra (l') de campagne, comédie en 3 actes, par DU F** (DUFRESNY). — T. IV.

Originaux (les), ou L'Italien, comédie en 3 actes, par L. M. (DE LA MOTTE). — T. IV.

Pasquin et Marforio médecins des mœurs, comédie en 3 actes, par DU F** et DU B*** (DUFRESNY et DOMINIQUE, suivant Maupoint). — T. VI.

Phénix (le), comédie en 3 actes, par DELOSME DE MONTCHENAI. — T. III.

Précaution (la) inutile, comédie en 3 actes, par D*** (DE FATOUVILLE). — T. I.

Promenades (les) de Paris, comédie en 3 actes, par MONGIN. — T. VI.

Retour (le) de la foire de Bezons, comédie en 1 acte, par Evariste GHERARDY. — T. VI.

Souhaits (les), comédie en 3 actes, par DELOSME DE MONTCHENAI. — T. V.

Thèse (la) des dames, ou Le triomphe de Colombine, comédie en 3 actes, par B***. — T. VI.

Tombeau (le) de maître André, comédie en 1 acte, par DE B****. — T. V.

Ulysse et Circé, comédie en 3 actes, par L. A. D. S. M. — T. III.

Union (l') des deux opéras, comédie en 1 acte, par DU F.... (DUFRESNY). — T. IV.

1272. — (Recueils factices de pièces de divers genres.) — 8 vol. in-8 (1).

A. — L'Anglais à Bordeaux, comédie en 1 acte en vers libres, par le Sr FAVART... — *Paris, Duchesne*, 1763, in-8.

Les sauvages, parodie de la tragédie d'Alzire, de messieurs ROMAGNESI et RICCOBONI, en 1 acte, en vers... — *Paris, Prault père*, 1736, in-8.

(1) Pour faciliter les recherches, nous rangeons ici par ordre alphabétique les pièces de ces recueils et des suivants :

A. — Acajou, par Favart, *n°* 1275-A. — Acis et Galatée, par Campistron, *n°* 1277. — Adélaïde du Guesclin, par Voltaire, *n°* 1272-H. — Adèle de Ponthieu, par de La Place, *n°* 1272-A. — Adèle de Ponthieu, par de Saint-Marc, *n°* 451-6°. — Agnès de Chaillot, par Dominique, *n°* 1275-A. — Alceste, par Quinault, *n°* 1277. — Amant (l') auteur et valet, par Cérou, *n°* 1272-D. — Ambitieux (l'), par Destouches, *n°* 1272-B. — Amoureux (l') de 15 ans, par Laujon, *n°* 1275-D. — Andrienne (l'), par Baron, *n°* 1276-A. — Anglais (l') à Bordeaux, par Favart, *n°* 1272-A. — Année (l') merveilleuse, par Rousseau, *n°* 1272-C. — Ariane, par Th. Corneille, *n°* 1272-F. — Arlequin sauvage, par Delisle, *n°* 1272-A. — Armide, par Quinault, *n°* 1277. — Astrate, par Quinault, *n°* 1275-A.

B. — Babillard (le), par de Boissy, *n°* 1275-B. — Baron (le) de La Crasse, par Poisson, *n°* 1275-A. — Bellérophon, par Th. Corneille, *n°* 1277. — Béverlei, par Saurin, *n°* 1274-A. — Bourgeoises (les) de qualité, par Hauteroche, *n°* 1276-B. — Bourru (le) bienfaisant, par Goldoni, *n°* 1272-D.

C. — Café (le), par Voltaire, *n°* 1272-H. — Caliste, par Colardeau, *n°* 1273-B. — Cénie, par Mme de Graffigny, *n°* 1272-E. — Cercle (le), par Poinsinet, *n°s* 1272-D et 1272-G. — Chevalier (le) à la mode, par Dancourt, *n°* 1276-B. — Commerçant (le) de Bordeaux, *n°* 1274-C. — Comte (le) d'Essex, par Corneille, *n°* 1274-A. — Comte (le) de

Arlequin sauvage, comédie en 3 actes, par le sieur D*** (Delisle)... Nouvelle édition, — *Paris*, *Briasson*, 1756, in 8.

Adèle, comtesse de Ponthieu, tragédie, par M. de La Place... — *Paris*, *Sébastien Jorry*, 1758, in-8.

Le comte de Warwick, tragédie, par M. de La Harpe... — *Paris*, *veuve Duchesne*, 1766, in-8.

B. — Le Glorieux, comédie en vers et en 5 actes, par M. Néricault-Destouches,... — *Paris*, *François Le Breton*, 1756, in-8.

L'Ambitieux et l'indiscrète, tragi-comédie, par M. Néricault-Destouches,... — *Paris, Prault père*, 1737, in-8.

Edouard III, tragédie de monsieur Gresset... — *Paris, Prault père*, 1740, in-8.

C. — L'Année merveilleuse, comédie en 1 acte et en vers, avec un Divertissement, par M. Rousseau... — *Paris, Cailleau*, 1748, in-8.

Le réveil de Thalie, comédie en 1 acte et en vers, avec un divertissement. (Par Voisenon.)... — *Paris, veuve Delormel et fils*, 1750, in-8.

Les métamorphoses, comédie en 4 actes, avec 4 intermèdes, par M. B. de Va***... — *Paris, Cailleau*, 1749, in-8.

La gouvernante, comédie nouvelle en 5 actes, en vers, par M. Nivelle de La Chaussée,... — *Paris, Prault fils*, 1767, in-8.

Le philosophe marié, ou Le mari honteux de l'être, comédie en vers, en 5 actes, par M. Néricault-Destouches,... — *Paris, François Le Breton*, 1755, in-8.

Venise sauvée, tragédie, imitée de l'anglais d'Otway. (Par La Place.)... — *Paris, Jacques Clousier*, 1747, in-8.

D. — Le bourru bienfaisant, comédie en 3 actes et en prose, de M. Goldoni... — *Paris, veuve Duchesne*, 1772, in-8.

L'amant auteur et valet, comédie en 1 acte. (Par Chéron.) .. — *Paris, veuve Allouel*, 1763, in-8.

Les tuteurs, comédie en 2 actes et en vers. (Par Palissot.). — *Paris, Duchesne*, 1757, in-8.

Le cercle, ou La soirée à la mode, comédie épisodique en 1 acte et en prose, par M. Poinsinet,... — *Paris, veuve Duchesne*, 177?, in-8.

Nanine, ou Le préjugé vaincu, comédie. (Par Voltaire.) — *Paris, G. Le Mercier*, 1749, in-8.

n° 1277. — Philoctète, par de Châteaubrun, *n°* 1273-C. — Philosophe (le) marié, par Destouches, *n°* 1272-C. — Pupille (la), par Fagan, *n°* 1275-D.

R. — Ramir, par Mailhol, *n°* 1272-H. — Réveil (le) de Thalie, par Desfontaines, *n°* 1272-C. — Rival (le) supposé, par Saint-Foix, *n°* 1276-B. — Rivaux (les) heureux, par Taconet, *n°* 1275-B. — Roland, par Quinault, *n°* 1277.

S. — Sauvages (les), par Romagnesi et Riccoboni, *n°* 1272-A. — Seigneur (le) bienfaisant, par Rochon de Chabannes, *n°* 451-5°. — Sémiramis, par Voltaire, *n°* 1273-B. — Siége (le) de Calais, par de Belloy, *n°* 1272-G. — Silvain, par Marmontel, *n°* 1275-C. — Sincères (les) par Marivaux, *n°* 1275-A. — Soliman II, par Favart, *n°* 1272-H. — Surprise (la) de l'Amour, par Marivaux, *n°* 1275-D.

T. — Thésée, par Quinault, *n°s* 451-7° et 1277. — Toinon et Toinette, par Desboulmiers, *n°* 1275-C. — Trois (les) frères rivaux, par Lafont, *n°* 1275-D. — Tuteurs (les), par Palissot, *n°* 1272-D.

V. — Venise sauvée, par de La Place, *n°* 1272-C. — Vertueux (le) mourant, par de Moissy, *n°* 1272-E. — Vie (la) est un songe, par de Boissy, *n°* 1275-C.

Z. — Zémire et Azor, par Marmontel, *n°* 1275-D. — Zig-zag, par Poisson, *n°* 1273-A.

Les lois de Minos, ou Astérie, tragédie en 5 actes, par M. DE VOLTAIRE. — *Genève* et *Toulouse*, *Jean-Florent Baour*, 1772, in-8.

E. — Le vertueux mourant, drame en 3 actes et en prose. (Par DE MOISSY.) — *Paris*, *Bailly*, 1771, in-8.

La gageure imprévue, comédie en prose et en 1 acte... Par M. SEDAINE. — *Paris*, *Claude Hérissant*, 1770, in-8.

La coquette corrigée, comédie en 2 actes et en vers, par M. DELANOUE. — *Paris*, *Duchesne*, 1757, in-8.

Jenneval, ou Le Barnevelt français, drame en 5 actes, en prose, par M. MERCIER. — *Paris*, *Le Jay*, 1770, in-8.

Cénie, pièce en 5 actes .. (Par Mme DE GRAFFIGNY.) — *Paris*, *Cailleau*, 1751, in-8.

F. — Le Français à Londres, comédie, par M. DE BOISSY. — *Utrecht*, *Etienne Néaulme*, 1758, in-8.

Ariane, tragédie de T. CORNEILLE. Dernière édition. — *Paris*, *par la compagnie*, 1757, in-8.

Les dehors trompeurs, ou L'homme du jour, comédie de monsieur DE BOISSY... Nouvelle édition. — *Paris*, *Prault père*, 1764, in-8.

L'île déserte, comédie en 1 acte et en vers, par monsieur C.... (COLLET)... — *Paris*, *aux dépens de la compagnie des libraires*, 1758, in-8.

Esope à la cour, comédie héroïque, par monsieur BOURSAULT. Nouvelle édition. — *Paris*, *par la compagnie des libraires*, 1767, in-8.

G. — Le siége de Calais, tragédie, dédiée au roi, par M. DE BELLOY... Suivie de notes historiques. — *Paris*, *Duchesne*, 1765, in-8.

Mérope, tragédie de M. DE VOLTAIRE... Nouvelle édition... — *Paris*, *Prault fils*, 1758, in-8.

Le cercle, ou La soirée à la mode, comédie épisodique en 1 acte et en prose, par M. POINSINET,... — *Paris*, *Duchesne*, 1764, in-8.

(Le vol. G contient en outre : 1° Ce qui plaît aux dames, conte de VOLTAIRE, placé après Mérope; 2° La Dunciade, ou La guerre des sots (par PALISSOT) ; — *à Chelsea*, 1764; 3° Epître d'un père à son fils sur la naissance d'un petit-fils... Par M. DE CHAMFORT. — *Paris*, *Regnard*, 1764. Ces deux dernières pièces se trouvent à la fin du vol.)

H. — Le café, ou L'Écossaise, comédie, par M. HUME (par VOLTAIRE). traduite en français. — *Londres*, 1761, in-8.

Soliman II, ou Les sultanes, comédie en 3 actes, en vers, par Mr FAVART... — *Paris*, *Duchesne*, 1765, in-8.

Adélaïde du Guesclin, tragédie, par M. DE VOLTAIRE... — *Paris*, *veuve Duchesne*, 1767, in-8.

Iphigénie en Tauride, tragédie, par M. GUYMOND DE LA TOUCHE. — *Paris*, *Duchesne*, 1763, in-8.

Ramir, comédie héroïque en 4 actes, en vers, tirée de l'italien, par M. MAILHOL... — *Paris*, *Léon Cuissart*, 1757, in-8.

1273. — (Recueils factices de pièces de divers genres.) — 3 vol. in-12.

A. — Le baron de La Crasse, comédie. (Par Raymond POISSON.) — *Paris, Thomas Guillain*, 1687, in-12.

Le zig-zag, comédie. (Par Raymond POISSON.) — *Paris, Thomas Guillain*, 1687, in-12.

L'important de cour, comédie. (Par BRUEYS.) — *Paris, Thomas Guillain*, 1694, in-12.

Le muet, comédie. (Par BRUEYS et PALAPRAT.) — *Paris, Thomas Guillain*, 1693, in-12.

Astrate, roi de Tyr, tragédie, par M. QUINAULT. — *Paris, Pierre Ribou*, 1704, in-12.

La devineresse, comédie. (Par Th. CORNEILLE et DE VISÉ.) — (Sans frontispice), in-12.

B. — Caliste, tragédie, par M. COLARDEAU... — *Paris, Duchesne*, 1761, in-12.

La Mérope française, avec quelques petites pièces de littérature. Nouvelle édition, augmentée d'un Discours en vers sur les évènements de 1744, par M. DE VOLTAIRE. — *Paris, Prault fils*, 1745, in-12.

(Précédé d'une Lettre au marquis de Maffei, auteur de la Mérope italienne, et suivi d'une Lettre sur l'esprit, de Considérations sur l'histoire, du Discours en vers dont il est mention au frontispice. — On trouve encore à la suite : Lettre à M. Norberg, chapelain du roi de Suède Charles XII, auteur de l'Histoire de ce monarque. (Par VOLTAIRE.) — *Londres*, 1745.)

Sémiramis, tragédie. (Par VOLTAIRE, précédée d'une dissertation sur la tragédie ancienne et moderne.) — (Sans frontispice), in-12.

La métromanie, comédie... Par M. PIRON. — *Paris, Duchesne*, 1756, in-12.

C. — Philoctète, tragédie, par M. DE CHATEAUBRUN,... — *Paris, Brunet*, 1756, in-12.

Nanine, comédie en 3 actes, en vers de dix syllabes, donnée par l'auteur (VOLTAIRE). — *Paris, Le Mercier*, 1749, in-12.

Le méchant, comédie, par GRESSET. — (Sans frontispice), in-12.

1274. — (Recueils factices de tragédies et de drames.) — 3 vol. in-8.

A. — Béverlei, tragédie bourgeoise, imitée de l'anglais (de LILLO), en 5 actes et en vers libres, par M. SAURIN,... — *Paris, Ve Duchesne*, 1768, in-8.

Hirza, tragédie, par M. DE SAUVIGNY... — *Paris, veuve Duchesne* 1767, in-8.

Le comte d'Essex, tragédie de T. CORNEILLE. Nouvelle édition *Paris, par les associés*, 1758, in-8.

B. — Eugénie, drame en 5 actes, en prose, enrichi de figures en taille-douce, avec un Essai sur le drame sérieux, par M. de Beaumarchais. — *Paris*, *Merlin*, 1767, in-8.

L'honnête criminel, drame en 5 actes, en vers, par M. Fenouillot de Falbaire. — *Amsterdam* et *Paris*, *Merlin*, 1767, in 8.

C. — L'honnête criminel, drame en 5 actes et en vers, par M. Fenouillot de Falbaire. — *Amsterdam* et *Paris*, *Merlin*, 1768, in-8.

Le commerçant de Bordeaux, drame en 3 actes, par M. ***. — *Amsterdam*, 1770, in-8.

Le déserteur, drame en 3 actes, en prose mêlée de musique, par Sedaine; la musique par M. ***... — *Paris*, *veuve Duchesne*, 1769, in-8.

Le déserteur, drame en 5 actes, en prose, par M. Mercier. — *Paris*, *veuve Duchesne*, 1770, in-8.

Gaston et Bayard, tragédie, par M. de Belloy,... — *Paris*, *veuve Duchesne*, 1770, in-8.

Hamlet, tragédie imitée de l'anglais, en 5 actes et en vers, par monsieur Ducis... — *Paris*, *Gogué*, 1770, in-8.

1275. — (Recueils factices de comédies, parodies, vaudevilles, opéras, etc.) — 4 vol. in-8.

A. — Les enfants trouvés, ou Le sultan poli par l'amour, parodie de la tragédie de Zaïre, de monsieur de Voltaire, par Mrs Dominique, Romagnesi et Francesco Riccoboni. — *Paris*, *Briasson*, 1733, in-8.

Agnès de Chaillot, comédie, par Mr Dominique,... — *Paris*, *François Flahaut*, 1739, in-8.

La force du naturel, comédie, par M. Néricault Destouches,... — *Amsterdam*, *par les associés*, 1750, in-8.

Les sincères, comédie de monsieur de Marivaux... — *Paris*, *Prault père*, 1739, in-8.

Acajou, opéra comique, par monsieur Favart... — *Paris*, *Prault fils*, 1745, in-8.

Les Grâces, comédie en 1 acte, par monsieur de Sainte-Foy (Poullain). — *La Haye*, *Rickoff fils*, 1745, in-8.

La coquette fixée, comédie en 3 actes et en vers, avec un Divertissement... (Par de V***.) — *Paris*, *chez les libraires associés*, 1746, in-8.

B. — Les rivaux heureux, ou Les caprices de l'amour, comédie en 1 acte, en vers libres, mêlée de vaudevilles, par M. Taconet... — *Paris*, *Claude Hérissant*, 1763, in-8.

La petite Iphigénie, parodie de la grande... — *Paris*, *veuve Delormel et fils*, 1758, in-8.

La jeune Indienne, comédie en 1 acte et en vers. Par M. de Chamfort. — *Paris*, *Cailleau*, 1765, in-8.

Les mœurs du temps, comédie en 1 acte. (Par Saurin.)... — *Paris*, *Prault petit-fils*, 1770, in-8.

Le babillard, comédie en 1 acte et en vers, par M. DE BOISSY. — *Paris, par la compagnie des libraires*, 1760, in-8.

La nouvelle école des femmes, comédie en 3 actes et en prose, par M. DE MOISSY... Nouvelle édition. — *Paris, Didot l'aîné*, 1772, in-8.

C. — Le huron, comédie en 2 actes et en vers, mêlée d'ariettes. (Par MARMONTEL.)... — *Paris, Merlin*, 1770, in-8.

Lucile, comédie en 1 acte, mêlée d'ariettes. (Par MARMONTEL.)... — *Paris, Merlin*, 1769, in-8.

L'orpheline léguée, comédie en 3 actes, en vers libres, par M. SAURIN,... — *Paris, veuve Duchesne*, 1765, in-8.

Silvain, comédie en 1 acte, mêlée d'ariettes, par M. MARMONTEL,... La musique est de M. GRÉTRY... — *Paris, Merlin*, 1770, in-8.

Toinon et Toinette, comédie en 2 actes, en prose, mêlée d'ariettes. (Par DESBOULMIERS.)... — *Paris, veuve Duchesne*, 1768, in-8.

La vie est un songe, comédie héroïque, de M^r DE BOISSY... (Imitée de l'espagnol de CALDÉRON.) — *Avignon, Louis Chambeau*, 1764, in-8.

D. — La surprise de l'amour française, comédie en prose et en 3 actes, par monsieur DE MARIVAUX. Nouvelle édition. — *Paris, par la compagnie des libraires*, 1770, in-8.

L'amoureux de quinze ans, ou La double fête, comédie en 3 actes et en prose, mêlée d'ariettes... Les paroles sont de M. LAUJON; la musique, de M. MARTINY... — *Paris, veuve Duchesne*, 1771, in-8.

Zémire et Azor, comédie-ballet en vers et en 4 actes, mêlée de chants et de danses... Par M. MARMONTEL,... La musique de M. GRÉTRY. — *Paris, Vente*, 1772, in-8.

Le Mercure galant, ou La comédie sans titre, comédie en vers et en 5 actes, par M. POISSON (ou plutôt par BOURSAULT). Nouvelle édition. — *Paris, par la compagnie des libraires*, 1772, in-8.

Les trois frères rivaux, comédie en 1 acte et en vers, par M. LAFONT. — *Paris, veuve Duchesne*, 1771, in-8.

La pupille, comédie... Par monsieur FAGAN. — *Paris, veuve Duchesne*, 1771, in-8.

1276. — (Recueils factices de comédies.) — 3 vol. in-12.

A. — Nanine, comédie en 3 actes, en vers de dix syllabes, donnée par l'auteur (VOLTAIRE). — *Paris, P.-G. Le Mercier*, 1749, in-12.

L'Andrienne, comédie. (Par BARON.) — (Sans frontispice), in-12.

Crispin musicien, comédie. (Par HAUTEROCHE.) — (Sans frontispice), in-12.

Le distrait, comédie. (Par REGNARD.) Représentée en 1698. — (Sans frontispice), in-12.

Le légataire universel, comédie représentée en 1708. (Par REGNARD.) — *Imprimé à Rouen. Paris, veuve de Pierre Ribou*, 1731, in-12.

B. — Les bourgeoises de qualité, comédie en 5 actes et en vers. (Par HAUTEROCHE.) — (Sans frontispice), in-12.

Le chevalier à la mode, comédie. (Par DANCOURT.) — (Sans frontispice), in-12.

La famille extravagante, comédie. (Par LE GRAND.) — (Sans frontispice), in-12.

Le rival supposé, comédie en 1 acte. (Par DE SAINT-FOIX.) — *Paris, Prault fils*, 1749, in-12.

Les fables d'Esope, comédie. (Par BOURSAULT) Quatrième édition. — *Paris, Nicolas Le Breton*, 1724, in-12.

Ésope à la cour, comédie héroïque. (Par BOURSAULT.)... — *Paris, veuve de Pierre Ribou*, 1724, in-12.

C. — Le méchant, comédie en 5 actes, en vers. par M. GRESSET,... Seconde édition. — *Paris, Sébastien Jorry*, 1748, in-12.

Mélanide, comédie nouvelle, de monsieur DE LA CHAUSSÉE,... en 5 actes, en vers... — *Paris, Prault fils*, 1741, in-12.

L'école des mères, comédie nouvelle de M. NIVELLE DE LA CHAUSSÉE,... en 5 actes, en vers... — *Paris, Prault fils*, 1745, in-12.

La gouvernante, comédie nouvelle en 5 actes, en vers, par M. NIVELLE DE LA CHAUSSÉE,... — *Paris, Prault fils*, 1747, in-12.

1277. — (Recueil factice d'opéras.) — 1 vol. in-4, contenant :

Thésée, tragédie en musique, ornée d'entrées de ballet, de machines et de changements de théâtre. (Par QUINAULT, musique de LULLY.) — *Paris, Christophe Ballard*, 1688.

Bellérophon, tragédie en musique... (Par Thomas CORNEILLE, musique de LULLY.)... — *Paris, Christophe Ballard*, 1680.

Alceste, ou Le triomphe d'Alcide, tragédie... (Par QUINAULT, musique de LULLY.) — *Paris, Christophe Ballard*, 1682.

Acis et Galatée, pastorale héroïque en musique... (Par CAMPISTRON, musique de LULLY.) — *Paris, Christophe Ballard*, 1686.

Phaëton, tragédie en musique... (Par QUINAULT, musique de LULLY.) — *Paris, Christophe Ballard*, 1682 (*sic, sed* 1683).

Roland, tragédie en musique... (Par QUINAULT, musique de LULLY.) — *Paris, Christophe Ballard*, 1685.

Armide, tragédie en musique... (Par QUINAULT, musique de LULLY.) — *Paris, Christophe Ballard*, 1686.

L'Europe galante, ballet en musique... (Par DE LA MOTTE, musique de CAMPRA.) — *Paris, Christophe Ballard*, 1697.

(A la fin :)

L'histoire à madame la duchesse de Bourgogne (vers), par M. l'abbé GENEST. — *Paris, Anisson*, 1697, 15 pages.

* (V. nº 451-3º, 4º, 5º, 6º, 7º, les pièces suivantes :)

Panurge dans l'île des Lanternes, comédie lyrique en 3 actes... (Par MOREL DE CHÉDEVILLE, musique de GRÉTRY...)

Pénélope, tragédie lyrique en 3 actes... (Par MARMONTEL, musique de PICCINI).

Le seigneur bienfaisant .. (Par ROCHON DE CHABANNES, musique de FLOQUET.)

Adèle de Ponthieu, tragédie en 3 actes. (Par DE SAINT-MARC, musique de DE LA BORDE et de BERTON.)

Thésée, tragédie lyrique en 4 actes. (Par QUINAULT, musique de GOSSEC.)

C. — Œuvres dramatiques françaises rangées chronologiquement.

*

1278. — Maistre Pierre Patelin, texte revu sur les manuscrits et les plus anciennes éditions, avec une Introduction et des Notes par F. GÉNIN. — *Paris, Chamerot*, 1854, grand in-8.

(L'introduction est intitulée : « Patelin et la vieille comédie ».)

1279. — In-8 contenant :

1° — Troisième edition de la Guisiade, tragedie nouvelle. En laquelle au vray, et sans passion, est représenté le massacre du Duc de Guise... Par Pierre MATTHIEU,... — *Sur l'Imprimé, à Lyon, par Jacques Roussin*, M. D. LXXXIX.

2° — La tragedie de feu Gaspar de Colligni, Jadis Admiral de France, contenant ce qui advint à Paris le 24 Aoust 1572, avec le nom des Personnages... Par F. François DE CHANTELOUVE,... — (S. l. n. n.), 1575.

(L'édition des deux pièces de ce volume a été donnée par Lenglet du Fresnoy en 1744.)

* Les amours tragiques de Pyrame et Thisbé, tragédie, par THÉOPHILE (VIAUD). — (V. n° 396, *Œuvres.*)

1280. — Les galanteries du duc d'Ossonne, vice-roi de Naples, comédie de MAIRET. — *Paris, Pierre Rocolet*, 1636, in-4.

1281. — Théâtre de P. CORNEILLE, avec des commentaires (par VOLTAIRE) et autres morceaux intéressants. Nouvelle édition, augmentée. — (S. l. n. n.), 1776, 10 vol. in-8.

(Figures.)

1282. — Histoire de la vie et des ouvrages de P. Corneille, par M. J. TASCHEREAU. Seconde édition, augmentée. — *Paris, P. Jannet,* 1855, in-16.

(Bibliothèque elzévirienne. — Le faux-titre porte : « OEuvres complètes de P. CORNEILLE, préliminaires ».)

1283. — Les sentiments de l'Académie Française sur la tragi-comédie du Cid (rédigés principalement par CHAPELAIN). — *Paris, Jean Camusat,* 1638, petit in-8.

* Théâtre de SAINT-EVREMONT. — (V. *n°* 85, *OEuvres.*)

* La comédie des académistes pour la réformation de la langue française. (Par ST-EVREMONT.) D'après la première édition. — (V. *n°* 154, T. I.)

* Théâtre de SCARRON. — (V. *n°s* 387-389, *OEuvres.*)

* Théâtre de POISSON. — (V. *n°* 380, *OEuvres.*)

1284. — Le théâtre de Mr Quinault. Nouvelle édition, augmentée et enrichie de figures en taille-douce. — *Amsterdam, Pierre de Coup,* 2 vol. petit in-12.

(Chacune des pièces de ce recueil a son frontispice et une pagination séparée : T. I : La mort de Cyrus... — *Paris*, 1708. — Le mariage de Cambise... — *Paris*, 1708. — Le feint Alcibiade... — *Paris*, 1682. — Les coups de l'Amour et de la Fortune... — *Paris*, 1708. — Amalasonte... — *Amsterdam*, *Antoine Schelte*, 1697. — Stratonice... — *Paris*, 1708. — La comédie sans comédie... — *Amsterdam*, *Pierre de Coup*, 1714. — Le fantôme amoureux... — *Amsterdam*, *Antoine Schelte*, 1697. — T. II : La généreuse ingratitude... — *Amsterdam*, *Antoine Schelte*, 1697. — L'amant indiscret... — *Amsterdam*, *Antoine Schelte*, 1697. — Les rivales... — *Amsterdam*, *Antoine Schelte*, 1697. — Agrippa... — *Amsterdam*, *Antoine Schelte*, 1697. — Bellérophon... — *Paris*, 1688. — La mère coquette .. — *Amsterdam*, *Pierre de Coup*, 1714. — Astrate... — *Paris*, 1688. — Pausanias... — *Amsterdam*, *Antoine Schelte*, 1697.)

1285. — Le théâtre de monsieur QUINAULT, contenant ses tragédies, comédies et opéras. Nouvelle édition, enrichie de figures en taille-douce (et précédée d'une Vie de Quinault par BOFFRAND, son neveu). — *Paris, par la compagnie des libraires,* 1739, 5 vol. in-12.

* Théâtre de LA FONTAINE. — (V. *n°* 371, *OEuvres.*)

* Les amours de Calotin, par CHEVALIER. Comédie en 3 actes et en vers. — *Paris*, 1664, in-12. — (V. *n*° 125-4°.)

1286. — Œuvres de MOLIÈRE. Nouvelle édition. — *Paris, Nyon*, 1760, 7 vol. in-12.

(Le T. I manque.)

1287. — Œuvres complètes de MOLIÈRE, avec des notes de tous les commentateurs (et la vie de Molière par GRIMAREST). — *Paris, Firmin Didot frères*, 1847, grand in-8.

(Portrait)

* Molière musicien... Par CASTIL-BLAZE. — (V. *n*° 329.)

1288. — Théâtre de feu monsieur BOURSAULT. Nouvelle édition, revue, corrigée et augmentée de plusieurs pièces qui n'ont point paru dans les précédentes. — *Paris, par la compagnie des libraires*, 1746, 3 vol. in-12.

(Au T. I se trouve une « Lettre d'un homme d'érudition et de mérite (le P. CAFFARO, théatin), consulté par l'auteur pour savoir si la comédie peut être permise, ou doit être absolument défendue ».)

* Œuvres de Jean RACINE. — (V. *n*° 381.)

* Commentaires sur les œuvres de Jean Racine, par LUNEAU DE BOISJERMAIN. — (V. *n*° 382.)

* Réflexions sur l'*Andromaque* d'Euripide et sur l'*Andromaque* de Racine, par Louis RACINE. — (V. *n*° 163, *Mém. de l'Acad. des Inscript.*, T. X, page 311.)

* Comparaison de l'*Iphigénie* d'Euripide avec l'*Iphigénie* de Racine, par Louis RACINE. — Comparaison de l'*Hippolyte* d'Euripide avec la tragédie de Racine sur le même sujet, par le même. — (V. *ibid.*, T. VIII.)

* Observations sur l'*Hippolyte* d'Euripide et la *Phèdre* de Racine, par l'abbé BATTEUX. — (V. *ibid.*, T. XLII, page 452.)

1289. — Athalie, tragédie, tirée de l'Ecriture sainte. (Par RACINE.) — *Paris, Denys Thierry*, 1691, in-4.

(1re édition. — On lit au bas du privilége qui suit la préface : « Achevé d'imprimer pour la première fois le 3 mars 1691 ».)

* Théâtre de Mme et de Mlle DESHOULIÈRES. — (V. n° 1059, *Œuvres.*)

* Théâtre de FONTENELLE. — (V. n° 74, *Œuvres.*)

1290. — Les œuvres de Mr CAPISTRON (*sic*) de l'Académie Française, augmentées en cette dernière édition. — *Lyon, Jacques Guerrier,* 1703, in-12.

(La tragédie de Tiridate, qui est à la fin du volume, a une pagination particulière)

1291. — Œuvres de monsieur DE CAMPISTRON,... Nouvelle édition, corrigée et augmentée de plusieurs pièces qui ne se trouvent point dans les éditions précédentes. (Donnée par les soins de Gourdon de Bacq, parent de l'auteur, et de Bonneval.) — *Paris, par la compagnie des libraires,* 1750, 3 vol. petit in-12.

1292. — Les œuvres de théâtre de M. D'ANCOURT. Nouvelle édition, revue et corrigée. — *Paris, aux dépens des libraires associés,* 1760, 11 vol. petit in-12.

(Le T. I manque. — Cette édition est la meilleure des œuvres de Dancourt; elle contient la musique des couplets et ariettes. — V. *Biographie universelle.*)

1293. — Le théâtre de monsieur BARON (Michel BOYRON dit), augmenté de deux pièces qui n'avaient point encore été imprimées, et de diverses poésies du même auteur. — *Paris, par la compagnie des libraires associés,* 1742, 2 vol. in-12.

1294. — Théâtre de monsieur LE GRAND, comédien du roi. — *Paris, veuve de Pierre Ribou* et *Pierre-Jacques Ribou,* 1731, 4 vol. in-12.

1295. — Les œuvres de Mr REGNARD. Nouvelle édition. — *La Haye, Adrian Moetjens,* 1729, 2 vol. in-12.

* Théâtre de REGNARD. — (V. n° 384, *Œuvres,* T. II-IV.)

* Théâtre de J.-B. ROUSSEAU. — (V. n° 386, *Œuvres.*)

1296. — Recueil des pièces mises au Théâtre Français par M. LE SAGE. — *Paris, Jacques Barois fils*, 1739, 2 vol. in-12.

1297. — Crispin rival de son maître, comédie en un acte et en prose, de LE SAGE. Nouvelle édition, conforme à la représentation. — *Toulouse, J.-B. Broulhiet*, 1785, in-8 de 36 pages.

1298. — Les œuvres de monsieur DE CRÉBILLON. Nouvelle édition. — *Paris, Chaubert*, 1754, 3 vol. in-12.

1299. — Théâtre de M. DANCHET,... — *Paris, Grangé, Robustel, Le Loup*, 1751, 4 vol. in-8.

(Portrait. — Le T. IV a pour titre : « Œuvres mêlées de M. DANCHET,... » Il contient : 1° des poésies françaises et latines; 2° Quatre discours prononcés à l'Académie Française; 3° Quatre dissertations sur la pompe du triomphe, sur la chasse des anciens, sur l'origine du luxe des Romains et sur les cérémonies nuptiales des anciens.)

1300. — Théâtre de M. LAFONT. Nouvelle édition, revue et corrigée. — *Amsterdam, Pierre Marteau*, 1746, in-12.

1301. — Œuvres dramatiques de NÉRICAULT DESTOUCHES,... — *Paris, impr. royale*, 1757, T. I et IV, 2 vol. in-4.

(Edition publiée par le fils de l'auteur. — A la fin du T. IV se trouvent les discours académiques de Destouches. — Il manque les T. II et III)

* Théâtre de VOLTAIRE. — (V. *n°* 99, *Œuvres*, T. I-IX.)

1302. — Le caffé (*sic*), ou L'Ecossaise, comédie, par Mr HUME (par VOLTAIRE), traduite en français. (Première édition.) — *Londres* (*Genève*), 1760, in-12 de XII et 204 pages.

(A la suite se trouve la critique de la pièce, extraite de l'*Année littéraire*, pages 73 à 120, et les opuscules ci-dessous :)

— Mémoire pour Abraham Chaumeix contre les prétendus philosophes Diderot et d'Alembert. (Par l'abbé MORELLET.)... — *Amsterdam*, 1759, in-12 de 46 pages.

— Lettre au R. P. Berthier sur le matérialisme. (Par l'abbé COYER.) — *Genève* (*Paris*), 1759, in-12 de 77 pages.

Le destin du nouveau siècle, par le P. DU CERCEAU (musique de CAMPRA). — L'enfant prodigue, par le même. — (V. *n*° 1065, *Poésies de* DU CERCEAU.)

* Théâtre d'Alexis PIRON. — (V. *n*° 379, *Œuvres.*)

1303. — Œuvres de théâtre de monsieur NIVELLE DE LA CHAUSSÉE,... — *Paris, Prault fils*, 1752, 3 tomes en 1 vol. in-12.

(A la suite :)

— Le rival de lui-même, comédie nouvelle... — *Paris, Prault fils*, 1746, in-12 de 72 pages.

1304. — Œuvres de monsieur NIVELLE DE LA CHAUSSÉE,... Nouvelle édition, corrigée et augmentée de plusieurs pièces qui n'avaient point encore paru. (Publiée par Sablier.) — *Paris, Prault petit-fils*, 1762, 4 vol. petit in-12.

(Il manque le T. V.)

1305. — Recueil in-12, contenant :

1° — Mélanide, comédie nouvelle de monsieur DE LA CHAUSSÉE,... En cinq actes, en vers... — *Paris, Prault fils*, 1741.

2° — Le préjugé à la mode, comédie en vers, en cinq actes... (Par le même.) — (S. l. n. d.)

* Comédies et pastorales de VOISENON. — (V. *n*° 95, *Œuvres*, T. I, II, III.)

* Théâtre de S.-FOIX. — (V. *n*° 88, *Œuvres.*)

* Les veuves, comédie, par le même. — (V. ci-après : *Lettres turques.*)

* L'impertinent, comédie en un acte et en vers, par DESMAHIS. — (V. *n*° 361, *Œuvres.*)

1306. — Les philosophes, comédie en trois actes, en vers... Par M. PALISSOT DE MONTENOY,... — *Paris, Duchesne*, 1760, in-12.

(A la suite :)

— Lettres de monsieur DE VOLTAIRE à M. Palissot, avec les réponses, à l'occasion de la comédie des « Philosophes ». — *Genève*, 1760, in-12 de 68 pages.

— Les *Qu'est-ce?* A l'auteur de la comédie des « Philosophes ». — (S. l.), 1760, in-12 de 32 pages.

— Les *Quand* adressés à M. Palissot, et publiés par lui-même. (Par LA CONDAMINE.) — (S. l.), 1760, in-12 de 23 pages.

— Lettre de l'auteur de la comédie des « Philosophes » au public, pour servir de préface à la pièce. — (S. l.), 1760, in-12 de 23 pages.

* (V. aussi, pour la comédie des « Philosophes », *division* RELIGION, un recueil de pièces en tête duquel est le poème intitulé : « La religion, à l'assemblée du clergé de France ».)

1507. — Ecole dramatique de l'homme; suite des « Jeux de la petite Thalie ». Age viril, depuis vingt ans jusqu'à cinquante, par M. DE MOISSY. — *Amsterdam*, et *Paris*, *Lacombe* et *Didot l'aîné*, 1770. — Dernier âge, par le même. — *Paris*, *Bailly*, 1770, 2 vol. in-8.

(Le dernier volume est terminé par des « Pensées morales sur divers sujets ».)

1508. — Théâtre de société, ou Recueil de différentes pièces, tant en vers qu'en prose, qui peuvent se jouer sur un théâtre de société. (Par COLLÉ.) — *La Haye* et *Paris*, *P.-Fr. Gueffier*, 1768, 2 vol. in-8.

* Œuvres de Mme DE STAAL. T. IV (contenant L'engouement et La mode comédies). — *Londres*, 1755. — (V. HISTOIRE, *n°* 849.)

* Théâtre de DIDEROT. — (V. *n°* 71, *Œuvres*.)

1509. — Le fils naturel, ou Les épreuves de la vertu, comédie en cinq actes et en prose, avec l'histoire véritable de la pièce. (Par DIDEROT.) — *Amsterdam*, 1757, in-8.

1510. — Le père de famille, comédie en cinq actes et en

prose, avec un Discours sur la poésie dramatique. (Par DIDEROT.) — *Amsterdam*, 1758, in-8.

* Malagrida, tragédie en trois actes et en vers, traduite du portugais (composée par l'abbé Pierre DE LONGCHAMPS). — *Lisbonne, de l'imprimerie de l'Inquisition* (*Paris*), 1763, in-12 de 72 pages. — (V. *division* RELIGION, le recueil en tête duquel est le poème intitulé : « La religion, à l'assemblée du clergé de France ».)

* Théâtre de LA HARPE. — (V. *n*° 372, *Œuvres*.)

1311. — Mélanie, drame en trois actes et en vers. (Par LA HARPE.) — *Amsterdam, Henri-Jacob-Jonas Wan-Harrewelt*, 1770, in-8 de 64 pages.

* Théâtre de BEAUMARCHAIS. — (V. *n*° 350, *Œuvres*.)

1312. — Eugénie, drame en cinq actes, en prose, enrichi de figures en taille-douce; avec un Essai sur le drame sérieux, par M. DE BEAUMARCHAIS. — *Paris, Merlin*, 1767, in-8.

1313. — Théâtre du prince CLÉNERZOW, russe; traduit en français par le baron DE BLÉNING, saxon. — *Paris, Sébastien Jorry* et *Le Jay*, 1771, 2 vol. in-8.

(CARMONTELLE s'est caché sous ces deux masques. — V. BARBIER.)

1314. — La destruction de la ligue, ou La réduction de Paris, pièce nationale en quatre actes. (Par L.-S. MERCIER.) — *Amsterdam*, 1782, in-8.

1315. — L'amant bourru, comédie en trois actes et en vers libres... Par M. DE MONVEL. — *Paris, veuve Duchesne*, 1777, in-8.

1316. — Cyrus, tragédie en cinq actes, par M. TURPIN,... — *Paris, J.-P. Costard*, 1773, in-8.

* Les époux malheureux, drame en trois actes et en vers... Par M. DE JULIEN DE VINEZAC. — (V. *n*° 370.)

1517. — Théâtre de société, par l'auteur du « Théâtre à l'usage des jeunes personnes » (Mme DE GENLIS). — *Paris, M. Lambert* et *F.-J. Baudouin*, 1781, 2 vol. in-8.

* Théâtre d'ANDRIEUX. — (V. *n*° 348, *Œuvres*.)

1518. — Lucius Junius Brutus, tragédie en cinq actes, par G^me-S^las ANDRIEUX,... — *Paris, M*^me *de Bréville*, 1830, in-8.

1519. — Théâtre moral, ou Pièces dramatiques nouvelles, par M. le chevalier DE CUBIÈRES DE PALMÉZEAUX. Tome premier, contenant un Essai sur la comédie, Le concours académique, comédie en 5 actes et en vers, et L'école des riches, en 3 actes, en prose. — *Paris, Belin, veuve Duchesne* et *Bailli*, 1784, in-8.

(Le T. II manque.)

* Théâtre de COLLIN D'HARLEVILLE. — (V. *n*° 359, *Œuvres*.)

1520. — Les dettes, comédie en deux actes et en prose mêlée d'ariettes, musique de M. Champein, représentée pour la première fois à Paris, par les comédiens italiens ordinaires du roi, le 8 janvier 1787, et à Versailles, devant Leurs Majestés, le 23 février suivant, par M. FORGEOT. — *Paris, Prault*, 1787, in-8.

(Le frontispice manque.)

1521. — Charles IX, ou L'école des rois, tragédie, par Marie-Joseph DE CHÉNIER. — *De l'impr. de P.-Fr. Didot jeune, Paris*, 1790, in-8.

(Cette tragédie est suivie des pièces ci-après :)

— Discours prononcé devant MM. les représentants de la Commune, le 23 août 1789. — Adresse aux soixante districts de Paris. — De la liberté du théâtre en France. — Lettres aux auteurs du *Journal de Paris* et de la *Chronique de Paris*. — Epître aux mânes de Voltaire.

1522. — Le triomphe de la raison publique, pièce patriotique et républicaine, dédiée aux sans-culottes, comédie en trois actes et en vers libres, par le citoyen GUIGOUD. — *A Ville-Affranchie, impr. de J.-B. Lamollière*, 1793, in-8.

1323. — Les précepteurs, comédie en cinq actes et en vers, ouvrage posthume de P.-F.-N. FABRE D'EGLANTINE... — *Paris, impr. de la république, an* VIII, in-8.

1324. — Œuvres complètes d'Alexandre DUVAL,... — *Paris, J.-N. Barba*, 1822-23, 9 vol. in-8.

1325. — Œuvres de C.-G. ETIENNE,... avec des notices et des éclaircissements. — *Paris, Firmin Didot frères*, 1846-50, 4 vol. in-8.

1326 — Œuvres complètes. — Proverbes dramatiques de Théodore LECLERCQ. Nouvelle édition, augmentée des proverbes inédits, précédée de Notices par MM. DE SAINTE-BEUVE et MÉRIMÉE,... — *Paris E. Lebigre-Duquesne* et *Victor Lecou* (1852), 4 vol. in-18 anglais.

1327. — Œuvres complètes de Casimir DELAVIGNE. — *Paris, Didier*, 1850, 6 vol. in-8.

(Gravures. — T. I-IV : Théâtre. — T. V : Messéniennes et chants populaires. — T. VI : Derniers chants; Poëmes et ballades sur l'Italie.)

* Théâtre de Victor HUGO. — (V. *n°* 369, *Œuvres*.)

1328. — Ahasverus, par Edgar QUINET. Nouvelle édition. — *Paris, au comptoir des impr. unis*, 1843, in-18 anglais.

1329. — Henry MONNIER. Scènes populaires... — *Paris*, 1846, *J. Hetzel*, 2 vol. in-18 anglais.

* Alfred DE MUSSET. Drames, comédies et proverbes. — (V. la table de la *Revue des Deux Mondes*.)

* Partir pour être évêque et revenir sonneur, par M. ROLLAND DE VILLARCEAUX. — (V. *Revue des Deux Mondes*, 1er décembre 1848.)

* Scènes dramatiques et proverbes, par Octave FEUILLET. — (V. *ibid.*, table.)

* Comédies et scènes dramatiques, par Prosper Mérimée. — (V. *ibid.*)

1330. — Marie, ou La morte mariée, drame en cinq tableaux, par J. A. (Joseph Audouin). — *Limoges, impr. H. Ducourtieux*, 1851, in-8 de 28 pages.

(M. J. Audouin est né à Limoges le 19 décembre 1776.)

1331. — Le peillaraud, simple causerie, par l'abbé Delor. — *Limoges, J.-B. Leblanc*, 1852, in-18.

1332. — Louis XI à Péronne, pièce historique en trois actes et en vers, par Martial Audoin [de Limoges], licencié en droit; représentée, pour la première fois, sur le théâtre de Limoges, le 26 janvier 1854. — *Paris* et *Limoges* (*impr. Ducourtieux*), 1854, in-8 de 24 pages.

1333. — La comète, ou La fin du monde, comédie-vaudeville en un acte, par Martial Audoin [de Limoges],... — *Limoges* (*autographié par Tillet*), 1857, in-4 de 8 pages.

1334. — Première olympiade française. La vision de Faustus, ou L'exposition universelle en 1855; comédie-apologue à grand spectacle, par Sébastien Rhéal,... — *Susse frères, Paris* (1855), grand in-8 de 37 pages.

(Edition illustrée d'après Flaxman et Mme Rhéal, avec une belle photographie d'après Raphaël.)

1335. — La chasse et l'amour, comédie en un acte et en vers, par Charles Valette. — *Limoges, impr. de J.-B. Chatras*, 1859, in-8 de 35 pages.

(En double exemplaire.)

D. — Théâtre pour la jeunesse.

* Théâtre du P. Brumoy. — (V. nº 346, *Recueil de divers ouvrages en prose et en vers.*)

1336. — Théâtre à l'usage des jeunes personnes. (Par Mme de Genlis.) — *Paris, Panckoucke*, 1779-80, 4 vol. in-8.

1337. — Pierre Traquenard, ou Le retour de la Californie, comédie en 3 actes, par l'abbé TEXIER, supérieur du petit séminaire du Dorat... — *Limoges, impr. Henri Ducourtieux*, 1850, in-8 de 35 pages.

(L'abbé Jacques-Remi-Antoine Texier, né à Limoges, le 17 janvier 1813, correspondant du ministère de l'instruction publique pour les travaux historiques, auteur de plusieurs ouvrages d'archéologie et d'histoire, en tête desquels il faut placer : *Essai sur les émailleurs de Limoges* (V. HISTOIRE, n° 1176); — *Manuel d'épigraphie* (V. *ibid.*, n° 1173); — *Histoire de la peinture sur verre en Limousin*; — *Dictionnaire d'orfèvrerie* (V. *ibid.*, n° 1175). L'abbé Texier vient d'être enlevé à la science archéologique au moment où il éditait le *Pouillé du diocèse de Limoges* de l'abbé Nadaud : il est mort à Bourganeuf (Creuse) le 29 mai 1859. Son éloge a été prononcé par M. Félix de Verneilh au congrès scientifique tenu à Limoges, en 1859, séance du 13 septembre.)

§ 5. — Théâtre italien.

* F. MERCEY. Le théâtre en Italie. — (V. n° 107, *Revue des Deux Mondes*, 1840.)

* F.-T. PERRENS. Le théâtre contemporain en Italie. — (V. *ibid.*, 15 novembre 1856.)

1338. — Le nouveau théâtre italien, ou Recueil général des comédies réprésentées par les comédiens italiens ordinaires du roi. Nouvelle édition, augmentée des pièces nouvelles, des arguments de plusieurs autres qui n'ont point été imprimées et d'un Catalogue de toutes les comédies représentées depuis le rétablissement des comédiens italiens. — *Paris, Briasson*; 1729, 6 vol. in-12.

(Il manque les T. V et VII. — T. I : L'Italien marié à Paris (par RICCOBONI dit LELIO); L'amante difficile (par DE LA MOTTE), canevas italien et français. — T. II : Le libéral malgré lui (par LELIO); Mérope, tragédie (par MAFFEI); La vie est un songe, tragi-comédie italienne (tirée de l'espagnol de CALDÉRON, et traduite de l'italien par GEULETTE); Sanson, tragédie italienne et française (par LELIO.) — T. III : Le prince jaloux, comédie italienne et française (par LE CICOGNINI : c'est le don Garcie de Navarre de Molière); La Griselde, tragi-comédie italienne (par LELIO); Adamire, ou La statue de l'honneur, comédie italienne et française (par LE CICOGNINI); Hercule, tragédie italienne et française (par LELIO.) — T. IV : Le naufrage au Port-à-l'Anglais, comédie française (par AUTREAU); Les amants ignorants, comédie française (par le même); Arlequin poli par l'amour, comédie française (par MARIVAUX); Arlequin sauvage, comédie française (par DE LISLE); Belphégor, comédie française (par LE GRAND). — T. V (manquant). — T. VI : Le besoin d'aimer, comédie française (par AUTREAU); Le prince travesti, comédie française (par MARIVAUX); La fausse suivante, comédie française (par le même); Le dédain affecté, comédie française. — T. VII (manquant). — T. VIII : Le tour de Carnaval, comédie française, par D'ALLAINVAL; Le temple de la Vérité, comédie française, par DE ROMAGNESI; L'amour précepteur, comédie française, par GEULETTE; Arcagambis, tragédie française (par DOMINIQUE, LÉLIO fils et DE ROMAGNESI); L'horoscope accompli, comédie française, par GEULETTE; Le retour de tendresse, ou La feinte véritable, comédie, par M. F. fils.)

* Ouvrages dramatiques de MACCHIAVEL. — (V. nº 102, *OEuvres*, T. II.)

1339. — Aminta, favola boscareccia di TORQUATO TASSO. — *In Parigi*, 1745, *appresso Prault*, in-12.

1340. — Il pastor fido, tragicomedia pastorale del signor cavalier Battista GUARINI, colla vita e genealogia di questo autore, e colle spiegazioni ed annotazioni... dei luoghi più difficili di Francesco Lodovico Tonelli. Aggiuntavi dal medemo una diligentissima correttione delle parole, accenti, apostrofi... Con figure. — *Norimberga, alle spese di Pietro Corrado Monath*, 1734, in-12.

(Figures)

1341. — Le berger fidèle, traduit, de l'italien de GUARINI, en vers français (par l'abbé DE TORCHE). — *Paris, Claude Barbin*, 1767, in-12.

(Figures.)

1342. — La Philis de Scire, pastorale du comte BONNARELLI, traduite de l'italien en vers français (par l'abbé DE TORCHE). — *Paris, Jean Ribou*, 1669, in-12.

1343. — Il re alla caccia, dramma giocoso per musica di
* Polisseno FEGEJO P. A. Da representarsi nel pubblico teatro di Bastia in Corsica... — *In Livorno, per Matteo Strambi e figlio* (s. d.), in-16 de 56 pages.

1344. — OEuvres posthumes de M. Philippe DUPLESSIS, imprimées en exécution de son testament. — *Paris, typogr. de Firmin Didot frères*, 1853, 5 vol. in-8.

(Traduction en vers français, avec le texte en regard, des pièces suivantes : T. I : Aristodème, tragédie de l'abbé Vincent MONTI; Philippe, tragédie de Victor ALFIERI. — T. II : Antigone; Sophonisbe; Timoléon, tragédies d'Alfieri. — T. III : Polynice; Myrrha, tragédies (par le même). — T. IV : Virginie; Saül, tragédies (par le même). — T. V : Octavie; Mérope, tragédies (par le même); Sonnets de Pétrarque; Poésies diverses.)

§ 6. — Théâtre espagnol.

* L. de Viel-Castel. Théâtre espagnol : Moreto; Tirso de Molina; Le drame religieux; Le drame historique en Espagne; De l'honneur comme ressort dramatique dans les pièces de Calderon, de Rojas, etc. — (V. n° 107, *Revue des Deux Mondes*, 15 mars, 1er mai, 15 juillet, 1er novembre 1840 et 1er février 1841.)

1345. — Théâtre espagnol. — L'hameçon de Phénice. — Le médecin de son honneur. — Diable ou femme. — Le collier du roi. — Rachel, ou La belle juive. — La jeunesse du Cid. Par M. Hippolyte Lucas. — *Paris, Michel Lévy frères*, 1851, in-8.

(Pièces de Lope de Vega, Calderon, Alarcon, Francisco de Rojas, Guillen de Castro, modifiées, dans le plan et dans les détails, selon les exigences de la scène française.)

1346. — Théâtre de Lope de Vega, traduit en français par M. Damas Hinard. — *Paris, Charpentier*, 1850, 2 vol. in-18 anglais.

* Lope de Vega, par Fauriel. — (V. n° 107, *Revue des Deux Mondes*, 1er septembre 1839 et 15 septembre 1843.)

1347. — Théâtre de Clara Gazul, comédienne espagnole, suivi de La jacquerie, scène féodale, et de La famille Carvajal, par Prosper Mérimée. — *Paris, Charpentier*, 1842, in-18 anglais.

(Le faux-titre porte : « OEuvres de Prosper Mérimée ».)

§ 7. — Théâtre allemand.

* Théâtre de Lessing (en allemand). — (V. n° 403, *OEuvres*.)

1348. — Minna von Barnhelm, oder Das Soldatenglück, ein

Lustspiel in fünf Aufzügen von dem Herrn LESSING... —(S. l., n. n.), 1768, in-12.

1349. — Œuvres dramatiques de SCHILLER, traduction de M. DE BARANTE, précédées d'une Notice biographique et littéraire sur Schiller. — *Paris, Dufey*, 1834-35, 6 vol. in-8.

1350. — Théâtre de GOETHE, traduction nouvelle, revue, corrigée et augmentée d'une Préface par M. X. MARMIER. — *Paris, Charpentier*, 1853, in-18 anglais.

1351. — Le Faust de GOETHE, traduction complète, précédée d'un Essai sur Goethe, accompagnée de notes et de commentaires, et suivie d'une Etude sur la mystique du poème, par M. Henri BLAZE. Cinquième édition. — *Paris, Charpentier*, 1847, in-18 anglais.

§ 8. — Théâtre anglais.

* Théâtre anglais. — Théâtre américain. — (V. *n°* 303, *Curiosités dramatiques*.)

1352. — (Volume in-12 étiqueté : *Pièces de théâtre*, et contenant :)

1° — K. Henry VIII, a tragedy... Written by W. SHAKESPEAR, with Alterations by Dryden... — *Dublin, printed for James Dalton*, 1752.

2° — The revenge, a tragedy... by E. YOUNG,... — *Dublin, printed by and for A. Rhames*, 1726.

3° — The jealous wife, by George COLMAN. — (Sans frontispice.)

4° — The discovery, a comedy... Written by Mrs. SHERIDAN,... — *Dublin, for W. Smith* (et autres), 1763.

5° — The tragical history of king Richard III... Revived with Alterations by Mr Cibber, from SHAKESPEAR. — *Dublin, printed by Cusack Greene*, 1762.

6° — Otello, the Moor of Venice, a tragedy by Mr William

SHAKESPEAR. — *Dublin, printed for G. and A. Ewing* (et autres), 1761.

1353. — (Volume in-12 étiqueté : *Collect of plays*, et contenant :)

1° — Lionel and Clarissa, or A school for fathers. A comic opera... (Par GARRIK.) — *Dublin, printed J. for Exshaw* (et autres), 1769.

2° — Antony and Cleopatra. (Par SHAKESPEARE.) — (S. l. n. d.)

3° — The roman father, a tragedy... by Mr W. WHITEHEAD. — *Dublin, printed for G. and A. Ewing*, 1751.

4° — The merchant of Venice, a comedy... Written by Mr William SHAKESPEARE. — *Dublin, printed by B. Corcoran*, 1766.

5° — The Earl of Warwick, a tragedy... — *Dublin, printed for J. Hoey* (et autres), 1767.

6° — The London merchant, or The history of George Barnwell... By Mr LILLO. The tenth edition. — *Belfast, printed by and for James Magee*, 1764.

1354. — The complete works of W. SHAKSPERE, illustrated, with many valuable literary notes from Johnson, Steevens, Malone, Drake, Chalmers, Coleridge, Lamb, Schlegel, Hazlitt, Ch. Knight, and other distinghuished commentators, with large introductory notices prefixed to each play. — *Paris, Baudry's european library*, 1843-44, 9 vol. in-8.

(Le T. IX contient les poëmes.)

1355. — SHAKESPEARE, traduit de l'anglais, dédié au roi. — *Paris, veuve Duchesne* (et autres), 1776-83, 20 vol. in-8.

(Traduction en prose par LE TOURNEUR, le comte DE CATUELAN et FONTAINE-MALHERBE, avec des notes de Warburton, Steevens, Johnson, Mrs Griffith, etc., et des remarques tirées de la traduction allemande de Shakspeare par M. Eschenburg. On estime cette traduction : cependant elle ne fait connaître qu'imparfaitement Shakspeare, qui est plus souvent imité que traduit. — V. QUÉRARD.)

1356. — Œuvres complètes de SHAKSPEARE, traduction

entièrement revue sur le texte anglais par M. Francisque MICHEL, et précédée de la Vie de Shakspeare par WOODSWORTH. — *Paris, Firmin Didot frères*, 1842, 3 vol. grand in-8.

* Hamlet, et de quelques éléments du génie poétique, par Emile MONTÉGUT. — (V. *n°* 107, *Revue des Deux Mondes*, 1er avril 1856.)

* Nouvelle étude sur Shakspeare, son génie et ses œuvres, par Henri TAINE. — (V. *ibid.*, 15 juillet 1856.)

* Théâtre d'YOUNG, traduit par LE TOURNEUR. — (V. *n°* 405.)

1357. — Œuvres de SHÉRIDAN, traduites par Benjamin LAROCHE. Nouvelle édition, revue et corrigée. — *Paris, Charles Gosselin*, 1844, in-8 anglais.

* Théâtre de lord BYRON. — (V. *n°* 406, *Œuvres*, T. VI-VIII.)

* L'argent, comédie en 5 actes, par sir Edouard LYTTON BULWER. (Trad. par A. PICHOT). — (V. ci-après : *La famille Caxton.*)

Ve CLASSE.

DIALOGUES ET ENTRETIENS.

---

§ 1er. — Dialogues grecs et latins.

1358. — LVCIANI Samosatensis Dialogi selectiores, Cœlestes, Marini, et Inferni, Græcè et Latinè editi : in vsum Græcè discentium selecti. Item, Prometheus, siue Καύκασος. Menippus, seu Νεκυομαντεία. Timon, uel Μισάνθρωπος. His adiecta svnt argvmenta, Latinis uersibus tractata à Ioanne SAMBUCO,... — *Basileae, apvd Nicol. Brilin., Anno* M. D. LXXVI, petit in-8.

1359. — ΛΟΥΚΙΑΝΟΥ Τόξαρις, ἢ Φιλία. LVCIANI Toxaris, siue de Amicitia. — *Parisiis In officina Christiani Wecheli*, M. D. XXXVII. — ΛΟΥΚΙΑΝΟΥ,... Ὄνειρος... LVCIANI,... somnium, siue Gallus, inter reliquos eiusdem dialogos longe festiuissimus. — *Parisiis Excudebat Christianus Wechelus*. M. D. XXXI. — ΛΟΥΚΙΑΝΟΥ,... Τίμων, ἢ Μισάνθρωπος. LVCIANI Samosatensis Timon, sive Misanthropus. — *Parisiis In officina Christiani Wecheli*, M. D. XXXVIII. — Graeca Theodori GAZÆ tradvctio in CICERONIS de Senectvte dialogvm. Eiusdem versio in somnium Scipionis. — *Parisiis Apud Simonem Colinæum*, 1528. — ΠΛΟΥΤΑΡΧΟΥ Χαιρωνέως περὶ παίδων ἀγωγῆς. (S. l. n. d.) — Le tout en 1 vol. petit in-8.

(Tout grec.)

* LUCIANI, Erasmo interprete, Dialogi et alia emuncta. — V. *n°* 54, *Opera* ERASMI, T. I.)

* LUCIEN. Jupiter le tragique. Peregrinus, trad. par l'abbé MORELLET. — (V. *n°* 120, *Variétés littéraires*, T. I, III.)

* (V. les œuvres de PLATON, de XÉNOPHON et de LUCIEN.)

1360. — ERASMI, PETRARCHI et CORDERII selecta colloquia, quibus adjectus est ejusdem Erasmi Tractatus, de Civilitate morum puerilium, cum notis gallicis. — *Parisiis, apud Barbou,* 1770, petit in-12.

1361. — Des. ERASMI Roterodami colloquia, cum notis selectis variorum, addito Indice novo. Accurante Corn. Schrevelio. — *Lug. Batav. et Roterod. Ex officina Hackiana,* 1664, in-8.

* (V. aussi *n*° 54, *Opera* ERASMI, T. I.)

* Jacobi PONTANI Dialogi. — (V. *n*° 53.)

§ 2. — Dialogues français.

1362. — Cymbalum mundi, ou Dialogues satiriques sur différents sujets, par Bonaventure DES PÉRIERS; avec une Lettre critique dans laquelle on fait l'histoire, l'analyse et l'apologie de cet ouvrage, par Prosper MARCHAND, libraire. Nouvelle édition, revue, corrigée et augmentée de Notes et remarques communiquées par plusieurs savants. — *Amsterdam, Prosper Marchand,* 1732, in-12.

(Figures.)

* Dialogue des lettres de l'alphabet, par M. DE FRÉMONT. — (V. *n*° 31, LUCIEN, T. II.)

1363. — Les entretiens de feu monsieur DE BALZAC (édités par Girard). — *Paris, Augustin Courbé,* 1657, in-4.

1364. — L'esprit de cour, ou Les conversations galantes, divisées en cent dialogues... Par René BARY,... — *Paris, Charles de Sercy,* 1662, in-12.

1365. — Les entretiens d'Ariste et d'Eugène. (Par le P. BOUHOURS.) — *Paris, Sébastien Mabre-Cramoisy,* 1671, in-4.

1366. — Sentiments de Cléante sur les Entretiens d'Ariste et d'Eugène, par M. BARBIER D'AUCOUR,... Quatrième édition, revue et corrigée ; où l'on a joint les deux factums du même auteur pour Jacques Le Brun. — *Paris, les libraires associés,* 1776, in-12.

* La manière de bien penser dans les ouvrages d'esprit. (Par le P. BOUHOURS.) — (V. *n°* 297.)

1367. — Modèles de conversations pour les personnes polies, par M. l'abbé DE BELLEGARDE. — *Paris, Jean Guignard,* 1697, in-12.

* Dialogues des dieux, par RÉMOND DE SAINT-MARD. — (V. *n°* 385, *Œuvres*, T. I.)

* Dialogues des morts, par FONTENELLE. — (V. *n°* 74, *Œuvres*, T. I.)

Dialogues et entretiens pour l'éducation et l'instruction de la jeunesse.

1368. — Dialogues des morts anciens et modernes, avec quelques fables, composés pour l'éducation d'un prince par feu messire François DE SALIGNAC DE LA MOTTE-FÉNELON,... — *Paris, Florentin-Delaulne,* 1721, 2 vol. in-12.

* Le spectacle de la nature... (Par l'abbé PLUCHE.) — (V. *n°* 16.)

* Le mentor moderne... Par madame LE PRINCE DE BEAUMONT. — (V. *la division* SCIENCES ET ARTS.)

* Le magasin des adolescentes... (Par la même.) — (V. *ibid.*)

* Instruction pour les jeunes dames qui entrent dans le monde... (Par la même.) — (V. *ibid.*)

* Eraste... Par l'abbé FILASSIER. — (V. *n°* 18.)

1369. — Ecole du gentilhomme, ou Entretiens de feu Mr le chevalier de B... avec le comte son neveu sur l'héroïsme et le héros. Publiés par Mr M. B. de G.... (MAUBERT DE GOUVEST). — *Lausanne, Pierre-A. Verney,* 1754, in-12.

§ 3. — Dialogues étrangers.

1570. — Entretiens des ombres aux Champs-Elysées sur divers sujets d'histoire, de politique et de morale. Ouvrage traduit de l'allemand par Mr Valentin JUNGERMAN (BRUZEN DE LA MARTINIÈRE). Seconde édition, revue et corrigée... — *Amsterdam, Herman Uytwerf,* 1722-23, 4 vol. in-12.

(Chaque volume renferme trois entretiens dont la pagination suit, mais qui, ayant paru mensuellement en 1722, portent chacun un frontispice spécial : T. I : L'arrivée de Cartouche aux enfers; Sixte V et Molière; Elisabeth, reine d'Angleterre, et Olivier Cromwell. — T. II : Mre François Rabelais et Mr du Noier; Jean Reinold Patkul et George-Henri de Goertz; Confucius et Machiavel. — T. III : La marquise de Maintenon et Paul Scaron; Albert-Wenceslas-Eusèbe de Waldtein, prince de Sagan et général de l'empire, et D. Alvar de Lune, connétable de Castille et favori de Jean II; Démocrite, Jean-Baptiste Tavernier. — T. IV : Héraclite et Mlle Margot; Philippe II, roi d'Espagne, et Constantin Phaulkon, ministre d'état du roi de Siam, connu sous le nom de M. Constance; Diogène et Mr Bayle. — Ces douze entretiens sont numérotés : le premier et le douzième portent au frontispice la date de 1723. Weys, auteur de l'article ***Bruzen de La Martinière*** dans la ***Biographie de Michaud*** a sans doute eu sous les yeux un exemplaire d'une troisième édition lorsqu'il a ainsi mentionné cet ouvrage: *Amsterdam*, 1723, 2 vol. in-12. Chaque vol. forme un trimestre ayant une pagination spéciale « La Martinière, dit Bruys cité par Weys, a tiré ces Entretiens d'une énorme compilation allemande, et les a délicatement accommodés au génie de notre langue. »)

VIe CLASSE.

ROMANS, CONTES, APOLOGUES (1).

CHAPITRE Ier. — *Préliminaires et généralités.*

§ 1er. — Histoire et bibliographie.

* Traité de l'origine des romans, par HUET. — (V. *n°* 76, *Œuvres de* Mme DE LA FAYETTE, T. I.)

* Sur l'origine de l'ancienne chevalerie et des anciens romans, par le comte DE CAYLUS. — (V. *n°* 163, *Mém. de l'Acad. des Inscript.*, T. XXIII, page 236.)

* Mémoire concernant la lecture des anciens romans de chevalerie, par DE LA CURNE DE SAINTE-PALAYE. — (V. *ibid.*, T. XVII, page 787.)

* Du roman et de ses sources dans l'Europe moderne, par Ph. CHASLES. — (V. *n°* 107, *Revue des Deux Mondes*, 1842, T. II.)

1371. — Bibliothèque universelle des romans, ouvrage périodique, dans lequel on donne l'analyse raisonnée des romans anciens et modernes, français ou traduits dans notre langue; avec des anecdotes et des notes historiques et critiques concernant les auteurs ou leurs ouvrages; ainsi que les mœurs, les usages du temps, les circonstances particulières et relatives, et les personnages connus, déguisés ou emblématiques. — *Paris*, *Demonville*, 1775-84, 138 tomes en 80 vol. in-12.

(Par DE PAULMY, DE TRESSAN, DE BASTIDE, POINSINET DE SIVRY, CARDONNE,

(1) Les nouvelles, les contes et les fables en vers ont été classés à la division POÉSIE.

MAYER, COUPÉ, LE GRAND D'AUSSY, COUCHU, IMBERT et autres. Cette publication, commencée au 1er juillet 1775, fut interrompue au mois de juin 1789, reprise en l'an VI (1798) sous le titre de *Nouvelle bibliothèque*, et continuée pendant sept années jusqu'en 1805. — Il manque le mois de juillet 1775, le mois de janvier 1776, celui de mai 1782, le 1er vol. de juillet de la même année, et le reste de la collection à partir du mois de juillet 1784.)

1372. — Table alphabétique de la Bibliothèque universelle des romans, depuis le 1er juillet 1775 jusqu'au 1er juillet 1780. — *Paris, Demonville*, in-12.

* Romans du XIIIe au XVIe siècle. — (V. *n°* 121, *Mélanges tirés d'une grande bibliothèque*, passim.)

§ 2. — Collections de romans, contes, apologues en diverses langues, ou traduits de diverses langues.

1373. — Bibliothèque de campagne, ou Amusements de l'esprit et du cœur. Nouvelle édition, rectifiée et augmentée. — *Genève*, 1761, 17 vol. in-12. — Supplément à la Bibliothèque de campagne... — *Genève*, 1761, 7 vol. in-12. — En tout 24 vol. in-12.

(Cet ouvrage contient : T. I : Mémoires de Grammont, par HAMILTON. — T. II : Histoire de Fleur d'Epine ; Les quatre Facardins ; Le bélier, contes, par le même. — T. III-IV : Histoire de la reine de Navarre, par Mlle DE LA FORCE. — T. V : Zaïde, histoire espagnole, par Mme DE LA FAYETTE ; Le temple de Gnide, par MONTESQUIEU. — T. VI : Les égarements du cœur et de l'esprit, par DE CRÉBILLON fils ; La constance à toute épreuve, ou Les avantures de la comtesse de Savoie. — T. VII : La princesse de Clèves, par Mme DE LA FAYETTE, SEGRAIS et le duc DE LA ROCHEFOUCAULD ; Le prince de Condé, par BOURSAULT. — T. VIII : Les malheurs de l'amour ; Le siége de Calais, nouvelle historique, par la marquise DE TENCIN et PONT DE VESLE. — T. IX : Histoire de la comtesse de Mortane, par Mme DURAND ; La nouvelle Astrée, par l'abbé DE CHOISY ; La comtesse de Tende ; La princesse de Montpensier, par la marquise DE LA FAYETTE. — T. X : Histoire de la comtesse de Gondez, par Mlle DE LUSSAN ; Les amours d'Ismène et d'Isménias (imité du grec d'EUMATHE, grammairien du IVe siècle, par GODARD DE BEAUCHAMPS). — T. XI : Les amours de Henri IV ; La princesse de Portien ; Aventure extraordinaire. — T. XII : Histoire secrète de Bourgogne, par Mlle DE LA FORCE ; La duchesse de Milan (par PRÉCHAC.) — T. XIII : Anne de Bretagne, par l'abbé DE VILLARS ; Le bâtard de Navarre ; Eléonor d'Yvrée (par Mlle BERNARD, aidée de FONTENELLE) ; La boucle de cheveux enlevée (trad. en prose du poëme de POPE) ; Mémoires du comte de Comminge, par D'ARGENTAL, la marquise DE TENCIN et PONT DE VESLE. — T. XIV : La comtesse de Vergi, par le comte DE VIGNACOURT ; Catherine de France, reine d'Angleterre ; Madame de Villequier. — T. XV : Epicaris, ou Conjuration de Pison contre Néron ; Jacqueline de Bavière, par Mlle DE LA ROCHE-GUILHEM ; Histoire de Henri IV, roi de Castille, par Mlle DE LA FORCE. — T. XVI : Le comte d'Amboise, par Mlle BERNARD; Inès de Cordoue, par la même; Voyage de MM. DE BACHAUMONT et LA CHAPELLE; Zadig, par VOLTAIRE. — T. XVII : Histoire secrète de la conjuration de Pazzi contre les Médicis, par LE NOBLE; Gustave Vasa (attribué à Mlle DE LA FORCE).

Supplément : T. I : Histoire des amours de Valérie et du noble vénitien Barbarigo. — T. II : Don Carlos, nouvelle historique, par DE SAINT-RÉAL; Histoire du chevalier des Grieux et de Manon Lescaut, par l'abbé PRÉVOST. — T. III : Les désespérés, histoire héroïque (trad. de l'italien de MARINI, par DE SÉRÉ); Aventures de Victoire Ponti, par DE BASTIDE. — T. IV : Les amours d'Abrocome et d'Anthia (trad. de XÉNOPHON L'EPHÉSIEN, par JOURDAN); Lettres d'une péruvienne (par Mme DE GRAFFIGNY). — T. V : Abbassaï, histoire orientale (par Mlle FAUQUE); Les amours pastorales de Daphnis et Chloé (trad. du grec de LONGUS, par AMYOT). — T. VI : Conjuration des Espagnols contre la république de Venise, par l'abbé DE SAINT-RÉAL; Histoire secrète de Jean de Bourbon (par Mme D'AULNOY). — T. VII : Suite de l'ouvrage précédent; Zéneyne, fragment; Le Kaimak, pièce de vers.)

1574. — Le cabinet des fées, ou Collection choisie des contes des fées et autres contes merveilleux, orné de figures. (Par MAYER.) — *Amsterdam*, et *Paris*, 1785-86, 37 vol. in-8.

(T. I : Contes des fées, par Ch. PERRAULT, et Nouveaux contes des fées, par la comtesse DE MURAT. — T. II-IV : Les contes des fées et Les fées à la mode, par la comtesse D'AULNOY. — T. V : Les illustres fées; La tyrannie des fées détruite, par la comtesse D'AUNEUIL; Les contes moins contes que les autres, par le sieur DE PRESCHAC. — T. VI : Les fées, par Mlle DE LA FORCE; Les chevaliers errants et le génie familier, par la comtesse D'AULNOY. — T. VII-XI : Les mille et une nuits, contes arabes traduits en français par GALLAND. — T. XII-XIII : La tour ténébreuse et les jours lumineux, contes anglais, par Mlle L'HÉRITIER; Les aventures d'Abdallah, fils d'Hanif (ouvrage laissé imparfait par l'abbé Jean-Paul BIGNON, sous le nom de SANDISSON). — T. XIV-XV : Les mille et un jours, contes persans (par le dervis MOCLEZ), traduits en français par M. PÉTIS DE LA CROIX. — T. XVI : Histoire de la sultane de Perse et des visirs, contes turcs, composés en langue turque par CHEC-ZADÉ, et traduits en français par GALLAND; Les voyages de Zulma dans le pays des fées (par l'abbé NADAL). — T. XVII-XVIII : Les contes et fables indiennes de BIDPAÏ et de LOKMAN, traduits D'ALI-TCHÉLÉBI-BEN-SALEH, auteur turc, ouvrage commencé par GALLAND, continué et fini par CARDONNE; Fables et contes de FÉNELON; Boca, ou La vertu récompensée, par Mme LE MARCHAND. — T. XIX : Contes chinois, par GUEULETTE; Florine, ou La belle italienne. — T. XX : Contes d'HAMILTON. — T. XXI-XXIII : Les mille et un quarts d'heure, par GUEULETTE; Les sultanes de Guzaratte, par le même. — T. XXIV : Le prince des Aigues-Marines et le prince invisible, par Mme L'EVÊQUE; Les féeries nouvelles, par le comte DE CAYLUS. — T. XXV : Nouveaux contes orientaux, par DE CAYLUS; Cadichon et Jeannette, par le même; Contes de MONCRIF. — T. XXVI-XXVIII : La reine fantasque, par J.-J. ROUSSEAU; La belle et la bête, par Mme DE VILLENEUVE; Les veillées de Thessalie, par Mlle DE LUSSAN; Histoire du prince Titi, par S. HYACINTHE. — T. XXIX-XXX : Les contes des génies, ou Les charmantes leçons d'Horam, fils d'Asmar; ouvrage traduit du persan en anglais, par sir Charles MORELL (masque de Jacques RIDLEY), et en français sur la traduction anglaise (par ROBINET). — T. XXXI : Funestine, par BEAUCHAMPS; Nouveaux contes des fées (par le marquis DE SENECTERRE); Le loup galleux et Bellinette (par DE CAYLUS). — T. XXXII : Les soirées bretonnes, par GUEULETTE; Contes de Mme DE LINTOT; Les aventures de Zéloïde et d'Amanzarifdine, par DE MONCRIF. — T. XXXIII : Trois contes de Mlle DE LUBERT; Nourjahad, histoire orientale (trad. de l'anglais de Mme SHÉRIDAN). — T. XXXIV : contes de PAJON; La princesse Minon-Minette; Aphranor et Bellanire; Merveilleux et charmante; Grisdelin et charmante; Le prince Ananas et la princesse Moustelle; Cornichon et Toupette, contes faisant partie de la *Bibliothèque des fées et des génies*, recueillis par l'abbé DE LA PORTE. — T. XXXV : Minet-Bleu et Louvette, par Mme FAGNAN; Acajou et Zirphile, par DUCLOS; Aglaé ou Narbotine, par COYPEL; Contes des fées, par Mme LEPRINCE DE BEAUMONT; Le prince Désiré, par SÉLIS; Contes choisis extraits de différents recueils : Les trois épreuves; Les souhaits; Ardostan; Roxane; Mirzah; Bozaldab; Nahamir; L'aveugle et son chien; Jupiter justifié; Les ames; Le songe merveilleux; Féradir; L'épreuve, ou Améide. — T. XXXVI : Les aventures merveilleuses de don Silvio de Rosalva, traduites de l'allemand de WIÉLAND, par Mme D'USSIEUX. — T. XXXVII : Notice des auteurs; Liste complète des ouvrages qui composent le Cabinet des fées.)

CHAPITRE II. — *Particularités.*

§ 1er. — Romans, contes, apologues orientaux.

* Mémoire sur l'origine du recueil de contes intitulé : *Les mille et une nuits*, par le baron Silvestre DE SACY. — (V. no 166-*A*, *Mém. de l'Instit. : Inscript. et Belles-Lettres*, T. X, page 30.)

* Les mille et une nuits, contes arabes, traduits en français par GALLAND. — (V. no 1374, *Cabinet des fées*, T. VII-XI.)

1375. — Mille et une nuits, contes arabes, traduits en français par GALLAND. Nouvelle édition, augmentée de plusieurs contes, et accompagnée de notes et d'un Essai historique sur les Mille et une nuits, par LOISELEUR-DESLONGCHAMPS; publiée sous la direction de M. Aimé Martin. — *Paris, Auguste Desrez*, 1838, grand in-8.

(Collection du *Panthéon littéraire*.)

1376. — Mémoires du sérail sous Amurat second; traduction arabe par M. DES CHAMPS. (Nouvelle édition.) — *Paris, Hilaire Baritel*, 1704, 2 tomes en 1 vol. in-12.

(Cet ouvrage est le même que celui compris au T. VI des œuvres de Mme de Villedieu (V. n° 397) Est-il réellement traduit de l'arabe? est-il de M. Des Champs? est-il de Mme de Villedieu? Malgré la liberté d'allures qui règne dans ces Mémoires, nous pensons qu'ils ne sont pas de la célèbre romancière: 1° parce que de Visé, en 1683, annonçant dans son *Mercure galant* la mort de Mme de Villedieu, et faisant l'énumération des ouvrages donnés par elle au public, n'indique pas les *Mémoires du sérail*; 2° parce qu'il est dit dans la *Biographie Michaud*, article VILLEDIEU, que plusieurs des romans insérés dans les œuvres de cette dame pourraient bien n'être pas d'elle. Reste la question de savoir si cet ouvrage est une traduction de l'arabe, ou un roman français. Un avis contenu dans la 1re édition des *Mémoires du sérail: Paris, Barbin*, 1770, porte : « Ces mémoires sont tirés d'un manuscrit arabe de Thabel... Son manuscrit est tombé entre les mains de feu M. Des Champs dans les voyages qu'il a faits dans le Levant... Il s'occupa à traduire les douze livres des *Mémoires du sérail*, dont je vous en donne trois à présent ». N'ayant pu trouver de renseignements sur M. Des Champs, dont ne disent rien ni les frères Parfait, ni l'abbé Goujet, ni les diverses biographies ou bibliographies, nous nous décidons, d'après le titre, à placer notre ouvrage dans la division des romans arabes.)

---

* Les mille et un jours, contes persans (par le dervis MOCLEZ), traduits en français par M. PÉTIS DE LA CROIX. — (V. n° 1374, *Cabinet des fées*, T. XIV-XV.)

* Histoire de la sultane de Perse et des visirs, contes turcs composés en langue turque par CHEC-ZADÉ, et traduits en français par GALLAND. — (V. n° 1374, *Cabinet des fées*, T. XVI.)

1377. — Contes et fables indiennes de BIDPAÏ et de LOKMAN, traduites d'ALI-TCHELEBI-BEN-SALEH, auteur turc. Ouvrage commencé par feu M. GALLAND, continué et fini par M. CARDONNE,... — *Paris, P.-G. Simon* (et autres), 1778, 3 vol. in-12.

* (V. aussi n° 1374, *Cabinet des fées*, T. XVII-XVIII.)

§ 2. — Romans, contes, apologues grecs.

* Antonii DIOGENIS incredibilia de Thule insula. — (V. n° 200, *Plotii bibl.* CLXVI.)

* L'âne de LUCIUS de Patras, ou plutôt LUCIEN. — (V. nos 27, 31. — V. aussi n° 360, *Œuvres de* COURIER.)

* Jamblichi de rebus Rhodanis et Sinonidis. — (V. nº 200, *Photii bibl.* XCIV.)

* Les amours pastorales de Daphnis et Chloé, traduites, du grec de Longus, par Amyot. —(V. nº 1373, *Bibl. de campagne*, supplément, T. V. — V. aussi nº 360, *Œuvres de* Courier.)

1578. — Les amours de Théagène et Chariclée, histoire éthiopique d'Héliodore; traduction nouvelle (par Montlyard.) Seconde édition. — *Paris, Samuel Thiboust*, 1620, in-8.

(Figures de Michel Lasne et de Crisp. de Pas.)

* Les amours d'Abrocome et d'Anthia, trad. de Xénophon l'Ephésien, par Jourdan. — (V. nº 1373, *Bibl. de campagne*, supplément, T. IV.)

* Les amours d'Ismène et d'Isménias. (Imité du grec d'Eumathe, grammairien du ivᵉ siècle, par Godard de Beauchamps.) — (V. *Bibl. de campagne*, T. X.)

1579. — Histoire des amours de Chéréas et de Callirrhoë (par Chariton), traduite du grec avec des remarques (par Larcher). — *Paris, Ganeau*, 1763, 2 vol. in-12.

1580. — Esope en trois langues, ou Concordance de ses fables avec celles de Phèdre, Faerne, Desbillons, Lebeau, de La Fontaine, Richer, et autres célèbres fabulistes français. (Par Morin.) Seconde édition, revue et corrigée. — *Paris, impr. d'Auguste Delalain*, 1816, in-12.

* Esope fabuliste. — (V. nº 64, *Œuvres de* Boullanger, T. III.)

* Etudes sur l'antiquité. Babrius et la fable grecque, par R. Dareste. — (V. nº 107, *Revue des Deux Mondes*, 15 avril 1846.)

§ 3. — Romans, contes, apologues latins.

1381. — Traduction entière de PÉTRONE, suivant le nouveau manuscrit trouvé à Bellegrade en 1688, avec les remarques. (Par F. NODOT.) — *Cologne, Pierre Groth*, 1694, 2 vol. in-8.

(Traduction accompagnée du texte.)

* Le Satyricon de T. PÉTRONE, traduction nouvelle par C. H. D. G. (HÉGUIN DE GUERLE), avec les imitations en vers, et les recherches sceptiques sur le Satyricon et sur son auteur de J.-N.-M. DE GUERLE. — (V. *n°* 36, *Biblioth. Panckoucke.*)

* Le Pétrone en vers. (Trad. de M. DE MAROLLES.) — (V. *n°* 940.)

* Examen de l'histoire de la matrone d'Ephèse et des différentes imitations qu'elle a produites, par DACIER. — (V. *n°* 163, *Mém. de l'Acad. des Inscript.*, T. XLI, page 523.)

* APULÉE, traduction nouvelle, par M. V.[te] BÉTOLAUD,... — (V. *n°* 36, *Biblioth. Panckoucke.*)

1382. — L'Asne dor. Ov les Metamorphoses de Lvce APVLEE Philosophe Platonique. Illvstré de commentaires apposez au bout de chasque liure, qui facilitent l'intention de l'Auteur... (Trad. par J. DE MONTLYARD.) — *Paris, Abel Langelier*, M DC II, in-12.

(Première édition, que Brunet n'indique pas. Le privilége est daté du 3 septembre 1601. C'est donc par erreur que, dans le Catalogue de la bibliothèque de feu M. Renouard, l'édition de 1623 est mentionnée comme la première.)

1383. — Les métamorphoses, ou L'âne d'or de L. APULÉE, philosophe platonique... (Par J. DE MONTLYARD.) — *Paris, Samuel Thiboust*, 1623, in-8.

(Figures. — Les commentaires qui suivent la traduction ont une pagination séparée.)

1384. — Les amours de Psyché et de Cupidon, tirés de la métamorphose, ou de l'âne d'or, de L. Apulée de Madaure, philosophe platonicien ; traduction nouvelle avec des remarques, enrichie de figures en taille-douce. — *Rotterdam, Michel Bohm*, 1719, in-12.

1385. — Argénis, roman héroïque (traduit de Barclay par Louis-Pierre de Longue). — *Paris, Pierre Prault*, 1728, 2 vol. in-12.

1386. — Euphormionis Lusinini, sive Joannis Barclai Satyricon bipartitum. Cui adjecta sunt præcipua ejusdem Barclai opera. 1. Apologia pro se. 2. Icon, sive Imago animorum ad Ludovicum XIII,... 3. Alitophili, sive veritatis lachrymæ. (Auct. Claud. Barth. Morisoto.)... — *Rothomagi, apud Joannem de La Mare*, 1628, in-8.

1387. — L'œil clairvoyant d'Euphormion dans les actions des hommes, et de son règne parmi les plus grands et signalés de la cour. Satire de notre temps. Composé en latin par Jean Barcley, et mis en notre langage par M. Nau, avocat en parlement. — 1626. *Paris, Anthoine Estoct*, in-8.

* Larissa. — (V. *n*° 396, *Œuvres de* Théophile.)

1388. — Mythologia sacra-profana, seu Florilegium fabularum, in classes et locos morales digestum : locis, sententiis, historiis, tum profanis, cum sacris, ex puris fontibus Scripturæ, illustratum... Authore P. Irenæo a S. Catharina,... — *Flexiæ, apud Gervasium Laboe*, 1666, in-fol.

§ 4. — Romans, contes, apologues français.

A. — Romans épiques.

* Les amours de Psyché et de Cupidon, par La Fontaine. (V. *n*° 371, *Œuvres*.)

1389. — Les aventures de Télémaque, fils d'Ulysse, par feu messire François DE SALIGNAC DE LA MOTTE-FÉNELON,... — *Limoges, F. Chapoulaud, impr.*, 1820, in-12.

1390. — Télémaque, premier livre, traduction en vers français, suivie d'épigrammes choisies de MARTIAL, même traduction avec le latin en regard; ouvrage dédié à la jeunesse, par Mr BOURIAUD aîné, professeur de mathématiques au lycée de Limoges, et ancien professeur aux écoles centrales. — *Limoges, Bargeas, impr.*, 1814, in-8.

(En double exemplaire.)

1391. — Fata Telemachi, Ulyssis filii, auctore FENELON, in latinum versa, curante L. N. T. D. B. (DE BUSSY),... — *Parisiis, ex typ. Auguste Delalain*, 1819, in-12.

1392. — Le avventure di Telemaco, figliuolo d'Ulisse, composte dal fu monsignor Francesco DI SALIGNAC DELLA MOTHE-FENELON,... Nuova traduzione, riveduta e ricorretta, con annotazioni, et con l'aggiunta delle Avventure di Aristone. — *Parigi, presso G.-C. Molini*, 1785, 2 vol. petit in-12.

1393. — Les voyages de Cyrus, avec un Discours sur la mythologie, par M. RAMSAY (et une lettre de M. FRÉRET à l'auteur sur la chronologie de son ouvrage). — *Paris, veuve Delaulne*, 1728, 2 tomes en 1 vol. in-12.

1394. — Même ouvrage. — *Luxembourg, André Chevalier*, 1728, 2 tomes en 1 vol. in-12.

1395. — Séthos, histoire ou vie tirée des monuments anecdotes de l'ancienne Egypte. Traduite d'un manuscrit grec. (Par l'abbé TERRASSON.) — *Paris, Hippolyte-Louis Guérin*, 1731, 2 vol. in-12.

* Le temple de Gnide, par MONTESQUIEU. — (V. no 81, *OEuvres*.)

1396. — Le naufrage des îles flottantes, ou Basiliade du célèbre PILPAI, poème héroïque; traduit de l'italien par M****** (MORELLY). — *Messine, par une société de libraires*, 1753, 2 vol. in-12.

(Figures. — Traduction supposée. L'ouvrage est réellement de Morelly.)

* Ollivier, poème en XII chants, par CAZOTTE. — (V. n° 356, *Œuvres*, T. I-II.)

1397. — Bélisaire, par M. MARMONTEL,... — *Paris, Merlin*, 1767, in-12.

(Figures. — A la suite : « Fragments de philosophie morale : De la gloire, des grands, de la grandeur.)

1398. — Les Incas, ou La destruction de l'empire du Pérou, par M. MARMONTEL,... — *Paris, Lacombe*, 1777, 2 vol. in-12.

1399. — Joseph, en neuf chants, par M. BITAUBÉ,... — *Berlin, Samuel Pitra*, 1767, 2 vol. in-12.

1400. — Numa-Pompilius, par FLORIAN. — *Paris*, 1786, in-8.

(Le frontispice manque.)

* Estelle. — Galathée. Par le même. — (V. n° 366, *Œuvres*.)

1401. — Busiris, ou Le nouveau Télémaque, par J.-S. QUESNÉ. — *Paris*, et *Rouen, Guilbert, an* X-1801, 2 parties en 1 vol. in-12.

(Figures.)

* Antigone, par BALLANCHE. — (V. n° 61, *Œuvres*, T. I.)

* Atala. — René. — Les aventures du dernier Abencerage. — Les martyrs. — Les Natchez. Par CHATEAUBRIAND. — (V. n° 67, *Œuvres*, T. XVI-XX.)

B. — Romans écrits par des hommes.

* (V. n° 121, *Mélanges* tirés d'une grande bibliothèque; n° 107, *Revue des Deux Mondes;* n° 114, *Revue contemporaine*, etc.; V. aussi n° 1038, *Recueil de contes dits fabliaux.*)

* Mémoire concernant la lecture des anciens romans de chevalerie, par DE LA CURNE DE SAINTE-PALAYE. — (V. n° 163, *Mém. de l'Acad. des Inscript.,* T. XVII, page 787.)

* Histoire ou Romance d'Aucassin et de Nicolette (éditée par le même). — (V. n° 1444.)

1402. — Histoire et Cronicque du Petit Jehan de Saintré et de la Jeune Dame des Belles Cousines, sans aultre nom nommer. (Par Anthoine DE LA SALLE.) Collationnée sur les manuscrits de la bibliothèque royale et sur les éditions du XVIe siècle. — *Paris, publié par Firmin Didot frères*, 1830, grand in-8.

(Edition donnée par Lamy-Denozan.)

1403. — Œuvres de maître François RABELAIS, avec des remarques historiques et critiques de M[r] Le Duchat. Nouvelle édition, ornée de figures de B. Picart, etc. Augmentée de quantité de nouvelles remarques de M. Le Duchat, de celles de l'édition anglaise des œuvres de Rabelais (par Le Motteux, trad. en français par César de Missy), de ses lettres, et de plusieurs pièces curieuses et intéressantes. — *Amsterdam, Jean-Frédéric Bernard*, 1741, 3 vol. in-4.

1404. — L'Astrée de messire Honoré D'URFÉ,... où, par plusieurs histoires, et sous personnes de bergers et d'autres, sont déduits les divers effets de l'honnête amitié... Revue et corrigée en cette dernière édition, et enrichie de figures en taille-douce... — *Paris, Augustin Courbé*, 1633, 7 vol. in-8.

(La seconde partie est de « *Paris, Rémy Dallin*, 1618 »; la troisième, de « *Ant. de Sommaville*, 1632; » la quatrième, de « *Toussaint Quinet*, 1637 »; la cinquième et la sixième sont de « *Robert Fouët*, 1625 ». — Le frontispice du T. VII porte : « La conclusion et dernière partie d'Astrée... composée sur les vrais mémoires de feu Mre Honoré d'Urfé, par le Sr Baro. Troisième édition, revue et corrigée. — *Paris, Anthoine de Sommaville*, 1632 ».)

1405. — La princesse amoureuse, sous le nom de Palmélie, par le sieur DU BAIL. — *Paris, Rollin Baragnes*, 1628, in-12.

1406. — Le fameux Chinois, par Mr DU BAIL. — *Paris, Cardin Besongne* (s. d.), in-12.

* Les aventures du baron de Fœneste, par Théodore-Agrippa D'AUBIGNÉ. Edition nouvelle, augmentée de plusieurs remarques historiques... Enrichie de notes par M*** (Jacob Le Duchat). — *Cologne*, 1729, 2 vol. in-8. — (V. HISTOIRE, nº 736.)

1407. — L'Ariane de monsieur DES MARETS,... De nouveau revue et augmentée de plusieurs histoires par l'auteur, et enrichie de plusieurs figures. — *Paris, Matthieu Guillemot*, 1639, in-4.

1408. — L'Ariane, où sont contenues les aventures de Mélinte, Palamède, Epicharis, etc.; avec plusieurs particularités concernant le règne de Néron. Par M. DESMARETZ,... Nouvelle édition, revue, corrigée et enrichie de figures en taille-douce. — *Paris, par la compagnie des libraires*, 1724, 3 vol. in-12.

* Histoire d'Alcidalis et Zélide, par VOITURE. — (V. *nos* 399, 400, *Œuvres*.)

1409. — Cassandre. (Par DE LA CALPRENÈDE.) — *Paris, Augustin Courbé*, 1653-54, 10 vol. in-12.

1410. — Cléopâtre. Dédiée à monseigneur le Prince. (Par DE LA CALPRENÈDE.) — *Paris, Guillaume de Luynes*, 1654, 11 vol. in-12.

(Il manque le T. I.)

1411. — Bérenger, comte de La Marck. (Par BONNET.) — *Paris, Toussaint Quinet* et *Nicolas de Sercy*, 1645, 4 vol. petit in-8.

1412. — Le roman comique de Mr SCARRON. — *Paris, Michel-Estienne David* et *Christophe David*, 1727, 3 vol.

(Le T. III est de l'édition de 1730.)

1413. — Les nouvelles tragi-comiques de Mr SCARRON. — *Paris Michel David*, 1717, 2 vol. in-12.

* Histoire amoureuse des Gaules, par le comte DE BUSSY-RABUTIN. — *Paris*, 1829, 3 vol. in-8. — (V. HISTOIRE, *n°* 810.)

1414. — Tarsis et Zélie. (Par LE VAYER DE BOUTIGNY.) Nouvelle édition. — *Paris, Musier fils*, 1774, 2 vol. grand in-8.

(Figures. — Il manque le T. I.)

* Mémoires du sérail sous Amurat second. Traduction arabe par feu monsieur DES-CHAMPS. — (V. *n°* 1376.)

* Don Carlos, nouvelle historique, par l'abbé DE S.-RÉAL. — (V. *n°* 91, *Œuvres*, T. II.)

* Les aventures de Renaud et d'Armide. (Par le chevalier DE MÉRÉ.) — *Paris, Claude Barbin*, 1678, in-12. — (V. *n°* 376-5°.)

* Mémoires de M. de Pontis. (Par Th. DU FOSSÉ.) — (V. HISTOIRE, *n°* 636.)

1415. — Les amours de Catulle, par le Sr D. L. C. (DE LA CHAPELLE). — *Paris, Claude Barbin*, 1680, 2 vol. in-12.

(T. I et IV.)

1416. — Les amours de Catulle, par M. DE LA CHAPELLE. Cinquième édition. — *Paris, Poirion*, 1853 (*sic, sed* 1753), 2 vol. in-12.

(Figures.)

1417. — Les amours de Tibulle, par M. DE LA CHAPELLE. Nouvelle édition. — *Paris, veuve Delaulne*, 1732, 2 vol. in-12.

(Il manque le T. I. — Les ouvrages ci-dessus sont des espèces de romans historiques que l'auteur a entremêlés de faibles traductions des plus belles pièces du poète latin. — V. QUÉRARD.)

* Le beau Polonais, nouvelle galante. (Par PRÉCHAC.) — *Paris, Prault père*, 1734, in-12. — (V. ci-après : *Histoire de la comtesse de Savoie.*)

1418. — La duchesse de Milan... (Par Prêchac.) — *Paris, Charles Osmont*, 1682, in-12.

1419. — Le Séraskier Bacha. Nouvelle du temps, contenant ce qui s'est passé au siége de Bude. — *Paris, C. Blageart*, 1685, in-12.

* La France galante... — La France devenue italienne, avec les autres désordres de la cour. — *Cologne*, 1688, in-12. — (V. Histoire, *n°* 821.)

1420. — Histoire secrète du connétable de Bourbon. (Par Baudot de Juilly.) — *Paris, Guillaume de Luyne*, 1696, in-12.

* Histoire de la révolution du royaume de Naples. (Par le même.) — *Paris*, 1757, 4 vol. in-12. — (V. Histoire, *n°* 1356.)

1421. — Histoire des amours du duc d'Arione et de la comtesse Victoria, ou L'amour réciproque. — *La Haye, Abraham Troyel*, 1696, in-12.

1422. — L'histoire secrète des plus fameuses conspirations de la conjuration des Pazzi contre les Médicis, par Mr Le Noble. — *Paris, Pierre Ribou*, 1698, in-12.

1423. — Amusements de la campagne, ou Récréations historiques, avec quelques anecdotes secrètes et galantes. — *Paris*, 1742, T. II et III, in-12.

(Recueil de petits romans par Le Noble et autres, publié par de Vignacourt. — Il manque les T. I et IV–VIII. — Le T. II contient : Histoire de la déposition de Mahomet IV, et Histoire d'Ildegerte, reine de Norwége ; — Le T. III : Le voyage de Falaise, et La fausse comtesse d'Isamberg. Ces quatre ouvrages sont de Le Noble.)

* Mémoires de M. d'Artagnan. (Par Sandras de Courtilz.) — *Amsterdam*, 1704, 4 vol. in-12. — (V. Histoire, *n°* 768.)

1424. — Mémoires de madame la marquise de Fresne. Enrichi de figures. (Par Sandras de Courtilz.) — *Amsterdam, Jean Malherbe*, 1706, in-12.

1425. — Le prince infortuné, ou L'histoire du chevalier de Rohan. (Par le même.) — *Amsterdam* (*Rouen*), *Henry Schetten*, 1713, in-12.

* Romans de Le Sage. — (V. *n*° 374, *Œuvres*.)

1426. — Le diable boiteux, par monsieur Le Sage. Nouvelle édition, corrigée, refondue, augmentée d'un volume par l'auteur, et ornée de figures, avec les Entretiens sérieux et comiques des cheminées de Madrid ; et les Béquilles dudit diable, par monsieur *** (l'abbé Bordelon). — *Paris*, *Prault père*, 1737, 2 vol. in-12.

1427. — Histoire de Gil Blas de Santillane, par M. Le Sage. Dernière édition, revue et corrigée. — *Paris*, *par les libraires associés* (*Ve Gandoin* et autres), 1747, 4 vol. in-12.

(Figures.)

1428. — L'infortuné Napolitain, ou Les aventures et mémoires du signor Rosselly, où est contenue l'histoire de sa naissance, de son état monastique, de son esclavage... (Par l'abbé Olivier.) — *Bruxelles*, *André Rovielli*, 1724, 2 tomes en 1 vol. in-12.

1429. — Histoire de la princesse Estime. — *Paris*, *Guillaume Cavelier*, 1709, in-12.

1430. — Mémoires de la vie du comte de Grammont, contenant particulièrement l'histoire amoureuse de la cour d'Angleterre sous le règne de Charles II. (Par Hamilton.) Seconde édition. — *Cologne*, *Pierre Marteau*, 1714, in-12.

* (V. aussi *n*° 368, *Œuvres d'*Hamilton.)

1431. — Les aventures de ***, ou Les effets surprenants de la sympathie. — *Paris*, *Pierre Hüet*, 1714, 5 vol. in-12.

(Les T. III et IV portent au frontispice : *Paris*, *Pierre Prault*, 1714. — Ce roman est attribué à l'abbé Bordelon par G. Martin (*Cat. de la C. de Verrue*) ; à Marivaux, par Lenglet du Fresnoy dans sa *Bibliothèque des romans*, et au chevalier de Mailly par le même dans ses *Notes manuscrites*. — Formey, dans son édition de *La France littéraire*, dit que Marivaux n'est auteur que d'une partie de cet ouvrage, qui cependant se trouve imprimé en entier dans la collection des œuvres de Marivaux, *Paris, Ve Duchesne*, 1781, 12 vol. in-8. — V. Barbier.)

1432. — La vie de Marianne, ou Les aventures de madame la comtesse de ***, par Mr de Marivaux,... Nouvelle édition. — *Paris, Prault et fils*, 1755, 4 vol. petit in-12.

1433. — Lettres persanes. (Par Montesquieu.) Troisième édition. — *Amsterdam* (*Paris*), *Jacques Desbordes*, 1730, 2 tomes en 1 vol. in-12.

* (V. aussi *n°* 81, *Œuvres*.)

1434. — Edèle de Ponthieu, nouvelle historique, par *** (de Vignacourt). — *Paris, Jean Musier*, 1723, 2 parties en 1 vol. in-12.

1435. — Les aventures du prince Jakaya, ou Le triomphe de l'amour sur l'ambition, anecdotes secrètes de la cour othomane. (Par le même.) — *Paris, Guillaume-Denis David*, 1732, 2 tomes en 1 vol. in-12.

1436. — Histoire secrète des femmes galantes de l'antiquité. (Par F.-N. Dubois.) — *Paris, Estienne Ganeau*, et *Rouen, Jore*, 1726-32, 6 vol. in-12.

1437. — Même ouvrage. — *Amsterdam, Zacharie Chatelain*, 1745, 6 vol. in-12.

1438. — Mémoires et aventures d'un homme de qualité qui s'est retiré du monde. (Par l'abbé Prévost d'Exiles.) Nouvelle édition, revue et considérablement augmentée sur quelques manuscrits trouvés après sa mort. — *Amsterdam* et *Paris, Martin* (et autres), 1756, 6 vol. petit in-12.

1439. — Histoire du chevalier des Grieux et de Manon Lescaut. (Par le même.) — *Amsterdam, aux dépens de la compagnie*, 1756, 2 vol. petit in-12.

1440. — Le philosophe anglais, ou Histoire de monsieur Cleveland, fils naturel de Cromwell, écrite par lui-même, et traduite de l'anglais. (Composée par l'abbé Prévost.) Nouvelle édition. — *Utrecht, Etienne Neaulme*, 1736-39, 8 vol. in-12.

1441. — Le doyen de Killerine, histoire morale... Par l'abbé Prévost. Nouvelle édition, avec figures. — *Lyon, Amable Le Roy*, 1783-84, 3 vol. in-12.

1442. — Histoire de Marguerite d'Anjou, reine d'Angleterre, par M. l'abbé Prévost,... — *Amsterdam (Paris), François Desbordes*, 1740, 2 parties en 1 vol. in-12.

1443. — Campagnes philosophiques, ou Mémoires de M. de Montcal, aide-de-camp de Mr le maréchal de Schomberg, contenant l'histoire de la guerre d'Irlande, par l'auteur des Mémoires d'un homme de qualité (l'abbé Prévost). — *Amsterdam, Jaques Wetstein*, 1742, 2 tomes en 1 vol. in-12.

1444. — Mémoires d'un honnête homme. (Par le même.) — *Londres, Moyse Chastel*, 1746, 2 tomes en 1 vol. in-12.

(A la suite :)

1° — Panégyrique du sieur Jacques-Mathieu Reinhart, maître cordonnier, prononcé le 13e mois de l'an 2899 dans la ville de l'Imagination, par Pierre Mortier, diacre de la cathédrale. (Par Frédéric II, roi de Prusse.) — *Avec permission de Mgr l'archevêque de Bonsens*, 1759, in-12 de 38 pages.

2° — Histoire ou Romance d'Aucassin et de Nicolette (tirée d'un ancien manuscrit composé vers le temps de S. Louis, et mise en langage moderne par de La Curne de Sainte-Palaye). — (A la fin :) 1752. In-12 de 60 pages.

1445. — Mahmoud le Gasnevide, histoire orientale; fragment traduit de l'arabe, avec des notes. (Composé par Melon.) — *Rotterdam, Jean Hofhoudt*, 1729, in-8.

(Melon, né à Tulle (Corrèze), et mort à Paris le 24 janvier 1738. Cet ouvrage est, d'après l'abbé Lenglet-Dufresnoy, une histoire allégorique de la régence.)

1446. — Lettres turques, revues, corrigées et augmentées. (Par POULLAIN DE SAINT-FOIX.) — *Amsterdam, Pierre Mortier*, 1757, 2 parties en 1 vol. in-12.

(Le frontispice de la seconde partie porte : « Lettres turques ou de Nedim Coggia ».)

* (V. aussi n° 88, *Œuvres*, T. II.)

1447. — Le théâtre des passions et de la fortune, ou Les aventures surprenantes de Rosamidor et de Théoglaphire. Histoire australe. (Par DE CASTERA.) — *Paris, Saugrain*, 1731, in-12.

1448. — Le repos de Cyrus, ou L'histoire de sa vie depuis sa seizième jusqu'à sa quarantième année. (Par l'abbé PERNETTI.) — *Paris, Briasson*, 1732, 3 tomes en 1 vol. in-8.

(Figures.)

* Le colporteur. — Amusements des dames. — Les trois C. — Je m'y attendais bien. — Mémoires d'une honnête femme. — Essai sur les mémoires de M. Guillaume. Par CHEVRIER. — (V. n° 358, *Œuvres*.)

1449. — Tanzai et Néadarné, histoire japonaise. (Par CRÉBILLON fils.) — *Pékin, chez Lou-Chou-Chu-La* (*Paris*), 1734, 2 vol. in-12.

1450. — Ah! quel conte! conte politique et astronomique. (Par le même.) — *Bruxelles, frères Vasse* (*Paris, Mérigot*), 1754, 8 vol. in-12.

1451. — Lettres athéniennes, extraites du porte-feuille d'Alcibiade. (Par le même.) — *Londres, Pierre Elsmy* (*Paris*), 1771, 4 vol. in-12.

1452. — Amusements des eaux de Spa. (Par de POELLNITZ.)... Enrichi de tailles-douces... Nouvelle édition. — *Amsterdam, Pierre Mortier*, 1752, 4 vol. petit in-12.

1453. — La paysanne parvenue, ou Les mémoires de madame la marquise de L. V, par monsieur le chevalier DE MOUHY. — *Amsterdam, aux dépens de la compagnie*, 1746, 4 tomes en 2 vol. in-12.

1454. — Mémoires d'Anne-Marie de Moras, comtesse de Corbon, écrits par elle-même... (Par le même.) — *Amsterdam, Marc-Michel Rey*, 1769, 4 parties en 1 vol. in-12.

1455. — Mémoires du comte de Comminville. (Par Jean DU CASTRE D'AUVIGNY.) — *Paris, Jean-François Josse*, 1735, in-12.

1456. — Lettres de Thérèse ***, ou Mémoires d'une jeune demoiselle de province pendant son séjour à Paris. (Par Ph. BRIDARD DE LA GARDE.) — *Amsterdam, aux dépens de la compagnie*, 1741, les 3 premières parties en 1 vol. in-12.

Les 3 dernières parties manquent.)

* Les soupers de Daphné et les dortoirs de Lacédémone... (Par MEUSNIER DE QUERLON.) — (V. *n°* 125-3°.)

1457. — Le nouveau Télémaque, ou Voyages et aventures du comte de.... et de son fils; avec des notes historiques, géographiques et critiques, par l'auteur des Mémoires d'une dame de qualité (l'abbé LAMBERT). — *La Haye, Pierre van Cleet*, 1744, 2 vol. in-12.

1458. — Histoire de madame de Luz; anecdote du règne d'Henri IV. (Par DUCLOS.) — *La Haye, Pierre de Hondt* (*Paris*), 1741, 2 parties en 1 vol. in-12.

1459. — Mémoires du comte DE RANTZOW, ou Les heures de récréation à l'usage de la noblesse de l'Europe. — *Amsterdam, Pierre Mortier*, 1741, 2 tomes en 1 vol. in-12.

* Mémoires du maréchal de Tourville. (Par l'abbé DE MARGON.) — *Amsterdam*, 1758, 3 vol. in-12. — (V. HISTOIRE, *n°* 798.)

* Romans de CAZOTTE. — (V. *n°* 356, *Œuvres*.)

1460. — Mémoires de madame la comtesse de***, écrits par elle-même à une amie. (Par G. D.) — *La Haye*, *Isaac Beauregard*, 1744, 2 parties en 1 vol. in-12.

1461. — Romans et contes de M. de Voisenon. — *Londres* (*Paris*), 2 tomes en 1 vol. petit in-12.

* Chinki, histoire chinoise qui peut servir à d'autres pays. (Par l'abbé Coyer.) — *Londres*, 1768, in-8.

(Relié à la suite de l'*Eloge historique* de Michel de L'Hopital. (Par de Guibert). — V. Histoire, *supplément*.)

1462. — Les époux malheureux, ou Histoire de monsieur et madame de La Bédoyère, écrite par un ami. (Par d'Arnaud de Baculard). — *La Haye*, 1764, 4 tomes en 2 vol. in-12.

(Les T. III et IV portent au frontispice : « Recueil de toutes les pièces du procès d'entre Mr et madame de La Bédoyère; M. de La Bédoyère, leur fils; Agathe Sticotti, etc.; avec l'Extrait du plaidoyer de Mr l'avocat général du parlement de Paris, et le Précis de l'arrêt qui est intervenu ».)

1463. — Mémoires d'Euphémie. (Par le même.) — Lettre de l'auteur à l'occasion du drame précédent (le drame d'Euphémie). — (*Paris*, *Le Jay,* 1769), in-8.

(Le drame dont il est question ne se trouve pas dans le vol.)

1464. — Epreuves du sentiment, par M. d'Arnaud. — *Paris, Moutard*, 1781, 6 vol. in-12.

(Chaque vol. a 2 parties dont la pagination suit, mais qui portent un frontispice particulier : T. I : Fanny; Lucie et Mélanie; Clary; Julie. — T. II : Nancy; Batilde; Anne Bell; Sélicourt. — T. III : Sidney et Volsan; Adelson et Salvini; Sargines; Zénothémis. — T. IV : Bazile; Lorezzo; Liebman; Rosalie. — T. V : Ermance; D'Almanzi; Pauline et Suzette; Makin. — T. VI : Germeuil; Daminville; Henriette et Charlot; Valmiers.)

* Romans de Voltaire. — (V. nº 99, *Œuvres*, T. XLIV-XLV.)

1465. — Candide, ou L'optimisme, traduit de l'allemand de monsieur le docteur Ralph. (Composé par Voltaire.) — *Genève*, 1761, 2 parties en 1 vol. petit in-12.

1466. — Le Huron, ou L'ingénu. (Par le même.) Seconde édition. — *Lausanne*, 1767, in-12.

1467. — Voyages et aventures d'une princesse babylonienne, pour servir de suite à ceux de Scarmentado, par un vieux philosophe qui ne radote pas toujours. (Par le même.) — *Genève*, 1758, in-8.

(A la suite :)

— Lettres de M. DE VOLTAIRE à ses amis du Parnasse, avec des notes historiques et critiques. — *Genève*, 1766, in-8.

* Romans de DIDEROT. — (V. *n*° 71, *Œuvres*, T. V.)

1468. — Zélinga, histoire chinoise. (Par PALISSOT?) — *Marseille*, 1749, in-12.

(C'est Barbier qui attribue ce roman à Palissot. Mais il ne se trouve imprimé dans aucune édition de ses œuvres. — V. QUÉRARD.)

1469. — Anecdotes de la cour de Bonhomie, par l'auteur des « Mémoires de Versorand » (Henri-Fr. DE LA SOLLE). — *Londres*, *Jean Nourse*, et *Paris*, *Rollin*, 1752, 2 parties en 1 vol. in-12.

* Mémoires du comte de Bonneval. — (V. HISTOIRE, *n*° 770.)

1470. — Histoire de Laïs, courtisane grecque; avec des anecdotes sur quelques philosophes de son temps. (Par LEGOUX DE GERLAND.) — *La Haye* et *Paris*, *Sébastien Jorry*, 1756, in-12.

(La 1re partie seulement.)

1471. — Tant pis pour lui, ou Les spectacles nocturnes. (Par MAGNY.) — (S. l. n. n.), 1764, 2 parties en 1 vol. in-12.

1472. — Lettres de deux amants, habitants d'une petite ville au pied des Alpes, recueillies et publiées par J.-J. ROUSSEAU. — *Amsterdam*, *Marc-Michel Rey*, 1761, 6 vol. in-12.

* (V. aussi n° 84, *Œuvres*.)

1473. — Mémoire du comte de Guine, par M. *** (LE BLANC DE GUILLET). — *Amsterdam* (*Paris*), 1761, in-12.

1474. — L'innocence du premier âge en France, ou Histoire amoureuse de Pierre Le Long et de Blanche Bazu; suivie de La rose, ou La fête de Salency. (Avec La cour d'amour, ou Le couronnement d'Emée et de Bazile, pastorale en 1 acte et en vers, par BILLARDON DE SAUVIGNY.) Nouvelle édition, considérablement augmentée. — *Paris, Ruault*, 1778, in-8.

1475. — Le mariage du siècle, ou Lettres de madame la comtesse de Castelli à madame la baronne de Fréville, par monsieur CONTANT D'ORVILLE. — *En France*, 1766, 2 parties en 1 vol. in-12.

1476. — Mémoires du marquis de Solanges. (Par DESBOULMIERS.) — *Amsterdam* et *Paris, L'Esclapart et veuve Duchesne*, 1766, 2 vol. in-12.

1477. — Le compère Matthieu, ou Les bigarrures de l'esprit humain. (Par l'abbé DU LAURENS.) — *Londres, aux dépens de la compagnie*, 1772, 3 vol. in-12.

(Le T. I porte par erreur au frontispice : 1732, au lieu de 1772.)

1478. — Même ouvrage. Nouvelle édition... — *Paris, chez les libraires associés*, 1792, 3 tomes en 1 vol. in-12.

(Figures.)

1479. — Histoire de Sophie de Francourt, par monsieur*** (le Mis DE LA SALLE?). — *Paris, Merlin*, 1768, 2 vol. in-12.

(On lit dans la correspondance de Grimm, T. XL, p. 339 (février 1783) : « Sophie de Francourt, comédie nouvelle en cinq actes de M. le Mis DE LA SALLE. Le sujet de ce drame est tiré d'un roman de l'auteur qui porte ce titre, et qui n'est pas moins ennuyeux ». L'appréciation de Grimm nous semble parfaitement convenir au roman ci-dessus.)

1480. — L'homme au latin, ou La destinée des savants, histoire sans vraisemblance. (Par SIRET.) — *Londres, Jean Nourse*, 1769, in-8.

1481. — Les malheurs de l'inconstance, ou Lettres de la marquise de Circé et du comte de Mirbelle. (Par DORAT.) — *Amsterdam*, et *Paris*, *Delalain*, 1772, 2 vol. in-8.

(Figures.)

1482. — Le comte de Valmont, ou Les égarements de la raison. Lettres recueillies et publiées par M.... (par l'abbé GÉRARD). Troisième édition, revue et augmentée. — *Paris, Moutard*, 1776, 3 vol. in-12.

(Figures.)

1483. — Les liaisons dangereuses, ou Lettres recueillies dans une société, et publiées pour l'instruction de quelques autres, par C.... DE L.... (CHODERLOS DE LACLOS). — *Genève*, 1792, 4 parties en 2 vol. in-18.

(Figures.)

1484. — Le vice et la faiblesse, ou Mémoires de deux provinciales, rédigés par l'auteur de la « Quinzaine anglaise » (le chevalier DE RUTLIDGE). — *Lausanne*, et *Paris*, *Regnault*, 1785, 2 vol. in-12.

1485. — Camille, ou Lettres de deux filles de ce siècle, traduites de l'anglais sur les originaux. (Composé par Sam. CONSTANT DE REBECQUE.) — *Londres*, et *Paris*, *Delalain le jeune*, 1785, 4 vol. in-12.

1486. — Mémoires de madame de Warens, suivis de ceux de Claude Anet, publiés par un C. D. M. D. P. (Par le général DOPPET)... — *Chambéry*, 1786, in-8.

(Grimm, T. XIII, p. 157, ne voit dans ces Mémoires qu'un roman commandé par la famille de Mme de Warens.)

* Vie privée du cardinal Dubois. (Par MONGEZ.) — *Londres*, 1789, in-8. — (V. HISTOIRE, n° 840.)

* Romans de Bernardin DE SAINT-PIERRE. — (V. n° 89, *OEuvres*.)

1487. — Romans de Charles NODIER,... Nouvelles éditions, revues et accompagnées de notes. — Jean Sbogar; Le peintre de Saltzbourg; Les méditations du cloître; Adèle; Thérèse Aubert. — *Paris, Charpentier*, 1850, in-18 anglais.

1488. — Souvenirs de jeunesse, suivis de Mademoiselle de Marsan et La neuvaine de La Chandeleur, par Charles NODIER,... Cinquième édition. — *Paris, Charpentier*, 1850, in-18 anglais.

1489. — Obermann, par de SÉNANCOUR. Nouvelle édition, revue et corrigée, avec une Préface par Georges SAND. — *Paris, Charpentier*, 1852, in-18 anglais.

1490. — Les voyages de Kang-Hi, ou Nouvelles lettres chinoises, par M. DE LÉVIS. — *Paris, impr. de P. Didot l'aîné*, 1810, 2 vol. in-12.

1491. — Raymond, par Louis-Aimé MARTIN; suivi de plusieurs fragments tirés des « Tableaux et beautés pittoresques de la nature », ouvrage inédit du même auteur. — *Paris, Panckoucke* et *H. Nicolle*, 1812, in-8.

1492. — Simon de Nantua, ou Le marchand forain... Par M. L.-P. DE JUSSIEU. — *Paris, L. Colas*, 1818, in-12.

* Romans de Victor HUGO. — (V. n° 369, *OEuvres*, T. V, VI, X, XI.)

* Voyage de Polyclète... par M. le baron Alexandre DE THÉIS... — *Paris*, 1828, 3 vol. in-12. — (V. HISTOIRE, n° 367.)

(M. de Théis a été préfet de la Haute-Vienne après la révolution de 1830. L'auteur, dans ce roman, a fait pour l'Italie ce que l'abbé Barthélemy avait fait pour la Grèce. — V. QUÉRARD)

1493. — Julia Sévéra, ou L'an quatre-cent-quatre-vingtdouze, par J.-C.-L. Simonde de Sismondi,... — *Paris, Treuttel et Würtz*, 1822, 3 vol. in-12.

1494. — Œuvres complètes de M. le comte Xavier de Maistre. Nouvelle édition, revue par l'auteur, et accompagnée de trois belles gravures. — *Paris, Dondey-Dupré père et fils*, 1828, 2 vol. in-8.

(T. I : Voyage autour de ma chambre ; Expédition nocturne autour de ma chambre. — T. II : Le lépreux de la cité d'Aoste ; Les prisonniers du Caucase ; La jeune Sibérienne.)

1495. — Voyage dans la vallée des originaux, par feu M. du Coudrier. — *Paris, Baudouin frères*, 1828, 3 vol. in-12.

1496. — Scènes de mœurs arabes, par Louis Viardot. — Espagne. Dixième siècle. — *Paris, Paulin*, 1834, in-8.

1497. — Jérôme Paturot à la recherche d'une position sociale, par Louis Reybaud. Nouvelle édition, entièrement revue et corrigée. — *Paris, Michel Lévy frères*, 1852, in-18 anglais.

1498. — Jérôme Paturot à la recherche de la meilleure des républiques, par Louis Reybaud. — *Paris, Michel Lévy frères*, 1849, 4 vol. in-18 anglais.

1499. — Elie Berthet. — L'étang de Précigny. — *Paris, Alexandre Cadot*, 1857, in-16.

(M. Elie-Bertrand Berthet est né à Limoges le 8 juin 1815.)

1500. — Elie Berthet. — La mine d'or. — *Paris, Arnauld de Vresse*, 1856, in-18 anglais.

1501. — Elie Berthet. — Antonia [La fille des Pyrénées]. — *Paris, Alexandre Cadot* (s. d.), in-16.

1502. — Elie Berthet. La malédiction de Paris, précédée des Souvenirs d'une cigale pythagoricienne. — *Paris, Passard*, 1852, in-16.

1503. — Le dernier Irlandais, par Elie BERTHET. — *Paris, Passard*, 1852, 3 vol. in-8.

1504. — La ferme de La Borderie, par Elie BERTHET. — *Paris, Passard*, 1853, 2 vol. in-8.

1505. — Le cadet de Normandie, par Elie BERTHET. — *Paris, Passard*, 1853, 2 vol. in-8.

1506. — Elie BERTHET. — Le nid de cigognes. — *Paris, Alexandre Cadot*, 1857, in-16.

1507. — La bête du Gévaudan, par Elie BERTHET,... — *Paris, L. de Potter* (s. d.), 5 vol. in-8.

1508. — Elie BERTHET. — Les chauffeurs. — *Paris, libr. nouvelle*, 1859, in-18 anglais.

1509. — Elie BERTHET. — La roche tremblante. — Le premier hareng. — Le chasseur de marmottes. — Les deux mourants. — *Paris, libr. nouvelle*, 1859, in-18 anglais.

1510. — Les amours d'un vieillard, par Martial PALAND. — *Paris, Andrieux*, 1854, in-8.

(M. Paland est né à Limoges.)

C. — **Romans écrits par des femmes.**

1511. — Ibrahim, ou L'illustre bassa. (Par Mlle DE SCUDÉRY.) Nouvelle édition, revue, corrigée et ornée de figures en taille-douce. — *Paris, P. Witte* 1723, 3 vol. in-12.

(Le T. I manque.)

1512. — Orasie. (Par Mlle DE SENECTERRE, avec la collaboration de MÉZERAY.) — *Paris, Augustin Courbé*, 1646, 4 vol. in-12.

* Romans de Mme DE VILLEDIEU. — (V. nº 397, *Œuvres*.)

1513. — Le journal amoureux... Par Me DE VILLEDIEU. — *Paris, veuve Michel Brunet*, 1701, 2 tomes en 1 vol. in-12.

* Romans de Mme DE LA FAYETTE. — (V. nº 76, *Œuvres*.)

1514. — Histoire des amours de Cléante et Bélise. (Par la présidente FERRAND née BELIZANI.) Avec le recueil de ses lettres (publié par le baron de Breteuil). — (S. l. n. n.), 1696, in-12.

1515. — Hypolite, comte de Duglas. Histoire anglaise. (Par madame D'AULNOY.) Dernière édition. — *Amsterdam, Abraham Wolfgang*, 1726-28, 2 tomes en 1 vol. in-12.

1516. — Le comte de Warwick, par madame D'AULNOY. Nouvelle édition, revue et corrigée. — *Paris, par la compagnie des libraires*, 1729, 2 tomes en 1 vol. in-12.

1517. — Histoire secrète de Bourgogne, par Mlle DE LA FORCE (DE CAUMONT). — *Paris, impr. de Didot l'aîné*, 1782, 3 vol. in-12.

(Le faux-titre porte : « Romans historiques, xve siècle ».)

1518. — Histoire de Marguerite de Valois, reine de Navarre, sœur de François Ier. (Par Mlle DE LA FORCE.) — *Amsterdam, Pierre Mortier*, 1745, 2 vol. in-12.

1519. — Même ouvrage. — *Paris, impr. de Didot l'aîné*, 1783, 5 vol. in-12.

(Le T. II manque. — Le faux-titre porte : « Romans historiques, xvie siècle ». Cette édition a été publiée par de Laborde. Le T. V comprend des Notices historiques sur les personnages de l'histoire de la reine de Navarre, et le T. VI, une Notice sur la vie de François Ier, des Poésies diverses de ce roi, le Rétablissement des faits et un Recueil de lettres.)

* Mémoires secrets de la cour de Charles VII. (Suivis de l'Histoire de la Pucelle.) Par Mme D*** (Catherine BEDACIER

née Durand). — *Paris*, 1734, 2 vol. in-12. — (V. Histoire, n° 672.)

* Henry, duc des Vandales. (Par la même). — (V. n° 365.)

1520. — Lettres d'une Péruvienne. (Par Mme de Graffigny.) Nouvelle édition, augmentée de plusieurs lettres et d'une Introduction à l'histoire. — *Paris, Duchesne*, 1761, 2 vol. in-12.

(Figures.)

* Anecdotes, ou Histoire secrète de la maison ottomane. (Par Mme de Gomez.) — *Amsterdam*, 1722, 4 tomes en 2 vol. in-12. — (V. Histoire, n° 1388.)

1521. — Crémentine, reine de Sanga, histoire indienne, par madame de Gomez. — *La Haye, Henry van Bulderen*, 1740, 4 parties en 2 vol. in-12.

(Figures.)

1522. — Histoire d'Osman, premier du nom, XIXe empereur des Turcs, et de l'impératrice Aphendina Ashada, par madame de Gomez. — *Paris, Prault père*, 1734, 2 vol. in-12.

* Histoires du comte d'Oxfort... (Par Mme de Gomez.) — (V. ci-après n° 1530.)

1523. — Histoire de la comtesse de Gondez, écrite par elle-même. (Par Mlle de Lussan.) Nouvelle édition, revue, corrigée et augmentée. — *Paris, Noel Pissot*, 1727, 2 vol. in-12.

1524. — Anecdotes de la cour de Philippe-Auguste, par Mlle de Lussan. Nouvelle édition. — *Paris, veuve Pissot*, 1738, 6 vol. in-12.

(L'abbé de Boismorand a eu part à cet ouvrage. — V. Quérard.)

1525. — Annales galantes de la cour de Henri second,

par mademoiselle DE LUSSAN. — *Amsterdam* (*Paris*), *Jacque Desbordes*, 1749, 2 vol. in-12.

1526. — Marie d'Angleterre, reine-duchesse. Dédié à madame la marquise de Pompadour, par mademoiselle DE LUSSAN. — *Amsterdam* (*Paris*), *Jacque Desbordes*, 1749, in-12.

* Histoire et règne de Charles VI, par Mlle DE LUSSAN (ou plutôt par BAUDOT DE JUILLY). — *Paris*, 1753, 9 vol. in-12. — (V. HISTOIRE, *n*° 670.)

* Histoire de la révolution du royaume de Naples... Par Mlle DE LUSSAN (ou plutôt par BAUDOT DE JUILLY). — *Paris*, 1757, 4 vol. in-12. — (V. HISTOIRE, *n*° 1356.)

1527. — In-12 contenant :

1° — Histoire de la comtesse de Savoye. (Par Mme DE FONTAINES.) — (S. l. n. n.), 1726.

2° — Le beau Polonais, nouvelle galante, dédiée à monseigneur de Villeroy. (Par PRÉCHAC.) — *Paris*, *Prault père*, 1734.

1528. — Histoire de mademoiselle de Salens, par madame *** (DE LINTOT). — *La Haye* (*Paris*), *Jean Neaulme*, 1740, 2 vol. in-12.

1529. — Œuvres de madame DE TENCIN. — *Amsterdam* et *Paris*, *hôtel Serpente*, 1786, 5 tomes en 3 vol. petit in-12.

(Portrait. — T. I : Mémoires du comte de Comminges (en collaboration avec d'ARGENTAL et PONT-DE-VESLE). — Les T. II et III manquent. — T. IV et V : Les malheurs de l'amour. — T. VI et VII : Anecdotes de la cour et du règne d'Edouard II, roi d'Angleterre (terminées par Mme ÉLIE DE BEAUMONT.)

1530. — Le siége de Calais, nouvelle historique. (Par Mme DE TENCIN et PONT DE VESLE.) Deuxième édition. — *La Haye* (*Paris*), *Jean Neaulme*, 1739, 2 tomes en 1 vol. in-12.

(A la suite :)

— Histoires du comte d'Oxfort et de miledy d'Herby; et

d'Eustache de St-Pierre et de Béatrix de Guines, au siége de Calais, sous le règne de Philippe de Valois, roi de France. (Par Mme DE GOMEZ.) — *Paris, David*, 1737, in-12.

1531. — Lettres de milady Juliette Catesby à milady Henriette Campley, son amie. (Par Mme RICCOBONI.) — *Amsterdam*, 1759, in-12.

1532. — Lettres d'Elisabeth-Sophie de Vallière à Louise-Hortense de Canteleu, son amie, par madame RICCOBONI. — *Paris, Humblot*, 1772, 2 vol. in-12.

1533. — Mémoires de madame la baronne de Batteville, ou La veuve parfaite, par madme LE PRINCE DE BEAUMONT. — *Lyon, Pierre Bruyset-Ponthus*, 1766, in-12.

* Romans de Mme DE STAEL-HOLSTEIN. — (V. no 93, *Œuvres.*)

1534. — Lettres écrites de Lausanne. (Par Mme DE CHARRIÈRES.) — *Genève*, et *Paris, Prault*, 1788, 2 parties en 1 vol. in-8.

1535. — Une fausse position, par Mme C. MARBOUTY [CLAIRE BRUNNE]. — *Paris, Amyot*, 1844, 2 vol. in-8.

1536. — Le marquis de Précieux, ou Les trois époques. 1812-1820-1830. Par CLAIRE BRUNNE (Mme MARBOUTY née PÉTINIAUD). — *Paris, Hippolyte Souverain*, 1850, in-8.

D. — Contes et nouvelles en prose.

(Pour les contes et les nouvelles en vers, V. la *division* POÉSIE, *nos* 1126-28.)

1537. — Les contes du gay sçavoir. Ballades, fabliaux et traditions du moyen âge, publiés par Ferd. Langlé, et ornés de vignettes et fleurons, imités des manuscrits originaux par

Bonington et Monnier. — *Imprimé par Firmin Didot pour Lami Denozan, libraire...* (1828), grand in-8.

1538. — Les contes, ou Les nouvelles récréations et joyeux devis de Bonaventure DES PÉRIERS, valet de chambre de la reine de Navarre, avec un choix des anciennes notes de Bernard de La Monnoye et de Saint-Hyacinthe, revues et augmentées par Paul-L. Jacob, bibliophile, et une Notice littéraire par Charles NODIER,... — *Paris, Charles Gosselin*, 1843, in-18 anglais.

1539. — Contes de monsieur PERRAULT; avec des moralités. Nouvelle édition. — *Paris, Nicolas Gosselin*, 1724, in-12.

1540. — La tour ténébreuse et les jours lumineux, contes anglais, accompagnés d'historiettes, et tirés d'une ancienne chronique composée par Richard surnommé Cœur-de-Lion, roi d'Angleterre; avec le récit de diverses aventures de ce roi. (Par Mlle L'HÉRITIER.) — *Paris, veuve de Claude Barbin*, 1705, in-12.

1541. — Nouvelles toutes nouvelles, par M. D. L. C. (le chevalier DE MAILLY). — *Paris, Jean Moreau*, 1709, in-12.

1542. — Les mille et un quart-d'heure, contes tartares. (Par GUEULLETTE.) Nouvelle édition. — *Paris, chez les libraires associés*, 1753, 3 vol. in-12.

1543. — Les mille et une heure, contes péruviens. (Par le même.) — *Amsterdam, Wetstein et Smith*, 1733, 2 vol. petit in-12.

1544. — Même ouvrage. Nouvelle édition, revue, corrigée et considérablement augmentée par l'auteur. — *Londres*, et *Paris, Nyon* (et autres), 1759, 2 vol. in-12.

1545. — Les journées amusantes, dédiées au roi, par madame DE GOMEZ. Troisième édition, revue, corrigée et enrichie de figures en taille-douce. — *Paris, Denys Mouchet,* 1737, 7 vol. in-12.

(Le T. I manque.)

1546. — Première (trente-sixième) partie des cent nouvelles nouvelles de madame DE GOMEZ. — *Paris, Maudouyt,* 1735-39, 34 tomes en 17 vol. in-12.

(Il manque la 5e et la 6e partie, formant le T. III.)

1547. — Contes moins contes que les autres, Sans parangon et La reine des fées. — *Paris, par la compagnie des libraires associés,* 1724, in-12.

1548 — Les veillées de Thessalie, troisième édition, revues, corrigées et augmentées de Trois veillées, par mademoiselle DE LUSSAN. — *Paris, veuve Pissot,* 1741, 4 vol. in-12.

1549. — Soirées du bois de Boulogne, ou Nouvelles françaises et anglaises, rédigées par M. le comte de**** (CAYLUS). — *La Haye, Jean Neaulme,* 1742, 2 vol. in-12.

1550. — Contes moraux, par M. MARMONTEL, de l'Académie Française. — *Paris, J. Merlin,* 1765, 3 vol. in-12.

(Portrait de Marmontel.)

1551. — L'école du monde, à l'usage des jeunes gens de l'un et de l'autre sexe. (Par DE BOISMINON) — *Amsterdam,* et *Paris, Le Jay,* 1770, 2 parties en 1 vol. in-12.

1552. — Histoires morales, suivies d'une Correspondance épistolaire entre deux dames, par mademoiselle *** (BODIN DE BOISMORTIER). — *Londres,* et *Paris, Le Jay,* 1768, in-12.

* Les frères Lasne, anciens commerçants à Beaune. Origine des plaisanteries faussement imaginées sur le compte des citoyens de cette ville. Explication de quelques historiettes. Par M. A.-T. CHEVIGNARD DE LA PALLUE,... — *A Bonne-Intention,* 1784. — Récit de ce qui s'est passé à Beaune à

l'occasion du prix de l'arquebuse... Par le même. — In-12 de 36 pages. — (V. nº 393, *Œuvres de* THOMAS, T. V.)

* Nouvelles de FLORIAN. — (V. nº 366, *Œuvres.*)

1553. — Les veillées du château, ou Cours de morale à l'usage des enfants, par l'auteur d'Adèle et Théodore (Mme DE GENLIS). — *Paris, impr. de Lambert et Baudouin*, 1784, 3 vol. in-12.

(Le T. III porte au titre de départ : « Contes moraux à l'usage des jeunes personnes »)

1554. — Contes fantastiques, par Charles NODIER,... Nouvelle édition, accompagnée de notes. — Le songe d'or. — La fée aux miettes. — Trésor des fèves et Fleur des pois. — Le génie Bonhomme. — Smarra. — *Paris, Charpentier,* 1850, in-18 anglais.

1555. — Contes de la veillée, par Charles NODIER,... — *Paris, Charpentier,* 1853, in-18 anglais.

1556. — Nouvelles, suivies des Fantaisies du dériseur sensé, par Charles NODIER,... Nouvelle édition, accompagnée de notes. — Les proscrits. — Trilby. — L'amour et le grimoire. — Inès de Las Sierras. — Voyage dans le Paraguay-Roux. — Les marionnettes. — Léviathan-le-Long. — Hurlubleu. — Lydie. — La vision. — Franciscus Columna. — *Paris, Charpentier,* 1850, in-18 anglais.

1557. — Nouvelles genevoises. — Rosa et Gertrude. — Par R. TÖPFFER. Nouvelle édition, précédée d'une Notice par SAINTE-BEUVE. — *Paris, Victor Lecou,* 1853, in-18 anglais.

1558. — Nouveaux souvenirs de voyage, par X. MARMIER. — Franche-Comté. — *Paris, Charpentier,* 1845, in-18 anglais.

1559. — Originaux du XVIIe siècle, par Paul DE MUSSET. Troisième édition, revue et corrigée. — Les précieuses. — Mademoiselle Paulet. — Un homme aimable en 1645. — Le premier favori de Monsieur [Gaston d'Orléans]. — Le marquis de Dangeau. — Le duc de Coislin. — Michel Lambert. — Chamillard. — Le cheval de Créqui. — Un mauvais sujet en 1645. — Le marquis de Mariamé et la reine Christine. — Le maréchal de Gassion. — Le poète Gombauld. — L'avocat Patru. — *Paris, Charpentier,* 1848, in-18 anglais.

1560. — Un point de vue. (Par l'abbé DELOR.) — *Limoges, imprimerie Henri Ducourtieux,* 1850, in-8 de 11 pages.

(La couverture imprimée sert de titre. Le titre de départ porte : « Marie Laporte ».)

1561. — Xavier Bossu, ou Courage et persévérance, par Louis D'ISENBURG (W. RAVENEZ). — *Limoges, Martial Ardant frères,* 1855, in-32 jésus.

E. — Fables en prose.

* Recueil de fables composées pour l'éducation de feu monseigneur le duc de Bourgogne. — (V. n° 1368, *Dialogues des morts*, T. II, et n° 1374, *Cabinet des Fées*, T. XVIII.)

§ 5. — Romans, contes, apologues italiens.

1562. — Le décameron de Jean BOCCACE. (Trad. par Ant. LE MAÇON. Nouv. édit.) — *Londres* (*Paris*), 1757, 3 vol. in-8.

(Figures. — Il manque les T. III et V.)

* Belphégor, nouvelle, par MACCHIAVEL. — (V. n° 102, *Œuvres*, T. II.)

1563. — L'Eromène. (Trad. de l'italien de BIONDI, par D'AUDIGUIER neveu.) — *Paris, Augustin Courbé,* 1633, 2 parties en 1 vol. in-4.

1564. — Il Tarquinio superbo del sig. marchese Virgilio MALVEZZI. — *In Geneva, presso Felippo Alberto,* 1635. (Sans frontispice.) — Il Romulo del sig. marchese Virgilio MALVEZZI. Di nuovo ristampato... — *In Geneva,* 1635. — Davide perseguitato del marchese Virgilio MALVEZZI... — *In Geneva,* 1636. — Il ritratto del privato politico christiano... Dal marchese

Virgilio MALVEZZI. — *In Geneva, per Filippo Ghisolfi*, 1636, le tout en 1 vol. petit in-12.

1565. — Le Caloandre fidèle, traduit de l'italien d'Ambrosio MARINI (par le comte DE CAYLUS.) — *Amsterdam, Westein et Smith*, 1740, 3 vol. in-12.

* Les désespérés, histoire héroïque. (Trad. de l'italien de MARINI, par DE SÉRÉ.) — (V. *n°* 1373, *Bibl. de campagne*, supplément, T. III.)

§ 6. — Romans, contes, apologues espagnols.

1566. — Amadis des Gaules (de Vasco LOBEIRA, mis en abrégé par Mlle DE LUBERT). — *Amsterdam, Jean-François Jolly*, 1760, 4 vol. in-12.

1567. — La Diane de MONTEMAYOR, mise en nouveau langage. Avec une idylle sur le mariage de Mme la duchesse de Lorraine, et des lettres en vers burlesques. (Par Mme GILLOT DE SAINTONGE.) — *Paris, veuve de Daniel Hortemels*, 1699, in-12.

* Histoire de Guzman d'Alfarache. (Trad. ou plutôt imité de l'espagnol de Matheo ALEMAN, par LE SAGE.) — (V. *n°* 374, *Œuvres de* LE SAGE.)

1568. — El ingenioso hidalgo don Quixote de la Mancha, compuesto por Miguel DE CERVANTES SAAVEDRA. Tercera edicion, corregida por la real academia española. — *En la imprenta de la academia por la viuda de Ibarra, hijos y compania, Madrid*, 1787, 6 vol. in-8.

(Figures.)

1569. — Histoire de l'admirable don Quichotte de la Manche, traduite de l'espagnol de Michel DE CERVANTES (par FILLEAU DE SAINT-MARTIN). Nouvelle édition, revue, corrigée et augmentée. — *Paris, Despilly*, 1741, 5 vol. in-12.

(Figures. — Il manque le T. II.)

* Don Quichotte de la Manche, traduit... Par FLORIAN. — (V. nº 366, *Œuvres de* FLORIAN.)

1570. — L'ingénieux hidalgo don Quichotte de la Manche, par Miguel DE CERVANTÈS SAAVEDRA, traduit et annoté par Louis VIARDOT. Vignettes de Tony Johannot. — *Paris, J.-J. Dubochet*, 1845, grand in-8.

1571. — Nouvelles exemplaires de Michel DE CERVANTES SAAVEDRA,... Traduction et édition nouvelle, augmentée de Trois nouvelles qui n'avaient point été traduites en français, et de la Vie de l'auteur. Par Mr l'abbé S. MARTIN DE CHASSONVILLE. Enrichie de figures en taille-douce. — *A Lausanne et à Genève, Marc-Mic. Bousquet et comp.*, 1744, 2 vol. in-12.

1572. — Nouvelles aventures de l'admirable don Quichotte de la Manche, composées par le licencié Alonso Fernandez DE AVELLANEDA, et traduites de l'espagnol en français pour la première fois (par LE SAGE.) — *Paris, par la compagnie des libraires*, 1738, in-12.

(Il manque le T. I.)

§ 7. — Romans, contes, apologues allemands, danois, etc.

* Les aventures merveilleuses de don Silvio de Rosalva, traduites de l'allemand de WIÉLAND, par Mme D'USSIEUX. — (V. nº 1374, *Cabinet des fées*, T. XXXVI.)

1573. — Wilhelm Meister, par GOETHE; traduction complète et nouvelle par Mme la baronne A. DE CARLOWITZ. — *Paris, Charpentier*, 1843, 2 vol. in-18 anglais.

1574. — Œuvres de Jean-Paul Frédéric RICHTER, traduites de l'allemand, par Philarète CHASLES. — Titan. — *Librairie d'Abel Ledoux, Paris*, 1834-35, 4 vol. in-8.

1575. — Le Robinson suisse, traduit de l'allemand de WYSS par Mme Elise VOIART, précédé d'une Introduction de M. Charles NODIER, orné de 200 vignettes d'après les dessins de M. Ch. Lemercier. — *Paris, Lavigne*, 1845, grand in-8.

1576. — Henri Heine. — Reisebilder. Tableaux et voyages. — *Paris, Victor Lecou*, 1853, in-18 anglais.

1577. — Musæus. Contes populaires de l'Allemagne, traduits par A. Cerfberr de Médelsheim. Edition illustrée de 300 vignettes allemandes. — *Paris*, 1846, *Gustave Havard*, 2 parties en 1 vol. in-8.

1578. — Contes de la famille, par les frères Grimm, traduits de l'allemand par N. Martin et Pitre-Chevalier. — *Paris, Jules Renouard et C*[ie] (s. d.), 2 vol. in-12.

(Figures. — Le nom de Pitre-Chevalier n'est plus au frontispice de la 2e série.)

1579. — Hébel et Auerbach. Scènes villageoises de la Forêt-Noire, traduites par Max. Buchon. — Auerbach : Tolpatsch; La pipe; Geneviève; Toinette; Le Buchmayer; Les frères ennemis. — Poésies de Hébel. — *Paris, Borrani et Droz; Berne, J. Dalp*, 1853, in-12.

* Les auteurs allemands expliqués... — Fables de Lessing. — (V. n° 679.)

1580. — Contes d'Andersen, traduits du danois par D. Soldi, avec une Notice biographique par X. Marmier et 40 vignettes par Bertall. — *Paris, L. Hachette et C*[ie], 1856, in-18 anglais.

§ 8. — Romans et contes anglais.

1581. — La vie et les aventures surprenantes de Robinson Crusoé, contenant son retour dans son île, ses autres nouveaux voyages et ses réflexions. Traduit de l'anglais (de Daniel Foe, par Saint-Hyacinthe et Van-Effen). Nouvelle édition, avec figures. — *Paris, Cailleau* (et autres), 1761, 6 parties en 3 vol. in-12.

1582. — Voyages de Gulliver. (Trad. de l'anglais de

Swift, par l'abbé Guyot-Desfontaines.) — *Paris, Genets jeune*, 1822, 4 vol. in-18.

(Gravures.)

1583. — Les voyages et aventures du capitaine Robert Boyle... Avec la relation du voyage, du naufrage et de la conservation miraculeuse du Sr Castelman; où l'on voit une description de la Pensylvanie et de Philadelphie, sa capitale. Traduits de l'anglais. — *Amsterdam, Wetsteins et Smith*, 1730, 2 tomes en 1 vol. in-12.

(Figures.)

1584. — Paméla, ou La vertu récompensée. Traduit de l'anglais (de Richardson, par l'abbé Prévost). — *Londres. Jean Osborne*, 1742, 3 vol. in-12.

(Le T. III manque.)

1585. — Lettres anglaises, ou Histoire de miss Clarisse Harlove. (Trad. de Richardson, par l'abbé Prévost.) Nouvelle édition, augmentée de l'éloge de Richardson (par Diderot), des lettres posthumes et du testament de Clarisse. Avec figures. — *Paris, chez les libraires associés*, 1766, 13 tomes en 6 vol. in-12.

1586. — Nouvelles lettres anglaises, ou Histoire du chevalier Grandisson par l'auteur de Paméla et de Clarisse. (Trad. par l'abbé Prévost.) — *Amsterdam (Paris)*, 1755-66, 4 vol. in-12.

(Chaque vol. a 2 parties.)

1587. — Tom Jones, ou L'enfant trouvé, imitation de l'anglais de M. H. Fielding, par M. de La Place. Quatrième édition, revue, corrigée et augmentée de la Vie de l'auteur anglais. — *Londres*, et *Paris, Vente*, 1767, 4 vol. in-12.

(Figures.)

1588. — Tom Jones, ou L'enfant trouvé, par Fielding, traduction nouvelle par M. Léon de Wailly; précédée d'une Notice sur Fielding, par sir Walter Scott. — *Paris, Charpentier*, 1841, 2 vol. in-18 anglais.

1589. — Mémoires de Gaudence de Luques, prisonnier de l'inquisition (attribués à Georges BERKELEY, traduits en français par l'Anglais MILTZ, et revus par le chevalier DE SAINT-GERMAIN); augmentés (par DUPUY-DEMPORTES) de plusieurs cahiers qui avaient été perdus à la douane de Marseille; enrichis de savantes remarques de M. RHEDI, et de figures en taille-douce. — *Amsterdam* (*Paris, Duchesne*), 1753, 4 parties en 2 vol. petit in-8.

1590. — Histoire et aventures de sir Williams Pickle; ouvrage traduit de l'anglais (de Tobie SMOLLETT, par Franç.-Vinc. TOUSSAINT). — *Amsterdam* (*Paris*), 1753, 2 vol. in-12.

(Il manque les T. III et IV.)

1591. — Aventures de Roderic Random, traduites de l'anglais de FIELDING (non de Fielding, mais de Tob. SMOLLETT, par Ph. HERNANDEZ et Ph.- Florent DE PUISIEUX). — *Londres, Jean Nourse*, 1762, 2 vol. in-12.

1592. — Le vicaire de Wakefield, par Olivier GOLDSMITH, traduction nouvelle par Mme Louise BELLOC, précédée d'une Notice par sir Walter SCOTT. — *Paris, Charpentier*, 1850, in-18 anglais.

* Romans de STERNE. — (V. *n°* 104, *Œuvres*.)

1593. — Voyage sentimental, par M. STERNE, sous le nom d'Yorick, traduit de l'anglais par M. FRÉNAIS. Nouvelle édition, avec des Lettres d'Yorick à Elisa et d'Elisa à Yorick. — *Strasbourg, impr. de la société typographique*, 1790, in-8.

1594. — Histoire de Julie Mandeville, ou Lettres traduites de l'anglais (de madame BROOKE), sur la troisième édition, par M. B*** (BOUCHAUD). — *Paris, Duchesne*, 1764, 2 vol. in-12.

* Les contes des génies, ou Les charmantes leçons d'Horam, fils d'Asmar... (Par Jacques RIDLEY, trad. en français par ROBINET.) — (V. *n°* 1374, *Cabinet des fées*, T. XXIX-XXX.)

28

1595. — Le château d'Otrante, histoire gothique, par M. Horace WALPOLE, traduite sur la seconde édition anglaise, par M. E. (EIDOUS). — *Amsterdam*, et *Paris*, *Prault le jeune*, 1767, 2 parties en 1 vol. in-12.

1596. — Nourjahad, histoire orientale, traduite de l'anglais (de Mme SHÉRIDAN). — *Francfort*, et *Paris*, *Gauguery*, 1769, in-12.

1597. — Voyage de Robertson aux terres australes, traduit sur le manuscrit anglais. — *Amsterdam*, 1767, in-12.

1598. — L'abbaye, ou Le château de Barford, imité de l'anglais (de miss MIMIFIC), par M.... (FRESNAIS). — *Londres*, et *Paris*, *Gauguery*, 1769, 2 parties en 1 vol. in-12.

1599. — Histoire de miss Béville, traduite de l'anglais. — *Amsterdam*, *Arkstée et Merkus*, et *Paris*, *de Hansy le jeune*, 1769, 2 parties en 1 vol. in-12.

1600. — Evélina, ou L'entrée d'une jeune personne dans le monde. Ouvrage traduit de l'anglais (de mistriss D'ARBLAY née BURNEY, par Henri RENFNER). Seconde édition. — *Paris*, et *Amsterdam*, *D.-J. Changuion*, 1780, 3 vol. in-12.

1601. — Les imprudences de la jeunesse, par l'auteur de Cécilia (mistriss Elisa BENNETT), traduit de l'anglais par madame la baronne DE VASSE. — *Londres*, et *Paris*, *Buisson*, 1788, 4 vol. in-12.

* Lettres athéniennes, ou Correspondance d'un agent du roi de Perse à Athènes pendant la guerre du Péloponnèse, traduit de l'anglais (de Philippe YORKE, comte DE HARDWICKE), par Alexandre-Louis VILLETERQUE. — *Paris*, *an* XI, 3 vol. in-8. — (V. HISTOIRE, *n*° 289.)

1602. — Œuvres de WALTER SCOTT, traduction DEFAUCONPRET. Vingtième édition. — *Paris*, *Furne-Pagnerre-Perrotin*, 1851-53, 25 vol. in-8.

(Figures.)

1603. — Mémoires d'un vieux médecin, ou Episodes de la carrière médicale, par le docteur Harisson, traduit de l'anglais sur la dernière édition. — *Paris, Germer Baillère,* 1848, 2 vol. in-12.

1604. — La famille Caxton, par sir Edouard Lytton Bulwer, seule traduction complète par Amédée Pichot,... — *Paris, Perrotin,* 1853, 2 vol. in-8.

(A la fin du T. II :)

— L'argent, comédie en cinq actes, par sir Edouard Lytton Bulwer.

1605. — Le neveu de ma tante, histoire personnelle de David Copperfield, par Charles Dickens, précédée d'une Notice biographique et littéraire par Amédée Pichot,... 3e édition, plus complète que les précédentes. — *Paris, aux bureaux de la* Revue Britannique, 1851, 3 vol. in-8.

VIIe CLASSE.

PIÈCES PLAISANTES ET BURLESQUES. — TRAITÉS SINGULIERS.

INTRODUCTION.

1606. — Francisci VAVASSORIS societ. Jesu de ludicra dictione liber, in quo tota jocandi ratio ex veterum scriptis æstimatur. — *Lutetiæ Parisiorum, apud Sebastianum Cramosium*, 1658, in-4.

§ 1er. — Ouvrages grecs et latins.

* In hoc opere contenta Ludus L. Annæi SENECÆ, De morte Claudij Cæsaris... SYNESIUS Cyrenẽsis de laudibus caluitij... ERASMI Roterodami Moriœ Encomium... — (V. *n*° 123-1°.)

1607. — L'éloge de la folie, composé en forme de déclamation par ERASME de Rotterdam; avec quelques notes de Listrius et les belles figures de Holbenius : le tout sur l'original de l'Académie de Bâle. Pièce... traduite nouvellement en français par monsieur GUEUDEVILLE. — *Leyde, Pierre Vander Aa*, 1713, in-12.

1608. — L'éloge de la folie... par ERASME, et traduit par monsieur GUEUDEVILLE, avec les notes de Gérard Listre et les belles figures de Holbein... Nouvelle édition, revue avec soin, et mise dans un meilleur ordre. — *Amsterdam, François L'Honoré*, 1745, in-12.

* (V. pour le texte latin, *n*° 54, ERASMI *opera*, T. I.)

§ 2. — Ouvrages français.

1609. — Le moyen de parvenir, contenant la raison de tout ce qui a été, est et sera. (Par Béroalde de Verville.) Dernière édition, exactement corrigée et augmentée d'une table des matières. — *Nulle part*, 1000700504, petit in-12.

(Le T. I manque.)

1610. — Même ouvrage, nouvelle édition (augmentée d'une Dissertation sur ce livre, par Bern. de La Monnoye, et des imitations du Moyen de parvenir, qui ont été faites en vers latins ou français par différents auteurs). — (S. l.), 100070073, petit in-12.

(Le T. I manque.)

1611. — Le moyen de parvenir, œuvre contenant la raison de ce qui a été, est et sera, avec démonstration certaine selon la rencontre des effets de la vertu, par Béroalde de Verville; revu, corrigé et mis en meilleur ordre, publié avec un commentaire historique et philologique, accompagné de notices littéraires, par Paul-L. Jacob, bibliophile. — *Paris, Charles Gosselin,* 1841, in-18 anglais.

1612. — Amusements sérieux et comiques. (Par Rivière du Fresny.) Seconde édition, revue, corrigée et augmentée. — *Paris, veuve Barbin,* 1707, in-12.

1613. — Bagatelles morales. (Par l'abbé Coyer.) Seconde édition. — *Londres*, et *Paris, Duchesne,* 1755, in-12.

1614. — Voyage de Paris à Saint-Cloud par mer (par Néel), et retour de Saint-Cloud à Paris par terre (par Lottin l'aîné.) Nouvelle édition. — *Paris, chez les marchands de nouveautés, an* VII, in-18.

1615. — Itinéraire de Pantin au Mont-Calvaire en passant par la rue Mouffetard, le faubourg St-Marceau... (etc.), ou Lettres inédites de Chactas à Atala; ouvrage écrit en style brillant, et traduit pour la première fois du bas-breton, sur la neuvième édition, par M. DE CHATEAUTERNE (par Fr.-Benoît HOFFMAN). — *Paris, J.-G. Dentu,* 1811, in-8.

1616. — Les dames illustres, où, par bonnes et fortes raisons, il se prouve que le sexe féminin surpasse en toutes sortes de genres le sexe masculin, par damoiselle J. GUILLAUME. — *Paris, Thomas Jolly,* 1665, in-12.

1617. — Essai sur le caractère, les mœurs et l'esprit des femmes dans les différents siècles, par M. THOMAS,... — *Paris, Moutard,* 1772, in-8.

1618. — Le dictionnaire des précieuses, par le sieur DE SOMAIZE, nouvelle édition, augmentée de divers opuscules du même auteur, relatifs aux précieuses, et d'une Clef historique et anecdotique, par M. Ch.-L. LIVET. — *Paris, P. Jannet.* 1856, 2 vol. in-16.

(Bibliothèque elzévirienne.)

1619. — Physiologie du mariage, ou Méditations de philosophie éclectique sur le bonheur et le malheur conjugal, par M. H. DE BALZAC, nouvelle édition. — *Paris, Charpentier,* 1847, in-18 anglais.

1620. — Physiologie du goût, ou Méditations de gastronomie transcendante, ouvrage théorique, historique et à l'ordre du jour, dédié aux gastronomes parisiens, par un professeur, membre de plusieurs sociétés savantes (BRILLAT-SAVARIN). — *Paris, Charpentier,* 1838, in-18 anglais.

1621. — Mœurs et portraits du temps, par Louis REYBAUD,... — *Paris, Michel Lévy frères,* 1853, 2 vol. in-18 anglais.

1622. — Jules Noriac (Julien Cayron). — La vie en détail. — Le 101e régiment (et autres opuscules). — *Paris, librairie nouvelle, A. Bourdilliat et Cie*, 1859, in-18 anglais.

(M. Julien Cayron est né à Limoges le 24 avril 1827. Il a été successivement attaché à la rédaction du *Corsaire* en 1850, de *la Gazette de France* en 1851, de *l'Assemblée nationale* en 1853; rédacteur en chef du *Figaro*, de *la Gazette de Paris*, de *la Revue des Beaux-Arts*, de *la Silhouette*. M. Cayron est, en outre, auteur de quelques ouvrages : *Les vieux d'aujourd'hui, Paris*, 1853; *La vie en détail*, ci-dessus mentionnée; *La bêtise humaine, Paris*, 1860.)

VIIIᵉ CLASSE.

ÉPISTOLAIRES (1).

CHAPITRE Iᵉʳ. — *Art épistolaire.*

1623. — De conscribendis epistolis opvs Des. ERASMI Rot. — *Lvgdvni, apvd Seb. Gryphivm*, 1540, in-8.

* (V. aussi *n°* 54, *Opera*, T. III.)

* J. LIPSII epistolica institutio... Adjunctum est DEMETRII Phalerei ejusdem argumenti scriptum. — (V. *n°* 59, LIPSII *Opera*, T. I, p. 376. — V. aussi ci-après *n°ˢ* 1646, 1747, LIPSII *Epistolæ*.)

* Ratio conscribendæ epistolæ. Carmen. Auctore Claudio HERVÆO DE MONTAIGU,... — (V. *n°* 445-5°.)

1624. — Le nouveau secrétaire de la cour, ou Lettres familières sur toutes sortes de sujets, avec des réponses, une instruction pour se former dans le style épistolaire, le cérémonial des lettres... avec les titres dont on qualifie toutes sortes de personnes, et les inscriptions, souscriptions et suscriptions dont le roi se sert lorsque Sa Majesté écrit aux princes étrangers. (Par René MILLERAN.) — *Paris, Théodore Le Gras*, 1732, in-12.

* Traité élémentaire du genre épistolaire... (Par VITRAC.) — (V. *n°* 748.)

(1) Les *Lettres* des pères de l'Eglise seront mentionnées à la division RELIGION. Nous renvoyons également aux divisions auxquelles elles se rattachent les *Lettres* ayant un objet spécial. Nous n'indiquerons pas non plus au moyen de l'astérisque la correspondance des écrivains. On devra la chercher dans les recueils de leurs *OEuvres*, en ayant recours à la table des auteurs.

1625. — Méthode sur le genre épistolaire, à l'usage des colléges et autres maisons d'éducation, dédiée à monsieur le duc d'Escars,... Par M. Beaulieu, professeur de littérature latine et française. — *Limoges, de l'imprimerie de Martial Ardant* (1814), in-12.

(Cet ouvrage n'est presque partout qu'un impudent plagiat du *Traité élémentaire* de l'abbé Vitrac rappelé ci-dessus. Sa publication donna lieu à une polémique assez vive entre MM. Beaulieu et J.-B.-P. Bouriaud, neveu de l'abbé Vitrac.)

1626. — Modèles de lettres sur différents sujets, choisis dans les meilleurs auteurs épistolaires; avec une courte instruction à la tête de chaque espèce de lettres; précédés de quelques Réflexions sur le style épistolaire en général, sur le caractère des auteurs en ce genre, et du cérémonial des lettres. (Par Philipon de La Madelaine.) Nouvelle édition. — *Paris*, et *Liége, J.-F. Bassompierre*, 1774, in-12.

1627. — Nouveau recueil de lettres des dames de ce temps; avec leurs réponses. (Par du Bosq.) — *Paris, Michel Bobin* et *Nicolas Le Gras*, 1661, in-12.

Chapitre II. — *Epistolaires.*

§ 1er. — Epistolaires grecs.

* Anacharsidis epistolæ. — *Parisiis*, M. D. LVI., *Apud Guil. Morelium*, in-4 de 6 feuillets. — (V. nº 444-11º.)

1628. — ΙΑΕΡΜΟΥ ΒΟΥΔΑΙΟΥ ἐπιστολαὶ ἑλληνικαί... G. Budæi græcæ epistolae ab ipso nvper tum locupletiores, tum emendatiores redditæ. — *Parisiis, Apud Christianum Wechelum*, M. D. L., in-4.

(Tout grec. — A la suite :)

— ΞΕΝΟΦΩΝΤΟΣ Ἱέρων, ἢ Τυραννικός... — *Parisiis, Excudebat Christianus Wechelus*, M. D. XLVII., in-4 de 23 pages.

— Xenophontis Atheniensis Hieron, Io Fraxineo interprete. — *Parisiis, apud Christianum Wechelum*, M. D. L., in-4 de 23 pages.

§ 2. — Épistolaires latins, anciens et modernes.

1629. — (M. T. Ciceronis epistolæ familiares cum Iodoci Badii Ascensii Commentariis. — *Thaurini*, 1513), in-fol.

(Sans frontispice. — Le vol. commence par ces mots : — « Introductiones Ascensianæ. Iodoci Badii in epistolarum compositionem compendium isagogicum.. », et finit ainsi : « M. Tullii Ciceronis Epistolarum familiarium Liber. XVI. et ultimus optatum sortitur exitu(m). — *Excussum est Thaurini per... Nicolaum de Benedictis... anno.* xiii. *post quintum Nestora septimo Idus Februa. Regestum* (sic), *etc.* » — On est prié de remarquer l'expression *Nestor*, employée pour signifier une période de 300 ans, durée convenue de l'existence de ce personnage mythologique.)

1630. — M. Tvllii Ciceronis familiares epistolae. Expositores vero sunt. Hubertinus Cres. Martinus Phile. Jo. Ba. Egnatius. J. B. Ascensius. Obseruatores autem : G. Merula Alex. A. Politianus. Cum Ascensii Isagogico in epistolas. Quae vero nos addidimus : et in caeteris ad hunc vsq; diē impressis deficiūt : haec ipsa sunt. Annotationes. M. Bechichemi Sco. J. B. Egnatii. Nicolai Scoelsii Luttarei Barolitani Eiusdemq; ex vetustiore manu scripto codice super epistolarū omnium contextu variationes. Additr quoq; vtilissimus index... — (A la fin :)... *Venetiis per Ioannem de Tridino, alias Tacuinu(m). Anno...* m. d. xxvi., in-fol.

1631. — M. T. Ciceronis, epistolae familiares, cum cōmentariis clarissimorū virorū, Hubertini Crescentinatis, Martini Philetici, Io. Baptistæ Aegnatii, et Badii Ascensii. Item Georgii Merulæ Alexand. et Angeli Politiani obseruationes... His adiectæ sunt annotationes M. Bechichemi Sco. Io. B. Aegnatii, N. Scœlsii, cum Indice... — *Vœneunt Parisiis, apud Michaelem Vascosanum...* m. d. xxxiv., in-fol.

1632. — M. T. Ciceronis epistolarvm ad familiareis, libri XVI. Eiusdem epistolarum Ad M. Brutum, liber singularis. Eiusdem epistolarum, quæ non extant, fragmenta. Ex emendatione D. Lambini. Accesserunt emendationum rationes, et annotationes, vt in ceteris voluminibus. — *Lvtetiae, apud Ioannem Bene-Natum,* cıɔ. ıɔ. lxxii., in-8.

(Volume détaché de la collection des œuvres de Cicéron indiquée au nº 42.)

* M. T. Ciceronis pars quarta, sive epistolarum omnium

libri ad optimos codices et editionem J. Vict. Le Clerc recensiti, cum selectis veterum ac recentiorum notis, curante et emendante N.-E. Lemaire. — (V. nº 35, *Biblioth. lat. de Lemaire.*)

* Œuvres complètes de CICÉRON. Lettres, par M. DE GOLBÉRY,... — (V. nº 36, *Biblioth. Panckoucke.*)

1653. — Epîtres choisies de CICÉRON, latines et françaises, divisées en quatre livres; traduction nouvelle. (Par S. BERNARD.) — *Lyon, André Perisse*, 1751, in-12.

* Lettres de CICÉRON à Atticus, avec des remarques, traduites en français par M. l'abbé DE SAINT-RÉAL. — (V. nº 91, *Œuvres de* SAINT-RÉAL, T. III.)

*Index editionum C. Plinii auctior Fabriciano, et in quinque ætates digestus. Hunc recensuit... Ant.-Alex. Barbier,... — (V. nº 35, *Bibl. Lemaire*, PLINE le jeune, T. II.)

1654. — C. PLINII Cæcilii Secundi, Novocomens. epistolarvm Lib. X. Eiusdem Panegyricvs Traiano dictus. Cum Commentariis Ioannis Mariæ Catanæi, Viri Doctissimi. Multis epistolis cum illarum interpretatione adiectis. — *Veneunt Iodoco Badio et Ioanni Roigny.* (A la fin :) M. D. XXXIII., in-fol.

1655. — C. PLIN. Secundi epist. libri IX. Eiusdem et TRAIANI imp. amoebaeae epist. Eiusdem PLINII Panegyricvs Traiano dictvs. Panegyrici alii, aliis impp. dicti, à Latino PACATO, MAMERTINO, NAZARIO. — (Marque d'*Henri Etienne*, s. d.), 2 parties en 1 très-petit in-12.

1656. — C. PLINII Cæcilii Secvndi Novocomensis epistolarum libri X. Ejusdem Panegyricus Trajano dictus. Cum Commentariis Joannis Mariæ Catanæi,... Multis Epistolis cum illarum interpretatione adjectis. Adjuncti sunt alii, ad alios Cæsares, Panegyrici, ad fidem vetusti exemplaris emendati. — *Apud Petrum et Jacobum Chouët*, 1625, 2 parties en 1 vol. in-4.

(La seconde partie comprend, outre le panégyrique de Trajan, les panégyriques suivants : Panegyricus Maximiano et Constantino Augustis dictus ; Latini PACATI DREPANI Panegyricus Romæ dictus Theodosio imperatori ; Panegyricus Constantino Augusto dictus ; Gratiarum actio MAMERTINI de consulatu suo, Juliano imperatori ; NAZARII panegyricus Constantino imperatori dictus ; EUMENII panegyrici et oratio pro scholis instaurandis ; Claudii MAMERTINI panegyricus Maximiano dictus. Ejusdem genethliacus Maximiani. — AUSONII gratiarum actio ad Gratianum imperatorem.)

1637. — C. PLINII Cæcilii Secundi epistolæ et panegyricus Trajano dictus ; nova editio. Recensuit Joannes Nic. Lallemand. — *Parisiis, ex typographia Barbou*, 1769, in-12.

* PLINII Cæcilii Secundi epistolarum libri decem et panegyricus, cum varietate lectionum ac integris adnotationibus editionis schæferianæ, quibus suas addidit N.-E. Lemaire. — (V. *n°* 35, *Biblioth. Lemaire.*)

1638. — Lettres de PLINE le Jeune, traduites par M. DE SACY,... Cinquième édition. — *Rotterdam, Reinier Leers*, 1707, 2 vol. in-12.

(Traduction sans le texte.)

1639. — Lettres de PLINE le Jeune, traduites par DE SACY ; nouvelle édition, revue et corrigée par Jules PIERROT,... — *Paris, C.-L.-F. Panckoucke*, 1832-33, 3 vol. in-8.

(Ouvrage détaché de la *Bibliothèque Panckoucke*. V. aussi cette *Bibliothèque*, *n°* 36.)

1640. — L. Annæi SENECÆ philosophi Cordvbensis ad Lucilium Epistolarum Liber. M. Ant. Mvreti Notis, Ferd. Pinciani Castigationibus, Erasmi Roterodami Annotationibus, Ioan. Obsopoei Collectaneis, Iani Grvteri et Fr. Ivreti Animaduersionibus illustratus... — *Parisiis, Apud Iacobum Rezé*, M. DCIII., in-8.

* (V aussi *n°* 35, *Biblioth. Lemaire*, SENECÆ *Opera philosophica*, T. III, et la *division* PHILOSOPHIE.)

* Les épistres de SÉNÈQUE, de la traduction de messire François DE MALHERBE. — (V. *division* PHILOSOPHIE, *Œuvres de* SÉNÈQUE, T. I.)

* (V. aussi nº 36, *Biblioth. Panckoucke, Œuvres*, T. V-VII.)

1641. — Q. Avrelii SYMMACHI Vc. P V. et cos. ord. epistolarvm ad diversos, libri decem. Iacobvs Lectivs Ivrisconsvltvs restituit, auxit notis. Additæ item Notæ Fr. Ivreti Iurisc. iam ante vulgatæ. Cum Indice copiosissimo. — *Apvd Evstathivm Vignon*, M. D. LXXXVII., in-8.

(Les notes de Fr. Juret sont rejetées à la fin de l'ouvrage, et ont une pagination particulière.)

1642. — Epistole Francisci PHILELFI nuper lima acriori castigate cum quibusdã orationibus videlicet diui AMBROSII vignati Sabaudie legati ALANIQ; AURIGE de bello gallico cum aliis eiusdemq; epistola de miseria curialium et de egressu karoli regis ex urbe Parrhisia superadditis Litteris grecis undiq; suis in locis impositis. — (S. l. n. d., marque de *Jehan Olivier*. — A la fin :) *Explicit hoc præsens opus... impræssum Parrhisiis a Ioanne de Prato anno natali Christiano*, M. D. XXIII., petit in-4.

1643. — Petri BEMBI card. epistolarvm familiarivm libri VI. Eivsdem, Leonis X. pont. max. nomine scriptarvm, lib. XVI. — *Venetiis (ex officina Gualteri Scotti)*, M D LII., 2 parties en 1 vol. in-8.

1644. — Epistolarvm Pavli MANVTII libri X. Dvobvs nvper additis. Eiusdem quæ Præfationes appellantur. — *Coloniae Agrippinae, apud hæredes Arnoldi Birckmanni*, 1572, in-8.

(A la suite :)

— M. Antonii MVRETI, I. C. ac civis romani oratio. Pro Carolo IX, Galliarum rege Christianissimo, Gregorio XIII. Pont. Max. debitam obedientiam præstante. — *Parisiis, Apud Michaëlem de Roigny*, 1573, 11 pages in-8.

1645. — Christophori LONGOLII epistolarum libri IIII. Tullianæ uidelicet eloquentiæ ad unguem expressa imago. Doctorvm item aliqvot (BEMBI, SADOLETI, ERASMI, BUDÆI) Epistolarum ad eundem Longolium liber I. Qvibvs eiusdem uita, per quendam ipsius studiosissimum conscripta, est præmissa. — *Basileae* (*apud Nic. Episcopium Iun.*), M. D. LVIII., in-8.

1646. — Ivsti LIPSI epistolarvm selectarvm III. centvriæ : E quibus Tertia nunc primùm in lucem emissa. — *Antverpiæ, Ex officina plantiniana, Apud Ioannem Moretum*, CIↃ. IↃCI., in-4.

(A la suite :)

— Ivsti LIPSI epistolica institvtio, Excerpta è dictantis eius ore, Anno ∞. IↃ. LXXXVII. mense Iunio. Adiunctum est DEMETRIJ Phalerei eiusdem argumenti scriptum. Editio vltima. — *Antverpiæ, Ex officina plantiniana*, CIↃ. IↃ CI., 23 pages.

1647. — Justi LIPSII epistolarum selectarum centuriæ VIII. E quibus tres pridem ad Belgas, Germanos, Gallos, Italos; Hispanos. Quarta, singularis ad Germanos et Gallos. Quinta, Miscellanea. Tres posteriores ad Belgas. Ejusdem LIPSII epistolica institutio. Accessit... Index locupletissimus. — *Genevæ, sumptibus Jacobi Crispini*, 1639, in-8.

* M. Antonii Mvreti,... Epistolæ... — (V. *n*° 790. — V. aussi *n*° 343, *Opera*.)

1648. — Isaaci CASAUBONI epistolæ, quotquot reperiri potuerunt, nunc primum junctim editæ. Adjecta est Epistola de morbi ejus mortisque causa, deque iisdem narratio Raphaelis THORII. — *Hagæ Comitis, ex officina Theodori Maire*, CIↃIↃCXXXVIII (1638), in-4.

1649. — Claudii SALMASII, viri maximi, epistolarum liber primus. Accedunt de laudibus et vita ejusdem prolegomena, accurante Antonio Clementio. — *Lugduni Batavorum, ex typographia Adriani Wyngaerden*, 1656, in-4.

(A la suite :)

— Cl. SALMASII epist. de region. et Eccl. Suburbicariis. — Claudii SALMASII ad Ægidium Menagium epistola super « Herode infanticida... » Tragædia, et censura Balsacii.

1650. — VIGLI ZWICHEMI AB AYTTA epistolæ politicæ et historicæ ad Joachimum Hopperum,... — *Leoardiæ, ex officina Henrici Rintii*, 1661, in-8.

§ 3. — Épistolaires français (1).

A. — Lettres d'hommes.

* Lettres édifiantes et curieuses concernant l'Asie, l'Afrique et l'Amérique... — (V. Histoire, *n°* 96, et *division* Religion.)

1651. — Lettres inédites de Buffon, J.-J. Rousseau, Voltaire, Piron, de Lalande, Larcher, et autres personnages célèbres, adressées à l'académie de Dijon; accompagnées de notes historiques et explicatives, et des *fac-simile* de leur écriture et de leur signature; publiées par C.-X. Girault,... — *Paris*, et *Dijon*, *Gaulard-Marin*, 1819, in-8.

1652. — Lettres de Voltaire et de J.-J. Rousseau à C.-J. Panckoucke, éditeur de l'Encyclopédie méthodique. (Précédées d'une Notice sur C.-J. Panckoucke, par C.-L.-F. Panckoucke.) — *Paris*, *C.-L.-F. Panckoucke*, 1828, in-8 de 66 pages.

---

* Lettres de Nicolas Pasquier, fils d'Etienne. — (V. *n°* 82, *Œuvres d'*Etienne Pasquier.)

1653. — Lettres de monsieur Arnauld d'Andilly. — *Paris*, *veuve Jean Camusat et Pierre Le Petit*, 1645, in-4.

1654. — Lettres de monsieur Arnauld d'Andilly, dédiées à monseigneur l'archevêque de Lyon. — *Lyon*, *Charles Mathevet*, 1665, in-12.

(Le frontispice manque.)

* Lettres d'Antoine Arnauld. — (V. *la division* Religion.)

1655. — Lettres de Mr Descartes qui traitent de plusieurs belles questions concernant la morale, la physique, la mé-

(1) Les lettres de rois, reines, hommes d'Etat, et celles relatives à quelque période ou à quelque fait historique ont été mentionnées au catalogue d'Histoire, *passim*.

decine et les mathématiques; où l'on a joint le latin de plusieurs lettres qui n'avaient été imprimées qu'en français; avec une traduction française de celles qui n'avaient jusqu'à présent paru qu'en latin. Nouvelle édition, enrichie de figures en taille-douce. (Donnée par Clerselier). — *Paris, par la compagnie des libraires*, 1724-25, 6 vol. in-12.

1656. — Lettres de feu M. DE BALZAC à M. Conrart (et à diverses personnes, publiées par Girard, archidiacre d'Angoulême). — *Paris, Augustin Courbé*, 1659, petit in-12.

1657. — Les entretiens de monsieur DE VOITURE et de monsieur COSTAR. — *Paris, Augustin Courbé*, 1654, in-4.

1658. — Lettres choisies de feu Mr Guy PATIN,... Dans lesquelles sont contenues plusieurs particularités historiques sur la vie et la mort des savants de ce siècle, sur leurs écrits et plusieurs autres choses curieuses depuis l'an 1645 jusqu'en 1672; augmentées de plus de 300 lettres dans cette dernière édition, et divisées en trois volumes. — *Paris, Jean Petit*, 1692, 3 vol. in-12.

(Portrait.)

1659. — Lettres de Gui PATIN, nouvelle édition, augmentée de lettres inédites, précédée d'une notice biographique, accompagnée de remarques scientifiques, historiques, philosophiques et littéraires, par J.-H. Reveillé-Parise.... Avec un portrait et le *fac-simile* de l'écriture de Gui Patin. — *Paris, J.-B. Baillère*, 1846, 3 vol. in-8

1660. — Lettres choisies de Mr FLÉCHIER,... Avec une Relation des fanatiques du Vivarez et des Réflexions sur les différents caractères des hommes. — *Paris, Jacques Estienne*, 1715, 2 vol. in-12.

1661. — Recueil des lettres de Jean RACINE, publiées par L. RACINE fils. — *Paris*, 1747, petit in-12.

(Le frontispice manque. — Ce vol. porte à la signature : T. I.)

1662. — Les lettres de messire Roger DE RABUTIN, comte

DE BUSSY,... Nouvelle édition. — *Paris, veuve Delaulne*, 1737, 7 vol. in-12.

(Le frontispice des T. V-VII porte : « Nouvelles lettres.. — *Paris*, 1727 ».)

1663. — Lettres choisies de monsieur DE LA RIVIÈRE, gendre de M. le comte de Bussy-Rabutin; avec un Abrégé de sa vie, et la Relation du procès qu'il eut avec son épouse et son beau-père (par MICHAULT). — *Paris, Debure l'aîné* et *Tilliard*, 1751, 2 vol. in-12.

1664. — Lettres nouvelles de feu monsieur BOURSAULT; accompagnées de fables, de contes, d'épigrammes, de remarques, de bons mots et d'autres particularités aussi agréables qu'utiles; avec Treize lettres amoureuses d'une dame à un cavalier. Quatrième édition. — *Paris, Nicolas Le Breton fils*, 1722, 2 vol. in-12.

* Lettres de M. DE VOLTAIRE à ses amis du Parnasse, avec des notes historiques et critiques. — *Genève*, 1766, in-8. — (V. *n°* 1467.)

* Recueil de lettres de M. J.-J. ROUSSEAU, et autres pièces relatives à sa persécution et à sa défense. — (V. HISTOIRE, *n°* 1741.)

1665. — Lettres originales de MIRABEAU, écrites du donjon de Vincennes pendant les années 1777, 78, 79 et 80... Recueillies par P. Manuel. Quatrième édition. — *Paris, Barba, an* XI-1803, 8 vol. in-18.

(Portrait.)

B. — Lettres de femmes.

* Lettres, opuscules et mémoires de Mme PÉRIER et de Jacqueline, sœurs de Pascal, et de Marguerite PÉRIER, sa nièce, publiés... par M. P. Faugère. — (V. HISTOIRE, *n°* 1732.)

1666. — Lettres de madame DE SÉVIGNÉ, de sa famille et de ses amis; avec portraits, vues et *fac-simile*. (Edition publiée avec des Notices et des Notes, par MM. de Monmerqué et de Saint-Surin.) — *Paris, J.-J. Blaise,* 1818, 10 vol. in-8.

— Lettre écrite par madame DE SÉVIGNÉ à madame de Grignan le 21 juin 1671, rétablie pour la première fois d'après le manuscrit autographe. — *Paris, J.-J. Blaise,* 1826. — Lettres inédites de madame DE SÉVIGNÉ, de sa famille et de ses amis; avec portraits, vues et *fac-simile.* — *Paris, J.-J. Blaise,* 1827. Le tout en 1 vol. in-8.

1667. — Lettres inédites de Mme DE SÉVIGNÉ. (Publiées par Ch. Millevoye et A.-X. Girault.) — *Paris, J. Klostermann fils,* 1814, in-8.

* Mémoires de M. DE COULANGES, suivis de lettres inédites de Mme DE SÉVIGNÉ, de son fils, de l'abbé DE COULANGES, d'ARNAULD D'ANDILLY, d'ARNAULD DE POMPONNE, de Jean DE LA FONTAINE et d'autres personnages du même siècle, publiés par M. de Monmerqué. — *Paris,* 1820, in-12. — (V. HISTOIRE, *n°* 775.)

* Tablettes de voyage, par madame DE MONMERQUÉ. Deuxième édition. Suivies de lettres de madame DE SÉVIGNÉ, de sa famille et de ses amis, qui n'ont pas été réunies à sa correspondance. — *Paris,* 1851, in-18 anglais. — (V. HISTOIRE, *supplément.*)

1668. — Lettres de Mme DE COULANGES et de Ninon DE L'ENCLOS, accompagnées de Notices biographiques et de Notes explicatives; suivies de La coquette vengée, par Ninon DE L'ENCLOS. — *Paris, Chaumerot jeune,* 1823, in-12.

1669. — Lettres de Mmes DE VILLARS, DE LA FAYETTE et DE TENCIN; accompagnées de Notices biographiques et de Notes explicatives. — *Paris, Chaumerot jeune,* 1823, in-12.

1670. — Lettres de mademoiselle AÏSSÉ; accompagnées d'une Notice biographique et de Notes explicatives. — *Paris, Chaumerot jeune,* 1823, in-12.

(Les trois ouvrages ci-dessus font partie de la même collection.)

1671. — Lettres historiques et galantes de deux dames de condition, dont l'une était à Paris, et l'autre en province. Ouvrage curieux. Nouvelle édition, revue, corrigée, augmentée et enrichie de figures. Par madame de C*** (du Noyer). — *Amsterdam, Pierre Brunel*, 1732, in-12.

(Le T. I seulement.)

1672. — Lettres historiques et galantes de madame du Noyer... Nouvelle édition, revue, corrigée et augmentée d'un sixième tome, avec une table des matières à chaque volume, qui manquait aux éditions précédentes. — *Londres, Jean Nourse*, 1739, 2 vol. in-12.

(Les T. I et III seulement.)

1673. — Lettres de madame du Montier à la marquise de ***, sa fille, avec les réponses... — *Lyon, Pierre Bruyset Ponthus*, 1756, in-12.

1674. — Lettres de madame du Montier, recueillies par madame Le Prince de Beaumont. — *Lyon, Pierre Bruysset Ponthus*, 1767, 2 vol. in-12.

1675. — Même ouvrage. — *Francfort et Leipsic, Jean-George Esslinger*, 1767, 2 vol. in-12.

1676. — Lettres de la marquise du Deffand à Horace Walpole, depuis comte d'Orford, écrites dans les années 1766 à 1780; auxquelles sont jointes des lettres de madame du Deffand à Voltaire, écrites dans les années 1759 à 1775; publiées d'après les originaux déposés à Strawberry-Hill. Nouvelle édition, augmentée des extraits des lettres d'Horace Walpole. — *Paris, Ponthieu*, 1824, 4 vol. in-8.

(Portrait de Mme du Deffand.)

C. — Correspondances littéraires et critiques.

1677. — Lettres choisies de M. Simon, où l'on trouve un grand nombre de faits anecdotes de littérature. — *Amsterdam, Louis de Lorme*, 1700, in-12.

* Correspondance inédite de Mabillon et de Montfaucon

avec l'Italie... suivie des Lettres inédites du P. Quesnel à Magliabechi,... accompagnée de notices... Par M. Valery,... — (V. Histoire, n° 1341.)

1678. — Lettres philosophiques, par M. de V..... (Voltaire). — *Amsterdam, E. Lucas*, 1734, in-12.

(A la fin :)

— Arrêt de la cour du parlement qui ordonne qu'un livre intitulé : *Lettres philosophiques*... contenant vingt-cinq lettres sur différents sujets, sera lacéré et brûlé par l'exécuteur de la haute-justice. Du 10 juin 1734. — *Paris, Pierre Simon*, 1734; 2 feuillets in-4.

1679. — Lettres juives, ou Correspondance philosophique, historique et critique entre un juif voyageur en différents Etats de l'Europe, et ses correspondants en divers endroits. (Par le marquis d'Argens.) Nouvelle édition, augmentée de xx nouvelles lettres, de quantité de remarques et de plusieurs figures. — *La Haye, Pierre Paupie*, 1742, 6 vol. in-12.

1680. — Lettres critiques sur divers écrits de nos jours contraires à la religion et aux mœurs, par M. C*** (Louis Charpentier). — *Londres* (*Paris*), 1751, 2 vol. petit in-8.

* Lettre sur nos orateurs chrétiens. — Lettres d'un homme du monde au sujet des billets de confession et de la bulle *Unigenitus*. (Par l'abbé Bon.) — (V. n° 126.)

* Lettres de Clément à Voltaire. — (V. n° 100.)

1681. — Lettres intéressantes du pape Clément XIV [Ganganelli]. (Composées en français, et non traduites de l'italien et du latin, par Caraccioli.) — *Paris, Lottin le jeune*, 1776, 2 vol. in-12.

(T. I et II.)

1682. — Les cinq années littéraires, ou Lettres de M. (P.) Clément sur les ouvrages de littérature qui ont paru dans les années 1748, 1749, 1750, 1751 et 1752. — *Imprimées à Berlin*... 1756, 2 vol. in-12.

(En double exemplaire.)

1683. — Correspondance littéraire, philosophique et critique de Grimm et de Diderot depuis 1753 jusqu'en 1790. Nouvelle édition, revue et mise dans un meilleur ordre, avec des notes et des éclaircissements, et où se trouvent rétablies pour la première fois les phrases supprimées par la censure impériale. — *Paris, Furne*, 1729-34, 15 vol. in-8.

(Le T. XV contient en outre quelques opuscules de Grimm : « Lettres à l'auteur du Mercure sur la littérature allemande; Lettre sur Omphale, tragédie lyrique; Le petit prophète de Boehmischbróda, 1753; Du poème lyrique, 1765; Lettres à Frédéric II, roi de Prusse ».)

1684. — Correspondance inédite de Grimm et de Diderot, et Recueil de lettres, poésies, morceaux et fragments retranchés par la censure impériale en 1812 et 1813. — *Paris, H. Fournier*, 1829, in-8.

1685. — Correspondance littéraire, ou Lettres critiques et impartiales sur la littérature française du XVIIIe siècle et sur les trois de M^r l'abbé Sabatier. — *Londres, aux dépens de la compagnie*, 1780, in-12.

1686. — Correspondance inédite de l'abbé Ferdinand Galiani, ... avec Mme d'Epinay, le baron d'Holbach, le baron de Grimm, et autres personnages célèbres du XVIIIe siècle. Edition imprimée sur le manuscrit autographe de l'auteur, revue et accompagnée de notes, par M. *** (A.-A. Barbier), membre de plusieurs académies; précédée d'une Notice historique sur la vie et les ouvrages de l'auteur, par feu Ginguené, avec des notes par M. Salfi, et du « Dialogue de l'abbé Galiani sur les femmes ». — *Paris, Treuttel et Würtz*, 1818, 2 vol. in-8.

§ 4. — Epistolaires italiens.

1687. — Lettere di P. Bembo. — *Venegia*, 1575 (?), petit in-8.

(Le T. I seulement. — Le frontispice manque.)

1688. — Les doctes et svbtiles responces de Barthelemi Tægio Iurisconsulte, et lecteur en droit au college de Milan... Mises d'Italien en François par Antoine dv Verdier, Seigneur de Vaupriuas. — *Lyon, par Barthelemy Honorat*, M. D. LXXVII., in-16.

1689. — Les lettres du cardinal Bentivoglio, traduites en français, avec l'italien à côté, par le sieur de Veneroni,... — *Paris*, *Etienne Loyson*, 1680, in-12.

1690. — Lettere familiari e critiche di Vincenzio Martinelli. — *Londra, presso Giovanni Nourse*, 1758, in-8.

§ 5. — Epistolaires espagnols.

1691. — Les epistres dorees, morales, familieres et discovrs salvtaires, dv sievr Don Antoine de Gueuare Espagnol,... Diuisées en trois Tomes, les deux premiers traduits de l'Espagnol en François, par le seigneur de Guterry,... et le troisiesme contenant la reuolte que les Espagnols firent contre leur ieune Prince en l'an M. D. XX... Ensemble vn traitté de l'origine et trauaux priuileges et iargon dont on vse és Galeres, le tout du mesme autheur. Traduit nouuellement d'Italien en François. — *Paris, pour Iacques Keruer*, 1565. Le tout en 1 vol. in-8.

§ 6. — Épistolaires allemands.

* Lettres de Jean Hus. — (V. *la division* Religion.)

§ 7. — Épistolaires anglais.

* Lettres athéniennes .. (Trad. de l'anglais de Ph. Yorke.) Par Villeterque. — (V. Histoire, *n°* 289.)

* Lettres de Mme Wortley Montague (trad. par P.-J. Burnet)... — (V. *ibid.*, *n°* 105.)

IXe CLASSE.

EMBLÊMES ET SYMBOLES.

—

1692. — Andreæ Alciati. V. C. Emblemata. Cum Claudij Minois ad eadem Commentariis et Notis Posterioribus. Quibus Emblematum omnium aperta origine, mens auctoris explicatur, et obscura omnia dubiaque illustrantur. — *Lvgdvni, apvd hæred. Gvlielmi Rovillii,* M. DC., in-8.

(Figures dans le texte.)

1693. — Omnia Andreæ Alciati. V. C. Emblemata. Cum Commentariis, quibus emblematum detecta origine, dubia omnia, et obscura illustrantur. Adiectæ Nouæ appendices nusquam antea editæ. Per Claud. Minoem Iuriscon. — *Parisiis. In Officina Ioani Richerii...* 1602, in-8.

(Figures dans le texte.)

* Joannis Pierii Valeriani,... Hieroglyphica... — Commentaires hiéroglyphiques... de Jan Pierius Valerian... Mis en françois par Gabriel Chappuys,... — (V. Histoire, *nos* 1851, 1852.)

1694. — Electorum symbolorum et parabolarum historicarum syntagmata. Ex Horo, Clemente, Epiphanio et aliis, cum notis et observationibus. Auctore P. Nicolao Caussino, Trecensi e societate Jesu. — *Parisiis, sumptibus Romani de Beauvais,* M. DC. XVIII., 2 parties en 1 vol. in-4.

(Le frontispice de la 1re partie porte : « De symbolica Ægyptiorum sapientia. Auctore P. Nicolao Caussino,... » Et le frontispice de la seconde : « Polyhistor symbolicus. Electorum symbolorum, et parabolarum historicarum stromata, XII. libris complectens. Auctore P. Nicolao Caussino,... »)

* Orphevs evcharisticvs... Authore P. Avgvstino Chesneav. — (V. *la division* Religion.)

* Athanasii KIRCHERI Sphinx Mystagoga. . — (V. HISTOIRE, n° 1819.)

* Discours des hieroglyphes ægyptiens, emblemes, devises et armoiries... par Pierre LANGLOIS, escuyer sieur de Bel-Estat. — (V. *ibid.*, n° 1853.)

1695. — Emblêmes divers, représentés dans cent quarante figures en taille-douce, enrichis de discours moraux, philosophiques, politiques et historiques, par le sieur BAUDOUIN; tirés d'Horace, Alciat, Paradin, Philostrate, César, Ripa, Lucian, Ovide, Virgile et autres célèbres auteurs, tant anciens que modernes, où il est traité de la science des rois, princes, ministres d'Etat et généraux d'armée, du devoir de la noblesse, de la prudence des magistrats, de l'obéissance des peuples et de la parfaite connaissance de tous les arts et sciences. — *Paris, Jean-Baptiste Loyson*, 1659, 1re partie, in-8.

TABLE ALPHABÉTIQUE

DES NOMS DES AUTEURS

ET DES TITRES DES OUVRAGES ANONYMES.

(Nous faisons précéder du signe ☞ les noms des auteurs limousins, auxquels nous avons autant que possible consacré une courte notice. Cette notice se trouve à la suite de l'ouvrage mentionné le premier dans cette table. — Les chiffres précédés de la lettre *p* indiquent la page du Catalogue où sont rappelés certains ouvrages qui n'y figurent que pour mémoire.)

A.

B.

C.

D.

E.

F.

G.

H.

I.

J.

K.

L.

M.

N.

O.

P.

Q.

R.

S.

T.

U.

V.

W.

X.

Y.

Z.

LIMOGES — IMPRIMERIE DE CHAPOULAUD FRÈRES.

ERRATA.

—

Fautes relevées pendant l'impression.

N° 51, au lieu de « Jacobi Tuscani interpretatione », *lisez :* « Tusani ».

N° 53, au lieu de « Ioanne Andecaniensivm », *lisez :* « Andecauiensivm ».

Page 62, ligne 2 en remontant, au lieu de « Recherche de la France », *lisez :* « Recherches ».

N° 239, *septième section*, après « 15 vol. in-8 », ajoutez en note : « Il manque les T. IX et X ».

N° 263, à la note, *lisez :* « Jean de Cordes mourut en 1642, et non pas en 1570, comme il a été dit à la 1re ligne de la page 83 ».

N° 355, dernière ligne de la page, remplacez par un point et virgule (;) la virgule qui se trouve après le mot « Latins ».

N° 387, dernière ligne de la note, au lieu de « La Gigantomachie, comédie », *lisez :* « La Gigantomachie; Comédies ».

N° 562, ligne 1re, avant « Latinæ linguæ elegantias », ajoutez : « in ».

N° 730, au lieu de « Dominico DE COLOMIA », *lisez :* « DE COLONIA ».

Page 214, ligne 6 en descendant, au lieu de « page 709 », *lisez :* « page 209 ».

N° 871, à la note, au lieu de « RUFUS, FESTUS », *lisez :* RUFUS FESTUS », et, au lieu de « ALCIMUS, AVITUS », *lisez :* ALCIMUS AVITUS ».

Page 265, à la fin de l'art. à astérisque qui suit le n° 946, au lieu de « (V. *n°* 144-8°) », *lisez :* « (V. *n°*.444-8°) ».

Page 299, 3e et 4e lignes en descendant, les mots « Eusèbe », et « faisons », commençant ces lignes, ont été transposés ; *lisez :* « Nous la faisons suivre, etc....., Eusèbe CASTAIGNE ».

www.ingramcontent.com/pod-product-compliance
Lightning Source LLC
Chambersburg PA
CBHW070624270326
41926CB00011B/1800

* 9 7 8 2 0 1 2 5 2 8 8 4 0 *